T5-AQA-562

JUSTIN APOLOGISTE CHRÉTIEN

ISSN 0575-0741

CAHIERS DE LA REVUE BIBLIQUE

50

JUSTIN APOLOGISTE CHRÉTIEN

TRAVAUX

Sur le

DIALOGUE AVEC TRYPHON

de Justin MARTYR

par

Sylvain Jean Gabriel SANCHEZ

PARIS
J. GABALDA et Cie Éditeurs
Rue Pierre et Marie Curie, 18

2000

Carissimis patri matrique

ISBN : 2-85021-128-1
ISSN : 0575-0741

"Le questionnement est la piété de la pensée".

Martin Heidegger.

AVANT-PROPOS

A plus d'un titre, ce travail est le fruit de l'amitié. C'est donc un plaisir que de mentionner avec toutes les convenances de la pudeur ceux qui ont bien voulu nous apporter leur concours.

Je dois beaucoup au soutien d'un ami dont j'écris le nom avec gratitude et respect : Jean-Pierre Martin. Il m'a écouté avec une attention bienveillante, amicale, et paternelle : ses nombreux conseils donnés lors des séminaires sur Marc-Aurèle dans *l'Histoire-Auguste*, son ouverture d'esprit, sa compréhension... Je lui prête les lignes suivantes que H. Marrou avait consacré à J. Carcopino :

> "(il) n'était pas un de ces maîtres qui enchaînent leurs disciples au char de leur renommée, les réduisant à la fonction d'illustrer et de défendre les thèses du patron ; il s'est montré au contraire, pour chacun de nous, le maître le plus libéral, nous laissant la bride sur le cou, courir chacun sa propre aventure, même si celle-ci nous entraînait assez loin du terrain sur lequel nous avions fait avec lui nos premières armes..."[1].

Je remercie Madame Alexandre, qui m'a proposé ce thème de recherche, et m'a accueilli à ses séances de travail du jeudi soir à la Sorbonne autour de la Septante. L'inlassable dialogue, qu'entretiennent avec les textes J.-P. Martin (en histoire romaine), M. Alexandre (en patristique grecque), A. Caquot (en exégèse biblique), m'a enseigné la richesse des traditions (juive, chrétienne, et païenne) et la diversité du regard. Robert Marichal écrit à juste titre :

> "les historiens ont toujours appris leur métier, non en lisant des traités de méthodologie, mais (...) en participant activement à des séminaires où maître et disciples travaillent en commun, sur pièces. On devient

---

1. Henri-Irénée MARROU, *notice sur la vie et les travaux de Jérôme Carcopino*, Paris, 1972, p. 10.

historien comme on devient forgeron, en forgeant avec le patron"[2].

Ma reconnaissance s'adresse aussi à Madame Pascale Humbert, bibliothécaire de la *Bibliothèque d'Histoire des Religions* à Paris IV.

Au moment où j'écris ces dernières lignes, je sais gré à *l'Ecole Biblique et Archéologique Française de Jérusalem* d'avoir accepté la publication d'une partie des travaux d'un de leurs élèves qui a passé une année en leur compagnie en tant qu'étudiant-boursier *de l'Académie des Inscriptions et Belles-Lettres* (en 94-95). Ma dette est particulièrement grande envers Francolino Gonçalves qui a été un des premiers à appuyer le projet de publier le travail malgré son aspect initial peu adapté à la collection des Cahiers de la Revue Biblique. De façon exceptionnelle, il a pris le temps de me conseiller pour la mise au point du manuscrit. Son insistance amicale l'a emporté, qu'il se soit agi du choix des pièces à retenir ou de l'économie de l'ensemble, les avis que j'ai reçus de lui m'ont toujours été des plus profitables.

Dans le même élan de gratitude, je joins également les membres du centre *Lenain de Tillemont* (CNRS) avec qui j'ai travaillé pendant trois ans et dont les multiples conseils m'ont été profitables à bien des égards. Enfin, *last but not least*, qu'on me permette de dire *hic et nunc* tout ce que je dois à l'aide et au soutien de mes parents. Qu'ils puissent trouver ici l'objet de mon affection.

2. Robert MARICHAL, "La critique des textes" in *L'Histoire et ses méthodes*, pléiade, Paris, 1961, p. 1249.

INTRODUCTION

Mandouze a essayé d'évaluer la mesure et la démesure de la patristique en général[1]. L'excès de la bibliographie sur l'apologiste donne le vertige à l'étudiant-apprenti qui s'engage dans une telle recherche. Déjà, au XVIe siècle, Jean de Maumont écrivait : "Le sainct aucteur que ie vous presente, ne peult estre enuers vous que le bien venu, pour auoir esté vn des principaux chefs & propugnateurs de nostre religion, auoir vescu en la primitiue Eglise, estre versé en toutes les disciplines humaines, exceller en celles de Iesuchrist, & auoir fait preuue de sa foy & de sa vertu, par le sang de sa propre personne, recevât pour l'issue de sa vie eureuse, la couroñe du sainct martyre, qui est la beatitude eternelle"[2]. Lenain de Tillemont (1637-1698), au siècle suivant, étudie l'apologiste pendant quelque soixante pages dans son immense fresque consacrée à l'Histoire ecclésiastique. Le XVIIIe siècle a connu surtout des rééditions des *Apologies* et du *Dialogue* : la publication du moine bénédictin de Saint-Maur, Maran, à Paris en 1742, présentant une traduction latine sérieusement remaniée. Thirlby publia à Londres en 1753, une édition qui ne comprenait que le *Dialogue* et les *Apologies*[3]. Depuis, les travaux sur Justin n'ont cessé d'augmenter et le XIXe siècle est particulièrement riche, outre les travaux consultés, nous avons des ouvrages de différents auteurs : Abauzit, Calluard, Freppel, Krueger[4]... Quant au XXe siècle, nous n'avons pu assimiler la masse énorme des publications que l'oeuvre et la vie de Justin avaient déjà inspirées. Des biographies[5] ont été faites, mais les auteurs se sont

---

1. A. MANDOUZE, *saint Augustin, l'aventure de la raison et de la grâce*, Paris, 1968, p. 12, note 1. Pour plus de clarté, nous signalons que les numérotations de notes recommencent à chaque chapitre, et que le renvoi d'une note est interne à chaque chapitre. Par ailleurs, nous adoptons à peu de choses près les sigles employés par E. J. Goodspeed, *Index apologeticus sive clavis Justini Martyris operum aliorumque apologetarum pristinorum*, Leipzig, 1912 : ap. (première, grande Apologie), app. (Appendix ou deuxième, petite Apologie), Dial. (Dialogue avec Tryphon).

2. I. DE MAUMONT, *Les evvres De sainct Iustin Philosophe & Martyr, mises de Grec en langage François*, Paris, [2]1559, p. iij-iiij.

3. Pour de plus riches renseignements sur les différentes éditions, nous renvoyons à l'introduction de G. Archambault t. I, pp. V-XII (du *Dialogue avec Tryphon*, éd. 1909).

4. Nous n'en citons que quelques uns : TH. ABAUZIT, *Esquisse de la doctrine et de la méthode de Justin Martyr*, Paris, 1846 ; P. CALLUARD, *Etude sur la méthode apologétique de Justin Martyr*, Paris, 1865 ; CH.E. FREPPEL, *Les apologistes chrétiens au deuxième siècle, st. Justin*, Paris, [3]1885 ; G. KRUEGER, *Die Apologien Justins des Maertyrers*, Fribourg en Brisgau, 1891.

5. L.W. BARNARD, *Justin Martyr, his life and thought*, Cambridge, 1967 ; A. BERY, *saint Justin sa vie et sa doctrine*, Paris, 1911 ; L. FEDER, *Justins des Märtyrers Lehre von Jesus Christ*, Munich, 1906 ; M. J. LAGRANGE, *Saint Justin*, Paris, [3]1914.

surtout intéressés à la méthode apologétique[6] ou à l'aspect doctrinal et théologique[7]. La critique de ces dernières décennies s'est attachée aussi à montrer les rapports entre la culture païenne et le christianisme[8]. Les études sur Justin et la Bible sont moins abondantes[9]. Nous le voyons, Justin a fait couler beaucoup d'encre : tout aurait-il donc été dit sur les apologistes ? Ces auteurs ont déjà fait l'objet d'innombrables travaux. Nous renvoyons pour tout cela aux patrologies. Ce n'est donc pas forcément la documentation qui est nouvelle en ce domaine, mais l'interprétation qui peut en être donnée.

Ce travail est pour nous l'occasion de faire une place non plus seulement à l'analyse mais aussi à la synthèse. L'exhaustivité n'est pas un gage d'authenticité et une synthèse correspond parfois mieux à la réalité qu'une longue analyse aplatissant l'objet d'étude. Rinuy remarque très justement que le XXe siècle "semble répugner aux synthèses, dont on a peur qu'elles ne soient vite dépassées. Cette crainte serait légitime, s'il existait d'autres travaux qui fussent hors de l'histoire, sans risque d'être jamais dépassés ; mais tout savoir est historique, et un catalogue de données aussi, car elles sont toujours construites. Alors peut-être vaut-il mieux prendre le risque de synthèses, qui aient du moins le mérite d'être aujourd'hui intéressantes à lire, de même qu'un gâteau est toujours meilleur à déguster que des oeufs, de la farine, et autres ingrédients à goûter séparément"[10]!

Nous nous sommes engagé dans l'étude de cet apologiste pour

---

6. A. HAUCK, *Apologetik in der alten Kirche*, Leipzig, 1918 ; M. PELLEGRINO, *Studi sull' antica Apologetica*, Rome, 1947 ; *idem, Gli Apologetici del II secolo,* Rome,^{2}1943 ; J. RIVIERE, *saint Justin et les apologistes du second siècle*, Paris, 1907.

7. E.R. GOODENOUGH, *The Theology of Justin Martyr*, Iéna, 1923 ; J. LEBRETON, *Histoire du dogme de la Trinité*, t. II, Paris, 1928, pp. 405-484 ; W.H. SHOTWELL, *The Exegesis of Justin*, Chicago, 1955 ; J. TURMEL, *Histoire des dogmes*, t. II : "la Trinité, l'Incarnation, la Vierge Marie", Paris, 1932.

8. D. BOURGEOIS, *La sagesse des anciens dans le mystère du Verbe : évangile et philosophie chez saint Justin philosophe et martyr* (croire/savoir), Paris, 1981 ; A. CAUSSE, *Essai sur le conflit du christianisme primitif et de la civilisation*, Paris, 1920 (surtout les pages 57-76 sur les chrétiens et la philosophie) ; CORBIERE, *Le christianisme et la fin de la philosophie*, Paris, 1921 ; A. J. FESTUGIERE, *L'idéal religieux des Grecs et l'Evangile*, Paris, 1932 ; P. NAUTIN, *Lettres et écrivains chrétiens des IIe et IIIe siècles*, Paris, 1961 ; WIFSTRAND, *L'Eglise ancienne et la culture grecque*, Paris, 1962 ; N. ZEERGERS VANDER VORST, *Les citations des poètes grecs chez les apologistes chrétiens du deuxième siècle*, Bruxelles, 1972.

9. M. SIMON & A. BENOIT, *Le Judaïsme et le Christianisme antique* (nouvelle clio), Paris, 1968 ; E. MASSAUX, *L'influence de l'Evangile de saint Matthieu sur la littérature chrétienne avant Irénée*, Louvain, 1950 ; P. PRIGENT, "Les citations des Evangiles chez Justin (Apol.14-17)" in *Cahiers de Biblia Patristica 1*, 1987, pp. 137-152 ; *idem, Justin et l'Ancien Testament*, Paris, 1964.

10. P.L. RINUY, "L'imagerie d'Orphée dans l'Antiquité", *Revue d'Archéologie Moderne et d'Archéologie générale* (abr. RAMAGE), IV, 1986, p. 312.

chercher à découvrir la façon dont un chrétien cultivé témoignait et vivait sa foi à une époque différente. Nous avons voulu remonter ainsi aux sources du christianisme en essayant de dégager les premières tentatives de réflexion sur la pensée biblique. Nous ne voulions pas analyser la façon dont Justin aurait réagi aux problèmes qu'un intellectuel chrétien se pose aujourd'hui : pur anachronisme ! Parmi les nombreuses figures qui apparaissent sur le théâtre de l'histoire pendant cette période, il n'en est pas qui ait pour nous, à l'heure actuelle, une réalité aussi vivante.

Justin, un philosophe chrétien ?

Les périodes décisives dans l'étude critique des écrits connus de Justin ne coïncident pas avec l'apparition des livres généraux sur sa pensée[11]. Les époques sont marquées par la publication de travaux monographiques qui ont établi des présupposés et insisté sur une méthode déterminée pour interpréter les oeuvres de l'apologiste. Nous pouvons dégager quatre périodes dans l'étude de Justin inaugurées par les oeuvres de :

1- Aubé (1875) et Engelhardt (1878)

2 - Harnack (1885)

3 - Andresen (1952, 1955)

4 - Holte (1958) et Hyldahl (1966). L'importante contribution du franciscain Winden (1970, 1971) peut-être considérée dans la même lignée que Holte et Hyldahl.

1 - Barthélémy Aubé, *Saint Justin, Philosophe et Martyr* (Paris, 1875). Il jette les bases d'une étude systématique de Justin, mais il le fait d'après des présupposés qui limitent fatalement les résultats de l'investigation[12]. Justin est présenté comme un auteur attrayant et ingénieux, dont le contenu doctrinal chrétien est continuellement compromis par l'influence des idées philosophiques païennes. Aubé voit chez Justin un philosophe à classer chez les platoniciens et stoïciens du IIe siècle, mais un chrétien superficiel.

Une perspective identique est adoptée d'un point de vue méthodologique par Engelhardt, *Das Christentum Justins des*

11. On peut citer comme plus importants les travaux de Goodenough (1923, réédité en 1968 à Amsterdam), Barnard (1967) et Osborn (1973).

12. L'unique recension importante du livre de Aubé est négative : cf. TH. ZAHN, *ThLZ* 2, 1876, pp. 441-446.

Märtyrers, (Erlangen 1878), qui est considéré par beaucoup comme le fondateur de la critique moderne pour notre apologiste. Engelhardt accentue les conclusions de Aubé et considère Justin comme un chrétien authentique et un philosophe très médiocre. Il expose bien la doctrine chrétienne et ses commentaires mais ses interprétations exhibent sa dépendance par rapport à des conceptions non scripturaires. Le Justin de Engelhardt est un auteur en quête d'un compromis et dont la théologie souffre un équilibre instable entre évangile et philosophie grecque. On formule ainsi les opinions qui annoncent la thèse d'Harnack.

2 - Harnack[13] a reformulé le thème ancien mis en valeur par la réforme luthérienne sur la contamination opérée dans le message évangélique par une influence abusive de la philosophie grecque, en reprenant le thème caractéristique : *l'hellénisation du christianisme*. Comme les autres apologistes des IIe & IIIe siècles, Justin s'est efforcé - selon Harnack - de présenter de façon rationnelle le christianisme conçu non seulement comme révélation mais aussi comme philosophie. Justin aurait exposé le message évangélique dans des formules rationnelles qui devaient répondre aux aspirations des hommes intelligents et cultivés de son temps. Il aurait mélangé un contenu religieux original avec l'aubaine de concepts et de catégories qui auraient perverti ou du moins occulté ce qu'il y a de spécifiquement chrétien. Justin aurait ainsi réussi une certaine réconciliation entre philosophie et christianisme mais cette réconciliation se serait réalisée au bénéfice de celle-là et au détriment de celui-ci. Le diagnostic négatif de Justin est repris par d'autres critiques, en majorité protestants : Pohlenz, Lietzmann, et Joly[14].

Les réactions aux thèses d'Harnack sont tout de même plus abondantes que les adhésions. Le bénédictin Pfättisch[15] montre

13. A. HARNACK, *Lehrbuch der Dogmengeschichte*, Tubingue, 1909 erster Band, viertes capitel : "Das kirchliche Christenthum und die Philosophie. Die Apologeten", pp. 496-550 (cf. Justin, pp. 507-513). Nous renvoyons aussi à l'article très fourni de L. Michael White sur l'influence d'Harnack dans la connaissance du christianisme ancien : L. MICHAEL WHITE, "Adolf Harnack and the «Expansion» of Early Christianity : a Reappraisal of Social History", *The Second Century (a Journal of Early Christian Studies)* 5:2, 1985-1986, pp. 97-128.

14. M. POHLENZ, *Die Stoa*. Göttingen, 1948, p. 413 ; H. LIETZMANN, *Geschichte der alten Kirche* II, Berlin, 1953, p. 185-186 ; R. JOLY, *Christianisme et Philosophie. Études sur Justin et les apologistes grecs du deuxième siècle*, Bruxelles, 1973 ; Cornelia de Vogel a montré comment l'image d'un Justin rationaliste exposé par Joly dérive de la vision d'Harnack : cf. *Mnem* 31, 1978, p. 365-366.

15. J. M. PFÄTTISCH, *Der Einfluss Platos auf die Theologie Justins des Märtyrers*, Paderborn, 1910 ; Pfättisch a polémiqué avec Harnack : cf. "Sokrates und die alte Kirche", *Reden I*, 1900, p.

comment, dans les oeuvres de Justin, christianisme et recherche païenne de la vérité ne s'excluent pas. Le cas de Justin lui semble relever de la problématique plus générale entre grâce et nature. Lortz[16] souligne le concept protestant de religion, subjectif et émotionnel, comme racine de l'incompréhension envers les apologistes. Bardy, Lebreton, Prestige, et Turner[17] s'opposent à Harnack et insistent sur trois points : a) il n'est pas possible de réfléchir sur les articles du Credo sans s'appuyer peu ou prou sur une vision (philosophique) de la réalité ; b) les effets de la philosophie grecque sur la théologie chrétienne ont été exagérés considérablement ; c) le christianisme exerce aussi une influence non négligeable sur la culture et l'esprit grec. Hyldahl[18], quant à lui, pense qu'Harnack n'a pas bien perçu l'attitude des apologistes envers la philosophie, qui est plus réservée, moins libérale et moins accommodante que beaucoup ne l'affirme. Dörrie[19] a critiqué la thèse de l'hellénisation du christianisme dans un article de synthèse. Dörrie maintient en premier lieu une notion du platonisme des IIe au IVe siècles de notre ère, vu non pas tant comme philosophie que comme religion rassemblant ce qu'il y a de spécifique dans la tradition païenne sacrée et culturelle. Conscients de ce fait, les auteurs chrétiens auraient permis au platonisme une influence purement extrinsèque dans leur présentation de la foi chrétienne.

3 - Les investigations d'Andresen[20] ont introduit une nouvelle époque dans les études de Justin, des thèses hardies, des suggestions utiles, et des discussions éclairantes. A l'aide d'une méthode philologique, Andresen a essayé de déterminer avec précision les dépendances philosophiques de Justin, qui sont à chercher dans le moyen-platonisme chez Atticus. Il présente lui-même la captation du sentiment salvifique de l'histoire non seulement comme ce qui caractérise Justin - qui aurait eu influence dans la théologie du platonicien Celse - mais aussi comme ce qu'il y a de plus nucléaire dans

27s. ; "Christus und Sokrates bei Justin", *ThQ*. 3, 1908, pp. 503-522.

16. J. LORTZ, *Das Christentum als Monotheismus in den Apologien des II Jahrhunderts, Festgabe A. Ehrhard*, Bonn et Leipzig, 1922 (cf. surtout pp. 325-327).

17. G. BARDY, "Justin" in *DTC* 8, 1925, col. 2244 ; J. LEBRETON, *Histoire du Dogme de la Trinité*, II, Paris, 1928 (pp. 405-484 sur Justin) ; G.L. PRESTIGE, *God in Patristic Thought*, Londres, 1936, p. XIII ; H.E. TURNER, *The Pattern of Christian Truth*, Londres, 1954, p. 20.

18. N. HYLDAHL, *Philosophie und Christentum. Eine Interpretation der Einleitung zum Dialog Justins*, (Acta Theologica IX), Copenhague, 1966, p. 40.

19. H. DÖRRIE, "Die andere Theologie. Wie stellen die frühchristlichen Theologen des 2-4 Jahr. ihren Lesern die «Griechische Weiheit» (=den Platonismus) dar ?", *ThPh* 56, 1981, pp. 1-46.

20. C. ANDRESEN, "Justin und der mittlere Platonismus", *ZNW* 44, 1952-53, pp. 157-195 ; *idem*, *Logos und Nomos. Die Polemik des Kelsos wider das Christentum*, Berlin, 1955.

le message chrétien. Cet abondant matériel comparatif a permis d'interpréter certains textes de Justin mais le travail d'Andresen a suscité beaucoup de réactions : on lui reproche des erreurs de fond décisives dans l'interprétation de la doctrine justinienne sur les relations entre foi et démonstration dans la lecture de Dial.7:2. Hyldahl[21] parle de "équivoque catastrophique" dans la lecture d'Andresen qui voit dans ce verset une opposition radicale entre connaissance philosophique et preuve du Saint-Esprit. Néanmoins, le travail d'érudition d'Andresen marque une étape importante dans les études justiniennes et relance les recherches.

4 - Holte[22] en 1958 publie un article qui établit deux thèses : a) il n'est pas correct de penser que Justin veuille réconcilier voire soumettre le christianisme à la philosophie païenne ; b) l'influence du moyen-platonisme ne doit pas être exagérée. Les sources essentielles pour sa conception du Logos sont à chercher dans l'évangile de Jean dans les épîtres pauliniennes, et ensuite dans les écrits de Philon d'Alexandrie. Holte se départit ainsi des sympathisants d'Harnack et du courant rationaliste. Il insiste au contraire sur le caractère traditionnel et spécifiquement chrétien de la doctrine chez Justin. Waszink, Daniélou et Pycke[23] se rapprochent du schéma général de Holte. Celui-ci refuse également la thèse de Wolfson[24] affirmant que Justin conçoit la philosophie comme un don spécial de la grâce, reçu par les grecs. Justin chercherait à établir une gnose chrétienne avec la spéculation philosophique, entendue comme un état de conscience supérieur à la foi. Holte affirme : "on ne peut pas dire que Justin ait étendu les idées pauliniennes de la révélation spéciale à la révélation générale". Il est vrai que la notion de "logos spermatikos" relève des *Apologies* et non du Dial. mais les notions et les thèmes abordés éclairent le *Prologue* et les rapports entre grâce et connaissance. Hyldahl[25] est très influencé par

21. N. HYLDAHL, *Philosophie und Christentum (supra*, n. 18), p. 62.

22. R. HOLTE, "Logos Spermatikos. Christianity and ancient Philosophy according to St. Justin's Apologies", *STh* 12, 1958, pp. 109-168.

23. J. WASZINK, "Some observations on the Appreciation of the Philosophy of the Barbarians", *Mélanges Mohrmann*, Utrecht/Anvers, 1963, pp. 48-49 ; J. DANIELOU, *Message évangélique et Culture hellénistique*, Tournai, 1961, p. 42 ; N. PYCKE, "Connaissance rationnelle et connaissance de grâce chez St Justin", *EThL* 37, 1961, pp. 52-85.

24. H.A. WOLFSON, *The Philosophy of the Church Fathers* I, Londres, 1954, p. 41.

25. N. HYLDAHL, *Philosophie und Christentum (supra*, n. 18) ; des recensions favorables avec certaines réserves ont été publiées en *JThS* 18, 1967, pp. 485-486 (H. Chadwick), *VCh* 24, 1970, pp. 307-310 (J.C.M. van Winden) et *ThR* 36 (E.P. Meijering). Daniélou écrit : "Hyldahl paraît avoir raison quand il pense que pour Justin la question d'une inspiration de ces sages païens ne se pose pas et donc que les vérités qu'ils possèdent viennent des prophètes" in *RSR* 56, 1968, p. 139.

les thèses de Holte. Analysant le *Prologue*, il écrit : "Notre investigation ne désire pas montrer que Justin a rompu avec la tradition grecque dont il respecte le style et les formes de penser, mais qu'il n'a jamais adopté inconsciemment des catégories philosophiques platoniciennes ou stoïciennes pour les intégrer silencieusement dans sa présentation du christianisme"[26]. Hyldahl considère que Justin n'a pas étudié dans les écoles de philosophie grecque - ce qui est affirmé en Dial. 2 serait une fiction littéraire - et qu'il n'a jamais suivi en réalité des cours de platonisme ni adhéré à cette école. Hyldahl pense que quand Justin parle de "vraie philosophie", il fait référence au christianisme ou à la foi chrétienne qui s'oppose à toute forme de philosophie païenne. Il ne nie pas pour autant que l'apologiste connaisse bien le platonisme. Les interprétations de Hyldahl ont été acceptées avec quelques nuances et certaines modifications par De Vogel[27] et Winden. De Vogel n'admet pas la thèse d'une répudiation générale par Justin de la philosophie grecque, mais elle insiste avec Hyldahl sur le caractère traditionnel de la doctrine de l'apologiste et sur son inspiration vétéro-testamentaire. Winden appuie beaucoup plus que De Vogel sur la pensée essentielle de Hyldahl, à savoir la non-existence d'une relation positive entre philosophie païenne et christianisme, et il contemple avec sympathie le résultat principal des recherches de l'auteur danois, selon lequel le christianisme est pour Justin la retrouvaille de la *Urphilosophie* à laquelle nous pouvons accéder par les écrits prophétiques. Van Winden apporte sa propre contribution[28] au *Prologue* après Hyldahl que quelques uns considèrent comme conclusive[29].

En marge de ces travaux, Osborn en 1973[30] a publié un livre de vulgarisation scientifique sur l'apologiste. Il a de nouveau traité de Justin dans une monographie récente[31]. Osborn essaye de déterminer la méthode de Justin, Irénée, Clément et Tertullien dans l'exposition de la doctrine chrétienne. En définitive, L'auteur semble s'être imposé peut-être une mission trop ardue.

Nous le voyons, les XIXe et XXe siècles ont énormément enrichi les

26. N. HYLDAHL, *Philosophie und Christentum (supra,* n. 18), p. 292.
27. C. DE VOGEL, "Problems concerning Justin Martyr. Did Justin find a certain continuity between Greek philosophy and Christian Faith ?", *Mnem* 31, 4, 1978, pp. 360-388.
28. J.C.M. VAN WINDEN, "Le Christianisme et la Philosophie. Le commencement du dialogue entre la raison et la foi", *Kyriakon* I, 1970, pp. 205-213 ; *idem, An Early Philosopher : Justin's Martyr's Dialogue with Trypho chapters 1-9,* Leyde, 1971.
29. Cf. E.P. MEIJERING, *ThR* 36, 1971, p. 306.
30. E.F. OSBORN, *Justin Martyr*, Tubingue, 1973.
31. *Idem, The Beginning of Christian Philosophy*, Cambridge, 1981.

études justiniennes. Cet apport énorme dans la recherche patristique s'explique en partie par le renouveau qu'a connu la critique biblique depuis le XIXe siècle avec les thèses modernistes : Renan influencé par l'exégèse allemande, des protestants libéraux comme Sabatier ou Harnack, des modernistes comme Weiss, Reuss, Loisy, Goguel, ou Guignebert. Engelhardt influencé par les thèses de ses collègues, exégètes bibliques, a prôné des idées modernistes sur Justin. Ainsi, l'apologiste a été vu tantôt comme un de leurs partisans nantis d'une bonne culture philosophique et n'étant qu'un chrétien superficiel, tantôt comme un chrétien authentique dont la culture philosophique ne pouvait être de ce fait que médiocre. L'Ecole Comparative (*Religionsgeschichte*) a favorisé chez l'apologiste l'étude des sources de son apologétique (*Quellengeschichte*) et les influences culturelles auxquelles il était soumis, pour dégager ainsi les éléments constitutifs de son message dans un temps, un lieu, et un milieu. L'Ecole Formative (*Formgeschichte*), qui correspond chez Loisy à la mise en place de la théorie historico-mythique, reprend les résultats de l'école syncrétique et systématise les conséquences d'un principe déjà posé par les prédécesseurs : "le christianisme est une transformation des espérances juives en religion de mystère". De la même façon que le N.T. nous permet d'étudier une histoire de la religion de Jésus et non une histoire de Jésus, le Dial. et les apologies nous permettent de connaître la pensée de Justin et sa foi mais non l'auteur lui-même[32] : cette attitude sceptique et hypercritique vis-à-vis du texte explique la multitude des interprétations contradictoires dont Justin et son oeuvre ont été l'objet. Cette hypercritique a conduit à remettre en cause ce que disent les documents. Jusqu'à quel point peuvent-ils nous tromper ? Si le message du Dial. attribué à Justin par les témoins tardifs était entièrement l'oeuvre de ses disciples reprenant un simple canevas d'étude du maître comme le préconisait Robillard, comment pourrait-on encore parler de la pensée de Justin ? Le scepticisme peut conduire loin et finit par accorder plus d'importance à ses présupposés qu'aux données.

Mais a succédé à Guignebert qui se réclamait encore de la tradition positiviste, Marrou qui se situait loin du modernisme dont les méthodes critiques n'avaient pas encore pénétré de façon fructueuse dans l'église romaine, et qui, philosophiquement, ne pouvait se définir par le strict

32. Nous sommes conscients de l'audace de la comparaison. En effet, Justin a réellement écrit le Dial. et les apologies alors que Jésus-Christ n'a pas écrit les synoptiques. Nous voulions simplement marquer les influences de l'École sur des textes scripturaire et patristique.

rationalisme : il affirmait sa foi dans le Christ[33]. Ce grand historien du christianisme ancien a influencé plusieurs générations d'étudiants... Le professeur n'a rien écrit de spécial sur Justin mais son attitude est un emblême du courant post-positiviste dans lequel nous vivons et qui est marqué par des critiques justiniens comme Holte, Hyldahl, Winden, Bourgeois, Chadwick, Pycke, De Vogel...La critique d'un document n'est pas séparable de la sympathie qu'on peut lui accorder. Cette attitude critique permet de se départir de l'influence, sinon d'une école, en tout cas d'une grille d'interprétation préconçue que l'on projette sur le texte. Ce retour au document pour lui-même dans une approche critique moins méfiante et plus constructive a favorisé un approfondissement dans le cadre patristique (et plus particulièrement Justin) des textes scripturaires : les travaux d'exégèse sur Justin et son utilisation de la Bible sont récents et font partie de la période post-positiviste : Otranto, Shotwell, Katz, Prigent, Sibinga... Il est vrai que Justin a été beaucoup abordé dans la problématique christianisme/philosophie et le Dial. aussi (surtout le Prologue). Il est surprenant de constater à ce titre l'emploi que fait Dujardin du personnage de Tryphon et qui illustre le comportement de la critique à l'égard de Justin[34]. Dujardin place Tryphon dans ce courant historique du modernisme qui rejettait la divinité du Christ : "les innombrables savants qui aujourd'hui voient en Jésus un homme d'entre les hommes, ne font pas autre chose que reprendre, en la revêtant d'érudition, la thèse que le Juif Tryphon au second siècle opposait à la foi de l'apologiste Justin ; la différence est dans le mode et le ton de la controverse" (p. 46). Dujardin ferait

---

33. M. HARL, *Le déchiffrement du sens*, Paris, 1991, p. 9

34. ED. DUJARDIN, *Dieu Jésus (essai sur les origines et la formation de la légende évangélique)*, Paris, 1927 ; l'auteur, au début de son ouvrage dans la première partie "un homme d'entre les hommes" (pp. 41-80), introduit le personnage de Tryphon pour présenter les différentes thèses rationalistes qui ont parcouru les siècles et qui débouchent avec le courant libéral et moderniste. A la page 45, il intègre l'apologiste à son développement en le présentant comme un "philosophe palestinien que l'Eglise canonisa plus tard sous le nom de Saint Justin" et qui "sous la forme d'un dialogue avec le Juif Tryphon, exposa et réfuta les arguments que l'on opposait à la religion nouvelle. La thèse qu'il prête à son contradicteur Tryphon quant à la personne de Jésus ne laisse place à aucune équivoque. Aux affirmations chrétiennes que Jésus était le fils de Dieu descendu du ciel, Tryphon rétorque : "un homme comme toi et moi, et dont vous avez fait un dieu". Jésus, un homme d'entre les hommes : Tacite, Pline le Jeune, Celse plus tard, et aussi bien depuis lors la quasi unanimité des ennemis du christianisme n'imaginèrent pas autre chose. Et ce n'est pas autre chose que, de Renan à M. Loisy, répètent les savants rationalistes". Dans ces pages intitulées "Tryphon et les disciples de Tryphon" (pp. 43-57), Dujardin fait ressortir cette thèse à l'évhémérisme. Il rapproche ainsi en des raccourcis historiques fantastiques, les disciples du philosophe Evhémère du IVe siècle avant notre ère des rationalistes du siècle des lumières, des protestants libéraux du XIXe siècle (les néo-luthériens selon Lagrange) et des modernistes du XXe siècle.

remonter la paternité de cette thèse (concernant Jésus) à Evhémère via Tryphon. Aux pages 57-79, Dujardin intitule son paragraphe "Réponse à Tryphon" et à l'instar de Justin, il évoque l'historicité du Christ. Nous trouvons qu'il est un peu délicat de faire de Tryphon un contradicteur évhémériste. Tryphon est avant tout dans le Dial. un Juif-réfugié qui connaît mieux les thèses des rabbins et des Tannaïm que celle des philosophes grecs. Du reste, Justin ne réfute pas son évhémériste contradicteur par des citations de Platon ou de quelque stoïcien mais a recours à l'Ancien Testament, texte commun au judaïsme et au christianisme. L'apologiste argumente de deux façons : la divinité de Jésus-Christ prouvée par les prophéties et les miracles. Cette double argumentation a connu un certain succès dans le christianisme ancien et a traversé les siècles : Pascal la réutilise dans ses *Pensées*. Cette argumentation aujourd'hui semble délaissée et négligée : elle n'intéresse plus les catholiques, défenseurs des Pères. Ceci explique en partie que le Dial. ait été délaissé quant à la problématique judaïsme et christianisme.

Justin et le judaïsme.

Il est vrai que l'on a moins écrit sur ce sujet. Le rapport raison et foi, philosophie/christianisme a suscité une bibliographie abondante et le *Prologue* a donc été largement abordé. Mais les bibliographies traitant de judaïsme/christianisme à travers le Dial. sont plus rares (cf. chapitre 1 *infra*).

Il est vrai que l'on connaît davantage Justin comme l'auteur des *Apologies* cherchant à préciser les rapports de la philosophie et du christianisme, de la raison et de la foi que comme l'auteur du Dial.. La majeure partie du Dial. (10-142) a suscité beaucoup moins d'intérêt de la part de la recherche. Il n'y a qu'à regarder les différentes éditions françaises pour constater que les Apologies ont été plus souvent traitées que le Dial.. L'abbé Wartelle a publié récemment les Apologies - *saint Justin, apologies*, (études augustiniennes, 1987). Munier, non satisfait du travail de Wartelle, a réalisé une nouvelle édition critique (avec traduction) des Apologies pour Paradosis (tradition cristiana) parue en 1994. Cette information laisse apparaître clairement le Dial. comme un texte délaissé.

La mise à jour du Dial. est une entreprise qui reste à faire[35] . Nous

35. Les Sources Chrétiennes n'ont pas encore remplacé la vieille édition critique d'Archambault de

n'avons pas à présenter *hic et nunc* une vue d'ensemble des études consacrées à Justin[36]. Pour l'essentiel, les différentes *perspectives* de sa pensée, de son apologétique et de sa foi nous sont bien connus. Plutôt que de procéder à une honteuse compilation des travaux biographiques antérieurs, nous préférons exposer quelques monographies le concernant - "Je hais qu'on dise à peu près en mauvais langage ce qu'un auteur a si bien dit"[37] . Il est difficile d'établir une vie de l'apologiste car, comme l'affirme Lagrange, "nous ne savons guère de saint Justin que son goût pour la philosophie, sa conversion et son martyre. Il a donc fallu le chercher dans ses écrits, et s'occuper moins de l'homme que de sa doctrine"[38] . Des apologistes grecs, il est celui que nous connaissons le mieux par les oeuvres qui nous sont parvenues, mais il n'en demeure pas moins vrai que les éléments biographiques sont épars et disséminés dans le texte. Au début de l'*Apologie*, il se présente et nous donne ses origines (ap.1), fils de colons romains, sans doute originaire de Samarie (cf. Dial.120:6 et non samaritain comme on l'a cru), non Juif (Dial.28:2 nous apprend qu'il n'est pas circoncis). Dans le *Prologue* (Dial.1-8), il témoigne de sa conversion c'est-à-dire la façon dont Dieu a touché son coeur faisant d'un adepte fervent de la philosophie platonicienne un chrétien convaincu et touché par la grâce. Nous pouvons recueillir aussi d'autres informations dans les *Actes des Martyrs* où Justin, interrogé par

---

1909 mais ils y travaillent avec une équipe franco-espagnole. L'association J.-P. Migne a publié dans la nouvelle collection d'oeuvres intégrales ou de dossiers (diffusion Brepols) les oeuvres complètes de Justin, avec la traduction française seule, grâce aux soins d' Adalbert Hamman (parues en 1994).

36. Les bibliographies des principaux instruments de travail : Dictionnaire de Théologie Catholique, Dictionnaire de Spiritualité, Dictionnaire du Christianisme Ancien, les Patrologies de J. Quasten et de B. Altaner, à l'article "Justin martyr" ; G. J. DAVIE, *The works now extant of St Justin the Martyr*, Londres, 1861 ; cf. aussi A. DAVIDS, *Iustinus philosophus et martyr Bibliographie 1923-1973,* Nimègue, 1973. A paru A. DAVIDS, "Justinus philosophus et martyr. Ein Forschungsbericht 1923-1992", *ANRW* 27, 2, 1997, pp. 37-123 ; J. MORALES, "La investigación sobre San Justino y sus escritos", *Scripta Theologica* 16, 1984, pp. 869-896 ; cf. quelques études : E.R. GOODENOUGH, *The theology of Justin Martyr*, Iéna, 1923 ; N. HYLDAHL, *Philosophie und Christentum. Eine Interpretation der Einleitung zum Dialog Justins*, Copenhague, 1966 ; L.W. BARNARD, *Justin Martyr, his life and Thought*, Cambridge, 1967 (comportant plusieurs additions par rapport à celle de Hyldahl) ; H. SCHRECKENBERG, *Die christlichen Adversus Judaeos. Texte und ihr literarisches und historisches Umfeld (1-11 Jh)*, Francfort, 1982 (bibliographie centrée sur la problématique judaïsme/christianisme) ; M. FEDOU, "La vision de la Croix dans l'oeuvre de saint Justin", *Recherches Augustiniennes* 19, 1984, pp. 29-110 ; A. WARTELLE, *saint Justin, apologies*, Paris, Etudes Augustiniennes, 1987 (nous attendons toujours la réalisation de sa promesse quant à la prochaine publication d'une Bibliographie historique et critique de saint Justin & des apologistes grecs 1494-1986) ; R. M. GRANT, *Greek Apologists of the second Century*, Cambridge, 1988 ; G. VISONA, *San Giustino Dialogo con Trifone*, introduzione, traduzione e note, Rome, 1988.

37. ALAIN, *Propos sur l'éducation*, Paris, 1ère éd. 1932, (propos LXVII), p. 168.

38. M. J. LAGRANGE, *Saint Justin*, Paris, 1914, p. VII.

le préfet Junius Rusticus témoigne de ses activités à Rome et de sa foi.[39]

Les études consacrées à l'apologète sont légions. Lenain de Tillemont a employé quelques pages de son *Histoire ecclésiastique* à notre auteur[40] (faisant de lui un prêtre). Longrerue a écrit une dissertation sur la vie du martyr en 1750[41]. Semisch et Stieren se sont penchés plus spécialement sur les dates de sa mort[42]. Hort s'est contenté de préciser le moment de sa naissance[43]. Otto et Volkmar ont replacé Justin dans son époque et son milieu culturel[44]. Nombre de critiques se sont intéressés à sa culture classique et à la façon dont il conciliait la philosophie païenne et le christianisme. Aubé voit chez Justin un philosophe convaincu et un chrétien superficiel[45], Engelhardt le considère au contraire comme un chrétien authentique et un philosophe médiocre[46]. Goodenough écrit que l'apologiste a accueilli favorablement le christianisme ayant un esprit fondamentalement non philosophique[47]. Heureusement, d'autres critiques ont essayé de le relever en faisant la part des choses et en rendant hommage à sa foi et à la parfaite exactitude de ses renseignements sur le judaïsme[48], à sa culture qui était celle de son temps[49], à sa contribution à l'élaboration du dogme[50], à la théologie de l'histoire[51], à la conciliation harmonieuse de sa raison et de

---

39. A. WARTELLE, *st Justin Apologies*, Paris, 1987, "Actes du martyre de Justin et de ses compagnons", cf. pp. 93-94, 226-233. Nous renvoyons aussi à l'article érudit de Gary A. BISBEE, "The Acts of Justin Martyr : a Form Critical Study", *The Second Century* (a Journal of Early Christian Studies) 3:3, 1983, pp. 129-159.

40. L. DE TILLEMONT, *Mémoires pour servir à l'Histoire ecclésiastique des six premiers siècles*, Paris, 1694, vol. 2, pp. 377-439.

41. L. DU FOUR DE LONGRERUE, *Dissertationes de variis epochis...de vita St. Justini martyris etc*, Leipzig, 1750.

42. K. SEMISCH, "Ueber das Todesjahr Justins des Märtyrers", *Theologische Studien und Kritiken*, 1835, Heft 4, p. 907 ; A. STIEREN, "Ueber das Todesjahr Justins des Märtyrers", *Zeitschrift für deutsche historische Theologie*, 1842, Heft 1 , pp. 21-37.

43. F. J. A. HORT, "On the date of Justin Martyr", *Journal of class. and sacr. Philol.* III Cant. 1857, pp. 155-193.

44. G. VOLKMAR, "Die Zeit Justins des Märtyrers", *Theologische Jahrbücher 14*, Tubingue, 1855, pp. 227-283, 412-468 ; J. C. TH. OTTO, "Zu Dr. Volkmars Abhandlung über die Zeit Justins des Märtyrers", *Theologische Jahrbücher 14*, Tubingue, 1855, pp. 468-470 ; *idem, De Justini Martyris scriptis & doctrina*, Iena, 1841.

45. B. AUBE, *Saint Justin, Philosophe & Martyr*, Paris, 1861, (rééd. 1876).

46. M. VON ENGELHARDT, *Das Christenthum Justins des Märtyrers. Eine Untersuchung über die Anfänge der katholischen Glaubenslehre*, Erlangen, 1878.

47. E. R. GOODENOUGH, *The theology of Justin Martyr*, Iéna, 1923.

48. M.J. LAGRANGE, *Saint Justin (supra*, n. 38).

49. H. CHADWICK, *Early christian thought and the classical tradition*, Oxford, 1966.

50. A. PUECH, *Les apologistes grecs du IIe siècle de notre ère*, Paris, 1912.

51. B. SEEBERG, "Die Geschichtstheologie Justins des Märtyrers", *ZKG* 58, 1939, pp. 1-81. K. V. WEIZSÄCKER, "Die Theologie des Märtyrers Justinus", *Jahrbücher für deutsche Theologie* 12, 1867, pp. 60-119.

sa foi (Winden[52] répondant aux mauvais traitements infligés par le protestantisme libéral en la personne d'Harnack[53]).

La superposition de ces différents clichés déforme la réalité historique de la personne, faisant de Justin un personnage interprété dans tous les sens, que chacun a tiré à soi pour faire valoir sa vision des choses. Les multiples portraits dessinés par la critique nous permettent de poser la question suivante : quelle est la véracité de ces "photos" ? Qu'est-ce qui correspond à la réalité ? Le travail énorme de la critique a fait reculer les zones d'ombre qui cachaient encore certaines parties de son oeuvre, mais trop de lumière peut aveugler et les traits schématiques dans lesquels on veut faire rentrer un auteur ancien nous font perdre l'épaisseur et la richesse complexe de la réalité faite de nuances. Ce problème (vérité-fiction)[54] sera largement abordé en ce qui concerne le Dial.. Mais de quelle manière allons-nous rentrer chez ce Père de l'Eglise et comment allons-nous traiter le judaïsme et le christianisme au début de notre ère ?[55]

---

52. J.C.M. VAN WINDEN, *An early christian philosopher [Justin martyr's dialogue with Trypho chapters one to nine]*, Leyde, 1971.
53. A. HARNACK, *Lehrbuch der Dogmengeschichte*, Tubingue, 1909, erster Band, viertes capitel : "Das kirchliche Christenthum und die Philosophie. Die Apologeten", pp. 496-550 (cf. Justin, pp. 507-513). Une traduction française du *Précis de l'histoire des dogmes* est sortie : cf. A. HARNACK, *histoire des dogmes* (trad. d'Eugène Choisy avec une post-face de Kurt Nowak), Paris, Cerf, 1993, [sur les apologètes, cf. pp. 69-96].
54. Pour ce problème de fiction et de réalité, notons dès à présent le travail de TH. ZAHN, "Studien zu Justinus Martyr", *ZKG* 8, 1885-1886, pp. 1-84.
55. Pour plus de renseignements sur la vie de Justin, nous renvoyons à quelques études non encore citées. Pour une première approche rapide et simple de l'apologiste, cf. H. VON CAMPENHAUSEN, *Les Pères grecs*, Paris, 1963, pp. 1-27 ; D. ROPS, *L'église des apôtres et des martyrs*, Paris, 1971, pp. 342-348 ; A. FLICHE & V. MARTIN, *Histoire de l'Eglise*, t. I "l'Eglise primitive", Paris, 1934, pp. 426-451 ; G. BARDY, "Justin" in *DTC*, Paris, 1925, col. 2228-2277, G. BAREILLE, "Apologistes" in *DTC*, Paris, 1925, col.1580-1602 ; CH. KANNENGIESSER & A. SOLIGNAC, "Justin" in *DS*, col. 1640-1647 ; R.J. DE SIMONE, "Justin" in *Dictionnaire du Christianisme ancien*, pp. 1382-1385 ; H. LIETZMANN, "Justinus der Märtyr" in PAULY-WISSOWA, *Real Enzyklopädie*, Stuttgart, 1934-1935, X, col. 1332-1337 ; O. SKARSAUNE, "Justin der Märtyrer" in *TRE*, 17, 1987, pp. 473-478 (bibliographie suggestive) ; H. SCOTT HOLLAND, "Justin" in *DCB* 3, 1882, pp. 560-587 ; A. HAMMAN, *La philosophie passe au Christ* Lettres chrétiennes, 3, Paris, 1958, cf. introduction pp. 7-27 ; R. M. GRANT, *Greek apologists of the second Century*, Cambridge, 1988 cf. pp. 50-74 ; pour une approche détaillée, nous laissons à titre indicatif une brève historiographie biographique de l'apologète : Eusèbe, Jérôme, Photius, CARD. BARONIUS, *Annales ecclesiastici*, 130, V-IX; 142, XIII; 143, I-III; 150 I-VII; 164, X; 165, I-II ; FABRICIUS, *Bibliotheca graeca, seu notitia scriptorum veterum graecorum*. Hambourg, 1760-1763 ; A. NATALIS, *Historia ecclesiastica* P. 1741, t. V, pp. 29-34 ; DOM R. CEILLIER, *Histoire générale des auteurs sacrés et ecclésiastiques* P. 1729-1763 ; K. SEMISCH, *Justin der Märtyrer* [monographie], Breslau, 1840, 1842, 2 volumes (il existe une traduction anglaise de J.E. RYLAND parue en 1843) ; TH. ABAUZIT, *Esquisse de la doctrine et de la méthode de Justin Martyr*, Paris, 1846 ; B. AUBE, *Essai de critique religieuse. De l'apologétique chrétienne au IIe siècle Saint Justin philosophe et martyr*, Paris, 1861 ; CARD. BELLARMINUS, *De scriptoribus ecclesiasticis. Opera omnia*. Naples, 1862, t.VI, pp. 22-23 ; CH.E. FREPPEL, *Les Apologistes chrétiens au IIe siècle. Saint Justin*, Paris,

Notre connaissance des rapports entre judaïsme et christianisme dans l'antiquité s'est considérablement enrichie depuis le début du siècle. Une foule de travaux, relatifs à la façon dont le christianisme s'est historiquement constituée par rapport au judaïsme, y a contribué. La controverse entre Juifs et chrétiens surgit dans nombre de textes patristiques : Théodoret de Cyr, Augustin, Jérôme, Jean Chrysostome, Pseudo-Grégoire de Nysse, Ambroise de Milan, Grégoire de Nazianze, Cyprien, Origène, Tertullien, Irénée en parlent avec des accents différents. Mais ce problème s'est posé dès les origines du christianisme : Clément de Rome, la Didachè, le Pasteur d'Hermas, l'Epître de Barnabé, Méliton de Sardes conservent des traces de ce débat (sans parler des textes du Nouveau Testament). Le *Dialogue de Jason et Papiscus* perdu d'Ariston de Pella se situe aux origines de l'immense série dite *adversus Judaeos*. Par contre, le *Dialogue avec Tryphon* de Justin philosophe et martyr, qui nous est parvenu, contemporain de celui d'Ariston, constitue un texte central à cet égard.

Plusieurs monographies[56] ont commenté particulièrement le *Prologue* (Dial. 1-9). Néanmoins, il existe un nombre appréciable

1ère éd. 1869 ; *Analecta Juris Pontificii*, XIII (1874), pp. 631-632, 889-891 ; A. STÄHLIN, *Justin der Märtyrer und sein neuester Beurteiler*, Leipzig, 1880 ; G.T. PURVES, *The Testimony of Justin Martyr to Early Christianity*, New York, 1889 ; W. FLEMMING, *Zur Beurteilung des Christentums Justins des Märtyrers*, Leipzig, 1893 ; J. WOLNY, *Das christliche Leben nach dem hl. Justin dem Märtyrer (Progr.)*, Vienne, 1897 ; H. VEIL, *Justins des Philosophen und Märtyrers Rechtfertigung des Christentums*, Strasbourg, 1904 ; L. FEDER, *Justins des Märtyrers Lehre von Jesus Christ*, Munich, 1906 ; J. RIVIERE, *Saint Justin et les apologistes du second siècle*, Paris, 1907 ; J. GEFFCKEN, *Zwei griechische Apologeten*, Leipzig-Berlin, 1907 ; A. BERY, saint Justin sa vie et sa doctrine, Paris, 1911 ; K. HUBIK, *Die Apologien des Heil. Justinus des Philosophen und Märtyrers*, Literarhistorische Untersuchung, Vienne, 1912 ; A. PUECH, *Les apologistes grecs du IIe siècle de notre ère*, Paris, 1912, pp. 46-148 ; C.C. MARTINDALE, *St. Justin the Martyr*, Londres, 1921 ; E. R. GOODENOUGH, *The theology of Justin Martyr*, Iéna, 1923, pp. 57-77 ; A. PUECH, *Histoire de la littérature grecque chrétienne*, Paris, 1928, t. II pp. 131-153 ; Z.K. VYSOKY, "Un prétendu souvenir autobiographique de saint Justin", *Listy Filologicke*, 1938, pp. 435-440 ; M. S. ENSLIN, "Justin Martyr : An Appreciation"in *JQR* 34, 1944, pp. 179-205 ; J.B. FALLS, *Saint Justin Martyr (in the Fathers of the Church)*, New York, 1948 ; J. S. FEDORKOV, *Sv. Justin Mucenik kak apologet i bosgolov*. Moscou, 1958, [Der hl. Justin der Märtyrer als Apologet und Theologe. - An der Geistlichen Akademie im Manuskript]. L.W. BARNARD, *Justin Martyr his life and Thought*, Cambridge, 1967 ; R. JOLY, *Christianisme et Philosophie. Etudes sur Justin et les Apologistes grecs du IIe siècle*, Bruxelles, 1973 ; E.F. OSBORN, *Justin Martyr*, Tubingue, 1973 ; D. BOURGEOIS, *La Sagesse des Anciens dans le mystère du Verbe. Evangile et philosophie chez saint Justin*, Paris, 1981.

56. N. HYLDAHL, *Philosophie und Christentum. Eine Interpretation der Einleitung zum Dialog Justins*, Copenhague, 1966. J.C.M. VAN WINDEN, *An early christian philosopher [Justin martyr's dialogue with Trypho chapters one to nine]* Leyde, 1971, T. CHRISTENSEN, "Nyere undersogelser over Justins Dialog med joden Tryfon cap.1-9", *DTT* 39, 1976, pp. 153-165.

d'articles consacrés à des points précis de la majeure partie du Dial. (10-142). Le thème judaïsme & christianisme dans ce Dial. a été maintes fois effleuré de façon fragmentaire sous les rapports de l'exégèse, de l'apologétique, du judéo-christianisme, du texte biblique de la LXX, de la messianité... Cependant, il n'existe pas à notre connaissance de livre qui aborde de front le problème et le traite dans son ensemble en revenant au texte lui-même et en le suivant pas à pas.

Justin a-t-il été influencé par l'apologétique et l'exégèse juive ? Goldfahn, Lagrange, Schneider et Hirshman ont comparé des passages de Justin et des *midrashim, des haggadot.* Il serait éclairant pour notre propos de rapprocher des passages du Dial. avec la *Mishnah* ou la *Mekhilta de Rabbi Ishmael*[57]. On pourrait aussi cerner davantage la véracité du Dial. en comparant le portrait que nous trace l'apologiste de ses "adversaires" avec d'autres textes contemporains (païens, chrétiens, et juifs).

Définir les notions de polémique, controverse, et discussion à travers ces écrits de circonstances : le Dial. est-il une oeuvre de combat dégageant un sens anti-juif comme celles de Tertullien ou d'Origène dans son *Contre Celse*, ou plus simplement comme le dit Schneider, la dernière tentative d'arbitrage avant l'intensification de la propagande de part et d'autres ?

Le Dial. est-il réellement la ligne de partage des eaux, le moment critique et décisif, le grand tournant dans ce débat qui a traversé les siècles ?

Nous nous proposons de défricher le terrain par quatre études qui font le point sur la question justinienne. Notre apologiste situe sa personnalité aux confins de deux influences : le judaïsme et la philosophie. Son christianisme est teinté de ces deux apports et notre étude consiste à chercher la teneur de ces deux sources dans la formation de sa pensée chrétienne. Nous allons glisser d'une influence à l'autre au cours des chapitres en sondant son œuvre majeure : *le*

57. **Mishnah**, 2e livre (moed), 8e section (Rosh Ha-Shanah abr. R.H.) 3,8 [éd. Jérusalem commentary by Hanoch Albeck, 1988, p. 320 en hébreu et pour la traduction anglaise, cf. H. Danby, *The Mishna*, Oxford, 1933, p. 192 ; *The Babylonian Talmud,* trad. par R.DR I. Epstein, 1938, éd. London the Soncino Press, vol.VII, pp. 133-136 ; *Talmud de Jérusalem*, traduction française de Moïse Schwab, 1960, Paris, vol. 4, pp. 90-92] et Dial. 91:3,4 ; 90, 94 ; 111:3,4 concernant le symbole de la croix sur Amalek vaincu Ex. 17:8-16. **Mekhilta de R. Ishmael** : surtout 2e traité (Va-Yehi Be-Shallah) sur la mer rouge d'Ex. 13:17-14:31, 5e traité (Amalek), 6e traité (Ba-Hodesh) sur le passage du Décalogue d'Ex. 20, et 9e traité (Shabbeta) et Dial. 44,46,49-51 touchant au baptême, aux rites et autres observances. Certains Midrashim dans leur polémique "anti-chrétienne", ne seraient-ils pas une réaction contre Ariston, Justin, Tertullien...? Dans les Midrashim *Bereshit Rabba* (commentaire de la Genèse), on pourrait aussi trouver des informations intéressantes sur la controverse.

Dialogue avec Tryphon. Tout d'abord, une ébauche bibliographique permet de faire l'état de la question sur les travaux parus ces dernières années sur le Dial. touchant le judaïsme. Ensuite, nous exhibons les résultats de recherche sur le problème de la conversion de Justin rapportée dans son *Prologue* et sa façon de défendre le christianisme devant ses contemporains. Enfin, il nous faut tenter de répondre de façon décisive à la question - Justin Martyr philosophe *et* chrétien ? – en essayant de comprendre que l'on pouvait à l'époque être à la fois chrétien et penser sa foi à la lumière de la culture philosophique ou juive. Une bibliographie thématique orientée sur ce qui a paru à propos du *Dialogue avec Tryphon* clôt l'étude.

chapitre 1 :

Historiographie des travaux sur le judaïsme et le christianisme dans le *Dialogue avec Tryphon* de Justin Martyr.

Nous aimerions situer le Dial. dans le contexte plus large du débat judaïsme/christianisme pour comprendre le contexte dans lequel s'est édifiée la critique de ces deux derniers siècles.

Préciser les circonstances dans lesquelles ce débat s'est ouvert permet de mieux cerner les tenants et les aboutissants des différentes prises de position. La situation du problème n'est pas séparable de l'histoire de ses protagonistes. En cherchant à clarifier l'héritage du courant positiviste (1830-1930), nous serons à même de comprendre le cadre dans lequel a eu lieu le renouveau des études à partir de 1945. Enfin, nous dégagerons les nouvelles orientations de ces trente dernières années.

I - L'héritage du courant positiviste (1830-1930).

Ce premier volet du triptyque va nous permettre de prendre conscience de l'impact du courant positiviste, d'une part chez les Juifs donnant naissance à la science du judaïsme, d'autre part chez les érudits de tradition chrétienne permettant l'élaboration de la critique historique.

1 - La naissance de la science du judaïsme et l'influence juive allemande (1840-1910).

Penchons-nous sur l'influence des érudits juifs sur le débat dans la mise en place progressive d'une Science du judaïsme[1]. Nous allons dégager trois époques successives qui ont enrichi la recherche des rapports entre le judaïsme et le christianisme, en nous limitant aux premiers pas de cette science dans le contexte de la troisième République : la première

1. Nous sommes tributaires de l'excellente étude de P. SIMON-NAHUM dans l'élaboration de ce chapitre : *La cité investie [La «Science du Judaïsme» français et la République]*, Paris, 1991.

génération (1840-1880), la seconde génération (1880-1910), la troisième génération (à partir de 1910 ; nous nous contenterons d'en dégager les implications épistémologiques sur le champ du religieux).

a - La première génération d'érudits (1840-1910)

- L'héritage allemand : l'immigration juive du début du XIXe siècle.

Cette influence des érudits juifs fut rendue possible par la forme des transferts culturels franco-allemands, essentiellement centrés autour de la philologie et de la philosophie[2]. L'histoire fut une discipline qui joua un grand rôle sous une forme méthodologique et germanique : la philologie qui est née en Allemagne et resta marquée par son caractère national et protestant. Le slogan contestataire de la Réforme - *sola scriptura, sola gratia, sola fide* - garantissait aux fidèles l'accès à la connaissance de Dieu par la lecture des textes sacrés, faisant d'eux les ministres de la Grâce. Avec la sécularisation de la théologie au XVIIe siècle, cette tradition de référence aux textes se transforma en un criticisme biblique fondé sur une solide érudition. Le passage de la théologie à la philologie se rencontre d'ailleurs souvent dans l'évolution personnelle des premiers philologues modernes.

Les érudits juifs venus d'Allemagne pour raisons politiques trouvent en France des perspectives de carrière remarquables. Le rôle tenu par un judaïsme de l'Est, qui prend désormais le pas sur le judaïsme sépharade, explique l'homothétie entre la formation d'un courant intellectuel au sein du judaïsme français et l'élaboration d'une culture bourgeoise. La philologie ne trouve pas de concurrent en France car la tradition littéraire française est encore dominée au XIXe siècle par la rhétorique. L'histoire est encore sous l'influence des belles-lettres et n'a pas la tradition scientifique des historiens allemands[3]. Cette absence de concurrence dans la discipline, autant que l'attrait exercé sur les savants

2. M. ESPAGNE, M. WERNER, "Le transfert de la culture allemande en France", *Annales ESC*, 4, juil-août 1987, pp. 969-992.

3. Evoquant les historiens romantiques et libéraux du XIXe siècle, Gabriel Monod lors du lancement de la Revue historique en 1876 fustige encore l'absence de tradition scientifique : "Nous y avons gagné peut-être en originalité, du moins au point de vue de la forme littéraire ; nous y avons perdu au point de vue de l'utilité scientifique des travaux de nos historiens. Ils sont presque tous autodidactes ; ils n'ont point eu de maîtres et ils ne forment pas d'élèves. Ils imposent à l'histoire l'empreinte de leur personnalité. Ils sont d'ordinaire, même les plus érudits, des littérateurs avant d'être des savants" ("Du progrès des sciences historiques en France depuis le XVIe siècle", *Revue historique*, I, 1876, pp. 5-38, [p. 29])

par des possibilités de carrière plus brillante, explique le mouvement d'immigration des savants allemands, ininterrompu tout au long de la première moitié du XIXe siècle. A l'attrait professionnel exercé par la France sur les philologues allemands s'ajoutent des motifs d'ordre politique. L'administration prussienne fut le secteur le plus sensible de l'exclusion des Juifs de la vie sociale. Les savants juifs se voyaient bloqués au niveau des promotions et des attributions de postes et de chaires d'université, davantage en sciences humaines qu'en sciences exactes[4]. On évalue à un million le nombre d'Allemands qui seraient passés en France en deux décennies et l'on peut faire l'hypothèse d'une proportion relative encore plus élevée pour la communauté juive. Parmi les Français d'origine, près d'un millier venaient d'Alsace-Lorraine, poussés à l'émigration par la misère consécutive à la double invasion de 1814-15 puis par la crise de subsistance de 1816-17. Cette prépondérance d'une émigration de l'Est dans le judaïsme parisien, qui devait s'accroître jusqu'en 1881, n'est sans doute pas étrangère à la préférence marquée pour la capitale des Juifs venus d'Allemagne.

- Les travaux préparatoires de Munk.

Ce furent ces premiers savants immigrés qui jouèrent un rôle central non seulement dans la constitution d'une science philologique et linguistique en France, mais également dans la création d'une science du judaïsme français. Quelques grands noms s'identifient à l'acte de naissance de cette science dans les années 1860 : Salomon Munk (1803-1867), Joseph Derenbourg (1811-1891), Adolphe Franck (1809-1893 ; le seul Juif français), et Joseph Halévy (1827-1917). Cette première génération (1840-1880) dans la production de la science du judaïsme français transmet une tradition d'érudition juive et préserve l'identité religieuse et culturelle tout en apportant une pratique scientifique moderne et progressiste.

Les écrits exégétiques et historiques de Munk sont le lieu où s'élabore le passage de la pensée religieuse à la philologie. Ce qui intéresse Munk dans la scolastique, c'est donc à la fois le rapport du christianisme au judaïsme, et à travers la solidarité entre aristotélisme et christianisme, le soutien de la philosophie à la stabilité et à l'immutabilité du dogme. Pièce maîtresse de sa démonstration, l'étude du philosophe néo-platonicien Salomon Ibn Gabirol (vers 1021-1058)

4. Pour plus de détails, nous renvoyons à P. SIMON-NAHUM, *La cité investie (supra,* n. 1), pp. 46-47.

que Munk livre au monde scientifique en 1846[5]. A travers son historicisation, c'est souvent à une apologie du judaïsme médieval que nous convie Munk. Sa démonstration de l'identité entre le judaïsme des origines et le monothéisme qui définit sa forme universelle prend place dans la rivalité opposant judaïsme et christianisme sur la question du monothéisme que l'une et l'autre prétendent incarner dans toute sa pureté. Soucieux de défendre la primauté du judaïsme, Munk prend donc position à la fois contre l'école de théologie historique et contre les orientalistes, au nombre desquels Renan, qui étudient sous un même label les religions de l'Orient sacré[6].

- L'apport de Derenbourg et de Franck.

Avec l'étude littéraire et philologique du Talmud telle qu'elle s'amorce dans les années 1860, l'héritage culturel du judaïsme, qui n'est pas encore devenu objet de science, continue à servir d'auxiliaire à la connaissance scientifique. Se situant à l'intérieur de la tradition, Derenbourg et plus encore Franck s'attachent à réhabiliter le Talmud dans ce rôle. L'importance acquise par l'histoire juive pour l'étude d'autres disciplines encourage les savants de la science du judaïsme à ériger le judaïsme lui-même en objet d'étude. Aussi les études talmudiques de Derenbourg ne se comprennent-elles qu'en référence à celles de Munk. Même lorsqu'il n'est question que de méthode, ce sont toujours les rapports de la religion et de la foi et en arrière-plan la rivalité entre judaïsme et christianisme, qui, comme dans le thème de l'universalisme, sont en définitive l'enjeu des discussions.

Dans l'intrication du débat sur la réforme religieuse et sur le liens du judaïsme avec le christianisme, les érudits développent donc un double discours. S'ils démontrent aisément que l'histoire du judaïsme cautionne elle-même l'adaptation de la tradition, c'est pour en marquer aussitôt les limites. Celles-ci sont illustrées par l'histoire du christianisme qui fut, selon les érudits, d'abord un "judaïsme pour païens", avant de se séparer du judaïsme pour devenir une hérésie. L'étude philologique des sources talmudiques qui autorise, on l'a vu, une réinterprétation de l'histoire, débouche chez Franck comme chez Derenbourg sur une interprétation

---

5. S. MUNK, *Mélanges de philosophie juive et arabe*, Paris, 1859 (republié chez Vrin en 1988 avec le concours de l'UNESCO), il y donne une traduction du *Fons vitae* (pp. 149-338), le seul des trois ouvrages philosophiques de Salomon Ibn Gabirol, qui nous soit parvenu.

6. Dans l'antiquité et l'authenticité du judaïsme, les érudits juifs, tel Joseph Halévy, s'affrontent dans le criticisme biblique à la théorie des sources avec Edouard Reuss (en 1833), son élève Karl Heinrich Graf (en 1866) et Julius Wellhausen (en 1878), mais ceci engage un autre débat.

de la tradition. Le traitement de l'histoire politique de la Judée et du conflit pharisiens-sadducéens a clairement montré que Franck se situe du côté des réformistes. Alors que les sadducéens, enchaînés à la lettre de la loi, manifestent au cours des événements une étroitesse d'esprit croissante, les pharisiens, grâce à une tradition toujours vivante, comblant l'insuffisance des textes par le commentaire, s'adaptaient à l'évolution des temps. Derenbourg, pour mieux démarquer judaïsme et christianisme, les oppose comme deux forces antagonistes. Derenbourg consacre une place très restreinte à la naissance du christianisme. Dans le chapitre XII de son livre où la question est traitée, il prend prétexte du silence des sources talmudiques sur la personne de son fondateur pour évoquer brièvement sa vie. On a vu comment, en d'autres circonstances, notre historien a su être moins scrupuleux. A aucun moment, le christianisme n'apparaît comme une innovation. Il est au contraire perçu dans la suite des aggadistes, dont rien ne le distingue. Cette présentation constitue la partie la plus artificielle de sa construction, qu'il n'a empruntée ni à Abraham Geiger (1810-1874), ni à Graetz et qui dut être élaborée à l'encontre de son savoir le plus scientifique.

Le jugement de Franck sur l'histoire de ces relations Juifs/chrétiens est plus favorable que celui de Derenbourg. Franck trouve l'occasion de réfuter à travers les affirmations des philosophes des Lumières qui dénonçaient le caractère brutal du Dieu d'Israël, les apologues du christianisme, lesquels lui opposent le Dieu d'amour prêché par le Christ. L'interprétation du christianisme à travers la doctrine paulinienne, participe encore de cette lecture spiritualiste. Franck repère au sein du pharisianisme, l'existence d'une double tradition, l'une rituelle, l'autre plus mystique et spéculative. Rejetant la première, Paul aurait en réalité accentué la seconde. Les écrits de Franck figurent ainsi parmi les écrits de Juifs qui ne soient pas défavorables à Paul, expliquant la victoire de la tradition véhiculée par Pierre, par les imperfections de la nature humaine.

A cette première génération de philologues venus d'Allemagne pour poursuivre une carrière en France, succède une seconde génération directement formée dans les institutions françaises et souvent sous la direction des premiers.

b - La seconde génération d'érudits (1880-1910).

- Science du judaïsme et critique historique.

Cette seconde génération, avec Michel Bréal fondateur de la sémantique en France auprès duquel étudient les frères Arsène et James Darmesteter, et les frères Théodore et Salomon Reinach, défend le judaïsme, prônant son universalisme. Cependant, il ne s'agit plus pour eux de justifier une réforme religieuse, mais d'apporter la preuve qu'un judaïsme désormais modernisé est pleinement français. Avec eux, la philologie devient politique.

La création de la *Revue des Études juives* en 1880 diffuse la science du judaïsme : les études d'Israël Lévi sur le Talmud et les Midrashim, les études de Moïse Schwab sur la vie et la carrière des principales figures rabbiniques. Sous l'impulsion d'une politisation des études juives, la science du judaïsme va se distancer du judaïsme . Le passage de la philologie à l'histoire à travers la création de la Ve section de l'École pratique des hautes études ou de la Société des études juives permet de dissocier la croyance de la religion d'un point de vue historique. Cette nouvelle attitude des savants juifs qui élaborent un judaïsme détaché du monde rabbinique, s'explique par le dialogue qui s'instaure avec les courants modernistes qui au sein de l'Église cherchent, sous la conduite d'Alfred Loisy, à interpréter les Évangiles à la lumière de l'histoire. Les érudits du judaïsme résolvent en historiens les tensions entre les deux religions. Le retour du modernisme au christianisme primitif étant, en même temps, retour aux sources de la religion mère. Dans cette confessionalisation de leur religion, les érudits rencontrent le danger auquel se heurtaient déjà leurs prédécesseurs, tenants de l'universalisme du judaïsme, danger d'autant plus pressant que s'esquisse dans le même temps un mouvement parallèle dans les cercles chrétiens. Comme les érudits juifs qui se focalisent sur la période pré-talmudique et la figure du prophète, les théologiens modernistes, rejetant dogmes et Église, recherchent dans le christianisme primitif les vérités de l'enseignement christique. Le problème pour des théologiens comme Mgr Batiffol (1861-1929), le R.P. Lagrange (1855-1938), le père Grandmaison (1868-1927) ou Édouard Le Roy (1870-1954) consistait à rendre son contenu spirituel à la foi, à retrouver dans la religion son intuition première, antérieure au culte, en considérant qu'il faut atteindre la vérité vécue et non pas seulement connue. Cette recherche d'une spiritualité face au dogme passait soit par une apologétique du dogme indépendante de l'histoire, soit comme chez Alfred Loisy (1857-1940), par une indépendance absolue de l'histoire par rapport au dogme.

Le débat se focalise donc autour de l'héritage juif du christianisme et de la séparation de celui-ci d'avec la religion mère. En Allemagne, la plupart des historiens convenaient, comme Édouard Meyer ou Julius Wellhausen de l'origine juive du message christique. Mais l'utilisation du criticisme biblique permettait au protestantisme libéral et conservateur de renouer avec la conception traditionnelle de la supériorité du christianisme sur le judaïsme. C'est dans la transition du judaïsme au christianisme qu'on voyait l'élaboration de ces principes. On assista donc progressivement sur les différences et la spécificité de l'apport chrétien, allant jusqu'à tenter de détacher totalement la morale chrétienne de ses fondements juifs. Dans son oeuvre majeure, *Das Wesen des Christentums*, parue à Leipzig en 1900, Harnack s'attache à séparer le christianisme de ses racines juives. Cette nouvelle vision d'un christianisme devait exercer un attrait considérable parmi les juifs de l'école de Marbourg[7]. De l'identification de l'essence du christianisme avec la foi en Dieu le Père résulte une condamnation chez les protestants de tout développement ultérieur, c'est-à-dire en particulier de l'Église et de ses dogmes. Cette présence du dogme appartient selon Harnack à l'influence directe de la pensée grecque, le Christ s'apparentant au *Logos*. Le christianisme défini par les sentiments de miséricorde et d'espérance s'oppose au judaïsme légaliste que caractérise une justice désincarnée, opposition traditionnelle de l'enseignement christique au légalisme des pharisiens. *A contrario*, Loisy reconnaît la présence du dogme dès les écrits de Paul et le quatrième évangile, Justin, Irénée, et Origène marquent les étapes de l'émancipation du christianisme vers une religion universelle. Cette situation du christianisme au sein du judaïsme explique selon Loisy l'absence de culte chrétien au temps de Jésus, les rites mosaïques en tenant lieu. A supposer qu'il y ait des rites païens dans le christianisme, ils ne peuvent être condamnés du seul fait de leur origine, mais, une fois incorporée dans la doctrine chrétienne, perdent aussitôt tout caractère païen. La qualité de la religion du sentiment permet de situer

---

7. Dans *L'Essence du judaïsme* publié en 1905, en réponse à Harnack, Léo Baeck présentait le judaïsme comme la religion du monothéisme par excellence.

le christianisme sur une échelle de valeurs supérieure à celle du judaïsme, sans que les deux religions soient différentes par nature[8].

Les thèses que développe Renan en 1883, dans une conférence donnée à la Société des études juives, sur le thème des rapports entre christianisme et judaïsme, sont à plusieurs égards proches de celles du modernisme. Dans son propre itinéraire, l'exploration de l'histoire des origines chrétiennes l'a conduit à étudier l'histoire d'Israël. Renan réhabilite le judaïsme en invoquant non plus une différence de qualité mais seulement de degré dans la distinction entre judaïsme et christianisme. C'est ce désir d'élargir le judaïsme que Renan découvre dans les plus anciennes épîtres de Paul. Dans cette conférence[9] prononcée le 26 mai 1883, Renan brosse un vaste tableau historique en voyageant à travers les âges. En survolant le christianisme primitif des trois premiers siècles et plus particulièrement le deuxième siècle, il cite Papias, Pasteur d'Hermas, Méliton de Sardes, Polycarpe de Smyrne, l'épître à Diognète puis se contente d'une généralité un peu rapide : "les Apologistes sont en général aussi de grands adversaires du judaïsme ; ce sont des avocats ; ils taillent à pans coupés, comme une forteresse, la cause qu'ils défendent" (p. 129). Pense-t-il à Justin ? Il nomme Clément d'Alexandrie, Origène, Jean Chrysostome mais pas notre apologiste. Aucune mention du *Dial.* dans un sujet où il avait sa place : dommage ! Par contre, il affirme que pour bien comprendre les relations entre judaïsme et christianisme sous Marc-Aurèle, il faut lire le roman dont Clément de Rome est le héros et qui est connu sous le nom de *reconnaissances*. Il aurait été bienvenu de penser aussi au *Dial.* pour la même période. Ces extraits de la conférence de Renan nous montrent que si le *Dial.* de Justin n'est pas inconnu de ce grand savant breton (cf. son immense fresque de l'*Histoire des origines du christianisme*), sa préférence souligne l'utilisation peu fréquente de cette oeuvre justinienne si souvent délaissée même dans un tel débat.

Une question s'avéra centrale dans ce débat non seulement par l'appel au surnaturel et au dogme qu'elle impliquait, mais également comme lieu de rupture entre judaïsme et christianisme, c'est celle du messianisme[10].

---

8. Loisy est moins tranché et plus ambigu qu'Harnack. Il distingue par exemple entre la notion eschatologique de royaume, dont il veut bien admettre la présence dans la tradition juive, et la foi en un Dieu miséricordieux.

9. E. RENAN, *Judaïsme et christianisme* (textes présentés par Jean Gaulmier) Paris, 1977, chapitre VI "identité originelle et séparation graduelle du judaïsme et du christianisme" (pp. 121-137).

10. Nous ne développons pas cette idée qui est en soi un sujet ; cf. M.J. LAGRANGE, *Le Messianisme chez les Juifs*, Paris, 1909 ; D. BARTHELEMY, "La problématique de la messianité de

- L'évolution du judaïsme : méthode comparative avec A. Darmesteter.

Concernant l'évolution du judaïsme vers un formalisme pharisaïque, les savants juifs utilisent désormais la dimension comparatiste pour en atténuer la rigueur. Renan voit dans le règne des docteurs de la Loi une ghettoïsation volontaire et un mode de vie plus rigoureux. Les Juifs sous l'influence du Talmud se referment sur eux-mêmes, créant une barrière avec le monde extérieur. L'échec de la révolte de Bar Kochéba signe l'origine de ce renfermement "autistique" progressif.

Les érudits juifs mettent en parallèle le Talmud et la scolastique chrétienne et considèrent le Talmud davantage comme une herméneutique que comme une règle de vie. Travaillant sur l'oeuvre de Rachi, A. Darmesteter[11] ne manque pas de souligner ce parallélisme. Le rapprochement entre enseignement rabbinique et ecclésiastique remonte aux Pères de l'Eglise. Darmesteter, tout en posant le problème de leur connaissance de l'hébreu, met en lumière les similitudes des deux systèmes d'interprétation. Les Pères de l'Eglise ont en effet beaucoup reçu et conservé de la littérature rabbinique. La Halakah fonde un modèle de raisonnement logique proche du syllogisme, procédant par déduction. Mais si les exégèses talmudiques et patristiques puis scolastiques sont similaires, leur utilisation et les fins auxquelles elles servent sont toutes différentes. Fondé sur une méthode formellement contraignante mais non directrice dans les actes, la scolastique fut détournée par l'Eglise à des fins de sectarisme et d'intolérance. Aussi fut-elle enserrée dans une philosophie cherchant à prouver, par la raison, la vérité des dogmes et mise au service de la théologie, là où le Talmud, restant à l'écart de toute métaphysique, donc de toute dogmatique, se limitait à la régulation de la quotidienneté.

- Le judaïsme positif de Graetz et le prophétisme biblique de Th. Reinach.

Les érudits juifs de la seconde génération réalisent la conciliation entre la foi et la science. Le prophète joue désormais le rôle de la

---

Jésus à la lumière de quelques études juives récentes", *Revue Thomiste,* avril-juin 1993, pp. 263-288.

11. A. DARMESTETER, *Reliques scientifiques, recueillies par son frère,* Paris, 1890 t. I, "Glosses et glossaires hébreux-français du Moyen-Age", pp. 165-195.

tradition. A partir du personnage du prophète s'élabore non seulement la conception du judaïsme comme religion morale du XIXe siècle, mais surtout la possibilité du prolongement dans une eschatologie positiviste, en même temps que personnelle. Les érudits escamotent ainsi le problème de l'adhésion à une transcendance, pour proposer une réponse historique aux interrogations du siècle. C'est dans la critique d'un de ses plus illustres représentants, Graetz, chez lequel ils décèlent un esprit de système, que les savants français expriment leur désaccord. Ce qu'un J.Darmesteter regrette chez Graetz dont il loue par ailleurs les qualités d'érudition, c'est un rationalisme qui, comme la critique orthodoxe, accepte les enchaînements de la tradition, parfois au détriment de la réalité historique et se contente de donner un aspect plausible aux détails merveilleux, rendant ainsi le récit biblique acceptable aux consciences modernes. C'est le miracle même de la formation de la pensée d'Israël que l'historien édulcore[12].

Heinrich (Hirsch zevi) Graetz (ou Grätz) (1817-1891) incarne l'historicisme desséchant de la science du judaïsme, il est le partisan et fondateur du judaïsme positif et historique. Père de l'historiographie juive moderne, il est surtout connu pour sa *Geschichte der Juden* en 11 volumes (en fait 13) rédigée de 1853 à 1876[13]. De 1881 à 1891 Graetz fait paraître une version abrégée de son *Histoire des Juifs* expurgée de notes, mais aussi des polémiques. Cette édition en trois volumes aura un bien plus grand succès que la précédente. Il dirigea à partir de 1869 la *Monatsschrift für Geschichte und Wissenschaft des Judentums*, véritable joyau de la science du judaïsme en Allemagne jusque dans les années 1930. Mais il est célèbre aussi pour sa thèse de doctorat qu'il achève de 1844 à 1845 et qui porte le titre suivant : "De auctoritate et vi, quam gnosis in judaismus habuerit" (publiée sous le titre Gnostizismus und Judentum)[14]. Dans son ouvrage *Gnosticisme et judaïsme,* il attire l'attention sur le mouvement gnostique au sein du judaïsme du IIe siècle mais il nous renseigne également sur les rapports entre les chrétiens et les juifs. L'antipathie du judaïsme à l'égard du christianisme se fondait sur la négation que lui-même promettait à

---

12. J. DARMESTETER, *Les Prophètes d'Israël,* Paris, 1892, "L'Histoire d'Israël et M. Graetz", pp. 227-246.

13. Plusieurs éditions françaises ont vu le jour grâce à Moses Hess (Sinaï et Golgotha 1867), George Stenne (1872), Lazare Wogue et Moïse Bloch (1888). Des passages de cette grande étude sont repris dans un ouvrage français récent : H. GRAETZ, *La construction de l'histoire juive suivi de gnosticisme et judaïsme,* (préface de Charles Touati), Paris, 1992.

14. Il soutient sa thèse dans une université extérieure à la Prusse (à Iéna) car les statuts de l'université de Breslau interdisaient de conférer à un Juif le statut de docteur.

l'essence fondamentale de la Loi juive. Ce rejet allait jusqu'à éviter toute relation avec les chrétiens (cf. *Dial.*38). Mais là aussi la pratique a battu la théorie en brèche puisque nous voyons les maîtres les plus éminents de la Mishna qui entretiennent les meilleures relations avec leurs contemporains chrétiens. Ainsi Rabban Gamaliel interroge un philosophe chrétien[15]. Les résultats des recherches démontrent que les supports du judaïsme de l'époque, les tannaïm, n'ont nullement évité le contact avec les chrétiens au cours des premiers siècles mais qu'ils ont, au contraire, entretenu des relations amicales et participé à des débats sur des thèmes religieux. Il est évident que, dans de telles circonstances, les maîtres juifs ont pu jeter un coup d'oeil sur les écrits circulant en milieu chrétien.

La valeur d'avenir du prophétisme n'assure plus comme chez Renan ou d'autres théologiens modernistes la supériorité du christianisme sur le judaïsme mais implique au contraire un retour au message du judaïsme antique. C'est en ce sens que le prophétisme assure le lien entre messianisme et révolution. J. Darmesteter marque cette inscription du christianisme au coeur du judaïsme en situant comme l'une de ses influences marquantes sur l'histoire de l'humanité l'avènement de Jésus. Le prophète apparaît comme une figure centrale dans l'oeuvre de Th. Reinach[16]. Avec le prophétisme qui place la morale au centre de la religion, la révélation conquiert sa pleine efficacité. La Loi ne demeure que comme élément de perpétuation du judaïsme après la dispersion. Elle se range donc du côté de l'histoire, tandis que le prophétisme incarne toute la religion. A aucun moment Th. Reinach n'assimile pourtant le Talmud aux dogmes, puisqu'autant celui-ci est riche en rituel, autant il est dépourvu d'articles de foi, lesquels condamneraient par avance toute tentative d'adaptation du judaïsme. Le rapport au christianisme n'est donc saisi que sur un plan historique. Le prophétisme n'est envisagé que dans un mouvement chronologique du judaïsme au christianisme. Notons que ce mouvement historico-rationaliste ne fait aucun commentaire sur la puissance de révélation dont les principes sont élucidés et retranscrits en termes éthiques sans que la foi ou l'eschatologie interviennent autrement que sur un mode politique - cela dérange ainsi beaucoup moins !

---

15. Cf. H. GRAETZ, *La construction de l'histoire juive (supra,* n. 13), pp. 107-110 pour plus de précisions car Graetz donne d'autres exemples intéressants.
16. TH. REINACH, *Histoire des Israélites depuis la ruine de leur indépendance nationale jusqu'à nos jours,* Paris, 1901.

Dans ce cadre, c'est le christianisme qui déjà sous l'Antiquité emprunte ses grands principes au judaïsme et non l'inverse. Le rapprochement que l'on constate en cette fin de siècle entre les deux religions provient d'un retour à la religion mère dont le christianisme s'était progressivement éloigné par l'instauration de dogmes. Les études sur le prosélytisme juif, que les auteurs situent toujours à l'époque d'émergence du christianisme, c'est-à-dire au moment où les grands principes du judaïsme sont fixés et où celui-ci influence le christianisme, sont une pièce importante de la démonstration. La réussite de ce prosélytisme s'explique, selon Th. Reinach, par l'attirance qu'exerce sur les classes humbles de la société le caractère démocratique et l'eschatologie de la Bible. La première étape de la conversion se limite souvent à l'adoption des grands principes noachiques, assimilés à une morale universelle. C'est parmi ces semi-convertis, trouvant la pratique du judaïsme trop aride, que le christianisme va recueillir ses premiers adeptes. Tout en acceptant l'héritage théologique et moral de la Bible, ils en adoptent les rites mais en assouplissent les pratiques. Il en découle une nouvelle interprétation du phénomène de Diaspora et du judaïsme talmudique : ils ne sont plus dépréciés mais deviennent au contraire le point de départ de la fondation d'une morale universelle par le biais d'un messianisme pratique. Une nouvelle ligne de lecture apparaît clairement dans l'analyse du judaïsme talmudique. Les rabbins des IIIe et IVe siècles, favorables à la propagande, sont loués, à l'inverse des tenants de la thèse exclusiviste qui triomphe à partir du Ve siècle de notre ère. La période d'officialisation du christianisme est aussi le premier exemple de fermeture du judaïsme sur lui-même : rejeté de l'extérieur, il se voit désormais interdire tout prosélytisme par l'Église comme par l'Empereur. Rabbins et évêques travaillèrent de concert pour isoler le judaïsme.

En bref, pour clore cette deuxième époque des érudits juifs (1880-1914), les études juives, sur le modèle de la philologie allemande, héritée d'une exégèse biblique qui repose sur la critique des textes sacrés, ces études juives, disais-je, se situent d'emblée dans le camp positiviste. La méthode importée d'Allemagne par les érudits de la science du judaïsme dans les années 1840 inspire à Victor Duruy en 1868, la création de l'École pratique des hautes études (abr. EPHE)[17] et

17. G. WEISZ, *The Emergence of Modern Universities in France,* 1863-1914, Londres, 1947, p. 61.

les réformes de l'enseignement supérieur mises en oeuvre sous l'égide de la société de l'enseignement supérieur, fondée en 1878. G. Monod est accusé, au même titre que l'enseignement pratiqué à l'EPHE, d'encourager un courant germanophile par le biais de l'institutionnalisation de la pédagogie et de la méthodologie allemandes. L'apologie du modèle allemand, face à la fragmentation et au manque d'autonomie du système français, est en effet l'un des thèmes favoris de la *Revue internationale de l'enseignement,* émanation de la Société de l'enseignement supérieur.

c - Vers une troisième génération.

L'insistance sur l'aspect historique et social des événements et le rôle de l'individualité, en étouffant la dimension de la transcendance et de la révélation, conduit peu à peu à la sociologie religieuse et à l'hégémonie d'Emile Durkheim (1858-1917), Juif français de troisième génération[18]. Le scandale de l'affaire Dreyfus (décembre 1894) favorise un glissement républicain du judaïsme qui de religieux devient laïc. La spécificité de la science du judaïsme français est, en effet, par rapport à son homologue allemande, de proposer une interprétation politique et positiviste du judaïsme antique, comme de son rôle dans la formation de la culture occidentale. Le judaïsme français est de plus en plus individualisé dans le cadre d'une histoire qui se nationalise.

Cette nouvelle perspective d'investigation du champ religieux évince la révélation en réduisant les problèmes d'altérité au niveau horizontal : à travers leurs cultes, les religions n'adorent pas ce qu'elles disent adorer, un Dieu, mais elles adorent en fait le social lui-même, la force de la collectivité. Nous pourrions aller plus loin dans l'analyse de ce nouveau courant mais l'essence de ce qui est dit est suffisant pour la clarté de notre propos. Nous nous contentons de laisser un bref aperçu sur les conséquences désastreuses, d'un point de vue épistémologique, d'une telle orientation.

Il nous faut à présent aborder un autre héritage du courant positiviste : l'élaboration de la critique historique. Situer les principaux courants dans lesquels le débat s'est ouvert permet de mieux comprendre les positions de certains critiques par rapport au *Dial.*. Ce

18. Karl Marx (1818-1883), Emile Durkheim (1858-1917), Max Weber (1864-1920) sont considérés comme les pères fondateurs de la sociologie. Les deux premiers sont d'origine juive, et le troisième est d'origine protestante.

détour est donc nécessaire pour saisir davantage les travaux plus spécifiques sur le *Dial.* après avoir dégagé les principales thèses de la critique historique, nous cernerons deux autres grandes périodes : le renouveau des études (1945-1960) et les dernières décennies (1960-1999).

2 - L'héritage du courant positiviste : la critique historique (1830-1930).

A côté de l'élaboration d'une Science du judaïsme les érudits chrétiens font avancer la recherche. La *critique historique* protestante issue de l'époque des Lumières rejette par principe elle-aussi toutes les catégories surnaturelles. Pour elle, il n'y a pas de révélation miraculeuse, dont le christianisme des premiers siècles serait un développement inspiré, ou une déviation diabolique. Bien au contraire : il ne faut comprendre les origines et l'évolution du christianisme que comme une tranche de l'histoire générale de l'esprit et des religions de l'humanité. En suivant de manière plus ou moins consciente, et plus ou moins logique ce principe émis par Ferdinand-Christian Baur[19], la critique historique va développer au sujet de la formation de l'Eglise proto-catholique les trois grandes thèses suivantes : celles de Baur, de Ritschl, et la *Religionsgeschichtliche Schule*.[20]

a - La thèse de Baur.

Pour Baur, le catholicisme est issu du judaïsme et de l'hellénisme, dans une sorte d'évolution des idées, au sens de la philosophie hégélienne. De la philosophie du judaïsme aussi bien que de celle de l'hellénisme, il se dégage en fin de compte une "idée", l'"idée" même qui a pris corps en Jésus sous l'aspect du Messie juif. Les premiers apôtres et l'Église primitive restèrent étroitement attachés à cet aspect extérieur. Mais Paul comprit qu'un Crucifié ne saurait être le Messie des Juifs, et parvint à saisir l'"idée" ci-dessus, à savoir le principe de l'universalisme religieux et de l'autonomie éthique. Cette division du

19. F.C. BAUR, *Paulus,* Munich, 1845 ; *idem, Das Christentum und die christliche Kirche der drei ersten Jahrhunderte,* Fribourg en Brisgau, 1853 (^{2}1860).

20. Nous reprenons de larges passages du travail scientifique de L. Goppelt qui, en introduction, commence par une histoire de la question telle que l'a conçue la science depuis un siècle et demi. Cependant, ce tableau ne tient compte que de la science allemande protestante. Ceci limite quelque peu la valeur de cette introduction. Cf. L. GOPPELT, *Les origines de l'Église [christianisme et judaïsme aux deux premiers siècles],* (trad. fr. 1961), Paris, pp. 15-24.

christianisme primitif en judaïsme et paulinisme, dont témoignent d'ailleurs les épîtres pauliniennes authentiques (Ro., Gal., I&II Co.), a persisté dans la période post-paulinienne. Nous en avons la preuve, d'un côté dans les écrits à tendance judaïque (l'Apocalypse et les Pseudo-clémentines), de l'autre dans l'Évangile de Luc, de tendance paulinienne. Ce n'est qu'avec le début du IIe siècle que commence la période de rapprochement des deux "partis". Nous en trouvons l'expression, du côté paulinien dans Col., Eph., les Pastorales, les Actes, Barnabas et Ignace ; du côté judaïque dans Héb., Jac., I Pi., Hermas. Le catholicisme est la synthèse, commençant avec Justin, des deux termes de cette antithèse. Justin serait donc l'auteur essayant de concilier les exégèses juive et chrétienne en soulignant les divergences d'utilisation par les diverses interprétations de l'AT.

Dans ce contexte, Goldfahn en 1873[21] montre l'influence de la littérature rabbinique sur l'apologiste : Justin aurait puisé librement dans les haggadot pour élaborer son argumentation et connaître la pensée de ses adversaires. Goldfahn se trouve dans la même attitude qu'A. Darmesteter qui analyse les similitudes des deux systèmes d'interprétation (celui des Pères et celui des Rabbins). Dans cette étude riche et fructueuse, Goldfahn, après une brève introduction sur le Dial. à propos de la réalité historique du personnage de Tryphon chez Justin, entame une série de parallèles entre le Dial. et la tradition haggadique pour montrer que Justin y a puisé souvent. Il relève vingt-six passages du *Dial.* dont la source serait haggadique, en citant des passages de la littérature juive démontrant les rapprochements évidents entre les différents textes. Au terme de cette entreprise, il souligne la dimension polémique de l'apologétique haggadique en soulignant les divergences d'interprétation entre les traditions juive et chrétienne sur le commentaire de certains passages de la Genèse. Parfois, Justin replace des interprétations haggadiques à propos du sabbat, de la circoncision, ou du Messie dans la bouche de Tryphon, en y opposant les interprétations chrétiennes.

Dans l'École de Tubingue, issue de Baur, et dans le libéralisme historico-critique qui lui est apparenté et dont le représentant est Holtzmann, la dialectique dynamique de l'évolution des idées s'émiette toujours davantage en une infinité de courants spirituels. L'influence de Baur se fait sentir bien au-delà de son école et jusqu'aujourd'hui, non seulement par sa perspicacité critique des sources, mais même par

21. A.H. GOLDFAHN, "Justinus Martyr und die Agada", *MGWJ* 22, 1873, pp. 49-60, 104-115, 145-153, 193-202, 257-269.

certaines grandes lignes de ses géniales conceptions d'ensemble. Schoeps[22], se réclamant expressément de Baur, présente l'hérésie judéo-chrétienne du deuxième siècle comme étant issue du christianisme primitif au même titre que le pagano-christianisme majoritaire.

b - La thèse de Ritschl.

A. Ritschl ("Les origines de l'Église catholique ancienne" 2e édition, 1857) défend, par opposition à l'idéalisme dialectique de Baur, un positivisme historique, qui tente de saisir le phénomène "christianisme primitif" dans toute sa diversité, mais renonce presque entièrement, pour cette raison même, à l'expliquer par l'influence du monde ambiant. A cette manière différente de décomposer les tendances du christianisme primitif correspond aussi une autre manière de décrire son développement. Le judaïsme aboutit aux sectes judéo-chrétiennes ; il n'eut aucune influence sur la naissance du catholicisme. Ce dernier se développa au contraire à partir de la nombreuse fraction pagano-chrétienne, influencée certes, mais non déterminée par Paul et les premiers apôtres ; ce pagano-christianisme est notamment celui de l'Église de Rome, et il a trouvé sa première expression littéraire dans les écrits des Pères apostoliques, en particulier dans I et II Clem. et dans le Pasteur d'Hermas.

Selon la théorie de Baur ou celle de Ritschl, il n'y a pas de décadence par rapport à un sommet que serait le paulinisme. Cette perspective est issue de la critique protestante qui oppose catholicisme et NT. Cette conception est celle d'Harnack, et elle est reprise en grande partie aussi par Lietzmann. Harnack sépare résolument christianisme et judaïsme, et il étudie ces deux mouvements côte à côte sans y voir les influences de l'un sur l'autre. De ce fait, en 1913[23], il aborde le texte de Justin dans une perspective moins exégétique que Goldfahn et plus historique. Il veut non pas étudier la polémique de Justin contre les Juifs. mais dévoiler l'attitude véritable du judaïsme et du judéo-christianisme telle qu'elle se présente à Justin. Il utilise le *Dial.* pour élaborer une connaissance des désaccords entre les deux religions parce que les sources gréco-latines sur ce sujet sont très rares. Il veut ainsi

22. H.J. SCHOEPS, *Theologie und Geschichte des Judenchristentums*, Tubingue, 1949 ; *idem, Das judenchristentum untersuchungen über Gruppenbildungen und Parteikämpfe in der frühen Christenheit*, Munich, 1964 ; *idem*, "Das Judenchristentums in den Parteienkämpfen der alten kirche", *Aspects du Judéo-christianisme*, Paris, 1965, pp. 53-76.

23. A. HARNACK, "Judentum und Judenchristentum in Justins Dialog mit Trypho", *TU* 39, I, 1913, pp. 47-98.

II - Le renouveau des études (1945 - 1960).

1 - Le contexte des découvertes.

Il faut attendre 1945 pour que de nouvelles études puissent voir le jour. La décennie 45-55 est une période où les travaux prolifèrent. Pourquoi avoir choisi 1945 ? Cette date correspond certes à la fin d'une utopie qui a coûté cher en vies humaines et dont l'antisémitisme brutal a pu susciter des réflexions et motiver de nouvelles recherches sur ces problèmes de controverse[31] ; mais elle correspond aussi à la découverte (vers déc.1945) dans la région de Nag Hammadi au pied de la falaise du Gebel el Tarif en Haute-Egypte d'une jarre brisée contenant des *codices* reliant des feuillets de papyrus. Cette bibliothèque de Nag Hammadi renferme treize volumes regroupant quelque cinquante-trois traités coptes pour la plupart gnostiques, éclairant entre autres la prophétie apocalyptique, l'utilisation des traditions juives, le judéo-christianisme et l'Evangile de Thomas... L'origine de ces textes se situait dans des cercles gnostiques qui avaient prospéré entre le deuxième et quatrième siècle de notre ère. Henri-Charles Puech (1902-1986) de l'EPHE et du Collège de France consacra l'essentiel de ses conférences à commenter minutieusement ces documents puis Michel Tardieu devait se faire par la suite l'historien de ces écrits gnostiques. On y reconnaît des traditions évangéliques mais avec l'originalité de traditions secrètes, ésotériques, promettant le salut par la connaissance. En 1947, un berger arabe découvre dans une grotte dans le désert de Judée des jarres cylindriques préservant des rouleaux de papyrus. La découverte de la bibliothèque essénienne de Qumrân éclaire d'un jour nouveau à travers l'étude de l'essénisme les aspects du judéo-christianisme. Ces deux découvertes (Nag Hammadi et les manuscrits de la mer morte) sont les plus importantes du XXe siècle en matière de textes anciens. Elles ont insufflé un nouvel élan à la recherche judaïsme/christianisme et les résultats de l'enquête sont peu à peu intégrés au dossier et suscite un regain d'intérêt pour expliquer le rapport des deux religions. De la même façon que les textes de Nag Hammadi ont modifié notre conception du christianisme primitif, de même les documents de Qumrân ont changé notre conception du judaïsme ancien. Derrière les mots judaïsme et christianisme, il y a pour chacun une réalité complexe

---

31. Marcel Simon, en introduction de sa thèse (cf. *infra*) ne cache pas que les circonstances de l'époque (1939) ne sont pas étrangères à ses motivations heuristiques.

et une variété d'aspects et non pas un judaïsme normatif, unique et orthodoxe ainsi qu'un christianisme monolithique. Il y a une pluralité de pensée et de style de vie sous chacun de ces termes. Ces nouveaux textes pouvaient bouleverser de fond en comble ce que l'on savait des liens du tout premier christianisme avec les sectes juives. Mais l'exploitation efficiente de ces découvertes n'aura son plein effet qu'à partir de 1960 : les résultats de la recherche se substitueront alors aux intuitions premières. La période 1945-1960 vit de l'héritage du comparatisme, de la méthode critique, et de l'émoi des nouvelles archéologiques.

Concernant les orientations universitaires à Paris, autour d'Henri-Irénée Marrou a été créée une chaire d'histoire ancienne du christianisme à la Sorbonne. La Bibliothèque d'Histoire des Religions abritait les chercheurs du groupe de Marrou et son fonds était principalement consacré à la Bible, au judaïsme, aux religions orientales. Elle résultait d'un don d'Alfred Loisy (1857-1940) et de Théodore Reinach (1860-1928). Toutefois, Marrou n'enseignait pas la Bible et l'histoire du judaïsme. A Strasbourg, Marcel Simon (1907-1986) dans les années trente étudiait une étape de l'antisémitisme lors des origines de la société chrétienne, question brutalement soulevée par l'antisémitisme raciste. Sous l'occupation à Paris, les autorités de Vichy avaient imposé par décret à la Faculté des Lettres la création d'une chaire d'Histoire du judaïsme qui devait avoir une portée antisémite. Lors de l'inauguration de la chaire, le 12 décembre 1942, le cours du professeur fut perturbé par des étudiants résistants ; l'enseignement fut rapidement déserté.

L'équipe de recherche de Marrou se consacrait donc surtout au christianisme. Il n'y avait pas d'orientation spécifique par rapport au problème du judaïsme/christianisme. Certes, Annie Jaubert [élève de Marrou] (1912-1980), dôtée d'une formation de bibliste à l'Ecole Biblique et Archéologique Française en 1951-52 était une exégète et historienne du judaïsme ancien. Marguerite Harl organisa une vaste entreprise de traduction de la Septante en étudiant sa réception juive et chrétienne. Monique Alexandre, une de ses élèves, est spécialiste du judaïsme hellénistique ; Mireille Hadas-Lebel, une autre de ses élèves, connaît une notoriété certaine en matière de judaïsme ancien (talmudique) puisqu'elle a une chaire à Paris IV-Sorbonne. L'élan des études entre judaïsme et christianisme semble provenir donc davantage des universités de Strasbourg à travers les travaux de Simon[32].

---

32. Cf. M. HARL, *Le déchiffrement du sens*, Paris, 1991.

2 - La thèse de Marcel Simon.

Karl Thieme en 1945, publie *Kirche und Synagoge*, une traduction allemande abrégée de l'Épître de Barnabé et du *Dial.* de Justin. Ce n'est pas l'intérêt historique de ces textes qui a poussé l'auteur à ce travail, mais leur valeur toujours actuelle comme expression de la relation entre judaïsme et christianisme. Une introduction rappelle brièvement l'histoire du judaïsme jusqu'à la catastrophe de 135 ap. J-C. L'ouvrage se termine par une étude où l'auteur dégage les caractères généraux des rapports de l'Église et de la Synagogue. Il montre d'abord que l'Église est l'accomplissement de ce dont la Synagogue était la figure - et c'est précisément ce dont témoigne Justin par son interprétation typologique de l'AT, que l'auteur distingue bien de l'allégorie philonienne (p. 200). Bien qu'il contienne des notes précieuses, ce petit livre n'est pas une oeuvre d'érudition et reste une mise au point en attendant la thèse savante de Simon[33].

En 1948, Marcel Simon publie le beau livre de *Verus Israël.* Sa thèse essentielle est que les controverses dogmatiques sur les deux Testaments sont l'expression des conflits qui ont opposé en fait Juifs et chrétiens et de la concurrence que la Synagogue n'a pas cessé de faire à l'Église. Quelques détails caractéristiques permettent de deviner combien Simon a rénové le tableau classique des relations judéo-chrétiennes.

Dans une première partie ("le cadre religieux et politique"), Simon situe les positions respectives du judaïsme et du christianisme dans la période qu'il étudie. Il montre - c'est une thèse centrale de son livre - que ni la catastrophe de 70, ni même celle de 135, n'ont rejeté le judaïsme sur lui-même et arrêté son esprit de prosélytisme. Simon voit une marque de la vitalité du judaïsme d'alors dans le développement des fresques des synagogues (cf. Doura-Europos) qui influera sur l'art chrétien. C'est donc en présence d'un judaïsme vivant et qui lui faisait concurrence dans le monde païen que le christianisme s'est trouvé. Il s'agit pour Simon de dénoncer une double erreur. Celle des auteurs

33. Sur le judéo-christianisme, cf. B. REICKE, *The disobedient Spirits and christian Baptism,* 34, 1947, 372 ; *idem*, "Diakonie", *Festfreude und Zelos,* 38, 1951, 282 ; *idem*, "Jahresfeier und Zeittenwende im Judentum und Christentum der Antike", *ThQ* 150, 1970 ; *idem*, "The Constitution of the Primitive Church in the Light of Jewish Documents", *The Scrolls and the NT,* pp. 143-156.

d'inspiration chrétienne - Harnack, Duchesne, Lagrange - qui considèrent le repli du judaïsme comme instantané, comme la répercussion immédiate de la défaite nationale de 70. Et cette autre, à laquelle ont succombé les auteurs d'inspiration juive - Graetz, Dubnow, Friedländer - qui consiste à n'interpréter les aspects de la pensée rabbinique qu'en fonction du Talmud ou qu'en rapport avec la pensée hellénique sans tenir compte de l'idéologie et surtout de la littérature polémique chrétiennes.

Les problèmes de controverse supposent toujours une double information pour aborder avec justesse le débat entre deux contractants. Des erreurs d'optique procèdent d'une information trop strictement talmudique et d'une ignorance regrettable des textes chrétiens ; inversement l'investigation chrétienne est souvent faussée par la schématisation excessive de la pensée talmudique et sa réduction à une mentalité uniforme et simpliste. La vitalité du judaïsme explique l'importance de la littérature chrétienne anti-juive. C'est à l'étude de cette littérature qu'est consacrée la plus grande partie du livre (deuxième partie : "le conflit des orthodoxies"). Jusqu'alors l'attention des historiens s'est surtout portée dans les problèmes de controverse sur les polémiques contre les hérétiques. On a souvent négligé le versant tourné vers le judaïsme. Or le renouveau d'intérêt porté aux travaux bibliques et à l'exégèse patristique de l'Écriture redonne une actualité aux controverses avec les Juifs qui tourne tout entière autour de la Bible. C'est cette controverse qui en explique d'abord en partie la méthode, à savoir l'exégèse typologique. Cependant l'exégèse juive n'ignore pas la typologie car les sources de cette méthode sont juives. L'objet de la démonstration patristique n'est donc pas d'établir que l'Écriture a un sens figuratif. Ceci, les Juifs le pensaient déjà. Mais c'est de montrer que cette figuration est accomplie dans le Christ et que c'est à lui que s'appliquent les prophéties et les figures de l'AT. Toutefois il faut ajouter que les auteurs chrétiens étendront beaucoup - et souvent à l'excès - la recherche des passages figuratifs de l'AT (p. 181). On comprend ainsi l'importance de la controverse anti-juive dans l'histoire du dogme. C'est elle qui a obligé les écrivains chrétiens à réfléchir sur la relation des deux Testaments et par conséquent à élaborer une théologie de l'histoire. Cependant, au début avec Barnabé et Justin le christianisme n'était qu'un retour à la pureté de la religion primitive, telle qu'elle s'exprime dans le Décalogue. C'est seulement avec Irénée que la conception d'un plan progressif de Dieu, dont l'AT est une étape, se dégagera fermement.

Chez Justin (cf. pp. 177-187), le recours à l'Écriture est fondamentale car la démonstration, pour avoir quelque effet sur les Juifs, doit s'appuyer sur des textes bibliques. Les Juifs doivent voir clairs en eux-mêmes pour interpréter correctement la révélation divine. Une interprétation correcte de la Bible doit suffire à faire d'eux des chrétiens car toute vérité y est contenue, et toute vérité est chrétienne. Et c'est une interprétation «pneumatique», la seule légitime, de la Bible qui conditionne toute la démonstration chrétienne. Deux méthodes de démonstration s'offrent donc aux apologistes : l'argument prophétique et l'exégèse allégorique ou typologique. Le témoignage que rend la Bible du Christ revêt une double forme : prédiction et symbole. Il faut donc déceler sous le sens littéral des textes bibliques la révélation du christianisme. Les sources de cette méthode exégétique sont incontestablement juives mais les rabbins ne font de l'allégorisme à proprement parler qu'un usage assez modeste et toujours prudent. Ainsi, la controverse scripturaire judéo-chrétienne peut apparaître souvent comme le conflit de deux méthodes d'exégèse, l'allégorique et la littérale. En revanche des affinités très claires sont discernables entre l'exégèse chrétienne et celle du judaïsme hellénistique. L'allégorisme de Philon, essentiellement philosophique, consiste à chercher sous la lettre de l'Écriture l'expression de vérités transcendantes, celles-là mêmes auxquelles la philosophie profane est parvenue par ses voies propres : on démontre ainsi la concordance entre la sagesse grecque et la révélation biblique. L'analogie est particulièrement nette lorsqu'il s'agit d'interpréter en morale les commandements de caractère rituel. Mais la différence importante entre les chrétiens et les rabbins (aussi bien avec Philon) réside dans le fait que l'AT ne saurait se suffire et offrir par lui-même un sens satisfaisant. L'usage de l'allégorisme préfiguratif est courant chez Barnabé et Justin. Simon pense que Justin serait dépendant de Barnabé et qu'il y recourait abondamment. Prigent (dans l'introduction critique de *l'épître de Barnabé,* sources chrétiennes n.172, pp. 23-24) relève aussi un bon nombre de rapprochements avec Justin mais il pense peu vraisemblable que Justin ait lu l'épître et suppose plutôt que les similitudes remontent à un même courant traditionnel.

En fait, le problème de méthode entre Juifs et chrétiens se doublait de divergences relatives au texte de la Bible. Les apologistes se reposent sur la version des Septante et les rabbins sur le texte hébraïque. Les versions de Théodotion, de Symmaque, et d'Aquila sont nées de cette méfiance envers la Septante et de la nécessité de réfuter les interprétations que les chrétiens appuyaient sur elle. Justin accuse les Juifs d'avoir retranché des passages messianiques dans leurs nouvelles versions et qui étaient dans la Septante. Or, ces passages supposés supprimés du texte grec par les Juifs sont connus par des chrétiens ultérieurs, et certains s'ils sont absents de notre Septante ne se retrouvent pas davantage dans l'original hébraïque. Simon suppose donc que ces suppressions dues aux Juifs seraient plutôt des interpolations chrétiennes. Elles proviendraient de florilèges bibliques que les auteurs chrétiens utilisaient pour les besoins de la controverse. Ces recueils de textes scripturaires spécialement choisis en vue de la prédication ou de la controverse auraient abondé à cette époque où la diffusion des textes saints était plus difficile. Cette hypothèse expliquerait chez Justin les combinaisons de deux versets d'origine différente en une citation unique (amalgame de Psm.110:2 et Psm.72:5 et 17 en *Dial.* 76:7).

En bref, deux éléments caractérisent d'un bout à l'autre les relations judéo-chrétiennes : hostilité ouverte d'une part, contacts syncrétisants de l'autre.

En 1949[34], Hans Joachim Schoeps - *Theologie und Geschichte des Judenchristentums* - approfondit le judéo-christianisme et son livre est une importante contribution aux origines chrétiennes et au problème des rapports entre Juifs et chrétiens[35]. On sait que l'école protestante de Tubingue avec Chr. Baur et Hilgenfeld entendait par ce mot la communauté primitive de Jérusalem par opposition avec le pagano-christianisme représenté par Paul et qui devait triompher. Conception beaucoup trop large et qui reposait sur une interprétation fausse des origines chrétiennes. Ce que Schoeps entend par judéo-christianisme, au sens précis du mot, c'est un groupe de chrétiens qui non seulement conserve des usages juifs, mais professe une christologie hétérodoxe. Ce groupe ne représente pas un courant de la grande Église : c'est une secte hérétique que la tradition désigne par le terme d'ébionisme. Mais ce qui reste vrai de la thèse de l'école de Tubingue, c'est que cet ébionisme a poussé jusqu'à l'hérésie des tendances qui existaient dans la

34. Cf. aussi du même auteur *Urgemeinde judenchristentum Gnosis*, Tubingue, 1956 ; *idem*, *Die Tempelzerstörung des Jahres 70 in der judischen Religiongeschichte*, Coniectanea Neotestamentica, Upsala, 1942, étude sur la signification de la destruction du temple de Jérusalem en 70 dans la conception de l'histoire du judaïsme. Cet événement dont l'importance a été si grande aussi pour les chrétiens, est interprété par les Juifs comme un châtiment, mais non définitif. Ils attendent la restauration du temple à l'ère messianique.

35. S.G.F. BRANDON, *The Fall of Jerusalem and the Christian Church [a study of the Effects of the Jewish Overthrow of A.D. 70 on Christianity]*, Londres, 1951 montre la puissance du judéo-christianisme jusqu'en 70. Cf. aussi G. L. ELLSPERMANN, *The attitude of the Early Christian latin Writers toward pagan literature and learning*, Washington, 1949.

communauté primitive et qui constituaient ce qu'on peut appeler le judéo-christianisme orthodoxe. Il est d'ailleurs difficile de déterminer exactement la ligne de démarcation entre ces deux formes de judéo-christianisme, et en cela peut-être la thèse de Schoeps laisse-t-elle à désirer.

La théologie du judéo-christianisme se caractérise par trois traits :

* la conception christologique ; Jésus est un homme élu de Dieu mais non le fils de Dieu préexistant. Sa mort n'a pas de valeur sotériologique. Le christianisme apparaît seulement comme une réforme du judaïsme.

* la conception de la Loi ; pour eux, Jésus n'a pas voulu supprimer la Loi. Cette suppression est l'oeuvre de Paul, qui est leur grand adversaire comme l'avait bien vu Baur (p. 131). Schoeps n'hésite pas à rapprocher les ébionites des esséniens.

* l'histoire de l'ébionisme ; l'ébionisme se présente à l'origine comme un aspect hétérodoxe du christianisme palestinien. Il existe une gnose ébionite appelée l'elkasaïsme. Schoeps est le premier à avoir situé le judéo-christianisme hétérodoxe (ou ébionisme) par rapport au judaïsme, au judéo-christianisme orthodoxe et à la gnose.

En 1949[36], Robert Wilde publie sa thèse de doctorat : *The treatment of the jews in the Greek christian writers of the first three centuries.* Limitant son investigation aux auteurs grecs, il a voulu replacer les auteurs chrétiens dans le contexte de l'époque. C'est pourquoi il commence par faire un bref historique de la façon dont les Juifs ont été traités par les païens en partant de l'exil de Babylone, traversant la période hellénistique, jusqu'à la période chrétienne. Il passe en revue l'attitude des auteurs grecs païens envers les Juifs depuis Théophraste jusqu'à Porphyre, puis il s'occupe des auteurs grecs chrétiens depuis Clément de Rome jusqu'à Origène et ses successeurs. Il intègre les apocryphes [les Evangiles, les Apocalypses](bénéficie-t-il des résultats des découvertes de Nag Hammadi ? Il n'en parle pas ni ne mentionne les textes esséniens, ce qui est plus compréhensible). Il accorde une large place à Justin (pp. 98-130). Il avoue que la controverse entre Juifs et chrétiens reste fondamentalement théologique et n'a jamais touché à

36. La même année, J. JOCZ publie *The Jewish People and Jesus Christ [a study in the controversy between Church and Synagogue]*, Londres, 1954 (première édition 1949). Jocz n'ajoute rien de neuf et se contente de reprendre les travaux d'Harnack concernant Justin : l'apologiste laisse parler son adversaire tout en se prêtant davantage à un monologue du vainqueur.

des considérations *ad hominem*. Dans les Apologies[37], Justin insiste sur trois aspects (qui reviendront dans le *Dial.*) : les Juifs et Christ, Juifs et chrétiens, l'antiquité du christianisme. D'abord, il fait remarquer que la nation juive devrait être christocentrique. Il n'insiste pas tant sur les miracles que sur l'accomplissement des prophéties qui demeure l'argument apologétique de poids. Jésus-Christ est le rabbi par excellence car il donne la bonne interprétation de l'Ecriture. Ensuite, les rapports Juifs-chrétiens au niveau politique sont durs car les Juifs sous Bar Kocheba ont persécuté les chrétiens (et déjà avant), et au niveau spirituel ils achoppent sur le Christ qui reste la pierre angulaire. Enfin, les chrétiens se réclament de l'héritage juif et considèrent l'AT comme leur patrimoine ("nos Ecritures") : ainsi l'ancienneté du christianisme lui confère le droit au respect. En effet, chez les Anciens, la nouveauté (*res nova*) est un grief[38]. C'est pourquoi les chrétiens s'attachent à démontrer que soudée au judaïsme qui l'avait précédée et préparée, la religion du Christ n'est point nouvelle, qu'elle a derrière soi la majesté des siècles dont l'ombre auguste doit la protéger.

Concernant le *Dial.*, les trois aspects majeurs de l'entretien concernent : la dénonciation du judaïsme pharisianiste, le problème de la messianité, et les rapports Juifs/chrétiens. Certes, le Dieu des chrétiens et des Juifs est le même (monothéisme), la nécessité d'un médiateur entre Dieu et les hommes (la loi mosaïque pour les Juifs, Christ pour les chrétiens), la repentance est la condition indispensable pour l'effet positif de l'expiation par la victime propitiatoire, l'AT leur est commun... Mais Justin accuse les rabbins de se former une conception anthropomorphique de Dieu tandis que les chrétiens s'en font une idée spirituelle. Justin dénonce les rabbins qui se croient dépositaire du sens des Ecritures et qui dans leur domination spirituelle tiennent le peuple loin de la vérité. Concernant l'interprétation de la loi, il injecte un sens symbolique au lieu d'y voir le sens littéral d'observances. Touchant la messianité, Tryphon admet que Christ soit le Dieu des Gentils mais non celui des Juifs (*Dial.*64). Il admet même la notion de Messie-souffrant (*Dial.*36 ; 39 ; 68 ;89 ; 90) mais refuse de voir en Jésus le Messie (la crucifixion, l'incarnation, la naissance

---

37. *ap.*1:13,31,32,37 ; 32 ; 47 ; 53 ; 34 ; 63 ; 52.

38. S'il y a un principe dont les Romains aient été pénétrés, c'est assurément celui-ci : toute institution, quelle qu'elle soit, qui se rattache à un passé lointain a droit au respect. La croyance à la supériorité de l'humanité primitive, au double point de vue de la "science" et de la "vertu" n'était pas étrangère à une telle conviction, que professaient les moralistes les plus autorisés : Cicéron, *Tusc.* I, 12, 26 ; Sénèque, *De Benef.* I, 10, 1 ; Quintilien *Inst. Or.* III, 7, 26 ; Tacite *Hist.* V, 5 ...

virginale sont autant de choses impensables). Enfin, l'Israël de Dieu n'est plus la nation juive mais les chrétiens. Se sentant détrônés et déchus de la promesse, les Juifs réagissent violemment face aux chrétiens (persécutions). Ils ne supportent pas les chrétiens qui affirment être approuvé de Dieu. En persécutant les chrétiens, les Juifs ont rendu service au *diabolos* (Dial.131 ; dans ce cas, Justin les mêle à Satan). L'effort missionnaire des chrétiens pour convertir les Juifs est sans succès. Cependant, Justin ne dit pas que les Juifs sont une race abandonnée par Dieu ; certains se convertissent (Dial.39). Les chrétiens prient pour la conversion des Juifs (Dial.133). Le Dial. nous dépeint des relations amicales entre Justin et Tryphon faites de patience, de charité, et d'ouverture. D'un autre côté, Justin est très sévère envers les Juifs, il ne mâche pas ses mots et semble dur avec eux (peuple endurci, rebelle, désobéissant, stérile, improductif, méchant). Le *Dial.* nous informe sur l'exégèse juive et l'enseignement des rabbins. En fait, les Juifs sont rejetés par Dieu à cause de leurs péchés, mais ils ne sont pas abandonnés. Wilde se contente de présenter les positions de Justin en se cachant derrière les mots de l'apologiste sans oser proposer une interprétation qui le situerait parmi les auteurs patristiques. Cette mesure plus sage et moins engagée a le mérite de ne pas déformer les propos de l'apologiste.

En 1953, Gregory Dix - *Jew and Greek, a study in the primitive Church*, Londres - est l'un des auteurs contemporains qui ont le plus insisté sur le fait que, le christianisme étant apparu en milieu juif, il faut donc chercher dans ce milieu l'origine des structures liturgiques et ecclésiales dans lesquelles il s'est exprimé d'abord et s'exprime encore aujourd'hui. L'auteur reprend le dessein qui a été dans ces dernières années celui de Brandon, de Simon, de Reicke et dans un sens parallèle au leur. Au début de 30-40, la prédication chrétienne s'exprime dans une perspective purement juive. Il est regrettable que Dix n'ait pu encore profiter de la publication des documents de Qumrân. La thèse de son livre est la suivante : les judéo-chrétiens, qui sont alors l'Église même ont admis dès l'origine que les Gentils n'étaient pas obligés à la circoncision. Dix insiste comme Brandon et Reicke sur l'importance du nationalisme juif et sa pression sur le christianisme. La crise du concile de Jérusalem en 48 n'est pas entre judéo-chrétiens et pagano-chrétiens mais entre le judéo-christianisme et le nationalisme juif. Le judéo-christianisme ne regroupe que les ébionites comme le pensait Schoeps mais aussi les nazaréens qui sont des chrétiens de la grande Église mais qui ont gardé les formes juives. Cependant, Dix va un peu loin quand il affirme que le christianisme est resté fidèle à son caractère sémitique. Il identifie trop la révélation et les catégories sémitiques. Il semble mieux inspiré quand il écrit : "Le christianisme a cessé d'être juif, non pour devenir grec, mais pour être lui-même" (p. 109).

3 - La thèse de Leonhardt Goppelt.

Le livre de Goppelt[39] est un travail scientifique très poussé qui nous offre le tableau le plus complet et le mieux documenté que nous ayons à l'heure actuelle sur la relation du christianisme primitif et du judaïsme. Ce travail complète chronologiquement celui de Simon puisque ce dernier s'intéresse aux rapports de l'Eglise et de la Synagogue entre 135 et 425, et que Goppelt se cantonne aux deux premiers siècles. Dans son introduction, l'auteur commence par se départir de la critique historique et des thèses modernistes en se réclamant d'une tendance "sotériologique et ecclésiastique" qui reconnaît le kérygma et l'Eglise comme éléments fondamentaux du christianisme primitif. Cette tendance est issue du biblicisme allemand et du réveil luthérien et s'est maintenue parallèlement à la critique historique depuis le début du XIXe siècle. Ses représentants les plus éminents furent J. Chr. K. von Hofman et J.T. Beck, Th. Zahn et A. Schlatter, J. Schniewind et Frédéric Godet (pour le public français). Cette école a toujours vu dans le NT le témoignage normatif de l'histoire du salut. Ce qui distingue ces deux écoles (moderniste et sotériologique), ce ne sont pas les méthodes d'investigation (philologie, critique textuelle...) mais les différences dans les solutions données aux problèmes fondamentaux : "raison et foi", "histoire et révélation". L'école sotériologique cherche autant que possible à faire abstraction de l'arrière-plan philosophique de ces méthodes d'investigation. En particulier, l'*analogia historica* principe de l'histoire des religions, croit devoir développer dans l'exégèse d'un texte un premier sens scientifique sûr, pour l'interpréter ensuite théologiquement. L'école "sotériologique", elle, cherche immédiatement à subordonner l'*analogia historica* aux principes de l'*analogia scripturae sacrae* et de l'*analogia fidei*, principes qui remontent aux Réformateurs, ce que l'école sotériologique considère comme décisif

39. L. GOPPELT, *Christentum und Judentum im ersten und zweiten Jahrhundert*, Güttersloh, 1954 (trad. fr. en 1961 : *Les origines de l'Église, Christianisme et Judaïsme aux deux premiers siècles*, Paris).

dans l'histoire, c'est le témoignage apostolique qui n'est pas un fait muet, mais une Parole qui interprète elle-même sa propre signification, que l'homme Jésus est la révélation de Dieu car il est fils de Dieu, crucifié et ressuscité. Ce témoignage unit indissolublement tradition et témoignage intérieur du Saint-Esprit, attestant ainsi qu'il est la Vérité. Le porteur de la parole apostolique n'est ni une incarnation de la foi de l'Eglise, ni une personnalité religieuse et théologique incomprise de la grande masse de l'Eglise. Il est le porteur d'une Parole qui reste toujours face aux hommes et qui déborde toujours le simple contenu de la foi. Ce n'est qu'en partant de ce motif central et constitutif, et en y adhérant soi-même à chaque instant, que l'on peut légitimement exposer l'histoire de l'Eglise primitive. A la lumière des sources et discutant le travail de la recherche critique des deux derniers siècles, Goppelt étudie le développement des relations entre christianisme et judaïsme jusqu'à la formation de l'Eglise catholique à la fin du IIe siècle.

Une première partie étudie les origines. Goppelt montre très bien que dans cette période la communauté chrétienne apparaît comme encore engagée dans le monde juif, mais que cependant elle se distingue déjà radicalement de la religion d'Israël. Il distingue plusieurs aspects du judaïsme : le vrai Israël revendiquant l'AT (le christianisme), le Spätjudentum, le judaïsme des deux derniers siècles pré-chrétiens et du début du premier siècle de notre ère. Ce judaïsme est le milieu où s'est formé le christianisme primitif et auquel il a emprunté ses catégories de pensée et de langage, son organisation, ses formes liturgiques, ses pratiques religieuses. Enfin, le judaïsme d'après 70 auquel le pharisianisme donne sa forme nomique. A côté subsiste un judaïsme gnostique que Goppelt ne développe pas vraiment.

La seconde partie, la plus importante de son livre, celle où le christianisme après 70 ayant rompu avec le judaïsme et n'ayant pas encore trouvé son assiette en milieu grec, présente une grande variété d'aspects d'après les régions où il se développe. Le tableau du christianisme au début du second siècle que nous trace ici l'auteur, n'avait jamais été traité avec cette précision et cette ampleur.

Enfin, la dernière partie de l'ouvrage est plus brève mais c'est la plus importante pour nous. Elle concerne la troisième période qui commence au milieu du second siècle. L'Eglise se définit théologiquement avec plus de rigueur par rapport au judaïsme en réaction aux courants hétérodoxes (Valentin, Marcion, Montan) : c'est en particulier l'oeuvre de Justin. Dans son entretien, Justin s'adresse à Tryphon qui représente le judaïsme ouvert au monde hellénistique de la Diaspora et qui est condamné à disparaître par la tendance pharisienne dominante. Tryphon cherche le contact avec Justin malgré l'interdiction des rabbins de discuter avec des chrétiens (*Dial.*38:1 ; 112:4). Aux objections juives contre le christianisme, Justin répond largement. Goppelt a souligné trois aspects essentiels de cette oeuvre : le caractère véritable de la rencontre, l'éloignement de Justin par rapport à Paul et ses raisons, les conséquences sur le rapport judaïsme/christianisme.

1) Tout d'abord, le Dial. n'est pas une apologie camouflée, un monologue ayant l'apparence d'un dialogue, mais une véritable rencontre sinon des deux personnages, en tout cas des deux religions. Judaïsme et chritianisme sont au fond liés par la seule possession en commun de l'AT et ne se distinguent l'un de l'autre que par leurs manières différentes de l'interpréter. Tel est le cadre du Dial. Le contenu ne peut être qu'une discussion exégétique et son but que la réfutation rationnelle de l'interprétation juive de l'Ecriture. Mais cette réfutation n'a qu'un double but : éventuellement persuader le Juif et surtout exposer aux chrétiens et aux païens le bien-fondé de la preuve par les prophéties. Justin entend montrer ainsi que la Révélation historique est une vérité recevable par tous. L'image du judaïsme qu'il apporte est étonnamment vraie. Justin connaît le judaïsme de son temps comme aucun autre pagano-chrétien avant Origène, grâce à son origine palestinienne et aux dialogues réels qu'il a soutenu avec des Juifs. La vraie différence entre ces deux religions ne réside pas dans les méthodes de l'herméneutique mais dans le but que se propose l'exégèse : Tryphon interprète l'AT comme un livre se suffisant à lui-même ; Justin interprète l'AT à la lumière du NT en découvrant partout des allusions directes à la venue de Jésus. Ajoutons qu'au sens symbolique et allégorique d'interprétation - alors que l'épître de Barnabé ne voit que cela - Justin y ajoute le sens littéral. Sur ce fondement, Justin aborde trois thèmes principaux de cette controverse : la validité de la Loi, la messianité de Jésus, et la question de savoir si l'Eglise est bien le véritable Israël (cf. Goppelt, pp. 258-264). Notons que concernant le judéo-christianisme, Justin est assez généreux contrairement à d'autres hommes de l'Eglise dont l'attitude est plus dure (Dial. 47:2).

2) Ensuite, Goppelt, plus que ces prédécesseurs, montre le chemin parcouru par le christianisme depuis Paul à travers les écrits de Justin. Ce dernier ne répond pas au Juif comme le message apostolique par un appel à la repentance. Il n'invite pas le Juif qui connaît la Loi mais ne l'accomplit pas à venir à Jésus qui suscite l'obéissance et est le Christ à

cause précisément de cela. Bien plutôt, il répond par une contre-épreuve exégétique qui se situe sur le même plan. Justin sait que s'il comprend l'Écriture comme il le fait, ce n'est que par la grâce de Dieu (Dial. 119:1) et pourtant il cherche à convertir son interlocuteur par la logique. Il a vraiment l'intention de gagner le Juif (Dial. 142:2) ; c'est pourquoi il ne se sert que de versets de l'AT. Et de fait, ceci incite le Juif à l'écouter, sans toutefois l'ébranler le moins du monde. Justin attend d'une argumentation rationnelle ce que seule le témoignage pourrait obtenir. Justin n'oppose pas à la question du Juif sur la validité de la Loi l'annonce d'un nouvel ordre de salut, comme le faisait le message apostolique, mais lui répond en se mettant sur le même plan que lui parce qu'il n'y a pas au fond de différence entre leurs conceptions de l'ordre du salut. Cependant, nous trouvons que Goppelt va un peu loin en voyant dans le caractère constant et immuable de Dieu chez Justin une influence philosophique de l'idée platonicienne de l'immutabilité de Dieu. Ces notions sont aussi bibliques et Justin peut être tout autant influencé par sa fréquentation quotidienne du Livre. La recherche de la preuve est justinienne et beaucoup moins paulinienne. Selon le témoignage apostolique, la messianité de Jésus ressort de l'Écriture car le croyant perçoit dans son oeuvre l'accomplissement-abolition de l'Ancienne Alliance et la réalisation de toutes les prophéties. Chez Justin, cette messianité se déduit de l'accord constatable des événements historiques avec les prédictions prophétiques (Dial. 28:2). Révélation et foi sont ramenées au niveau des faits et de la raison. Par ailleurs, la distinction entre le message apostolique et Justin s'établit au niveau eschatologique : la prédication apostolique distingue fondamentalement deux sortes d'accomplissement de l'unique promesse de salut de Dieu : un accomplissement dans la faiblesse, pour la foi, et un accomplissement dans la puissance, pour la vue. Chez Justin par contre, il n'y a qu'un accomplisement divisé en deux parties successives : la venue de Jésus n'est plus l'événement eschatologique par excellence, mais seulement un début d'accomplissement, un accomplissement partiel ! Cette théorie laisse deviner que les chrétiens ont oublié le sens eschatologique de leur existence. Cette évolution chrétienne depuis le message apostolique modifie considérablement le rapport entre judaïsme et christianisme. La doctrine de Justin quant au rapport fondamental entre judaïsme et christianisme se sépare nettement du message apostolique.

3) Quelle image le *Dial.* nous donne-t-il des rapports entre Israël et l'Église à l'époque de Justin ? Par rapport à l'époque apostolique, ils

sont devenus plus semblables l'un à l'autre quant au sens que chacun d'eux se donne à lui-même, et se sont éloignés sur le plan des rapports extérieurs.

*Les rapprochements sont clairs : le judaïsme a oublié le prophétisme, le christianisme l'actualité de l'*eschaton*. Tous deux se sont repliés sur un légalisme qui ne diffère que par son contenu. Le messianisme du premier, l'attente du second se sont lassés. De même que le rabbinisme post-chrétien avait défini doctrinalement le judaïsme contre les tendances hérétiques, de même maintenant Justin pour le christianisme. Deux sociétés religieuses fondées essentiellement sur la doctrine se juxtaposent : la Synagogue post-chrétienne et l'Église catholique.

*L'éloignement apparaît au grand jour : les relations entre chrétiens et Juifs sont presque complètement rompues entre eux, alors que tous deux maintiennent le contact avec le monde païen. Les groupes intermédiaires judéo-chrétiens disparaissent. Le Dial. ne mentionne pas l'existence d'un judaïsme hellénistique. C'est pourquoi un dialogue sérieux sur leur mission n'est plus possible entre eux que par l'intermédiaire de particuliers comme Justin et Tryphon. Du reste les deux parties exposent les objections qu'elles se font l'une à l'autre plutôt devant le tribunal du monde païen que l'une devant l'autre. Le passage d'un Juif à l'Église grecque est devenu presque aussi rare que celui d'un pagano-chrétien à la Synagogue.

Pourtant Goppelt souligne que la controverse n'atteint pas encore le seuil de la polémique ouverte postérieure. Le Dial. dépeint des relations Juifs/chrétiens qui seront celles qui subsisteront jusqu'à la fin de l'antiquité mais l'auteur (Justin) est à la transition de ces relations : la polémique n'est pas encore engagée, le dialogue persiste encore mais une tentative d'arbitrage est-elle encore possible ?[40]

---

40. Citons encore deux travaux importants avant 1960 concernant le judéo-christianisme : G.STRECKER, *Das Judenchristentum in den Pseudo-clementinen*, Berlin, 1958 ; J. DANIELOU, *Théologie du judéo-christianisme*, Tournai, 1958.

III - Les dernières décennies (1960-1999).

1 - Vers de nouvelles perspectives...

Durant les trois dernières décennies (1960-1990), de nouvelles méthodes d'investigation ont été développées présentant la Diaspora juive de l'antiquité tardive dans une lumière qui a fait considérer à nouveau le but et la signification de ces *Adversus Judaeos*. Les chercheurs ont donc révisé leurs idées sur les relations entre judaïsme et christianisme[41]. Theissen et Sanders adoptent une méthode sociologique d'approche des textes[42]. Theissen est un pionnier dans l'approche sociologique du NT. L'importance de l'archéologie dans l'étude des textes patristiques se fait sentir. Les résultats des découvertes de 1945-50 portent leurs fruits[43]. L'aspect archéologique a modifié les méthodes d'approche des textes patristiques[44]. Cette révision de la méthode débouche sur de nouvelles perspectives[45].

Chaque *Adversus Judaeos* doit être examiné comme le produit d'une influence sociale avec davantage de rigueur que ne l'ont fait Sanders et

---

41. Pour plus de détails, nous renvoyons à ROBERT S. MACLENNAN, *Early christian texts on Jews and Judaism*, Atlanta, 1990, pp. 1-19.

42. G. THEISSEN, *Sociology of Early Palestinian Christianity* (Trad. John Bowden), Philadelphia, 1978 ; J.T. SANDERS, *The Jews in Luke-Acts*, Philadelphie, 1987.

43. J.H. CHARLESWORTH, *Jesus within Judaism : New Light from Exciting Archaeological Discoveries*, New York, 1988 ; J.M. ROBINSON, Director, *The Nag Hammadi Library in English*, New York, 1977 ; M. OWEN WISE, *A Critical Study of the Temple Scroll from Qumran Cave 11*. Chicago, 1990 ; F. GARCIA MARTINEZ, *Qumran and Apocalyptic Studies in the Aramaic Texts from Qumran*. (Studies on the Texts of the Desert of Judah IX), Leyde, 1992 ; A. E. SEKKI, *The Meaning of* Ruah *at Qumran*, (Society of Biblical Literature Dissertation Series 110), Atlanta, 1989. Concernant les travaux justiniens, D. Barthélémy donne une excellente édition des fragments des Petits prophètes (Dodécapropheton) retrouvés au wadi Murabba'ât en comparant ces fragments avec le texte de ces mêmes livres que présente Justin : *Les devanciers d'Aquila*, Leyde, 1963.

44. W.H.C. FREND, "Archaeology and Patristic Studies", *SP* 18.1 1985, pp. 9-21 ; *idem*, *Town and Country in the Early Christian Centuries*, Londres, 1980 ; E.M. MEYERS & J.F. STRANGE, *Archaeology, The Rabbis, and Early Christianity : The Social and Historical Setting of Palestinian Judaism and Christianity*. Nashville, 1981 ; D.J. HARRIGTON, "Sociological Concepts and the Early Church : A Decade of Research", *TS* 41, pp. 181-190. Réimprimé in *A light to the Nations : Essays on the Church in New Testament Research*, pp. 148-161 (Good News Studies, 3) Jérusalem, 1982.

45. Cf. des études adoptant cette nouvelle méthode : E.R. GOODENOUGH, "Symbolism, Jewish (in the Greco-Roman period)" in *EJ* vol.15, Jérusalem, 1971, pp. 568-578 ; R.A. KRAFT & G.W.E. NICKELSBURG ed., *Early Judaism and Its Modern Interpreters*. Atlanta, 1986 ; M.I. FINLEY, *Ancient History : Evidence and Models*. New York, 1987 ([1]1985 en Angleterre).

Watson[46] pour le NT. Les questions sont nombreuses : où a-t-il été écrit ? Quand a-t-il été écrit ? Quelle réalité sociale a motivé un tel écrit ? Quelle attitude encourage-t-il chez les chrétiens vis-à-vis des Juifs ? Mise à distance ou évangélisation accrue ? Quelles informations le livre nous apporte-t-il sur les conditions de vie et la ville de résidence de l'écrivain, qui expliqueraient telle prise de position et tel argument de l'auteur ? Quand on étudie ces textes dans la perpective de ces questions sociologiques, il devient clair que le point de vue de l'ouvrage est tributaire d'un contexte social. Si le contexte change, la signification et l'intérêt du texte changent aussi. Chercher l'enracinement de la vie d'un personnage dans l'histoire de son temps, cela va dans le sens de la redécouverte présente de ce personnage appartenant à un moment donné de l'espace-temps. Neusner a insisté sur la situation sociale et historique de tout écrit du IIe siècle. Cette insistance exprimée par Neusner dans son étude de littérature rabbinique[47] permet de se constituer une nouvelle approche des *Adversus Judaeos*. Lire ces textes sans la lumière du contexte littéraire, géographique et socio-politique est une gageure. Le lecteur devient souvent le contexte du texte et ses prédispositions déterminent la façon dont le texte est interprété. Ces textes sont des documents produits dans un cadre confessionnel bien déterminé à l'encontre des Juifs. Souvent, cette intention théologique spécifique a mal été interprétée par les écrivains chrétiens postérieurs et a conduit à la perpétuation d'une attitude anti-juive. C'est la tâche de l'historien de démontrer l'intention théologique sous-jacente dans un temps, un lieu, et un milieu déterminé.

Cependant, en plaçant ces textes dans leur contexte, il ne faut pas perdre de vue non plus leur valeur religieuse. Ils répondent aux besoins spirituels du moment et sont écrits pour fortifier la foi des premiers chrétiens. Des conditions sociales particulières ont créé des sentiments négatifs entre les différents groupes religieux. Les écrits peuvent véhiculer ces sentiments pour devenir des causes de haine entre différents groupes alors qu'au départ ils relevaient de circonstances spéciales. Mais en ôtant le cadre dans lequel ils ont pris naissance, on véhicule ainsi des idées qui n'avaient pas cette ampleur à l'époque.

---

46. F. WATSON, *Paul, Judaism and the Gentiles : A Sociological Approach.* (Monograph Series, 56), Cambridge, 1986.
47. J. NEUSNER, *Method and Meaning in Ancient Judaism. Second Series*, Chico, CA, 1981 ; *idem, Ancient Judaism : Debates and Disputes*, Chico, CA, 1984 ; *idem, Formative Judaism : Religious, Historical, and Literary Studies*, Chico, CA, 1984 ; J. NEUSNER & E. FRERICHS eds. *"To See Ourselves As Others See Us" : Christians, Jews, "Others" in Late Antiquity.* Chico, CA, 1985 ; J.NEUSNER, *Rabbinic Political Theory. Religion and Politics in the Mishnah* (Chicago Studies in the History of Judaism), Chicago, 1991.

Ainsi, les événements sont déformés et servent d'autres causes, comme par exemple, l'antisémitisme. Cette nouvelle façon d'aborder l'histoire doit beaucoup à Neusner qui reste le pionnier dans le domaine des textes religieux de l'antiquité tardive. Examiner la littérature juive et chrétienne de l'antiquité tardive en suivant son développement et à la lumière de la méthode historico-critique est l'apanage de Neusner, et Maclennan veut appliquer cette méthode avec les *Adversus Judaeos* (et Justin). Mais présentons auparavant quelques autres travaux.

Georg Strecker en 1964 réédite l'ouvrage important de Walter Bauer, *Rechtgläubigkeit und Ketzerei im ältesten Christentum,* et ajoute un long appendice de trente-trois pages sur le problème du judéo-christianisme. Il ne pense pas qu'après 70 le judéo-christianisme ne soit qu'une secte en marge de la Grande Église ; au contraire, c'est resté quelque chose d'important et complexe. Cependant, il semble confondre trois formes de judéo-christianisme que Justin discernait déjà fort bien : celle qui relève simplement de l'appartenance à un milieu juif, celle qui consiste dans le maintien des observances juives et celle qui professe en plus une christologie hétérodoxe. Du coup, on voit qu'il n'est pas possible de définir le judéo-christianisme par les observances, mais par le fait d'une appartenance culturelle au judaïsme. Mais d'où vient alors la conception traditionnelle d'une hérésie judéo-chrétienne ? C'est cette question qu'aborde dans sa dernière partie Strecker, en examinant les appréciations portées sur le judéo-christianisme par les écrivains de la Grande Église. Il remarque que Justin connaît différents types de judéo-chrétiens, les uns caractérisés par les observances juives, d'autres en outre par une christologie adoptianiste. Mais ils ne sont pas comptés parmi les hérétiques. L'hérésie à cette époque est le dualisme gnosticiste. Ceci, Schoeps l'avait bien établi. De plus, Justin montre qu'il n'y a pas encore de position officielle de la Grande Église à leur égard. C'est avec Irénée que les "ébionites" apparaissent dans le catalogue des hérésies. Pour Strecker cette manière de représenter les judéo-chrétiens se rattache à l'apparition d'une orthodoxie "romaine". En cela, il conserve la position de Walter Bauer, dans l'ouvrage dont son étude est la post-face. Et cette orthodoxie est l'expression d'une incompréhension progressive du christianisme occidental par rapport au christianisme oriental. Le judéo-christianisme n'est pas en fait une secte, mais représente le christianisme oriental.

En 1962, Simon réunit un certain nombre d'études sur le judéo-christianisme : *Recherches d'histoire judéo-chrétienne*, Paris, 1962. De ce fait, en rééditant sa thèse en 1964 (*Verus Israël*), il la met au goût du jour en ajoutant un long Post-Scriptum où il prend position par rapport aux travaux depuis 1949. Intervenant sur le problème du judéo-christianisme, il critique la position de Schoeps. Simon caractérise le judéo-christianisme par le maintien des observances. Daniélou insiste davantage sur la structure apocalyptique de la théologie du judéo-christianisme mais il accorde à Simon qu'il existe aussi un judéo-christianisme dans la ligne des observances : c'est celui que connaît encore Justin au milieu du second siècle. Goppelt oppose trop le courant judéo-chrétien rabbinique et le courant qu'il appelle gnostique. Les différents aspects du judéo-christianisme nous conduisent à reconnaître sa complexité car il comprend : le judéo-christianisme apocalyptique, le judéo-christianisme rabbinique, le christianisme araméen, l'ébionisme, le gnosticisme judéo-chrétien et ne se réduit à aucun d'entre eux[48].

En 1967, S.G.F. Brandon apporte une nouvelle contribution à l'étude du judéo-christianisme : *Jesus and the Zealots. A Study of the Political Factor in Primitive Christianity,* Manchester. L'intention du livre de Brandon est de restituer la véritable image du christianisme avant 70 en soulignant l'importance du judéo-christianisme engagé sociologiquement, culturellement, politiquement dans le judaïsme. Ce judéo-christianisme ne domine pas seulement à Jérusalem, mais dans la Diaspora. Brandon montre à quel point le christianisme a d'abord été intérieur au judaïsme et ceci réfute radicalement l'opinion de nombreux Juifs contemporains qui considèrent que le christianisme est l'affaire des non-Juifs et n'a pas à être accepté par les Juifs.

D. Judant, à son tour, aborde le problème du judéo-christianisme (pp. 31-53) dans son livre *Judaïsme et christianisme, Dossier patristique,* Paris 1969. Concernant plus particulièrement le Dial., il montre que c'est le premier écrit où s'affrontent sur le plan doctrinal judaïsme et christianisme. Encore le ton est-il mesuré : la conversion imminente de la partie infidèle du peuple juif ne semble pas faire de problème. Il n'y a pas pour Justin de hiatus définitif entre les deux religions. Justin relève l'hostilité des Juifs envers les chrétiens (ap. 31 et 36 ; Dial. 16:4) mais

48. Cf. pour un état de la question : *Aspects du judéo-christianisme.* Colloque de Strasbourg, 23-25 avril 1964, Paris, 1965.

chez cet apologiste, l'hostilité des Juifs est identique à celle des païens (cf. Dial. 134). L'Église ne s'oppose pas chez Justin au peuple juif - puisqu'elle est composée d'une partie de ce peuple - mais au paganisme et au judaïsme en tant que celui-ci refuse de reconnaître le Christ. Le Dial. prouve que les conversions étaient courantes.

2 - Le travail de Heinz Schreckenberg

Schreckenberg[49] en 1982 consacre quelques pages à Justin et au *Dial.* dans le genre des *Adversus Judaeos*. Il envisage l'oeuvre de l'apologiste non d'un point de vue strictement exégétique ou historique mais en insistant sur le genre controverse et en le situant dans la tradition de ce grand courant des *Adversus*. Dans cette optique, il étudie le *Dial.* dans ses aspects polémique, exégétique et herméneutique.

Touchant les problèmes de controverse, il affirme que le Dial. constitue l'apologie anti-judaïque la plus ancienne de celles qui nous sont parvenues ("Er ist die älteste der uns überhaupt erhaltenen antijüdischen Apologien"). La base de la controverse part du texte de la LXX et le but véritable du Dial. est de prouver la vérité du christianisme et de réfuter le judaïsme. Le judéo-christianisme commence déjà à s'éclipser et les avertissements de l'Église contre la "judaïsation" des chrétiens se multiplient jusqu'au IVe siècle (c'est-à-dire jusqu'à la condamnation des rites juifs par Jean Chrysostome). La vue de Justin sur le judaïsme est difficile à cerner. D'une part, il parle des Juifs comme des "frères" (Dial. 96:2), d'autre part il affirme que seuls les chrétiens détiennent la vérité des Ecritures. Sa politesse n'arrive pas à cacher cette prétention. On peut s'apercevoir d'une polémique ouverte quand il répète à de nombreuses reprises que les Juifs ne comprennent pas les Ecritures. Le Dial. draine un sens anti-Juif certain et Justin serait le premier auteur chrétien à parler des Juifs comme des ennemis du Christ, le mal de l'humanité. Le dernier élément de la polémique anti-judaïque : leur proximité du diable et des démons.

Voulant clarifier son point de vue, Justin élabore un système global de l'exégèse biblique qui fait aboutir toute révélation à Jésus Christ. Schreckenberg reproche, à juste titre, à Justin certains points d'exégèse maladroits dûs à sa méconnaissance de l'hébreu. Par ailleurs, il lui reproche de détacher des passages (I Thess. 2:15...) de leur contexte, de

49. H. SCHRECKENBERG, *Die christlichen Adversus-Judaeos - Texte und ihr literarisches und historisches Umfeld (1-11 Jh)*, Francfort/Berne, 1982, pp. 182-200.

les généraliser à outrance pour faire valoir telle grille de lecture. Concernant l'exégèse, la Bible est valorisée comme un message du Christ et Justin recourt à la typologie (la figure de la croix...), à l'allégorie. On peut dégager trois types d'exégèse : l'exégèse messianique à portée christologique, l'exégèse trinitaire, et l'interprétation ecclésiologique (l'Eglise est le nouveau peuple de Dieu). Justin montre que l'église est déjà annoncée dans l'AT (*Dial.*42:2 ; 121:4 à 122:1 ; 29:2...). En remettant à l'honneur l'AT, Justin s'oppose à Marcion qui s'est complètement détaché de la Bible juive. L'apologiste va jusqu'à puiser dans la Bible pour trouver des dénonciations négatives contre les Juifs (contre les observances, le ritualisme...).

Ainsi, Justin présente l'interprétation chrétienne de l'AT à la lumière du NT en réfutant les positions scripturaires juives concernant la Torah, la circoncision, le sabbat... Il prône une interprétation spirituelle et considère la loi mosaïque valable pour un temps, pour l'éducation des juifs et laissant présager Jésus Christ. Dans la destruction de Jérusalem, Justin voit le signe que Dieu ne veut plus de sacrifices offerts par les juifs. Cependant, même s'il croit percevoir un lien entre la mort de Jésus et la destruction de 70, il s'abstient d'en développer une théologie polémique à valeur pénale (contrairement à d'autres chrétiens postérieurs). Justin va plus loin que le NT en disant que les chrétiens sont le seul vrai peuple d'Israël. Néanmoins, Justin ne veut pas pour autant supprimer les Juifs. Au contraire, le postulat que les chrétiens constituent le vrai Israël, implique l'existence du peuple juif et sa reconnaissance, mais placé au second rang. Dans son étude, Schreckenberg insiste beaucoup sur le sens anti-juif et polémique chez Justin : son opinion est-elle juste ? Ou bien, influencé par son étude d'autres *Adversus Judaeos*, n'arrive-t-il pas à voir la spécificité justinienne ?

3 - Maclennan et la méthode sociologique.

Venons en, à présent, à Maclennan. Dans son livre[50], il se propose d'étendre les méthodologies nouvelles d'inspiration sociologique aux textes des *Adversus Judaeos* les plus anciens et les plus influents :

---

50. R. S. MACLENNAN, *Early christian texts on Jews and Judaism*, Atlanta, 1990, (sur Justin, pp. 49-89). Citons encore P. J. DONAHUE, *Jewish Christian Controversy in the second century : a Study in the Dialogue of Justin Martyr*, Yale, Dissertation, 1973 ; il utilise les sources sans trop d'esprit critique. Il n'a pas bénéficié des travaux récents de J. Neusner.

épître de barnabé, *Dialogue avec Tryphon, Homélie de la Pâque* de Méliton, *Contre les juifs* de Tertullien. Ces écrits proviennent de cités différentes du bassin méditerranéen à une même période. Ils ont influencé les écrits postérieurs. L'anti-judaïsme peut être défini à partir des propos de Tertullien. L'intention de Maclennan est de montrer qu'on ne peut lire les *Adversus Judaeos* comme s'ils étaient à comprendre universellement hors de tout contexte. Nous devons les reconsidérer à la lumière des cités dans lesquelles ils ont été écrits, et de l'audience spécifique à laquelle ils étaient adressés. Sans ce travail préliminaire qui consiste à les replacer dans leur milieu d'origine, on peut leur prêter n'importe quel sens. Quand on les situe géographiquement, politiquement, et sociologiquement, leur cité d'origine devient un autre texte et révèle davantage l'intention de l'auteur. Quels sont les événements de cette cité qui affectent l'auteur et expliquent certains de ses propos. Qu'est-ce que cette cité nous rapporte au sujet des Juifs et des chrétiens ? A combien s'élevaient les populations juive, chrétienne, païenne ? Quelles sont les informations qui nous expliquent telle pensée ou tel sentiment de l'auteur ? Cependant, un problème méthodologique surgit : comment peut-on autoriser une cité à parler ? Comment savons-nous que ces questions sont les bonnes questions ? Il faut : étudier les cités mentionnées par l'auteur (ici Justin) et qui sont susceptibles d'éclairer le texte ; examiner les caractéristiques de ces cités et ce qu'elles nous apprennent sur les relations Juifs/chrétiens. Certaines cités sont plus riches en information que d'autres. Justin écrit à un milieu bien précis dans un temps et un lieu déterminé. Ce ne sont pas des écrits réalisés dans un vacuum sur des vérités universelles ; ce ne sont pas des dissertations abstraites mais des traités sur des sujets brûlants écrits avec passion.

Le problème judaïsme/christianisme dans le Dial. a été souvent étudié pour son contenu théologique et rarement dans son contexte économique, culturel, et social. Maclennan définit ainsi son intention de lecture : considérer le Dial. en faisant attention aux gens et aux lieux qu'ils occupent. Après avoir situé l'oeuvre et son contenu, il présente trois cités (Naplouse, Ephèse, et Rome) où Justin a vécu et travaillé, qui nous offrent des informations importantes sur le *Dial.*[51]. Cette lecture

51. W.A. MEEKS, *The First Urban Christians, The Social World of the Apostle Paul.* New Haven, 1983 ; W.A. MEEKS & R. L. WILKEN, *Jews and Christians in Antioch in the First Four Centuries of the Common Era.* Missoula, MT, 1978 ; F. WATSON, *Paul, Judaism and the Gentiles : a Sociological Approach* (Monograph Series, 56), Cambridge, 1986. Ces trois auteurs élaborent les questions sociologiques qui doivent être posées à un texte et au contexte d'une cité.

du texte lui permet de préciser la nature du *Dial.* et son caractère apologétique.

En quoi Ephèse, Naplouse, et Rome peuvent contribuer à éclairer le Dial. de Justin ? Les travaux justiniens ont souvent laissé de côté le fait que l'apologiste était une personne cosmopolite et que chacune de ces cités a influencé sa pensée. **Naplouse** explique l'influence samaritaine. Les questions qu'il pose et les sentiments qu'il éprouve sont le résultat de son expérience d'enfance auprès des samaritains. Maclennan suggère que le portrait de Tryphon s'explique par les souvenirs de Justin à propos de son enfance et l'image qu'il garde des rabbins et d'autres Juifs dont lui et sa famille ont eu connaissance par leurs voisins à Néapolis. **Ephèse** (comme Sardes) avait une large population juive. Cela a certainement dû influencer l'opinion de Justin sur les Juifs. C'était un centre de culture grecque et philosophique. Il était justifié de composer un Dial. dans une forme qui aurait attiré les Ephésiens. Il est étonnant que Justin ne cite jamais Paul ni ne le nomme dans une ville que ce dernier a souvent fréquenté. Pourquoi ? Peut-être que le rapport de Paul aux Juifs ne faisait plus sens au IIe siècle. Peut-être que les écrits pauliniens n'ont pas autant influencé les premiers groupes chrétiens qu'on le pense, ni les travaux de Justin. Il est possible que le christianisme ait été beaucoup plus diversifié aux deux premiers siècles qu'on ne l'a pensé jusqu'ici. A **Rome**, la diversité parmi les Juifs et les chrétiens a eu un impact sur Justin. Comment peut-il avoir écrit un traité sur un judaïsme et un christianisme monolithique quand il y a sous ses yeux une telle diversité parmi les Juifs et les chrétiens ? Justin nous rapporte ce qu'il a appris de ses voyages et des communautés qu'il a fréquenté et non un panorama de toutes les communautés. Il a fait une sélection et un choix parmi les différents groupes rencontrés. Le *Dial.* serait mieux décrit comme un essai apologétique composé pour l'un de ces groupes : une école chrétienne ou une maison d'église dans laquelle Justin participait comme enseignant. Le *Dial.* est ainsi mieux compris non comme un écrit hostile et anti-juif mais plutôt comme un essai traitant d'un cas particulier de Juifs et de judaïsme connu par Justin, ou tel que sa mémoire lui rappelle les Juifs rencontrés à Samarie. C'est un Juif fantôme (fantasme), un composé de Juifs de Rome, d'Ephèse, et de Naplouse que Justin nous rapporte dans son *Dial.*.

En bref, cette esquisse d'une historiographie des problèmes entre judaïsme et christianisme dans l'antiquité découpée en trois périodes (1830-1930 ; 1945-1960 ; 1960-1999) nous montre les différents moments de la recherche et ses principaux courants en deux siècles. Dans la première période s'opère une distanciation progressive entre les religions (juive et chrétienne) et l'élaboration d'une connaissance du judaïsme et du christianisme anciens par la mise en place des sciences religieuses. Cette première étape va déterminer les deux autres car les fondements de la sociologie sont posés (avec Marx, Weber, et Durkheim) et la critique des sources avec l'école comparatiste prend naissance au début du XXe siècle. La deuxième période (1945-1960) draine l'héritage de l'époque précédente, voit paraître les grands classiques (Simon, Schoeps, Goppelt...), et enregistre les grandes découvertes archéologiques de Nag-Hammadi et de la Mer Morte. Enfin, la dernière période bénéficie de l'exploitation de ces découvertes. Cela aboutit à une nouvelle vision du judaïsme et du christianisme anciens sous l'angle de la sociologie religieuse. Notons cependant qu'au cours de cette évolution de la recherche, les tenants de "l'école sotériologique" ont continué leur parcours à la lumière des découvertes en s'armant des mêmes outils conceptuels, mais en travaillant sur des fondements et une vision du monde différents. C'est ce que nous avons tenu à souligner au fil de ces quelques pages.

chapitre 2 :

LE PROBLEME DE LA CONVERSION

DE JUSTIN MARTYR

Nous aimerions *hic et nunc* remonter à la source de ce qui fait sa foi, et ce qui donne sens à sa foi est sa rencontre avec Dieu par Jésus-Christ. Dans la place que le plan du salut biblique occupe dans l'oeuvre justinienne, nous focalisons notre attention sur l'aspect de la conversion. Daniélou écrit très justement : "Le message tel que nous le trouvons chez les apologistes est un message de conversion"[1].

La conversion, nous allons le voir, ne se réduit pas à l'adoption de valeurs de vie. Pour Joly, elle est "sans doute un bouleversement effectif qui n'est pas toujours favorable à la clarté des idées"[2].

Maintenant deux questions nous occupent : Qu'est-ce que la conversion ? Comment s'opère-t-elle chez Justin et l'exprime-t-il dans ses écrits ?

I- Sens et emploi de conversion[3].

Pour pouvoir appréhender correctement cette notion de conversion chez Justin, il est indispensable de commencer par son étude philologique.

Le mot de "conversion" a aujourd'hui une certaine résonnance savante, vocabulaire religieux d'une part, économique ou mathématique d'autre part, impliquant l'idée de "changement".

---

1. J. DANIELOU, *Message évangélique et culture hellénistique*, Paris, 1961, p. 19.
2. R. JOLY, *Christianisme et philosophie*, Bruxelles, 1973, p. 73.
3. Nous exprimons dès à présent la dette que nous devons à C. CARON LAVIOLETTE dans l'élaboration de ce chapitre pour son mémoire de maîtrise d'histoire préparé sous la direction de M. Meslin et intitulé : *conversion philosophique et conversion chrétienne aux trois premiers siècles* (octobre 1982).

Or ce sens français et actuel de "conversion" ne rend pas suffisamment compte de la plus grande étendue sémantique du mot latin *conversio* qui renvoie lui-même à deux termes grecs d'usage différent et d'une grande richesse : *épistrophè* et *métanoia*.

1- *épistrophè*.

Ce mot appartient à la langue usuelle, ses multiples sens et emplois en témoignent. Il a d'abord un sens physique : *épi-strophein*, littéralement "se tourner vers", et exprime l'idée de tourner suivant une orientation, un certain ordre comme le souligne *épi-*. Dès lors, le mot *épistrophè* peut désigner un changement d'orientation quelconque (par exemple : tourner à droite...), un mouvement circulaire (le mouvement d'une roue), un demi-tour, un retour (la retraite d'une armée)...

Au sens figuré, *épistrophè* ("se tourner vers") marque le plus souvent l'idée d'attention (tourner son attention vers quelque chose ou vers quelqu'un) ou d'intention ("se soucier de"). *épistrophè* peut aussi traduire l'idée de changement (passer d'une attitude à une autre, retourner un auditoire...) en insistant cependant toujours sur l'orientation de ce changement (*épi-*). Cet usage courant d'*épistrophè*, tant en ses sens physiques que figurés, dénué de toute acceptation religieuse ou philosophique particulière, est attesté dans toute la littérature de langue grecque.

La diversité des sens d'*épistrophè* dans la langue grecque commune se retrouve naturellement dans la version des "Septante", traduction grecque de la Bible, à l'usage des Juifs de la diaspora. Cette traduction n'est pas sans laisser apparaître l'originalité de l'*épistrophè* biblique : il marque plus spécialement l'idée de "revenir" ou de "ramener" ; au changement d'orientation et à la visée s'ajoute la marche effective vers l'objectif[4]. La conversion est un changement d'orientation qui affecte l'attitude extérieure de l'homme et qui est la manifestation d'un acte intérieur par lequel on se détourne du péché pour faire demi-tour et se tourner vers le Seigneur[5]. Chez Justin, *épistrophè* désigne, la plupart du temps, l'attitude que doit suivre l'homme envers Dieu.

4. Es. 30:15 *apostrapheis* "retour à Dieu".
Lam. 5:21 (LXX); "Fais-nous revenir à toi, Eternel, et nous reviendrons ;" ἐπίστρεψον ἡμᾶς, κύριε, πρὸς σέ, καὶ ἐπιστραφησόμεθα · καὶ ἀνακαίνισον ἡμέρας ἡμῶν καθὼς ἔμπροσθεν.
Es.19:22 *kai épistraphèsontai pros kurion* ; "et ils se convertiront à l'Eternel".

5. J.M. NICOLE, *Précis de doctrine chrétienne,* Nogent sur Marne, 1986, p. 196.

2- *métanoia*

Le mot *métanoia* a un sens beaucoup plus précis que celui d'*épistrophè* : "changement de pensée" ou "repentir". Son usage a donc un caractère plus spécifiquement spirituel ou religieux. Il implique l'idée d'une mutation ou d'une renaissance, d'une rupture. Ce mot grec est riche de signification : c'est un changement de mentalité ; vis-à-vis de Dieu comme vis-à-vis du péché, l'attitude de l'homme subit une transformation radicale. C'est plus qu'un regret provoqué par les conséquences de ses fautes ou qu'un remords qui pousserait au désespoir. Il est significatif qu'à propos de Judas un autre terme soit employé, qui implique seulement un souci venu après coup, mais non le changement de mentalité désirable[6].

On retrouve ce terme à plusieurs reprises dans le Nouveau Testament mais il est absent de l'Ancien Testament[7]. Qu'en est-il chez Justin ?

3- Leur emploi chez Justin et l'usage d'autres expressions.

Les termes d'*épistrophè* et ses dérivés sont peu usités chez Justin et quand ils sont mentionnés c'est toujours en référence à une citation biblique. En *Dial.* 25:5 , Justin cite Es. 63:15-64:12 et nous trouvons : "Maintenant, tourne-toi vers nous, Seigneur, car nous tous sommes ton peuple" καὶ νῦν ἐπίστρεψον, κύριε, ὅτι λαός σου πάντες ἡμεῖς. Par ce passage, Justin fait allusion à la conversion de Dieu. *épistrophè* indique l'attitude réciproque de Dieu vers l'homme et de l'homme vers Dieu. On retrouve ce double sens dans plusieurs versets et notamment Mal. 3:7 ; "Revenez à moi et je reviendrai à vous, dit l'Eternel des armées" ἐπιστρέψατε πρός με, καὶ ἐπιστραφήσομαι πρὸς ὑμᾶς, λέγει κύριος παντοκράτωρ. Pour Dieu, se tourner vers son peuple est signe de pure bonté, pour Israël se tourner vers Dieu, c'est revenir à la fidélité, à l'alliance. Tout l'Ancien Testament est rythmé par ces éloignements et retours tant de l'homme que de Dieu.

En *Dial.* 30:3, Justin fait allusion au Psm.18:8 (LXX)[8] et écrit : "afin qu'après nous être convertis à Dieu nous soyions par lui irréprochables" ἵνα μετὰ τὸ ἐπιστρέψαι πρὸς θεὸν δι'αὐτοῦ ἄμωμοι ὦμεν. Justin ne

6. Mt. 27:3 ; *Ioudas métamelètheis* ; "Judas fut pris de remords". Du verbe *métamélomai* : se repentir dans le sens de regretter.

7. II Co. 7:10 ; *métanoian.*
II Tim. 2:25 ; *métanoian.*
Marc 1:4 ; *métanoias.*

8. Le Psm. 18:8 (LXX) correspond au Psm. 19:8 ; ὁ νόμος τοῦ κυρίου ἄμωνος, ἐπιστρέφων ψυχάς (...).

cite pas *texto* la Bible ici et cet extrait illustre l'attitude de l'homme se tournant vers Dieu.

Enfin, nous trouvons aussi l'expression *épistrophè kai métanoia, Dial.* 30:1 "votre peuple a été appelé à la conversion et à la repentance de l'esprit" (...) τὸν λαὸν ὑμῶν (...) εἰς ἐπιστροφὴν καὶ μετάνοιαν τοῦ πνεύματος κέκληκε. Cette expression insiste sur la sincérité et le changement radical (dans la conduite morale et spirituelle) qu'exige la véritable conversion. Or cette expression, déjà formulée dans l'Ancien Testament, prend toute son ampleur avec les auteurs chrétiens des trois premiers siècles. Tous (Justin y compris) affirment l'importance du repentir, de la rupture radicale avec les choses du passé, pour devenir un chrétien, un homme nouveau : "J'ai annoncé la repentance et la conversion à Dieu, avec la pratique d'oeuvres dignes de la repentance" ἀπήγγελον μετανοεῖν καὶ ἐπιστρέφειν ἐπὶ τὸν Θεόν, ἄξια τῆς μετανοίας ἔργα πράσσοντας ; "Repentez-vous donc et convertissez-vous, pour que vos péchés soient effacés" μετανοήσατε οὖν καὶ ἐπιστρέψατε, εἰς τὸ ἐξαλειφθῆναι ὑμῶν τὰς ἁμαρτίας (Ac. 26:20 ; Ac. 3:19). Se convertir pour un chrétien, c'est d'abord se repentir et donc en ce sens, il n'appartient pas à Dieu de se convertir (Saint, parfait, il n'a pas à se repentir), mais à l'homme. Voilà pourquoi on ne trouve pratiquement pas chez les auteurs chrétiens d'*épistrophè* de Dieu vers l'homme tant dans les esprits chrétiens *épistrophè* est lié à *métanoia.*

Les emplois de *métanoia* ou du verbe *métanoeô* sont très courants chez Justin. Nous avons recensé au moins une trentaine d'occurrences[9]. Pourquoi les acceptions de *métanoia* sont-elles plus largement employées que celles d'*épistrophè* ? Il est à noter que cette prépondérance du mot *métanoia* n'est aucunement justifiable par une quelconque influence philosophique. Les philosophes emploient rarement *métanoia* pour parler de conversion et lui préfèrent *épistrophè eis eauton*. Plotin qui fait un usage si fréquent d'*épistrophè* n'emploie jamais le mot *métanoia. A contrario*, la conception de la conversion chez les Pères de l'Eglise (*a fortiori* chez les apologistes) aux deux premiers siècles, c'est exclusivement la *métanoia* qu'ils ne cesseront de prêcher aux chrétiens et aux païens. De même la LXX emploie peu souvent *métanoia*. Pourquoi ? Nous proposons l'explication suivante : l'emploi plus courant de *métanoia* dans le N.T. que dans la LXX s'explique par l'onction de l'Esprit qui transforme le croyant dans la

---

9. Emplois de *métanoia* : ap. 15:7,8 ; 28:2 ; 40:7 ; 52:9 ; 61:6,10.
Emplois de *métanoeô* : Dial. 12:2,3 ; 14:1 ; 17:1 ; 26:1 ; 27:2 ; 28:2 ; 40:4 ; 47:5 ; 51:2 ; 95:3 ; 106:1 ; 108:1,2,3 ; 109:1 ; 118:1 ; 123:6 ; 133:6 ; 138:3 ; 141:2,3.
Emplois de *métanoia* : Dial. 14:1 ; 30:1 ; 83:4 ; 88:7 ; 107:2 ; 121:3 ; 139:4.

nouvelle alliance. Dans l'ancienne alliance, le Saint-Esprit n'est pas donné à tous et peut être retiré. Ainsi s'explique la prière de David : "Ne me retire pas ton esprit saint" (Psm. 51:13). Il couvrait des hommes de Dieu de façon ponctuelle pour des circonstances précises.

Dans le Nouveau Testament, il y a onction de l'Esprit au moment de la nouvelle naissance (conversion, repentance réelle et authentique) pour tous et non seulement pour certains privilégiés. Dès lors, la venue de l'Esprit habitant dans le coeur du croyant régénère son être entier et transforme sa vie (sa mentalité, sa volonté, ses sentiments...). C'est ce qui fait dire à Paul : "Si quelqu'un est en Christ, il est une nouvelle créature. Les choses anciennes sont passées ; voici : (toutes choses) sont devenues nouvelles"(II Co. 5:17). Le mot *métanoia* recouvre mieux la réalité par cette idée de renaissance, de mutation, de transformation qu'*épistrophè* qui n'indique qu'un retour à Dieu sans transformation nécessaire. La nouvelle alliance a instauré le règne de l'Esprit saint dans le coeur de l'individu repenti et né de nouveau, et l'emploi courant de *métanoia* en est la conséquence et la manifestation au niveau linguistique.

Néanmoins, Justin emploie de temps en temps d'autres expressions pour décrire la réalité de la conversion.

A deux reprises, il utilise le verbe *métagignôskô* : "celui (Jésus-Christ) qui (...) délivre de la mort ceux qui se repentent de leurs mauvaises actions et croient en lui" (Dial. 47:4 ; 100:6 ; καὶ πρὶν τελευτῆς μὴ μεταγνόντας, οὐδ' ὅλως σωθήσεσθαι ἀποφαίνομαι (...). ἀπαλλαγὴν δὲ τοῦ θανάτου τοῖς μεταγινώσκουσιν ἀπὸ τῶν φαύλων καὶ πιστεύουσιν εἰς αὐτὸν ἐργάζεται).

métagignôskô implique comprendre, reconnaître d'où changer de projet, revenir sur une résolution, une détermination. Il y a l'idée de regret, de repentir mais aussi et surtout celle de changer d'opinion, de décider de ne pas retomber dans les mêmes travers, les mêmes préjugés.

Ailleurs, Justin emploie le verbe *métaballô*[10] qui indique : changer, transformer, se transformer pour devenir meilleur, changer de genre de vie, changer de caractère, d'opinion, de moeurs, faire un mouvement de conversion, tourner d'un autre côté, retourner... Ce verbe reprend l'idée d'*épistrophè* à ceci près qu'il précise le changement au niveau moral.

---

10. *ap.* 15:7 ; Τί γὰρ καὶ λέγομεν τὸ ἀναρίθμητον πλῆθος τῶν ἐξ ἀκολασίας μεταβαλόντων καὶ ταῦτα μαθόντων ; "Eh quoi ! Dois-je parler de la foule innombrable de ceux qui, au sortir du vice, ont *changé de vie* pour se mettre à cette école" ?

ap. 16:4 ; ἐκ βιαίων καὶ τυράννων μετέβαλον ; "violents et tyranniques qu'ils étaient, ils ont *changé de vie*"

ap. 21:6 ; κολάζεσθαι δὲ τοὺς ἀδίκως καὶ μὴ μεταβάλλοντας ἐν αἰωνίῳ πυρὶ πιστεύομεν ; "(...) nous croyons que les méchants qui refusent de *changer de vie* sont punis dans le feu éternel".

Remarquons que ce verbe est employé par Clisthène (cf. *Hdt.*5,68) pour désigner le changement de nom des tribus. Or on sait combien le changement de nom dans l'antiquité impliquait un changement d'identité car l'onomastique avait une grande importance : le nom signifiait plus qu'il ne désignait (cf. *le Cratyle* de Platon). Pour prendre une image complétant la sémantique de ce verbe, ce changement de vie entraînait comme un retournement de la terre : la vie était changée comme un champ lorsqu'il est labouré.

Enfin, en *ap.*57:1c, (ἐλεοῦντες μεταθέσθαι πεῖσαι βουλόμεθα.) "ils nous ont fait pitié, et nous ne désirons que leur repentir et leur conversion". *métatithèmi* sous-entend un changement de place accompagné d'une transformation rendant meilleur moralement, passer d'un parti à un autre, abandonner un parti pour un autre. Il peut se traduire par repentir. *peisai* est l'infinitif aoriste de *peithô* et signifie ici persuader pour amener à croire, convaincre pour amener notre consentement d'où fléchir par des prières pour gagner les bonnes grâces de quelqu'un. On arrive ainsi au sens de s'efforcer d'amener quelqu'un à adopter une opinion, à suivre un conseil, une voie. A l'aoriste et au passif, le verbe indique l'idée de se laisser persuader, obéir à quelqu'un et par suite se fier, croire. C'est une des conséquences de la conversion.

Nous pouvons conclure : à travers tous les verbes indiquant l'idée de conversion et de repentir - *métanoéô, métagignôskô, métaballô, métatithèmi* - nous nous rendons compte qu'ils ont tous en commun la particule *méta-* qui en composition peut suggérer l'idée de changement de condition, de transformation, de *méta-morphose*.

A la lecture des oeuvres de Justin, nous remarquons que la conversion répond au schème temporel d'un avant et d'un après. En *ap.*14 et *ap.*16:3,4 il fait une comparaison morale de la vie vécue par l'individu avant et après sa conversion. Le balancement symétrique autour d'un seuil de rupture indique bien que la repentance est l'acte par lequel un changement, une transformation s'opère dans la vie de la personne. De même au début de la seconde apologie (cf *app.*2:1-3) Justin nous parle d'une épouse adultère se tournant vers Jésus-Christ grâce à la vie et aux paroles de ses amies chrétiennes. Cette dernière témoigna à son mari de la bonne nouvelle mais celui-ci durcit ses positions. La métamorphose de sa femme le mit hors de lui. Il est certain que c'est la qualité de la vie de ses amies contrastant si fortement avec sa propre débauche qui suscita chez cette femme dissolue un sentiment de culpabilité. La cause de sa conversion fut la conscience aiguë de son péché. Là encore, nous pouvons souligner l'opposition d'un avant et d'un après, d'une ancienne vie et d'une nouvelle.

"Le changement d'attitude que le missionnaire chrétien avait la tâche d'opérer était immense. Il lui fallait atteindre non seulement des hommes à l'esprit religieux, mais encore la grande masse de ceux qui rendaient à des divinités locales un culte vide de signification (...)"[11]. Le sentiment de la faute, de la culpabilité était étranger à la religion romaine. Ce sentiment était beaucoup plus sensible et manifeste dans les milieux soumis à l'influence orientale.

La conversion chrétienne est, selon les mots de Hadot "destinée à transformer la réalité humaine en la modifiant radicalement (conversion-mutation) (...) elle est provoquée par la foi dans le règne de Dieu annoncé par Jésus-Christ (...) elle est le signe de la transcendance divine, la révélation de la grâce qui fonde la seule vraie liberté"[12].

Les motifs de conversion diffèrent suivant les individus. Bardy[13] en a recensé trois essentiels : le désir de la vérité, le désir de la délivrance et l'immortalité, le désir de sainteté et de perfection morale. Par ces quelques causes énoncées, il est clair que la conversion ne touche pas que le domaine de l'affectivité et ne relève pas de la sensiblerie : c'est une transformation de notre personnalité dans tous les domaines y compris dans le domaine intellectuel : nous allons le voir avec Justin.

Maintenant, concernant la conversion de Justin, deux questions doivent être posées : quelles sont les raisons qui ont poussé Justin à se repentir ? Quelle est la nature de sa conversion ?

II- Conversion philosophique et/ou conversion chrétienne ?

La façon dont Justin décrit sa conversion révèle des idées essentielles sur la conversion en général au IIe siècle et peut nous apprendre beaucoup de choses sur sa conception de la morale et de la foi.

11. A.D. NOCK, *Christianisme et Hellénisme*, Paris, 1973, p. 54.
12. P. HADOT, *Exercices spirituels et philosophie antique*, Paris, 1987, pp. 176, 177, 182.
13. G. BARDY, "La conversion dans les premiers siècles chrétiens", *l'année théologique*, 2, 1941, pp. 89-106, 206-232.

1- Un décalage étonnant.

Jusqu'à présent, par l'étude des mots utilisés par Justin pour décrire la conversion, nous avons vu que sa conception sotériologique reste fidèle à la tradition biblique. La conviction de pécher produit la repentance, la conviction de justice produit la foi, la soumission à Dieu par Jésus-Christ nous fait échapper au pouvoir de Satan et produit le salut. Cependant, ce schéma de la conversion chrétienne ne se retrouve pas dans le récit qu'il fait de son expérience de repentance au début du Dialogue. Skarsaune le fait remarquer très justement en disant que l'histoire de la conversion de Justin ne correspond pas du tout à l'image conventionnelle qu'il nous en donne dans le reste de son oeuvre[14].

Ce décalage peut surprendre mais ne doit pas déconcerter. En effet, les propos rapportés dans les premiers chapitres du *Dialogue* ne sont pas exhaustifs ; il traite tour à tour de :

1- éloge de la vraie philosophie opposée aux doctrines des écoles (2:1).

2- un bref synopsis de l'histoire de la philosophie (2:2).

3- l'itinéraire philosophique de Justin (2:3-6).

4- le dialogue avec le vieil homme (3:1 - 7:3).

5- la conversion de Justin au christianisme comme la vraie philosophie (8:1-2).

En *Dial.*8:1 Justin écrit : "il me dit toutes ces choses et beaucoup d'autres encore qu'il n'est pas le moment de rapporter maintenant, et il s'en alla en me recommandant de les méditer" Ταῦτα καὶ ἔτι ἄλλα πολλὰ εἰπὼν ἐκεῖνος, ἃ νῦν καιρὸς οὐκ ἔστι λέγειν, ᾤχετο, κελεύσας διώκειν αὐτά·. Cette brièveté rend difficile l'appréciation du témoignage du vieillard et la façon dont il lui a présenté le plan du salut. Peut-être Justin aurait-il jugé bon de ne pas le transcrire pour ne pas allonger le dialogue et présenter *ex-abrupto* une sotériologie qui aurait fait grincer des dents ses auditeurs juifs. Il préférait amener les éléments christologiques au fur et à mesure de sa réfutation du judaïsme permettant un entretien *sine ira et studio*, se préservant ainsi de la susceptibilité de ses adversaires.

Ces choses étant, l'exposé qu'il nous laisse de sa conversion peut suggérer une recherche et une découverte résolument intellectuelle : nous tâcherons de prouver le contraire. Il décrit sa conversion comme le

---

14. O. SKARSAUNE, "The Conversion of Justin Martyr", *STh*, 30, 1976, p. 67 ; "*This* (ce qu'il décrit *supra*), to Justin, is the conventional picture of a Christian conversion. And Justin's own conversion story does not correspond to it at all !"

passage du platonisme au christianisme[15]. Le dialogue avec le vieillard est une discussion densément intellectuelle dans laquelle il essaye de réfuter les positions du platonisme. Mais ce ne sont pas des arguments anti-platonistes qui mènent Justin au christianisme, cela l'y prépare. Le dialogue amène au constat de l'échec du platonisme : ce dernier ne permet pas d'atteindre Dieu et n'est pas un pont permettant l'accès au christianisme. Comme le rappelle Skarsaune, ce n'est pas "le platonisme lui-même mais sa destruction qui prépare Justin à la conversion"[16].

Notons au passage la façon dont le vieillard conduit le dialogue. Justin ne semble pas prêt à recevoir le Christ comme Sauveur ; il ne lui annonce donc pas tout de suite la bonne nouvelle de l'Evangile. Pour l'amener à comprendre combien il a besoin d'écouter l'Evangile, il va lui faire prendre conscience que sa philosophie n'offre aucune réponse aux questions capitales de la vie. Il va donc progressivement lui enlever son "toit protecteur" pour lui ôter ses assurances. Ensuite, il lui annonce la grâce de Jésus que le Dialogue mentionnait implicitement dans *Dial.*8:1. Le vieillard serait un peu pour Justin l'homme qui lui aurait enseigné les bases du christianisme et qui lui aurait permis de faire un pas décisif : celui de la conversion. Il aurait joué le rôle que Pantène (le premier maître connu de l'école d'Alexandrie) a rempli envers Clément d'Alexandrie et que Justin a accompli envers Tatien.

Néanmoins, en parlant de l'échec du platonisme auquel leur discussion conduit, nous ne voulons pas sous-entendre que la conversion chez Justin passe par un abandon de la réflexion et un refus de chercher une réponse honnête aux questions capitales de la vie pour faire du christianisme une "affaire de coeur" et de sentiment. Justin affirme par la bouche du vieillard : "Leurs écrits subsistent encore maintenant, et ceux qui les lisent peuvent, s'ils ont foi en eux, en tirer toutes sortes de profits, tant sur les principes que sur la fin, sur tout ce que doit connaître le philosophe"[17].

La Bible répond aux questions des philosophes. Elle explique le monde dans lequel nous vivons, nous dit l'origine et le sens de l'existence de l'homme, nous donne les bases de la connaissance et de la compréhension du bien et du mal, nous montre comment vivre dans ce

15. *Id.*, *Ibid.*, p. 71 ; "Justin describes himself as a convert to Christianity, but the conversion is not described in a traditional way. It is described as a conversion from pseudo-philosophy to True Philosophy".

16. *Id.*, *Ibid.*, p. 56 ; "It is not Platonism itself but its destruction that prepares Justin for conversion".

17. *Dial.* 7:2 ; Συγγράμματα δὲ αὐτῶν ἔτι καὶ νῦν διαμένει, καὶ ἔστιν ἐντυχόντα τούτοις πλεῖτον ὠφεληθῆναι καὶ περὶ ἀρχῶν καὶ περὶ τέλους καὶ ὧν χρὴ εἰδέναι τὸν φιλόσοφον, πιστεύσαντα ἐκείνοις.

monde et donne un sens à la vie. Robillard écrit à ce sujet : "l'Ecriture répond à toutes les questions que les philosophes se posent concernant l'origine (les principes) et la fin du monde et de l'homme. Philon soutient, de même que dans l'Ecriture se trouve tout le savoir philosophique et Justin ne fait que le répéter, comme plus tard Basile : In *Hexaméron* 15"[18]. Justin a étanché sa soif et sa recherche de la vérité dans le christianisme. Mais devons-nous voir dans la Bible un manuel de philosophie et dans la conversion une démarche purement intellectuelle ?

2- La philosophie de Justin

La suite du texte de *Dial.*7:2 est clair : "ce n'est pas en démonstrations qu'ils ont parlé : au-dessus de toute démonstration, ils étaient les dignes témoins de la vérité (...)"[19]. Ce passage fait étrangement écho à I Co. 2:1-5. Justin souligne le fait que les prophètes ne persuadent pas par la séduction du langage et ne convainquent pas par la valeur de la preuve (*apodeixis*) mais par la puissance de la vérité qui révèle ce qui est caché (*a-lèthéia*). Ensuite, quand le vieillard lui recommande de méditer toutes ces choses (cf. *Dial.*8:1), il emploie le verbe *diôkô*. Il n'exhorte donc pas Justin à spéculer par le raisonnement sur ce qu'il vient d'entendre mais à poursuivre sa recherche, à s'attacher aux paroles reçues, à continuer sans interruption leur discussion en repassant sur son coeur les propos tenus pour que l'Esprit puisse convaincre et ne soit pas étouffé par les soucis de la vie ou d'autres préoccupations.

Le seul verset du Dialogue qui décrit sa conversion se trouve en *Dial.*8:1. Notons qu'il ne fait à aucun moment emploi de *métanoia* ou d'*épistrophè*. Que dit-il ? "Mais un feu subitement s'alluma dans mon âme ; je fus pris d'amour pour les prophètes et pour ces hommes amis du Christ ; et réfléchissant en moi-même à toutes ces paroles, je trouvai que cette philosophie était la seule sûre et profitable"(Ἐμοὶ δὲ παραχρῆμα πῦρ ἐν τῇ ψυχῇ ἀνήφθη, καὶ ἔρως εἶχέ με τῶν προφητῶν καὶ τῶν ἀνδρῶν ἐκείνων, οἵ εἰσι Χριστοῦ φίλοι · διαλογιζόμενός τε πρὸς ἐμαυτὸν τοὺς λόγους αὐτοῦ ταύτην μόνην εὕρισκον φιλοσοφίαν ἀσφαλῆ τε καὶ σύμφορον).

18. ED. ROBILLARD, *Justin, l'itinéraire philosophique*, Paris/Montréal, 1989, p. 138.

19. *Dial.* 7:2 ; Οὐ γὰρ μετὰ ἀποδείξεως πεποίηνται τότε τοὺς λόγους, ἅτε ἀνωτέρω πάσης ἀποδείξεως ὄντες ἀξιόπιστοι μάρτυρες τῆς ἀληθείας ·

Justin emploie le terme *éros* pour décrire son expérience et parler de l'amour ardent dont il est embrasé pour les prophètes. Pourquoi ne pas avoir employé *agapè* ?

L'image du feu, pour décrire l'illumination reçue, a été comparée avec celle de Platon : "(...) soudainement, comme s'allume une lumière lorsque bondit la flamme, ce savoir se produit dans l'âme et, désormais, il s'y nourrit tout seul lui-même"[20]. Platon atteste que la philosophie veut être vécue et non pas consignée dans des livres. En faisant du mode de vie le résultat d'une existence qu'on partage avec elle, Platon prône la conversion philosophique. Ce passage suffit à plusieurs exégètes pour voir dans Justin un demi-chrétien qui a vécu une expérience exclusivement philosophique. Mais l'image du feu n'est pas propre à Platon. Justin a beau avoir été en contact avec le moyen-platonisme, son esprit est rempli des écrits des prophètes au moment où il rédige ces lignes et il peut avoir emprunté cette métaphore aux textes de la LXX. Dans la Bible, Dieu s'est révélé par le feu : "L'Ange de l'Eternel lui apparut dans une flamme, au milieu d'un buisson"(Ex.3:2 ; cf. aussi Dt.4:12 ; Ez.1:4 ; Dn.7:9-10 ; Mal.3:2). Dieu répond par le feu : "Un feu sortit de devant l'Eternel, et consuma sur l'autel l'holocauste et les graines" (Lév.9:24 ; cf aussi I R.18:38 ; I Ch.21:26 ; II Ch.7:1). Le feu est le symbole de la Parole de Dieu, de sa présence et de sa puissance : "Des langues qui semblaient de feu et qui se séparaient les unes des autres leur apparurent" (Ac.2:3 ; cf aussi Jé.5:14 ; Psm.50:3 ; Es.66:15). L'illumination est la façon dont Justin décrit l'expérience de la visitation de Dieu par son Esprit. Salomon écrit : "La sagesse de l'homme éclaire son visage"(Ecc.8:1). Paul souhaite aux Ephésiens que Dieu illumine (*pephôtismenous*) les yeux de leur coeur (Eph.1:18). Les deux voyageurs se firent l'un à l'autre presque la même réflexion que Justin s'est faite : "Notre coeur ne brûlait-il pas au dedans de nous lorsqu'il nous parlait en chemin et nous expliquait les Ecritures ?" (Luc 24:32).

L'emploi de *christou philoi* a été commenté par Winden[21]. Il dit que les chrétiens au temps de Justin dans le contexte du martyre se nommaient ainsi. Cette suggestion est confirmée par l'examen de l'expression "mes amis" dans la bouche de Jésus en Luc 12:4 et Jn.15:13-15. Le contexte de ces deux versets est celui de la souffrance et du martyre. Skarsaune conclut ainsi : "Cette interprétation du terme

20. PLATON, *Lettre* VII, 341c 6 ; ἀλλ' ἐκ πολλῆς συνουσίας γιγνομένης περὶ τὸ πρᾶγμα αὐτὸ καὶ τοῦ συζῆν ἐξαίφνης, οἷον ἀπὸ πυρὸς πηδήσαντος ἐξαφθὲν φῶς, ἐν τῇ ψυχῇ γενόμενον αὐτὸ ἑαυτὸ ἤδη τρέφει.
21. J.C.M. VAN WINDEN, *An early christian philosopher*, Leyde, 1971, p. 118.

"amis du Christ" est en excellente harmonie avec *app.*12:1 où Justin décrit l'impression que ces martyrs ont suscitée en lui. Cela devrait signifier que le motif de sa conversion en *app.*12:1 n'est pas vraiment absent en *Dial.*8:1"[22].

Enfin, pour terminer les quelques remarques sur ce passage très riche de *Dial.*8:1, Justin indique qu'il a réfléchi et qu'il a trouvé. Mais cette réflexion n'est pas la méditation contemplative du philosophe platonicien dans son cabinet tel que nous le peint Rembrandt sur son tableau non moins célèbre[23]. Il emploie *dialogizomai* : évaluer, calculer exactement, distinguer par la réflexion, discuter, s'entretenir. Il n'a pas procédé à un retour sur lui-même en prenant garde à la manifestation de ses pensées comme les platoniciens qui cherchaient Dieu en pensant le trouver à l'intérieur d'eux-mêmes. Il a repassé dans son esprit les paroles entendues lors de sa discussion avec le vieillard : il a réfléchi en lui-même en se tournant vers l'extérieur c'est-à-dire en prenant garde aux paroles reçues. Au terme de cette recherche sincère, il s'écrie : *euriskon* (j'ai trouvé). Le balancement entre la recherche et la découverte est condensé de façon saisissante dans les paroles de Jésus : "Et moi, je vous dis : demandez et l'on vous donnera ; cherchez et vous trouverez ; frappez et l'on vous ouvrira" (Luc 11:9 ; *zèteite kai eurèsété*). En grec *euriskô* est une découverte, une rencontre et une reconnaissance après examen et réflexion. Au terme de son cheminement, Justin trouve une philosophie sûre, certaine, solide. *Asphalé* est l'adjectif employé en Héb. 6:19 pour parler de l'espérance comparée à une ancre sûre et ferme. Justin débouche sur une certitude après avoir erré à travers des écoles prônant des valeurs relatives et contradictoires les unes avec les autres.

L'identification chez Justin du christianisme avec la philosophie a fait couler beaucoup d'encre. Archambault écrit : "C'est comme une philosophie que Justin présente son christianisme, non pas seulement aux païens mais aussi aux Juifs"[24]. Hadot poursuit ailleurs : "D'ailleurs beaucoup d'écrits chrétiens primitifs, par exemple le *Dialogue avec Tryphon* de Justin dit le Philosophe, présentent l'adhésion au christianisme comme l'entrée dans une secte philosophique, qu'on a choisie après avoir éprouvé toutes les autres"[25]. Justin ne présente pas le

22. O. SKARSAUNE, "The Conversion of Justin Martyr", *STh,* 30, 1976, p. 58 note 16.
23. Cf. tableau du "philosophe" (1632) exposé au Musée du Louvre.
24. *Dialogue avec Tryphon*, t. I, p. 40 note 1.
25. J. HADOT, "Hellénisme et Christianisme" in *Philosophies non chrétiennes et christianisme*, Bruxelles, 1984, p. 48.

christianisme comme *une* philosophie ou *la meilleure* parmi les autres écoles. Il dit que c'est la seule philosophie digne de ce nom[26].

D'après Archambault (cf la note), Harnack voit en Justin un successeur de Philon en terrain chrétien pour qui les apologistes et les théologiens sont des hommes qui "ont cherché dans le Christianisme l'assurance que leur conception du monde, acquise d'ailleurs (de la philosophie grecque) était la Vérité". Nous pensons à l'instar de Robillard qu'il y a une grave incompréhension de la pensée justinienne. "Justin n'a rien d'un philosophe intéressé à transformer la foi en système philosophique (...). Il renonce à ses idées philosophiques pour adopter la foi chrétienne, qui lui paraît la seule pure et vraie philosophie"[27]. L'un des caractères surprenants des premiers chapitres du Dialogue consiste chez Justin à présenter le christianisme en termes philosophiques tout en injectant à cette forme un contenu anti-philosophique.

En effet, "l'accomplissement de la prophétie authentifie les prophètes (et Christ) comme des docteurs dignes de confiance et inspirés par la Vraie Philosophie concernant Dieu, la vertu et la vie éternelle"[28]. La réalisation effective des prophéties est la preuve de la vérité des Ecritures car elle correspond à la réalité : "mais ce sont des événements passés et présents qui forcent à adhérer à ce qu'ils ont dit"(*Dial.*7:2)[29]. Les prophètes tirent leur discernement de l'Esprit de Dieu qui inspire leur pensée : "Eux seuls ont vu et annoncé aux hommes la vérité, sans égard ni crainte de personne ; ils n'obéissent pas au désir de la gloire, mais ils ne disaient que ce qu'ils avaient entendu et vu, remplis de l'Esprit saint"(*Dial.*7:1 ; ἀλλὰ μόνα ταῦτα εἰπόντες ἃ ἤκουσαν καὶ ἃ εἶδον ἁγίῳ πληρωθέντες πνεύματι). Remarquons que ce verset fait écho à II Pi. 1:21 : "car ce n'est nullement par une volonté humaine qu'une prophétie a jamais été présentée, mais c'est poussés par le Saint-Esprit que les hommes ont parlé de la part de Dieu"(οὐ γὰρ θελήματι ἀνθρώπου ἠνέχθη προφητεία ποτέ, ἀλλὰ ὑπὸ πνεύματος ἁγίου φερόμενοι ἐλάλησαν ἀπὸ θεοῦ ἄνθρωποι). Le contenu du message du vieillard (*a fortiori* celui de Justin-écrivant) est chrétien et

---

26. O. SKARSAUNE, "The Conversion..." (*supra*, n. 22), p. 63 ; "He is saying that Christianity is the only philosophy worthy of this name (...)".

27. ED. ROBILLARD, *Justin, l'itinéraire philosophique (supra*, n. 18), p. 148.

28. O. SKARSAUNE, "The Conversion..." (*supra*, n. 22), p. 59 ; "the fulfilment of prophecy authenticates the prophets (and Christ) as reliable and inspired teachers of True Philosophy concerning God, virtue and eternal life".

29. *Dial.* 7:2 ; τὰ δὲ ἀποβάντα καὶ ἀποβαίνοντα ἐξαναγκάζει συντίθεσθαι τοῖς λελαλημένοις δι' αὐτῶν ; nous laissons à titre indicatif le verset de II Pi. 1:19 en assonnance avec la pensée justinienne. "(ce que les prophètes avaient annoncé s'est accompli sous nos yeux). C'est pourquoi nous croyons d'autant plus fermement à leur message. Vous ferez bien de l'étudier attentivement (...)" (Transcription d'Alfred Kuen).

authentiquement biblique. La relation entre Christ et les prophètes s'établit sur le mode que Skarsaune énonce ainsi : "The prophets announce, Christ acts ; that is the relation" (p. 63). Mais quel est le contenu de la philosophie chrétienne chez Justin ?

Ce contenu est essentiellement christocentrique. En *Dial.*7:3 Justin oppose les vrais prophètes qui ont prédit la venue de Christ, aux faux prophètes qui ne l'ont jamais fait et qui se contentent d'accomplir des prodiges éblouissant les yeux et glorifiant ainsi les démons. Toute la sotériologie justinienne est bâtie sur cette dichotomie : les démons éloignent les hommes du Vrai Dieu et ces derniers séduits honorent les démons comme des dieux[30]. Cette importance de la démonologie fait ressortir davantage la vision de Jésus-Christ sur la terre venu pour vaincre l'Adversaire. "la victoire finale a été remportée à la croix (*Dial.* 31:1 ; 49:8 ; 91:4 ; 111:2 à comparer avec Col. 2:15). Le terme central dans ce contexte est la puissance du Christ, sa *dunamis*. Cette puissance est dirigée contre les démons comme une arme terrifiante, et à son ascension Christ est placé sur le trône comme leur vainqueur. Tous les démons peuvent être exorcisés et chassés par la mention de son nom (*Dial.*76:6 ; 85:2-3)"[31]. Tous les thèmes bibliques de la christologie sont respectés : l'Incarnation, l'humanité de Jésus, l'Expiation, la Substitution, la Résurrection, l'Ascension, la Glorification... Fédou[32] nous expose l'oeuvre de Justin comme le récit de la Croix, de la mort de Jésus-Christ à sa résurrection. Il n'y a qu' à relire en quels termes l'apologiste s'exprime pour décrire la souffrance et l'agonie du Messie en *Dial.*101:2-3. "Par sa structure, par l'itinéraire dont elle témoigne, par sa présentation de Jésus-Christ, l'oeuvre de Justin peut être vraiment relue comme récit de la Croix. Or la Croix est elle-même récit du monde et non seulement son récit, mais le principe de son discernement et de sa transformation"[33]. Sa vision de la Gloire divine commande sa conception de la philosophie, "sa représentation de l'histoire, son sens de l'existence chrétienne, et jusqu'au témoignage de sa propre mort"[34]. Cependant, il faut noter qu'une évolution se fait sentir depuis les

30. Comparer cette perspective avec Ro. 1:20-25.

31. O. SKARSAUNE, "The Conversion..." *(supra,* n. 22), p. 62 ; "The final victory was won on the cross (Dial. 31:1 ; 49:8 ; 91:4 ; 111:2 et cf. Col. 2:15). The central term in this context is Christ's power, His *dunamis*. This power is directed against the demons as a terrifying weapon, and at his ascension Christ is enthroned as their conqueror, so that all demons may be exorcised and driven away by the mention of his name (Dial. 76:6 ; 85:2-3)".

32. M. FEDOU, "La vision de la Croix dans l'oeuvre de saint Justin "philosophe et martyr"", *Recherches Augustiniennes,* 19, 1984, pp. 29-110.

33. M. FEDOU, "La vision..." (*supra,* n. 32), p. 94.

34. *Id., Ibid.,* p. 103.

apôtres, Justin insiste sur la démonologie[35] et développe toute une conception du *logos*.

Au terme de cette analyse, nous pouvons cerner davantage la notion de philosophie. Nous énonçons avec Skarsaune : *Le propre de la philosophie est de révéler la vraie nature des démons (qui se prétendent être dieux) et d'amener les hommes au seul vrai Dieu*[36]. La seule vraie philosophie est de connaître Dieu et de réaliser que nous devons croire. Lenain de Tillemont écrit : "Justin donne pour objet à la philosophie de travailler à connaître Dieu, et il fait consister la qualité de philosophe à n'aimer et à n'honorer que la vérité"[37]. Justin affirme lui-même à deux reprises : "La philosophie n'a donc pas pour tâche d'enquêter sur le divin ? (...) la philosophie, est un bien très grand et très précieux aux yeux de Dieu ; elle seule nous conduit vers lui (Dieu) et nous réunit à lui " (Dial 1:3 Ἢ οὐ τοῦτο ἔργον ἐστὶ φιλοσοφίας, ἐξετάζειν περὶ τοῦ θείου ;)

A ce point de notre exposé, il est clair que si le but assigné par Justin à la philosophie est celui de son époque, le contenu qu'il en donne est biblique. Chez les grecs, les démons comblent le fossé entre Dieu et l'homme et servent d'intermédiaires. Chez Justin, les démons sont les adversaires déclarés du vrai Dieu qu'on atteint par Jésus-Christ. Cette conception de la philosophie n'est pas typiquement grecque, nous en conviendrons aisément. Plusieurs philosophes grecs étaient monothéistes mais ce monothéisme n'impliquait pas un combat contre les démons jusqu' à la mort et la résurrection du Fils de Dieu. Nous concluons avec Skarsaune : "What is striking in Justin is not a supposedly "philosophical" conception of Christianity, but a very un-philosophical conception of philosophy ! " Les conséquences de cette conception nous permettent de distinguer la conversion philosophique et la conversion chrétienne.

Certes, la philosophie (et le christianisme est en cela aussi une philosophie) "est conversion, transformation de la manière d'être et de la manière de vivre, quête de la sagesse"[38]. Dion de Pruse définit le philosophe comme "celui qui est tendu vers la vérité, vers la réflexion,

---

35. O. SKARSAUNE, "The Conversion..." *(supra*, n. 22), p. 73 ; "Justin's Christology and soteriology operate within a battle - and - victory framework in which demonology is dominant". Si Justin insiste tant sur l'étude des démons, ce n'est pas extraordinaire dans ce IIe siècle où la religiosité, l'astrologie, la divination connaissaient un regain croissant. Le chrétien qu'il était devait prendre position devant ce déferlement des puissances occultes en proclamant la vérité.

36. *Id., Ibid.*, p. 64 ; "The proper task of philosophy is to reveal the true nature of the demons (pretending to be gods) and to bring men to the only true God".

37. LENAIN DE TILLEMONT, *Mémoires*, t. II p. 378.

38. P. HADOT, *Exercices spirituels (supra*, n. 12), p. 227.

vers le culte des Dieux, et vers le soin de son âme"(*Orat.* LXX, 7). Cependant la différence est certaine : Epictète pense que l'homme porte en lui-même Dieu (cf *Entr.* II,8,11-17) et qu'il doit donc opérer une conversion en lui-même (*épistrophè eis eauton*). La conversion stoïcienne consiste à se tourner de l'extérieur vers l'intérieur. Le dieu des stoïciens n'est pas transcendant (comme celui des Juifs et des chrétiens) mais il est la Providence immanente au tout, à l'Univers[39]. Chez les pythagoriciens, domine aussi l'idée du repentir arrachant l'homme au plaisir[40]. *A contrario* les chrétiens ne se convertissent pas pour fuir le concret et se replier sur eux-mêmes comme les platoniciens (et l'extase mystique) mais pour coller à la réalité de façon active en portant témoignage de sa foi.

Il nous faut à présent répondre aux questions de départ en expliquant ce décalage : pourquoi Justin présente-t-il sa conversion sous une forme philosophique alors que le contenu diffère du tout au tout ?

3- les exigences du *Dialogue*

Pour répondre à cette question, le contexte tracé par les premières lignes du Dialogue doit être rappelé : Justin est appréhendé par Tryphon et ses compagnons à cause de son manteau de philosophe (*tribôn*) qui lui permet ainsi de rentrer plus facilement en contact pour témoigner de sa foi. Il doit donc justifier du port de ce manteau auprès de son interlocuteur. En exposant le christianisme comme *la philosophie*, il tend à montrer à celui à qui il dédicace son Dialogue, Marcus Pompéius[41], que le christianisme n'est pas une superstition mais répond honnêtement à toutes les questions que se posent les philosophes. Le christianisme apparaît donc comme destiné à remplacer la philosophie parce qu'il répond seul valablement aux questions fondamentales. C'est pour afficher cette prétention que Justin continue à porter le manteau. Puech conclut alors : "Ainsi donc lorsqu'il se proclame avec tant d'insistance philosophe, nous devons entendre en réalité qu'il veut se proclamer chrétien"[42].

D'autre part, Puech, explique ce décalage en disant que l'itinéraire spirituel retracé en *Dial.* 1-8 est fictif et reste un artifice littéraire. Le récit de sa conversion serait fortement stylisé et la figure du vieillard

---

39. Pour plus de détails sur les différents exemples de conversion philosophique, cf. G. BARDY, "La conversion..." *(supra,* n. 13), pp. 98-106.
40. E. BREHIER, *Histoire de la philosophie,* t. I, pp. 388-390.
41. *Dial.* 141:5 ; il serait peut-être chrétien, mais rien n'est moins sûr ; cf. G. ARCHAMBAULT, *Dialogue avec Tryphon* t. II p. 309 note 5.
42. A. PUECH, *Les apologistes grecs au IIe siècle,* Paris, 1912, p. 88.

n'ayant aucun caractère individuel (un Ange ou la personnification de Socrate ?), Justin se serait conformé à une tradition[43]. On a toutes les raisons de penser avec Chadwick que Justin nous a laissé une autobiographie authentique même si la mémoire regardant vingt ans en arrière a considérablement réduit et comprimé l'histoire. Justin se souvient du passé pour répondre aux exigences du présent et non pour le plaisir de faire un flash-back rapportant des faits dans leur menu détail[44].

Certains, selon De Vogel, remettent même en cause la conversion de Justin en faisant de cet apologiste un demi-chrétien sans profondeur et superficiel n'ayant pas connu la vraie repentance ; trop rationaliste, il n'a qu'une démarche intellectuelle. "C'est ainsi (...) qu'il apparaît souvent dans les comptes rendus des interprètes modernes, qui font de lui une personne qui n'aurait même pas compris la base élémentaire : que la "foi" est basée sur la Révélation et se reçoit seulement par la grâce"[45]. Nous nous joignons à De Vogel pour dire qu' "il n'est pas justifié d'opposer Justin comme une sorte de rationaliste, à la grande majorité des chrétiens traditionnels, et en particulier l'apôtre Paul (...). Cet homme qui a toujours soutenu les prophéties de l'Ancien Testament et leur accomplissement en Christ ne peut être opposé à l'Eglise traditionnelle. Il a vécu exactement sur la même tradition. Il a pensé selon les mêmes lignes que Luc et on ne peut l'opposer à Paul"[46]. On lui reproche son apologétique trop intellectuelle. Rappelons-nous qu'il ne nous est connu en grande partie que par les oeuvres qui nous sont parvenues. Cela constitue une petite partie du corpus. Imaginons que nous ne connaissions Schaeffer (un penseur chrétien évangélique du XXe siècle, apologète décédé en 1984) que par trois de ses oeuvres :

-*Dieu ni silencieux ni lointain*
-*Démission de la raison*
-*Dieu illusion ou réalité*

---

43. *Id., Ibid.*, App. II : "Vérité et fiction dans le Dialogue de Justin", pp. 312-315.
44. H. CHADWICK cité par O. SKARSAUNE, "The Conversion..." *(supra*, n. 22), p. 68 note 36.
45. C.J. DE VOGEL, "Problems concerning Justin martyr", *Mnem*, 31, 4, 1978, p. 363 ; "Thus, Justin appears to us to have not been that kind of a rather shallow little man, such as he often appears in the rendering of modern interpreters, who make him a person who had not even understood this elementary fact : that "Faith" is based on Revelation and received only by grace".
46. *Id., Ibid.*, p. 365 ; "(...) it is not justified to oppose Justin as a kind of rationalist to the great majority of traditional Christians, and in particular to the Apostle Paul.(...) that man who is always arguing from the Old Testament prophecies and their fulfilment in Christ cannot be opposed to traditional Church people. He lived exactly on the same tradition. He thought along the same lines as Luke, and one cannot oppose him to Paul".

Nous pourrions à juste titre penser que cet auteur a une démarche intellectuelle et que sa foi rationnelle lui fait perdre les dimensions vraiment spirituelles du christianisme. Il se trouve que nous connaissons beaucoup d'autres livres de Schaeffer et que sa biographie vient de sortir. Sa conversion ne peut être remise en cause sur la base des preuves que nous laissent certains aspects de son oeuvre. Il en va de même pour Justin. Au dire de certains croyants, le chrétien devrait parler surtout de la rémission des péchés, insister sur la notion même de péché. Il faudrait alors les informer que ces concepts ne sont pas spécifiquement chrétiens.

Sur une inscription relatant les ordonnances d'un sanctuaire privé fondé à Philadelphie de Lydie au Ier siècle avant Jésus-Christ et dédié à la déesse Agdistis (mais qui comprenait aussi des autels dédiés à d'autres divinités) il est précisé que les péchés constituent entre l'homme et Zeus une barrière précise et décisive[47]. Dans la religion de l'Egypte Ancienne, Montet nous montre dans un article intéressant[48] que la confession des péchés était pratiquée. Justin dans son récit de la conversion n'a pas besoin d'insister sur la conviction de péché et la notion de faute puisque ses interlocuteurs connaissent la Bible et que cet aspect de la repentance ne constitue pas un point de divergence. Il veut préparer le terrain pour aborder le véritable enjeu du dialogue : la réfutation du judaïsme et exposer les points qui les séparent. Il ne faut pas oublier que les chapitres 1-8 ne sont que le prologue de tout un dialogue dense et long.

Les motifs qui ont poussé Justin à se repentir sont de deux ordres : au plan du savoir, il était animé du désir de vérité ; il recherchait le sûr, le solide, la certitude de valeurs lui permettant de construire une épistémologie fiable et bien fondée. Il se sentait attiré par l'accent de vérité philosophique qui se dégageait du christianisme ; en effet, celui-ci "offrait une explication intelligible et crédible de Dieu, du monde, et de l'homme"[49]. C'est pourquoi Justin va même "jusqu'à présenter sa conversion à la foi chrétienne comme l'accueil d'une philosophie"[50]. Au plan sociologique, il a été marqué par la vie des martyrs (cf *app.* 12:1). Leur vie a suscité chez lui une compassion qui a pu l'acheminer vers le

---

47. A.D. NOCK, *Christianisme et Hellénisme (supra,* n. 11), p. 51,52.
48. P. MONTET, "Les fruits défendus et la confession des péchés" in *les sagesses du Proche Orient ancien* (C.E.S.S. Université de Strasbourg), 1963, pp. 53-63.
49. Cf. le chapitre de M. GREEN, *L'Evangélisation dans l'Eglise primitive,* St. Légier, 1981, pp. 171-198 (sur la conversion).
50. M. FEDOU, "La vision de la Croix..." *(supra,* n. 32), p. 85.

christianisme[51]. Ces deux motifs ne se contredisent pas mais se complètent car ils relèvent de deux plans de rationalité différents. Justin est touché par Dieu. Il tourne ses regards vers Dieu et devient adorateur. Il a trouvé un sens à la vie : rendre gloire à Dieu et le louer à jamais. Sa rencontre avec Jésus-Christ change tous les domaines de sa vie : au plan du savoir, il a lutté pour une conception philosophique biblique du monde et de l'homme. Au plan de la société, il a évangélisé, témoigné de son Sauveur jusqu'au prix de sa vie (le martyre). Au plan du droit, il a changé moralement dans sa conduite en devenant réceptif au bien par la puissance de l'Esprit de Dieu.

Dans le thème de la conversion il existe un autre élément sur lequel nous n'avons pas encore insisté et qui est de la plus haute importance : la grâce. Jusqu'à présent, nous avons volontairement évité d'en parler pour y consacrer un paragraphe afin d'étudier en profondeur la nature du débat qui oppose Pycke et Joly.

III- La grâce.

Cet aspect de l'oeuvre de Justin n'est pas toujours mis en valeur par la critique récente alors qu'il fait sens dans la morale et la foi des premiers chrétiens. Mais il n'est pas pour autant complètement désuet. Puech insiste sur le fait que "la raison décisive de leur conversion a été la satisfaction donnée à leur besoin de certitude. Ils ont cru posséder désormais une vérité solide, fondée sur une évidence qui provenait directement de l'expérience, au lieu d'être péniblement atteinte par une dialectique toujours douteuse"[52]. Tous les apologistes (et Justin ne fait pas exception) sont convaincus qu'une révélation est nécessaire ; "c'est parce qu'ils veulent une vérité révélée qu'ils sont chrétiens"[53] poursuit Puech. Cette certitude déposée dans le coeur est apportée par Jésus-Christ qui délivre aux hommes des enseignements auxquels ils n'auraient pu accéder par la raison. Bardy aussi reconnaît qu'en pratique la raison ne suffit pas à produire la conversion, il faut le secours de Dieu. "Ce secours est particulièrement indispensable pour comprendre le sens véritable des livres saints"[54]. Ce secours consiste dans le fait que Dieu se tourne vers l'homme et lui envoie sa lumière, et que l'homme se

---

51. O. SKARSAUNE, "The Conversion..." *(supra,* n. 22), p. 66 ; "they may have created a sympathy that helped Justin on his way to Christianity".
52. A. PUECH, *Les apologistes grecs (supra,* n. 42), p. 289,290.
53. *Id., Ibid.,* p. 291.
54. G. BARDY, "Justin Martyr" in *DTC,* col .2244.

tourne vers Dieu (prière de l'homme humble à Dieu pour lui demander sa lumière). La Bible est le milieu où se fait la rencontre de l'*épistrophè* divin et de l'*épistrophè* humain. Cette "conversion" de Dieu est la manifestation de l'Esprit de grâce qui s'adresse à l'homme. De Vogel confirme la nécessité de la grâce : "Bien plus, Justin ne prétend pas comprendre les prophéties *naturali ratione*. Au contraire, il se réfère à maintes reprises à ce don spécial de grâce par lequel les autres chrétiens et lui-même étaient capables de comprendre les Ecritures et de voir leur accomplissement en Christ"[55].

Nonobstant, d'autres critiques minimisent cet aspect de la grâce. Joly écrit : "la grâce ne joue en effet chez Justin qu'un rôle très restreint"[56]. Andresen va plus loin : "le péché et la grâce ne jouent aucun rôle dans la théologie de Justin"[57]. A ce sujet, Pycke a fait paraître en 1961 un article intéressant (déjà mentionné dans notre étude) sur "connaissance rationnelle et connaissance de grâce chez saint Justin". Ce travail a été critiqué quelques années plus tard par Joly dans son livre intitulé *Christianisme et Philosophie*, publié en 1973, au chapitre II (cf. pp.104-113). En 1986, Rodriguez[58] se fait le partisan de la thèse de Pycke et critique Joly[59]. Nous n'allons pas prétendre réhabiliter la thèse de Pycke, à la suite de Rodriguez, mais essayer de comprendre laquelle des deux positions correspond le mieux à la réalité historique que nous en laissent les oeuvres de Justin. Nous verrons qu'il nous faut tendre vers une synthèse des deux opinions.

---

55. C.J. DE VOGEL, "Problems concerning Justin martyr" (*supra*, n. 45), p. 368 ; "Moreover, he (justin) does not pretend to understand the prophecies *naturali ratione*. On the contrary, he repeatedly refers to that special gift of grace by which he himself and other Christians were able to understand the Scriptures and see that they are fulfilled in Christ".
56. R. JOLY, *Christianisme et philosophie* (*supra*, n. 2), p. 73.
57. *Id., Ibid.*
58. M. M. RODRIGUEZ, "Los caminos de la conversión cristiana en el pensamiento de san Justino Mártir", *Revista Agustiniana*, 27, 82-83, 1986, pp. 117-146.
59. En soulignant la dépendance de Justin par rapport à la Bible, on nous reprochera peut-être d'avoir été trop critique envers R. Joly. D. Bourgeois semble à certains égards plus incisif quand il écrit : "Dans ses pages traitant de l'exégèse de la Bible (pp. 94-104) et de la connaissance de grâce (pp. 104-113), on se demande vraiment pourquoi cet auteur s'acharne avec tant de complaisance à dévaloriser l'objet de son étude : à ses yeux, Justin est un philosophe grec, donc rationaliste qui défend la validité rationnelle du « galimatias » typologique. Il ne reste qu'à conclure !... Pour un jugement plus intelligent sur ce problème : E.-R DODDS, *Pagan and Christian in an Age of Anxiety*, New York, 1970, pp. 120-121." (*La Sagesse des Anciens dans le mystère du Verbe*, Paris, 1981, p. 66 note 114).

1- La nature de la *disputatio*.

Pycke met l'accent sur le fait que ce n'est pas par un effort de leur propre intelligence que les chrétiens possèdent la pleine connaissance des Ecritures mais grâce à l'intervention de Christ : "La connaissance du Logos total en regard de la connaissance du *logos spermaticos*, ne se présente pas comme la science d'un tout comparée à celle d'une partie. Les deux façons de connaître appartiennent à des ordres différents en ce sens que, d'une part, il s'agit d'une connaissance qui résulte d'un contact personnel avec le *Logos* total-Christ, et d'autre part d'une connaissance indirecte obtenue par la raison humaine"[60]. Cette opposition radicale entre connaissance rationnelle et connaissance de grâce est valable selon Joly chez les chrétiens mais non chez Justin. Joly fait remarquer la non-sensibilité de Pycke au rôle de la raison chez l'apologiste et en particulier au caractère rationnel de l'argumentation scripturaire ; il écrit : "on voit bien que la démonstration est à la fois rationnelle et religieuse, qu'il n'y a pas là deux ordres différents de connaissance"[61]. Il nous faut préciser qu'au IIe siècle, la connaissance rationnelle et celle de grâce ne sont pas si éloignées l'une de l'autre chez les apologistes comme chez les chrétiens attachés à la parole de Dieu. La raison n'est pas aux antipodes de la foi et cette dernière n'offense pas l'intelligence humaine. Quand Dieu se révèle à un coeur, ce n'est pas sur le mode de l'extase mystique et du merveilleux surnaturel[62]. Dieu ne fait pas de théâtre quand il parle à un être humain : ce sont des pensées qui montent dans nos coeurs. Dieu informe et éclaire notre intelligence qui a besoin d'être purifiée. La grâce se révèle de façon rationnelle dans la mesure où elle s'adresse à l'homme dans un langage saisissable humainement sous formes de propositions (la Bible). Cependant si le mode de connaissance est rationnel, si le vecteur d'échanges se fait sur la base de la raison, la communication s'opère et se réalise dans un dialogue où le locuteur (Dieu) informe l'interlocuteur (l'homme) par des pensées qui n'auraient jamais pu venir au coeur de l'homme si Dieu ne l'avait pas voulu. Cette connaissance n'est pas l'oeuvre de la raison

60. N. PYCKE, "Connaissance rationnelle et connaissance de grâce chez saint Justin", *EThL*, 1961, p. 65.

61. R. JOLY, *Christianisme et philosophie* (*supra*, n. 2), p. 107.

62. La conversion de Saul de Tarse (Ac. 9:1-30) est souvent mentionnée comme une illumination mystique. Mais Dieu s'est révélé à Paul par Jésus-Christ qui lui a parlé dans un langage audible et saisissable pour l'entendement humain : "Saul, Saul, pourquoi me persécutes-tu ?" (Ac. 9:4). Notons que les collègues de Saul entendaient la voix (Ac. 9:7) mais ne voyaient personne. Dieu se révèle de façon discrète sans tambours ni trompettes mais avec puissance et de façon compréhensible.

humaine : celle-ci est informée du dehors par Dieu qui se révèle de façon compréhensible à l'humain. La raison n'est pas la source de la révélation, elle n'en est ici que le vecteur. Il est à remarquer que nous développons la manière dont Dieu parle à l'homme sur le plan du savoir mais sa révélation touche aussi tous les autres aspects et les vecteurs peuvent donc changer suivant les domaines concernés : les sentiments, la volonté, le corps...

Justin insiste bien sur le fait que sans la grâce, l'homme ne peut comprendre le sens des Ecritures. Il énonce par la bouche du vieillard : "Mais, avant tout, prie pour que les portes de lumière soient ouvertes, car personne ne peut voir ni comprendre, si Dieu et son Christ ne lui donnent de comprendre"[63].

Le verbe "comprendre" (*suniénai*) implique que Dieu éclaire l'homme au plan du savoir, de l'intelligence et de la réflexion mais il n'implique pas que cela : *sunimi* désigne aussi l'attention, l'écoute, rapprocher par la pensée, s'entendre, s'accorder au sujet d'une alliance[64]. Cette compréhension n'est pas délivrée par Dieu sous forme d'une science ou d'un savoir trouvés par une intuition[65]. Nous ne pouvons atteindre Dieu sans être revêtu de son Esprit[66]. Dieu nous dévoile tout ce que nous entendons des Ecritures par sa grâce[67]. Justin dit à Tryphon en *Dial.* 119:1 : "Croyez-vous, amis, que nous aurions pu saisir tous ces sens dans les Ecritures, si par la volonté de celui qui les a voulus nous n'avions pas reçu la grâce de les comprendre"[68]. Nantis de cette révélation, les croyants ayant reçu la grâce de Dieu peuvent apprendre à ceux qui ne comprennent pas. Les Juifs s'étant endurcis n'ont pas reçu la grâce. Ce n'est pas par l'intelligence des intelligents que Dieu se révèle mais par sa grâce qui touche le coeur de l'homme c'est-à-dire sa personnalité qui inclut les sentiments, la volonté, la conscience et l'intelligence[69]. Mais de quelles manières la grâce se communique-t-elle sur le plan de l'intelligence ? Comment la grâce parle-t-elle à la raison ?

---

63. *Dial.* 7:3 ; Εὔχου δὲ σοι πρὸ πάντων φωτὸς ἀνοιχθῆναι πύλας · οὐ γὰρ συνοπτὰ οὐδὲ συννοητὰ πᾶσίν ἐστιν, εἰ μή τῳ θεὸς δῷ συνιέναι καὶ ὁ Χριστὸς αὐτοῦ.
64. On retrouve ce verbe en Pr. 28:5 (LXX) ἄνδρες κακοί οὐ νοήσουσιν κρίμα, οἱ δὲ ζητοῦντες τὸν κύριον συνήσουσιν ἐν παντί
65. *Dial.* 3:6.
66. *Dial.* 4:1.
67. *Dial.* 100:1,2.
68. *Dial.* 119:1 ; Οἴεσθε ἂν ἡμᾶς ποτε, ὦ ἄνδρες, νενοηκέναι δυνηθῆναι ἐν ταῖς γραφαῖς ταῦτα, εἰ μὴ θελήματι τοῦ θελήσαντος αὐτὰ ἐλάβομεν χάριν τοῦ νοῆσαι ;
69. *Dial.* 78:10,11.

2- Grâce et raison

L'apologiste fait la remarque suivante dans *Dial.*58:1 (οὐδὲ γὰρ δύναμις ἐμοὶ τοιαύτη τίς ἐστιν, ἀλλὰ χάρις παρὰ θεοῦ μόνη εἰς τὸ συνιέναι τὰς γραφὰς αὐτοῦ ἐδόθη μοι) : "Je vais vous citer les Ecritures, non que je me soucie d'exhiber un échafaudage de preuves construites par le recours de l'art seul ; aussi bien n'en ai-je point la force ; mais une grâce m'a été donnée de Dieu qui seule me fait comprendre les Ecritures". Pycke commente ainsi : "Justin donne donc des preuves à l'aide de textes scripturaires et non par des preuves construites par le secours de l'art ou par la force de la raison humaine, car il n'en est pas capable : il s'appuie uniquement sur la grâce de Dieu. La *dunamis* de l'homme s'oppose ici à la *charis* de Dieu. (...) La grâce est un don divin qui est tout à fait (*monè*) orienté sur l'intelligence des Ecritures"[70]. Il rappelle que ce don de la grâce n'est pas réservé à l'apologiste seul mais à tout chrétien.

A cette argumentation, Joly rétorque que l'opposition entre *téchnè monè* et *charis* n'existe pas ; elle se situe entre *graphas* et *téchnè monè* : "Ce sont les Ecritures que je vais vous citer : je ne me soucie pas d'exhiber un échafaudage". Justin ne dit pas que sa propre *dunamis* (sa raison) est insuffisante et incapable de comprendre les Ecritures sans la grâce. "Il déclare qu'il veut invoquer l'Ecriture seule et non argumenter en dehors d'elle". "La force démonstrative de l'Ecriture provient de son historicité, de son authenticité. Ici aussi d'ailleurs, le contexte est purement rationnel (...). L'opposition *graphè-téchnè* découle d'une idée essentielle du *Dialogue*, idée qui a l'accord des adversaires : il faut tirer toute l'argumentation exclusivement de l'Ecriture. (...) Cette compréhension est elle aussi de l'ordre de la raison". Joly a l'air de croire que le croyant rejette systématiquement tout ce qui est rationnel comme n'étant pas de Dieu. Il reproche à l'interprétation de Pycke de bâtir une connaissance de grâce qui serait autre que celle de la démonstration rationnelle[71], de faire reposer l'oeuvre de Justin sur une grâce mystique, confuse et trouble. Justin fait reposer son argumentation sur les Ecritures car seul Dieu convainc les coeurs et les persuade. Justin a conscience de la puissance de la parole divine[72]. Il est tout à fait possible que la traduction de Archambault fasse défaut et que l'opposition porte véritablement sur *graphè-téchnè*. Mais cela n'enlève

70. N. PYCKE, "Connaissance rationnelle..." (*supra*, n. 60), p. 67.
71. R. JOLY, *Christianisme et philosophie (supra*, n. 2), p. 110.
72. Peut-être a-t-il en mémoire Es. 55:11.

rien au fait que tous les passages mentionnés ci-dessus confirment l'opposition *dunamis/charis*[73].

L'homme par son intelligence ne peut comprendre les Ecritures si Dieu ne lui accorde quelque lumière par sa grâce. Quand Dieu convainc un coeur, il touche aussi sa raison et il agit sur son intelligence. Mais ce n'est pas parce que Dieu parle à l'intelligence humaine que l'homme peut communiquer avec Dieu et comprendre ses paroles par sa propre intelligence. Sans l'intuition que Dieu met dans le coeur de l'homme, celui-ci ne peut rien. Le passage de *Dial.*92:1 est clair là-dessus : "Si donc quelqu'un n'a pas reçu une grande grâce venue de Dieu, et entreprend de comprendre ce que les prophètes ont dit et fait, il ne lui servira de rien de se donner l'air de rapporter paroles et événements dont il ne peut rendre raison"[74]. Joly s'empare de ce passage, reprochant à Pycke de ne pas l'avoir assez pris en considération et surtout de n'avoir pas réfléchi davantage sur la fin du verset. "L'effet de la grâce y est défini comme la capacité de rendre raison : *logon apodidonai*, ce qui est éminemment rationnel". Pour lui, c'est une évidence de bon sens, de n'attacher aucune importance aux affirmations de ceux qui ne comprennent pas. L'effet de la grâce sur l'intelligence induit la compréhension et la capacité de rendre raison. Quand Dieu visite un coeur, il n'offense pas la raison mais lui demande la soumission. Quand, sous l'effet de la grâce, l'Esprit vient habiter un coeur, il ne construit pas un nouvel homme à côté de l'ancien mais il transforme l'ancien en le purifiant par la puissance du sang de Jésus-Christ. L'acte de *métanoia*, de mutation n'induit pas une dépersonnalisation, une perte de l'identité. Dès lors, ce n'est pas une intelligence seconde que Dieu accorde à l'homme par la grâce, mais son Esprit purifie et renouvelle notre intelligence (notre raison : *logos*) obscurcie en lui ôtant le voile du péché qui l'aveuglait. Joly est d'accord avec la paraphrase de Pycke de *app.*13:6[75] mais il fait remarquer que *logos* (*spermaticos* ou total) et

---

73. R. JOLY reconnaît lui-même que dans *app.*13:6 la *dunamis* purement humaine s'oppose explicitement à la *charis*.

74. *Dial.* 92:1 ; Εἰ οὖν τις μὴ μετὰ μεγάλης χάριτος τῆς παρὰ θεοῦ λάβοι νοῆσαι τὰ εἰρημένα καὶ γεγενημένα ὑπὸ τῶν προφητῶν, οὐδὲν αὐτὸν ὀνήσει τὸ τὰς ῥήσεις δοκεῖν λέγειν ἢ τὰ γεγενημένα, εἰ μὴ λόγον ἕχει καὶ περὶ αὐτῶν ἀποδιδόναι.

75. Nous citons *app.*13:6 pour une meilleure compréhension : "Mais autre chose est un germe et une ressemblance donnés aux hommes à proportion de leurs facultés, autre chose l'objet même dont la participation et l'imitation leur sont accordées à proportion de la grâce dont il est la source"(Ἕτερον γάρ ἐστι σπέρμα τινὸς καὶ μίμημα κατὰ δύναμιν δοθέν, καὶ ἕτερον αὐτὸ οὗ κατὰ χάριν τὴν ἀπ' ἐκείνου ἡ μετουσία καὶ μίμησις γίνεται).

Nous rappelons aussi la paraphrase de N. PYCKE de ce même passage (cf. *art.cit. supra,* n. 60 p. 84) : "En effet, autre chose est la connaissance et l'imitation du *Logos spermatikos* qui sont données aux païens dans la mesure de la capacité limitée de leur raison, autre chose est la participation au Logos total-Christ et l'imitation de ce même Logos suivant sa grâce".

"leur raison" sont pensés par Justin avec le même mot. "Un chrétien d'aujourd'hui, qui, lorsqu'il dit *logos*, pense à « verbe » voit dans ce texte presque spontanément deux ordres différents de connaissance et cela serait déjà vrai d'un Latin, mais Justin, lui, oppose seulement raison à Raison, encore ne distinguait-il sans doute pas la majuscule ?"[76]. Il n'y a pas deux "raisons" dans le chrétien, la sienne et celle que Dieu y déposerait par sa grâce mais une seule. Jésus-Christ par son sang purifie la raison naturelle pour la rendre sensible aux choses spirituelles. Dès lors, il n'y a pas deux ordres différents de connaissance mais un seul pouvant travailler sur des plans de rationalité différents : les plans du savoir, du spirituel, du technique, du social, du droit. Cependant Justin, en réclamant la nécessité de la grâce éclairant l'intelligence, distingue bien l'intelligence naturelle obscurcie du païen et celle du chrétien purifiée et visitée par l'Esprit de Dieu pour saisir les choses spirituelles. En définitive, nous sommes entièrement d'accord avec Joly quand il écrit : "(...) dans le domaine de la connaissance, Justin entend bien par *charis* une grâce, une faveur comme traduit assez souvent Archambault, non sans raison : celle de comprendre vraiment les Ecritures, c'est-à-dire d'avoir accès à la compréhension typologique ; mais pour lui, la connaissance ainsi accordée par Dieu est pleinement rationnelle".

Néanmoins, il nous faut apporter une précision qui semble échapper à Joly. Ce n'est pas parce que le message biblique (ou chrétien) est rationnel qu'il est compréhensible par tout être doué de raison. Dieu doit convaincre par son Esprit et éclairer l'intelligence de l'homme sinon il ne saisira pas les paroles de l'Ecriture même si celles-ci sont libellées dans un langage humain intelligible respectant la syntaxe et la morphologie de l'idiome. On peut lire sans comprendre et sans saisir le vrai sens du texte. C'est ce qui arrive aux Juifs à qui l'intelligence des textes de l'Ecriture est retirée (cf *Dial.*78:11) - d'ailleurs Joly ne manque pas de le rappeler[77]. Justin écrit : "(...) pour ceux qui furent privés de la connaissance de Dieu, j'entends pour les nations "qui n'ayant pas des yeux ne virent point, ayant un coeur ne comprirent pas, et adorèrent des objets faits de matière" "(*Dial.*69:4). Il reprend des citations de Psm.113:12-13 et Es. 6:10 et nous montre qu'une grâce de Dieu doit

76. R. JOLY, *Christianisme et philosophie (supra,* n. 2), p. 111.

77. *Id., Ibid.* "(...) Les meilleurs d'entre les païens n'ont eu qu'une compréhension très partielle et Dieu a refusé aux Juifs - sauf à quelques uns d'entre eux - cette compréhension totale à cause de leur endurcissement, de leur dureté de coeur".

ouvrir les yeux de notre intelligence et les oreilles de notre entendement pour être réceptif aux choses spirituelles.

En analysant *Dial.* 55:3, il recense tous les mots, qui selon lui, sont autant "d'éléments qui excluent une connaissance d'un type transcendant". "Je n'allais pas *apporter les preuves*, Tryphon, (...) mais *des preuves auxquelles personne ne pourra rien opposer.* Elles te paraîtront nouvelles, bien que chaque jour vous les lisiez ; et c'est ce qui vous fera *comprendre* que c'est à cause de votre méchanceté que Dieu vous a refusé *la faculté de saisir* la sagesse renfermée en ses paroles ; il n'en a excepté que quelques uns à qui, par une faveur de sa miséricorde, comme a dit Isaïe, "il a laissé le germe" de salut, pour que votre race ne périsse point entièrement à son tour, comme celle de Sodome et Gomorrhe. *Faites donc attention à ce que je vais vous rappeler des saintes Ecritures, il n'est même pas besoin de les expliquer, mais simplement de les entendre*"[78]. De ce passage, Joly fait le commentaire suivant : "La raison et la grâce ne sont nullement en équilibre harmonieux chez Justin : la raison occupe la première place ; la grâce au contraire est un thème traditionnel que Justin ne pouvait qu'accueillir, mais qu'il laisse en marge, qu'il évoque rarement, qu'il n'élabore nullement"[79].

Du fait que le message chrétien (chez Justin) est rationnel, Joly induit qu'une connaissance d'un type transcendantal est à exclure. Joly nie l'oeuvre du Saint-Esprit car il refuse de penser que L'Esprit de Dieu donne de comprendre même ce qui est rationnel. En fait, il ne reconnaît pas que la grâce, faveur d'un type transcendantal, puisse donner l'intelligence des Ecritures et il fait de Justin un rationaliste en prenant comme référence chrétienne un théologien jésuite du XXe siècle (cf. p.106 + note 111) qui sépare raison et foi, connaissance rationnelle et grâce divine (sic). Il reproche à Pycke de moderniser la pensée de Justin[80]. Nous pensons qu'il analyse Justin au regard de la théologie moderne au lieu de se pencher directement sur le texte biblique. Le courant Bultmannien est largement plus éloigné de la pensée biblique que ne l'est Justin. La dichotomie raison et foi est un des thèmes de cette théologie. Or, dans la Bible et chez Justin, il n'est pas fait mention de cette dichotomie car elle n'existe pas. Dieu concilie raison et foi par Jésus-Christ. Nous aurons l'occasion de revenir plus longuement sur ce point.

---

78. R. JOLY, *Christianisme et philosophie (supra*, n. 2), p. 112.
79. *Id., Ibid.*
80. *Id., Ibid.*, p. 106.

3- La grâce produit la conversion[81]

La grâce est un don divin qui est la *conditio sine qua non* de l'intelligibilité des Ecritures. Pycke écrit : "L'homme ne peut de lui-même comprendre ce que Dieu lui communique dans l'Ecriture. Il faut que Dieu aide l'homme par sa grâce ; l'homme tout seul, par son propre mouvement, n'aboutit à rien ; c'est à Dieu de prendre l'initiative"[82]. Archambault écrit lui-même en commentant *Dial.*30:1 : "d'après Justin (...), l'Ecriture, parce qu'écrite en mystères, types et paraboles, n'est point comprise de qui l'aborde par les démarches du raisonnement ordinaire : c'est Dieu qui accorde la grâce d'en avoir l'intelligence et la *gnôsis*"[83].

Cependant, Pycke explique que cette grâce de comprendre les Ecritures n'est pas accordée seulement au moment de la conversion quand on verse du savoir au croire mais durant la vie chrétienne. "La grâce est également la conséquence, le résultat de la connaissance de l'Ecriture sainte. (...) Si la grâce est une condition préalable à l'intelligence des Ecritures, elle apparaît aussi comme le fruit de la connaissance des Ecritures. La parole de Dieu, lue et comprise à l'aide de la grâce, devient à son tour une source qui nous la dispense. Ceux qui écoutent la doctrine du Christ prêchée par les apôtres, en sont remplis (cf. *Dial.*9:1 ; 42:2)"[84]. Rodriguez écrit justement : "La conversión cristiana se realiza con una condición : la audición de la Palabra de Dios (Dial. 27:2 ; 41:2 ; 88:7 ; 107:2 ; 108:1 ; 109:1)"[85] .

Au terme de cette étude comparative, nous nous rendons compte que la conversion de Justin a modifié sa façon de penser et ses vues sur la connaissance. Peut-être Joly n'avait-il pas complètement tort en regrettant que Pycke n'ait pas approfondi les rapports entre connaissance de grâce et connaissance rationnelle. Pour notre part, nous aurions préféré qu'il intitule son article : *connaissance de grâce et*

81. Ce titre ne vise pas à minimiser la part de la volonté dans l'acte de conversion : Dieu convainc mais l'homme choisit. La grâce de Dieu c'est à dire son action convaincante pousse l'homme devant un choix, une décision à prendre. L'initiative est positive si l'homme se tourne ver Dieu. L'initiative est négative si l'homme refuse la grâce et s'enfonce dans la rébellion. De toutes les façons, c'est une conversion face à un dilemme, que la conversion soit bonne ou mauvaise (par rapport à Dieu).

82. N. PYCKE, "Connaissance rationnelle..." (*supra,* n. 60), p. 74. M.M. Rodriguez affirme : "La conversión cristiana, fruto de aquella comprensión, está igualmente unida a ese don divino (Dial. 32:5) (...) La conversión cristiana tenga como condicionamiento para su realización aquella misma « gracia »". ("Los caminos de la conversión..." *supra,* n. 58), p. 137.

83. G. ARCHAMBAULT, *Dialogue avec Tryphon,* t. I, p. 130, note.

84. N. PYCKE, "Connaissanc rationnelle..." (*supra,* n. 60), p. 75,77.

85. M.M. RODRIGUEZ, "Los caminos de la conversión..." (*supra,* n. 58), p. 138.

connaissance naturelle. La connaissance naturelle n'est pas que rationnelle et l'opposition du titre de Pycke entre la grâce et le rationnel pouvait être saisie comme le balancement entre irrationnel et rationnel : ce qui serait une profonde méprise sur Justin d'une part et sur la pensée biblique d'autre part. La grâce se manifeste aussi dans le champ rationnel de l'intelligence humaine en y opérant une conversion-mutation[86] car la raison elle aussi a été entraînée dans la chute et est souillée par le péché. Cette précision aurait évité les longs développements de Joly qui s'ingénie à opposer raison et foi chez les chrétiens et à les associer chez Justin en subordonnant sa foi et sa raison. L'homme ne peut atteindre Dieu par l'intelligence ni par une oeuvre quelconque. Justin ne manque pas de le rappeler à maintes reprises, ce n'est pas le salut par les oeuvres, de quelque nature que ce soit, qui est prôné[87]. En ce sens, Justin est très proche de Paul qui écrit : "C'est par la grâce en effet que vous êtes sauvés, par le moyen de la foi. Et cela ne vient pas de vous, c'est le don de Dieu. Ce n'est point par les oeuvres, afin que personne ne se glorifie" (Eph. 2:8,9).

L'instrument principal de la conversion de Justin fut la manifestation de la grâce dans l'ordre intellectuel (la preuve des prophéties) et social (la foi nouvelle vécue par les premiers chrétiens). Ce n'est pas la crainte de Dieu et la peur du jugement qui pousse à la conversion comme le pensait Tertullien selon Rambaux[88]. Ce n'est pas l'effroi qui décide à se repentir car alors Dieu forcerait notre volonté : ce ne serait plus la liberté mais la contrainte.

Deux questions se dessinent au sortir de ces landes arides qu'il a bien fallu traverser : comment Dieu agit-il sur notre raison quand il nous persuade et nous éclaire par sa grâce ? Quels sont les rapports étroits entre foi et raison chez Justin ?

---

86. M.M. Rodriguez souligne lui aussi qu'il n'y a pas antinomie entre connaissance rationnelle et connaissance de grâce. Dieu agit également sur le rationnel : "La oposición de la *dunamis* humana con la *charis* de Dios no es excluyente como parece afirmar algún autor (es decir R. Joly). No existe oposición entre un término y otro, entre conocimiento racional y conocimiento de « gracia ». Lo que Justino afirma es la imposibilidad de comprender en su verdadero sentido las Escrituras Sagradas, si no tiene lugar la intervención de Dios. En realidad, la *charis* complementa, da una mayor perspectiva visual a la *dunamis* del hombre, ya que ofrece a ésta la ayuda de Dios, autor de dichas Escrituras." ("Los caminos de la conversión..." *supra*, n. 58, p. 137).

87. Cf. à ce sujet *Dial.* 23:4 ; 92:3 ; 102:6,7.

88. CL. RAMBAUX, *Tertullien face aux morales des trois premiers siècles*, Paris, 1979, p. 70.

IV- Foi et raison.

On se rappelle la thèse de Harnack à la fin du XIXe siècle : si les apologistes ont gagné leur cause dans le monde gréco-romain, c'est "parce qu'ils ont rendu le christianisme *rationnel*"[89] et cette hellénisation a été trahison de la foi primitive. La position de Harnack nous permet de relancer le débat et de creuser la place qu'occupe la foi dans le christianisme rationnel de Justin. Pour ce faire, il nous faut approfondir l'impact que la grâce induit dans la raison humaine lorsqu'il y a conversion. Justin n'est pas très prolixe en ce domaine peut-être parce que la Bible ne problématise pas la question, qui ne faisait aucune difficulté à l'époque. Cette implication nous conduira à déployer la notion de foi dans ses rapports avec le croire, la certitude et la persuasion.

1- L'action de Dieu sur la raison.

Dieu dans sa grâce, c'est-à-dire par son Esprit disposé de façon bienveillante envers les hommes, exerce son action sur ceux qui ne sont pas encore régénérés, précisément pour provoquer chez eux la repentance et la foi. Nous le rappelons encore, sans cette intervention, l'homme est incapable de prendre une décision salutaire. Quand Dieu convainc un coeur, cela implique que la vérité est présentée avec tant de force qu'on ne peut la contester. Mais comment Dieu agit-il sur la raison ?

Quand Dieu se révèle, parle et convainc, il n'utilise pas la psychagogie, l'art de séduire les âmes par le recours à la rhétorique qui cherche à persuader, et à la dialectique qui exige l'accord explicite de l'interlocuteur[90]. De même, quand Justin expose à Tryphon le christianisme en réfutant le judaïsme, il ne cherche pas à "changer l'âme" de l'adversaire par le maniement habile du langage, par l'emploi des méthodes de persuasion et des techniques de rhétorique qui se codifiaient peu à peu ; sinon il serait en contradiction lorsqu'ensuite il affirme la nécessité de la révélation. Il veut simplement amener son interlocuteur à découvrir les contradictions de sa propre position en poussant celui-ci à tirer la conclusion logique à laquelle ses présuppositions conduisent. Cette "méthode" de discussion est la même

---

89. A. HARNACK, *Lehrbuch der Dogmengeschichte*, I,3. Auflage, Fribourg en Brisgau. et Leipzig, 1894, p. 456 ; "Weil sie das Christenthum *rational* gemacht haben".

90. Notions élaborées par P. HADOT, *Exercices spirituels et philosophie antique (supra*, n. 12).

que celle que Justin prête au vieillard au début du *Dialogue*. Cependant, Justin ne se substitue absolument pas au Saint-Esprit qui seul convainc les coeurs, dans la mesure où il est poussé à convaincre autrui non par la volonté d'avoir raison et de gagner le débat en ayant gain de cause, mais par l'amour (*agapè*) que Dieu a déposé dans son coeur envers les âmes qui se perdent. La puissance de Dieu agissant dans l'Esprit de grâce ne se démontre pas par les raisonnements, elle se révèle[91]. Cette *puissance en action* de Dieu ne *séduit* jamais par l'art du raisonnement. La sophistique, la dialectique, la rhétorique tendent à séduire et à entraîner (*seducere*) le sujet par le charme attrayant et logique du raisonnement. Mais la cohérence n'est qu'apparente et cache souvent des paralogismes (faux raisonnements) insidieux. On peut prouver tout et n'importe quoi avec la logique, qui n'est pas référence certaine, en utilisant des propositions de départ (ou postulats) non valables ou inexactes. Dieu ne raisonne pas avec nous car Il nous laisse libre ; Il se révèle et sa révélation a une puissance, une *dunamis* qui supplée et renverse tout raisonnement[92]. Ceux qui sont convaincus savent à quoi s'en tenir et ne sont plus en mesure de se dérober par une objection valable. Cela ne signifie pas qu'ils sont obligés de prendre la décision qui devrait s'imposer à eux. Ils peuvent refuser mais dans la justification de leur refus, ils invoquent des motifs, des preuves non valables pour un esprit rationnel. On refuse non par raison mais par passion et même parfois par passion de la raison (c'est le rationalisme ou idolâtrie de la raison qui est prise comme référentiel ou mesure étalon) : "C'est pourquoi vous feriez mieux de renoncer à votre passion raisonneuse et de vous repentir, avant que ne vienne le grand jour du jugement" (*Dial.* 118:1 ; Ὥστε μᾶλλον παυσάμενοι τοῦ φιλεριστεῖν μετανοήσατε πρὶν ἐλθεῖν τὴν μεγάλην ἡμέραν τῆς κρίσεως (...)). Dès lors on peut être à peu près convaincu mais à jamais perdu car le choix et la décision d'*épistrophè* n'est pas prise. L'Esprit de Dieu agit sur la pensée de l'homme pour lui montrer que cette parole est *puissance agissante* et que par elle il obtient un pardon certain. La conviction de Dieu s'impose à lui indépendamment de sa volonté.

Nonobstant, une difficulté surgit quand on se penche sur les termes employés par les auteurs du Nouveau Testament pour décrire la conviction de Dieu et qui ne sont pas utilisés toujours de la même façon chez Justin.

---

91. I Co. 2:4,5.
92. II Co. 10:3-5.

D'après Héb.11:1 la foi est la démonstration des choses qu'on ne voit pas c'est-à-dire la conviction, la manifestation du fait de convaincre : Ἔστι δὲ πίστις (...) πραγμάτων ἔλεγχος οὐ βλεπομένων. *élenchos*[93] est une démonstration non dans le sens du raisonnement mais dans celui de la preuve, de la conviction. On lui prête aussi le sens d'un blâme, d'un reproche. Le verbe *élenchô* signifie réprouver, reprendre, réfuter, désavouer, confondre quelqu'un, convaincre quelqu'un de quelque chose. Cette conviction n'est pas encore certitude[94] car la certitude implique une décision de la part du sujet de prendre et d'accepter ce que Dieu dit : c'est déjà l'*épistrophè*.

De son côté, Justin utilise aussi *élenchos* et *élenchô* pour exprimer la conviction que Dieu met dans le coeur[95]. Mais l'emploi de ces deux termes dépasse largement cette acception car il s'en sert pour désigner le reproche et le blâme que Dieu adresse aux hommes[96] (surtout aux Juifs dans le *Dialogue*), la parole qu'Il leur envoie par son Esprit[97]. On trouve aussi de nombreuses occurrences dans un contexte purement humain sur l'axe de l'altérité horizontale[98] : l'homme accusant le chrétien et réciproquement, l'homme dénonçant des faits, des agissements[99], l'homme faisant des reproches[100]. Mais Justin ne s'arrête pas là. Il a recours à ces termes pour exprimer la conviction qu'un être (homme ou démon) produit sur un autre sujet[101] : les Juifs essayant de convaincre Justin[102], les Romains cherchant une preuve contre les chrétiens[103], les chrétiens convaincus ou non dans les procès de dénonciation[104]. Il use même de ce terme pour écrire qu'il a confondu Crescens lors de leur joûte oratoire[105], qu'il a démontré le manque de fondement des calomnies[106]... Nous trouvons le verbe *élenchô* pour

93. *o élénmos*, action de convaincre, de réfuter.
è élenxis, action de convaincre.
94. Paul emploie alors le terme de *plèrophoria* que l'on retrouve par exemple dans : I Thess. 1:5 ; Ro. 14:5 ; Ro. 4:21.
95. *Dial.* 38:2 ; 125:4 ; 131:4 ; *ap.*39:1.
96. *Dial.* 46:5 ; 99:3 ; 103:9 ; *ap.* 63:2,3,12,14.
97. *Dial.* 55:2.
98. Nous usons de l'expression "altérité verticale" pour désigner les rapports de l'homme avec le divin en regard "d'altérité horizontale" indiquant les rapports des hommes entre eux.
99. *Dial.* 39:1 ; 67:2 ; 133:1 ; *ap.* 4:2 ; 5:4 ; 64:6.
100. *ap.* 3:1 ; 4:6 ; 44:10.
101. *app.* 8:3 ; *ap.* 63:15.
102. *Dial.* 67:3.
103. *ap.* 4:4 (deux occurrences : *élenchon*, *élenchthènai*) ; *ap.* 7:4.
104. *ap.* 2:4 ; 4:2 ; 7:1 ; 8:5 ; *app.* 2:16.
105. *app.* 3:4.
106. *ap.* 23:3.

désigner l'attitude du philosophe questionnant et interrogeant le monde et la réalité des choses[107].

Au terme de cette brève analyse, nous apercevons que Justin n'utilise pas seulement ces deux termes grecs pour désigner la conviction mise par Dieu dans le coeur pour susciter la repentance mais qu'il l'étend aux rapports entre les humains (ce que nous retrouvons aussi dans le Nouveau Testament mais plus rarement). Néanmoins, remarquons qu'en général cette conviction, les arguments pour réfuter les preuves avancées sont toujours exposés au danger de l'accusation et de la condamnation. Les notions de conviction, de reproche, de blâme marchent ensemble. La conviction, la démonstration sont envisagées avec *élenchos* non dans l'aspect du raisonnement et de la spéculation pure mais dans les intentions et les motivations de cette persuasion face à une faute qu'on essaye de faire reconnaître à un sujet : la conviction divine fait déboucher sur la honte face à notre état de péché. Ce n'est pas pour rien que Justin use de ce mot dans le contexte d'un procès au tribunal. Le grec savant possède ce verbe dans le sens de prouver, réfuter, interroger.

Cette conviction de Dieu s'exerce à trois niveaux : la conviction de péché produit la repentance, la conviction de justice produit la foi, la conviction de jugement engendre le salut[108]. La connaissance de grâce incluant l'action de l'Esprit est très liée en théologie à la notion de foi car la conviction divine conduit à la foi qui elle-même (cf. Héb.11:1) est une démonstration.

2- La foi rationnelle de Justin.

Il nous faut étudier la notion de foi chez Justin et voir s'il l'emploie de façon biblique ou s'il lui prête une nouvelle acception en l'exprimant différemment.

Le verset de Héb.11:1 nous montre que la foi biblique a deux principaux sens : au niveau du savoir, elle est une démonstration présentant la vérité de façon valable ("la foi est la démonstration des choses qu'on ne voit pas") et impliquant l'adhésion intellectuelle à cette vérité. Nous avons en français le mot *croyance* qui correspond à ce sens. Mais il n'y a pas de mot spécial en hébreu ou en grec pour exprimer cette nuance. L'auteur anonyme de l'épître aux Hébreux utilise bon gré mal gré le verbe *pisteuô* pour souligner que cette croyance est

---

107. *app.* 10:4.
108. Jn. 16:8,9,10,11.

indispensable : "celui qui s'approche de Dieu doit croire qu'il existe et qu'il récompense ceux qui le cherchent" (πιστεῦσαι γὰρ δεῖ τὸν προσερχόμένον τῷ Θεῷ ὅτι ἔστι, καὶ τοῖς ἐκζητοῦσιν αὐτὸν μισθαποδότης γίνεται.)

Le deuxième sens correspond au plan sociologique : la foi revêt l'allure d'une confiance ("la foi est l'assurance [*hypostasis*] des choses qu'on espère [*elpizoménôn*]") en une personne "fidèle" et qui entraîne l'engagement de l'homme tout entier : se confier totalement à la grâce de Jésus-Christ pour être sauvé. Cette confiance s'exprime sous forme de fidélité, de sincérité, de garantie, d'assurance impliquant certitude, et produit l'obéissance, l'engagement. Celui qui a la foi en quelqu'un est persuadé qu'il peut lui accorder un plein crédit.

La foi telle qu'elle est définie dans le Nouveau Testament par *pistis* implique donc démarche de l'intelligence et confiance solide et certaine. *Elpis* évoque la certitude, la solidité et la sûreté mais aussi la sécurité et la confiance[109].

La foi selon la Parole résulte de l'action du Saint-Esprit qui nous convainc de justice. Là aussi, nous pouvons dire que cette conviction s'impose à nous indépendamment de notre volonté et que la foi implique un assentiment personnel de notre part, un acte de volonté en somme. La foi c'est donc l'acceptation de la grâce. Elle n'est pas une force humaine efficace en elle-même. Elle n'a de valeur qu'en vertu de la puissance de celui vers qui elle se porte. Elle est donc d'une part donnée puis d'autre part reçue (c'est l'acceptation de l'homme c'est-à-dire sa volonté prenant acte de décision). La foi vient de Dieu par Jésus-Christ : "(...) ma vie présente dans la chair, je (la) vis dans la foi du Fils de Dieu, qui m'a aimé et qui s'est livré lui-même pour moi" (ὃ δὲ νῦν ζῶ ἐν σαρκί, ἐν πίστει ζῶ τῇ τοῦ υἱοῦ τοῦ Θεοῦ τοῦ ἀγαπήσαντος με καὶ παραδόντος ἑαυτὸν ὑπὲρ ἐμοῦ.). Justin écrit aussi que Dieu dépose en nous la foi de son fils : "Nous qui sommes de toutes les nations en effet, et que la foi du Christ a rendus pieux et justes (...)" (*Dial.* 52:4 ; οἱ γὰρ ἀπὸ τῶν ἐθνῶν ἁπάντων διὰ τῆς πίστεως τῆς τοῦ Χριστοῦ θεοσεβεῖς καὶ δίκαιοι γενόμενοι).

Mais comment Justin exprime-t-il sa foi au travers de ses oeuvres ?

Joly analyse la notion de foi (pp.113-118) en remarquant la chose suivante : "(...) en *Dial.*83:4 , *pisteuô* est introduit par *peithô*, comme nous allons voir bientôt *pistis* accompagné de *peithô*, ce qui est très révélateur d'une ambiance rationnelle : "Et son verbe puissant en a

109. C. SPICQ, *Lexique Théologique du Nouveau Testament* Paris/Fribourg, 1991, pp. 497-511.
élpis semble recouvrir les deux racines dominantes du vocabulaire hébreu décrivant la foi : *aman* évoque solidité et sûreté ; *batah* évoque sécurité et confiance.

convaincu (*pépeike*) un grand nombre d'abandonner les démons qu'ils servaient, et de croire (*pisteuein*) par lui au Dieu tout-puissant..."[110]

Joly recense de nombreux passages où *peithô* est employé là où on attendait très normalement *pisteuô*. Mais le sens de ces deux verbes est-il vraiment différent ? Chantraine analyse ces notions sous la même rubrique *peithomai*. Les mots de cette famille expriment originellement la notion de "confiance", "fidélité". Cependant deux groupes se dégagent : il existe un sens primaire autour de *pistis*, *pisteuô* et qui signifie : fier à ou dans, ajouter foi, se confier à, croire en, confiance inspirée à d'autres ou que d'autres inspirent. La forme du participe parfait moyen *pépithmenos* a le sens "d'être persuadé, avoir confiance, obéir". Il existe aussi un sens secondaire qui est "persuader". La notion de persuasion parfois d'obéissance, se distingue franchement des vieux termes qui se rattachent à la notion de foi, gage etc... L'actif transitif est peut-être secondaire : le présent *peithô* signifie : "persuader" de toutes les façons, par le raisonnement, les prières, la force, l'argent.

Spicq quant à lui, nous éclaire sur l'évolution du sens de *peithô* et l'acception qu'il pourrait avoir au IIe siècle. Les multiples façons de persuader montrent la gamme étendue des nuances, depuis convaincre, accepter et croire jusqu' à se conformer, se soumettre, céder et obéir. Etre convaincu et croire, c'est finalement obéir. Avec la LXX, le verbe *peithein* prend un tout autre accent. Le sens de persuader est rare et tardif, celui de croire est exceptionnel (plutôt réservé à *pisteuein*). Par contre ce verbe correspond presque toujours à l'hébreu *batah* ou à l'un de ses dérivés et exprime donc la confiance, la sécurité. Dans le Nouveau Testament, le transitif *peithein* conatif a une acception plus technique : "vouloir, s'efforcer de persuader, s'efforcer de convaincre". Chez Luc, ce verbe prend le sens de décider un auditoire à agir, à adopter tel genre de vie. Paul discute et s'efforce de convaincre par une démonstration s'appuyant sur la Loi et les prophètes. La persuasion dans les entretiens individuels engendre l'apaisement. Cette confiance a valeur de certitude. Si la confiance de l'apôtre est si forte, c'est qu'il la fonde sur le Seigneur, mais il emploie aussi le parfait *pépoitha* selon l'usage des papyrus où le supérieur exprime sa conviction (diplomatique et pédagogique) ou son désir de l'obéissance de ses sujets. Le plus souvent, avec les nuances du moyen et du passif, il s'agit d'une conviction absolue et de foi proprement dite : "Je suis persuadé (*pépoithôs auto touto*) que celui qui a commencé en vous une oeuvre bonne..." (Phi.1:6). "J'en suis persuadé, je le sais, je resterai et... (*kai*

110. R. JOLY, *Christianisme et philosophie (supra,* n. 2), pp. 113,114.

touto pépoithôs oida oti menô) (Phi.1:25). "Et j'ai cette confiance dans le Seigneur... (*pépoitha de en kuriô*) " (Phi.2:24). Pour moi, j'ai cette confiance en vous, dans le Seigneur,... (*egô pépoitha eis humas en kuriô*)" (Ga.5:10).

Si Justin emploie peut-être plus souvent, d'après Joly, *peithô* c'est pour insister sur la valeur de *pisteuô* : le mot croire en grec n'envisage pas une probabilité mais une certitude. Il signifie qu'on est pleinement convaincu et persuadé d'une vérité. La foi s'oppose à la vue mais non à la connaissance certaine, elle exclut le doute (cf. Ro.14:23) et remplit le coeur d'une assurance joyeuse. Cette certitude qu' apporte *peithô* n'implique pas que la foi du croyant repose sur un raisonnement ou une démonstration de l'ordre de la spéculation mais sur les déclarations de l'Ecriture. C'est pour cela que Justin comme Paul s'appuie sur la Bible. Lebreton dit fort justement : "ce qui donne aux accents modestes de Justin leur force de persuasion, c'est l'assurance d'une foi qui s'appuie sur Dieu lui-même et qui est capable de braver la mort"[111].

Croire (*pisteuô* : avoir confiance en quelqu'un) et persuader (*peithô* :convaincre de ce qui est certain, persuader d'après une connaissance certaine et non relative) ne sont pas antinomiques. Justin veut montrer que croire en Jésus-Christ ce n'est pas prôner un christianisme à la foi aveugle et irrationnelle de l'ordre du saut dans l'inconnu, mais c'est adhérer d'une part par une démarche intellectuelle à ce qui relève d'une connaissance certaine qui est persuasive, et c'est d'autre part placer sa confiance en une personne Jésus-Christ qui nous apporte cette connaissance certaine car il est la vérité (cf. Jn.14:6).

Joly prête à *peithô* son sens technique tardif de "persuader" en comparant le langage de Justin à celui de Dion Chrysostome. Ainsi il veut prouver que Justin était en fait un rationaliste qui voulait convaincre par l'art oratoire et qui invoquait la grâce comme un vernis superficiel. Rares sont les critiques modernes qui s'attachent à montrer la dépendance de Justin vis-à-vis de la pensée biblique. Il faudrait rappeler que depuis sa conversion, Justin est un lecteur infatigable du texte des "Septante" et qu'il connaît une bonne partie des livres qui constituent notre Nouveau Testament.

On se plaît à évoquer l'influence de la littérature profane (surtout philosophique) sur son oeuvre en omettant d'y voir les références bibliques et les notions qu'elles véhiculent. Justin connaissait certainement le sens de *peithô* dans la LXX, même s'il l'utilise davantage dans le sens technique du Nouveau Testament. Joly écrit que

---

111. Cf. A. FLICHE & V. MARTIN, *Histoire de l'Eglise*, Paris, 1934, p. 443.

les passages employant *pisteuô* sont sans contexte qui pourrait éclairer le sens précis du verbe. Il en va de même pour *pistis* où le contexte (quand le mot n'apparaît pas dans une citation de l'Ancien Testament) ne révèle rien sur sa signification précise[112]. Mais le contexte biblique ne suffit-il pas à cerner le sens de ces notions ? Si Justin ne le précise pas c'est qu'il lui semble évident pour des Juifs. Quant aux apologies, Justin développe les enseignements du Christ afin d'éclairer les païens.

L'utilisation de *peithô* dans l'acception tardive de "persuader par tous les moyens" est peu usitée dans le Nouveau Testament. Dans I Co.2:4 Paul écrit : "ma parole et ma prédication ne reposaient pas sur *les discours persuasifs de la sagesse* (*peithois anthropinès sophias logois*)". Il faut entendre ici que la foi n'est pas fondée sur la philosophie, la rhétorique, la logique ou la sagesse des prédicateurs qui peuvent séduire les intelligences, mais sur le témoignage public et incontestable (apodictique) du Saint-Esprit qui se manifeste par l'assurance et la force inspirées aussi bien dans le prédicateur que dans les auditeurs. C'est l'opposé du discours humain, du raisonnement démonstratif. Il se laisse toucher par les effusions toutes puissantes de l'Esprit Saint atteignant le coeur (c'est-à-dire la personnalité entière de l'homme). En parlant du message de Jésus-Christ, Justin n'est pas loin de Paul : "Ses paroles sont brèves et concises : ce n'était pas un sophiste, mais sa parole était la puissance de Dieu" (*ap.*14:5 ; Βραχεῖς δὲ καὶ σύντομοι παρ' αὐτοῦ λόγοι γεγόνασιν · οὐ γὰρ σοφιστὴς ὑπῆρχεν, ἀλλὰ δύναμις Θεοῦ ὁ λόγος αὐτοῦ ἦν.).

Il reste vrai que cette juxtaposition de *pisteuô* et de *peithô* est propre à Justin et ne se retrouve pas ainsi dans le Nouveau Testament. Dès lors, comment l'expliquer ? Justin vit à une époque qui connaît un regain de religiosité et de mysticisme florissant. S'il insiste tant sur la valeur rationnelle du christianisme, c'est pour réfuter les rumeurs qui le réduisent à une superstition ou à une vague croyance populaire. Le christianisme touche tous les domaines de *l'humanité* de l'homme et même l'intellect. Si la prédication de la croix est une folie, cela ne veut pas dire qu'elle est irrationnelle et mystique mais qu'exposable en termes rationnels, le dessein de Dieu est inconcevable pour l'intelligence humaine.

La foi chrétienne n'est pas aux antipodes de la raison. Joly croit réaliser une belle démonstration prônant le rationalisme de Justin en montrant que foi et raison ne sont pas opposées. "Quand on trouve chez lui une opposition c'est entre raison, vérité, foi d'une part, passion et

112. R. JOLY, *Christianisme et philosophie (supra*, n. 2), p. 113,115.

opinion d'autre part. Ce thème est assez fréquent pour qu'on le souligne"[113]. Et il montre que le dilemme raison/foi apparaît avec Plutarque qui affirme la valeur de la foi (*pistis*) comme source spécifique de la croyance religieuse, au-delà de la raison et de la démonstration. En ne formulant pas la dichotomie raison/foi, Justin reste dans la pensée biblique. Justin développe une foi, une confiance rationnellement justifiée mais cela n'exclut pas un savoir (une sagesse) spécifique et transcendant. Ce qui est transcendant n'est pas forcément supra-rationnel. Il nous semble que Joly a une conception bien moderne de la foi, comme saut irrationnel. Au contraire, Justin montre que le christianisme est rationnel et n'est pas une simple superstition qui engagerait une vague croyance sentimentale. C'est ce qui explique son usage d'un balancement entre divers couples : *peithô/pisteuô* ; *pistis/peithô*...

Joly tend à faire pencher la foi du côté de la raison en évoquant un rationalisme à tout crin. Il attire *pistis* vers *peithô*. Quant à nous, nous faisons pencher la raison du côté de la foi en attirant *peithô* vers *pistis*. Nous pensons que Justin emploie *peithô* dans le sens de persuader pour amener à croire dans le sens de certitude que revêt *pisteuô*. Il souligne ainsi le côté solide, certain, et sûr du christianisme. Ainsi Justin insiste sur le double sens biblique de la foi et oppose raison/foi à passion/opinion. "Tant de témoignages visibles ont certainement le pouvoir, avec l'aide de la raison, d'inspirer confiance et foi à ceux qui, épris de vérité, ne se laissent pas guider par les préjugés ou par leurs passions" (*ap.*53:12 ; Τὰ τοσαῦτα γοῦν ὁρώμενα πειθὼ καὶ πίσθιν τοῖς τἀληθὲς ἀσπαζομένοις καὶ μὴ φιλοδοξοῦσι μηδὲ ὑπὸ παθῶν ἀρχομένοις μετὰ λόγου ἐμφορῆσαι δύναται). Cette insistance s'explique dans le contexte historico-religieux du IIe siècle mais reste orthodoxe en soumettant la raison à la grâce.

Nous exposons un dernier argument de Joly qui invoque *Dial.*69:1 pour montrer que la foi de Justin s'appuie sur des arguments. Ce passage montre l'équilibre spirituel de l'apologiste entre la connaissance des Ecritures (*tais graphais gnôsin*) et la foi (*pistin*) en elles. Sa foi repose sur les Ecritures et non sur une argumentation spéculative. Enfin, Joly cite *ap.*10:4 ; "car il n'était absolument pas en notre pouvoir de venir à l'existence ; mais de nous attacher à ce qui lui plaît, par le libre choix des facultés rationnelles dont il nous a lui-même gratifiés, il nous en persuade et nous en inspire la foi" (Τὸ μὲν γὰρ τὴν ἀρχὴν γενέσθαι οὐχ ἡμέτερον ἦν · τὸ δ' ἐξακολουθῆσαι οἷς φίλον αὐτῷ,

113. *Id.*, *Ibid.*, p. 117.

αἱρουμένους δι' ὧν αὐτὸς ἐδωρήσατο λογικῶν δυνάμεων, πείθει τε καὶ εἰς πίστιν ἄγει ἡμᾶς.).

Joly commente : "C'est par l'exercice de la raison que l'on arrive à la foi"[114]. Il minimise l'action du Saint-Esprit en faisant croire qu'on parvient à Dieu par la raison. On ne règle pas notre vie selon la volonté de Dieu avec l'aide de nos puissances intellectuelles. Dieu nous conduit à la foi par la puissance de sa persuasion ("Dieu nous en persuade") qui enflamme tout notre être et pénètre donc *a fortiori* notre raison. Mais il est vrai que ce chemin passe par la liberté humaine puisque Dieu nous laisse libre d'accepter ou de refuser. Dieu donne la grâce, "c'est de lumières rationnelles qu'elle comble le chrétien", mais nous n'aurions jamais pu atteindre ces lumières par notre intellect sans le secours de Dieu. Wartelle propose un second sens à ce passage en expliquant "facultés rationnelles" : "Pour Justin, l'usage du libre arbitre dans le choix du bien découle de la raison, mais de la raison accordée par Dieu à l'homme et qui relève du don du Verbe divin"[115].

3- Justinisme et paulinisme.

En bref, nous pouvons dire que le christianisme rationnel de Justin est biblique dans la mesure où pour lui "le Christianisme est entièrement basé sur des faits historiques, la vie et la mort de Jésus-Christ, faits qui peuvent être vus avec les yeux et compris avec l'intelligence si on connaît les prophéties"[116]. Justin cherche à susciter une foi étayée par des faits ; il ne demande pas à Tryphon de faire un saut dans le vide. Sa discussion inclut des arguments intellectuels et une étude minutieuse des Ecritures, un enseignement élaboré et étayé, ainsi qu'une patiente argumentation. Nous regrettons que Joly n'ait pas tenu un peu plus compte de sa propre remarque (distinguant la rationalité du rationalisme) en analysant les notions de grâce et de foi : "Il est manifeste que le christianisme de Justin baigne dans une atmosphère rationnelle, mais il importe, pour bien le comprendre, de ne pas mesurer sa pensée à l'aune du rationalisme contemporain : la rationalité a aussi

114. *Id.*, *Ibid.*, p. 116.
115. A. WARTELLE, *Justin, Apologies*, Paris, 1987, p. 247.
116. C.J. DE VOGEL, "Problems concerning Justin martyr" *(supra*, n. 45), p. 366 ; "for Justin, Christianity is entirely based on facts that happened in history, the life and death of Jesus-christ, facts that could be *seen* with the eyes and *understood* with the intellect, if one knew the profecies".

son histoire et les "preuves" de Justin étaient certainement à ses yeux plus rationnelles qu'elles pourraient nous le paraître"[117].

Quelques mots suffiront pour conclure et pour prévenir en même temps une objection. Dans tout ce qui précède nous nous sommes attaché à montrer que si les conceptions de la conversion et du christianisme avaient évolué au IIe siècle chez Justin, celui-ci n'était pas pour autant éloigné du paulinisme. Le justinisme et le paulinisme du point de vue de la grâce ne sont pas opposés. Paul analyse surtout les implications de la grâce dans le champ moral et spirituel tandis que Justin se penche davantage sur ses implications dans le champ intellectuel : "Notre foi en lui n'est pas vaine, ceux qui nous ont donné cet enseignement ne nous ont point trompés ; au contraire, c'est chose arrivée par la merveilleuse providence de Dieu, afin que par la vocation de l'alliance nouvelle et éternelle", c'est-à-dire par la vocation du Christ, nous soyons trouvés plus intelligents et plus pieux, nous qui passions pour ne pas l'être" (*Dial.*118:3). "Justin situe donc en premier lieu la rédemption dans l'ordre de la connaissance. Il ne néglige pas les autres aspects, mais le problème de la connaissance l'intéresse en premier lieu. Au point de départ de celle-ci se trouve la gnose du Christ, laquelle est rendue possible par la grâce, dont l'initiative vient non pas de l'homme, mais de Dieu. Cette gnose du Christ et la connaissance de son enseignement ne sont pas le privilège de quelques-uns. Elles sont mises à la portée de tous, même des plus simples. Tous sont devenus sages (*ap.*60:11 ; *app.*10:8 ; *Dial.*30:2 ; *Dial.*32:5)"[118]. Rappelons que, littéralement en grec *méta-noia* signifie une transformation d'esprit ou de sentiments, c'est changer d'avis. La fonction de la conversion est d'introduire une nouvelle forme de pensée et de sentir. La particule *méta-* indique une succession dans le temps avec la notion de changement. *Noia* vient de *noos* qui désigne l'esprit, l'intelligence, la pensée, l'intention.

Néanmoins, notons que Paul étudie également l'incidence de la grâce sur l'intelligence, mais de façon moins marquée que Justin. Il parle du renouvellement de l'intelligence (cf. Ro. 12:2 ; Eph. 5:17 ; 4:23 ; 3:4). D'autre part, Paul n'est pas contre la technique du raisonnement qui est l'art d'agencer et de lier des propositions ensemble ; il s'en sert admirablement bien dans ses discours (cf. Ac.17:22-31) et ses lettres (cf. l'épître aux Romains par exemple). De toute évidence, le raisonnement donne de la cohérence, dans le langage, à la syntaxe liant

---

117. R. JOLY, *Christianisme et philosophie (supra,* n. 2), p. 88.
118. N. PYCKE, "Connaissance rationnelle..." *(supra,* n. 60), p. 85.

les mots en respectant les règles grammaticales. Mais cette raison, cet intellect, cette faculté pensante est un don de Dieu à la naissance et purifiée du péché par le sang de Jésus-Christ lors de la conversion, elle doit rester soumise à Dieu et ne pas prétendre à l'autonomie. On a longtemps fait jouer le paulinisme et le justinisme comme deux extrêmes. Remarquons que certains passages sont comparables. Nous pensons à *Dial.*39:2 et I Co.12:7-10 qui doivent avoir comme source commune Es.11:2. Certes, Justin ne se meut pas dans la ligne de Paul. Il insiste sur le don divin en vue de la connaissance du Christ. Cette grâce est conçue comme un charisme lui permettant de comprendre les Ecritures mais nous allons voir avec le chapitre suivant que Justin envisage aussi cette grâce comme touchant l'homme dans son être intime et moral. D'aucuns reprochent à Justin de s'être éloigné de la doctrine paulinienne mais nous devons observer que dans son *Dialogue* (apologie contre les Juifs), il ne devait pas parler d'une notion spécifiquement chrétienne. "Il pouvait se limiter à ce qui était contesté par les Juifs, à savoir que le Christ était le Messie promis par les prophètes. Désireux d'expliquer l'aveuglement des Juifs en la matière, il développa l'idée d'un manque de la grâce (...)"[119]. Il ne faut pas négliger le fait que nous n'avons en main qu'une mince portion de l'oeuvre de Justin au regard de ce qu'il a écrit. les exigences de l'apologétique sont présentes : "Les premiers prédicateurs ne cherchèrent pas le dialogue avec le monde, sinon pour le comprendre et présenter en des termes compréhensibles à leurs contemporains leur message révolutionnaire"[120]. Devant les accusations de magie, de mysticisme, de basse extraction sociale et de faiblesse mentale (ce sont des gens "simples"), il devait souligner l'aspect rationnel du christianisme et son impact sur l'intelligence et le domaine de l'épistémologie.

En opposant paulinisme et justinisme, les critiques se reposent sur une méthode périlleuse qui consiste à faire dire aux auteurs ce qu'ils n'ont pas dit, à tirer les conséquences logiques des prémisses qu'ils ont posées ; on peut ainsi arriver à leur prêter une attitude qu'ils auraient refusée. C'est là abuser de l'argument *a silentio*, c'est conclure d'un texte, souvent bref, toujours ici occasionnel, à une pensée, à une âme qui ne s'y sont pas exprimées toutes entières. On souligne souvent à tort la rareté (ou même l'absence) des thèmes pauliniens chez Justin. Mais pour que ce fait ait la valeur qu'on lui confère, il faudrait que ses écrits aient non seulement constitué cette Dogmatique complète qu'ils ne sont

---

119. *Id., Ibid.*, p. 79.
120. M. GREEN, *L'évangélisation dans l'Eglise primitive*, St. Légier (Suisse), 1981, p. 176.

pas, mais encore qu'ils aient prétendu se substituer au Nouveau Testament, en représenter pour leurs lecteurs un équivalent. Les écrits de Justin ne se présentent pas comme un supplément à l'enseignement déjà reçu par l'Eglise : ici encore défions-nous de l'argument du silence ; Justin ne prétend pas nier les doctrines que son sujet ou la perspective qu'il a adoptée ne lui amène pas à citer, ou à commenter. Que Justin ne reprenne pas des expressions pauliniennes ne signifie pas qu'il les ait oubliées, s'en sépare ou s'y oppose. Il ne faut pas durcir les positions de Justin, les ramener à un principe ou une formule unique, univoque, confondre la souple et subtile réalité de l'histoire avec les abstractions en *-isme*, qui nous servent à l'analyser[121].

Le mot *grâce* dans la Bible a des sens divers. Dans notre contexte, deux significations nous intéressent : nous avons vu par cette étude la disposition bienveillante de Dieu envers l'homme au travers de son action convaincante[122] . Il existe aussi un deuxième aspect : la faveur imméritée qu'il accorde à l'homme en ne tenant pas compte de ses fautes, mais en le déclarant juste en vertu de l'oeuvre accomplie par Jésus-Christ. Cette notion de pardon souligne la conversion dans ses implications morales. La profonde transformation opérée dans le coeur des convertis dès qu'ils se confient en Christ touche leur intellect, leur volonté mais aussi leur conscience et toute leur vie[123]. Rodriguez développe la notion de conversion dans un de ses articles. Il analyse la façon dont le système philosophique de Justin apporte un caractère particulier à son christianisme. Il insiste à juste titre sur le rôle de la grâce dans la conversion à propos de l'interprétation des Saintes Écritures, nous l'avons vu. Il explique les fruits de la conversion : le pardon des péchés, la paix, la liberté. Écoutons-le : "La verdadera libertad y el auténtico conocimiento no son otra cosa que un asentarse de la persona humana, un abandonar esa continua oscilación espiritual, que san Justino da a entender mediante « la consecución del perdón de nuestros pecados anteriores ». Realmente la conversión cristiana es quien da al hombre esa seguridad de espíritu para conocer claramente y

---

121. Réflexions inspirées de la critique que H.-I. Marrou fait de l'ouvrage d' A. BENOIT sur *le baptême chrétien au second siècle* : cf. *REA*, 56, 1954, n°1,2 p. 251-253.

122. M.M. Rodriguez insiste sur cet aspect : "Esa misma « gracia » - necesaria para el recto conocimiento de las enseñanzas de la ley - sea imprescindible para la realización de la conversión interior (...) La conversión es obra a la que Dios llama mediante su « gracia » (...) Finalmente, la intervención de la « gracia » en la realización de la conversión cristiana pone en evidencia el carácter gratuito de dicha conversión(...)" ("Los caminos de la conversión" *supra*, n. 58), p. 139, 140 *passim*.

123. Nous renvoyons à l'article de U. Berner sur le thème de la conversion en complément de notre étude : U. BERNER, "Die Bekehrung Justins", *ANRW*, 1997, Band II, 27,2.

con justeza esas circunstancias de las que está rodeada la vida de todo ser humano" (p. 145). Il conclut en montrant que la conversion est l'oeuvre de Dieu qui touche l'homme par sa grâce mais elle résulte aussi de la volonté de l'homme qui ploie les genoux devant Dieu en se soumettant à lui : c'est l'acceptation. "La conversión cristiana - y como fruto bien sazonado de ella, la regeneración - es el resultado de la acción conjunta del entendimiento y de la voluntad humanas por una parte y la ayuda de la intervención divina por otra" (p. 146).

chapitre 3 :

L'APOLOGETIQUE JUSTINIENNE

On fait souvent des apologistes des propagandistes qui cherchent à faire des adeptes pour une certaine cause. En abordant ce chapitre, nous aimerions redéfinir cette notion en lui découvrant son vrai visage - autant que faire se peut - tel que les chrétiens du deuxième siècle le vivaient car cette appellation les a désignés postérieurement par la tradition.

En quoi Justin est-il apologiste ? Cette étude va nous conduire tout d'abord à définir ce qu'est "la défense du christianisme" et l'origine du mot *apologia.* Ensuite, qu'est-ce qui caractérise l'apologétique et quel est l'apport personnel de Justin ? Quelle est la place de la culture dans la foi de Justin et pouvons-nous rapprocher évangélisation, apologétique, et prosélytisme ?

I- L'origine de l'apologétique.

1- les causes et les intentions profondes de ce genre littéraire.

De nombreux historiens et spécialistes expliquent l'origine et la naissance des apologistes par les persécutions. Reardon écrit ainsi : "Les persécutions amènent les penseurs chrétiens à construire le plaidoyer de la nouvelle foi devant l'hostilité du monde environnant. A partir de cette situation pour ainsi dire juridique se construit une série d'exposés de la foi..."[1]. Réduire la causalité aux persécutions reviendrait à négliger les autres paramètres et à voiler - voire à fausser - la réalité du II^{e}siècle. Monachino nous conforte dans notre opinion en affirmant que les persécutions ou les calomnies ne furent pas la cause mais une des causes de la naissance de ce genre littéraire. D'ailleurs, il avoue plus loin que le phénomène des persécutions, pas plus que celui des calomnies, n'offre l'explication entière de l'apologétique chrétienne[2].

---

1. B.P. REARDON, *Courants littéraires grecs des IIe & IIIe siècles ap.J-C.*, Paris, 1971, p. 282.
2. V. MONACHINO, "Intento pratico e propagandistico nell' apologetica greca del II secolo", *Greg* 32, 1951, p. 6, note 1 ; "Si può discutere se il fenomeno delle persecuzioni e le calunnie circolanti a carico dei cristiani siano state la causa, o almeno una delle cause, oppure soltanto l'occasione esteriore e lo stimolo al sorgere e fiorire dell'apologetica cristiana.(...) Noi conveniamo col

Certes, l'Eglise fut comme forcée, sous la pression notamment des persécutions dont elle fut victime, à se défendre mais il ne faut pas prendre la partie pour le tout et faire de la métonymie en histoire car la série des phénomènes ne serait jamais complète du point de vue causal. Les persécutions, leurs violences et les atrocités d'un Néron ou d'un Domitien ont marqué la conscience collective et la mémoire que nous avons de ce passé lointain, mais la réalité est plus compliquée que cela. Nous ne voulons pas faire un procès d'intention à Reardon - dont le propos n'était pas de s'étendre sur les causes de la naissance de ce mouvement - mais, essayer de rendre compte de la réalité du passé qui est toujours plus riche, plus nuancée, plus complexe qu'aucune des idées que nous pouvons élaborer pour l'étreindre.

Les premiers chrétiens étaient confrontés aux réactions politiques gouvernementale (persécutions) et populaire (calomnies, délations...), aux réactions intellectuelles (les philosophes) et religieuses (le judaïsme, le gnosticisme...). Ils se sentent donc poussés "à se définir plus nettement et de façon plus réflexive face au monde païen ambiant et face au judaïsme de ses origines"[3]. Cette réévaluation du statut chrétien, l'affirmation de son identité face aux périls externes aussi bien qu'internes, cette prise de position constituent l'oeuvre de Justin et des autres apologistes chrétiens. Sous les persécutions et les dissensions, les minorités ont toujours trouvé des défenseurs pour affirmer leur identité et se situer en contraste avec le monde dans lequel ils vivent. Comprendre, se manifester et s'exprimer en revendiquant la spécificité de leur morale et de leur foi : ce n'est pas polémique, revendication révolutionnaire, ou volonté de marginalisation mais prise de conscience d'une crise et nécessité d'une auto-définition. Les apologistes sont conduits à préciser avec plus de rigueur les rapports entre paganisme, christianisme, et judaïsme. C'est pourquoi, ils se définissent *en contraste avec* le polythéisme irréligieux, le gnosticisme montant, et le judaïsme mécontent. Cependant, il nous faut voir que les apologistes sont moins des défenseurs et des avocats voulant faire justice que des témoins. Nous nous attacherons donc *hic et nunc* à souligner la dimension évangélique de la mission apologétique.

Les apologistes cherchent moins à défendre leur situation qu'à la définir et à la situer. On a trop tendance à confondre être et paraître,

---

Mariano che il fenomeno delle persecuzioni e delle calunnie non offre la spiegazione intera dell'apologetica cristiana, ed inoltre che essa risponde anche alla duplice esigenza di espansione e di conoscenza".

3. G. BOURGEAULT, "La spécificité de la morale chrétienne selon les Pères des deux premiers siècles", *Science et Esprit*, 23, 2, 1971, p. 142.

moyen et fin, et il n'est pas superflu de rappeler cette dichotomie qui est au coeur même de notre sujet. Ce n'est pas parce que les apologètes défendent les valeurs du christianisme en réfutant les contradicteurs, qu'ils sont sophistes et polémistes. Ils manifestent effectivement des faits performanciellement reconnaissables mais le paraître n'est pas forcément instanciellement identique à l'être. L'expression de la morale et de la foi peut certes se manifester et paraître sous les traits de la défense, du plaidoyer et de la polémique mais ce qui la caractérise dans son être, ce qui lui donne sens, ce qui la définit, c'est tout autre chose. Comme dirait Marrou, "en face de la réalité du passé qu'il s'agit d'appréhender, c'est moins la question d'existence que la question d'essence qui préoccupe l'historien"[4]. Il nous faut donc séparer dans le mot expression ce qui relève de l'être et du paraître, de l'essence et de l'existence. Il en va de même pour moyen et fin.

S'il est vrai que les apologistes défendent les chrétiens accusés sans avoir toujours ni la persuasion ni l'éloquence cicéronienne, ce rôle de circonstance ne se confond pas avec le projet, le but, la destination, qui sont d'une toute autre nature. Certes, Justin réfute les calomnies et dénonce les procédures juridiques condamnant des individus sur un titre et non d'après une conduite, en défendant les chrétiens. Néanmoins, le but des apologistes n'est pas de se faire avocat mais de témoigner de Jésus Christ et de leur attachement à sa personne pour annoncer la bonne nouvelle. La conjoncture juridique de départ est un moyen ou un prétexte qu'ils saisissent mais leur intention est de répandre et de diffuser le christianisme[5]. Justin le dit lui-même dans sa deuxième apologie : "dans ces conditions, nous vous demandons, à vous, d'enregistrer cette requête en l'accompagnant de la souscription que vous voudrez, et de la publier, pour que notre doctrine soit connue aussi des autres (...) pour faire connaître cette doctrine aux hommes (...). Si vous, vous rendez public cet écrit, nous, nous le ferions connaître à tous, afin que tous, s'il est possible, changent d'avis : du moins, est-ce à cette seule fin que nous avons composé cet ouvrage"[6]. En voulant publier cet écrit, Justin souhaitait que l'autorité impériale ajoutât en souscription l'accord afin que, la réponse de l'Empereur faisant loi, celle-ci soit exposée (*protheinai*) en public, affichée. A Rome, précise Wartelle, "cet affichage se faisait sous les portiques des Thermes de Trajan".

---

4. H.I. MARROU, *De la connaissance historique*, Paris, 1954, p. 125.
5. *ap.* 4 : 5-9.
6. *app.* 14:1 ; 15:2.

Notons que Justin n'emploie pas le mot *télos* pour parler de but, de fin, mais *charis* qui indique la grâce, la bienveillance, la faveur (de l'empereur)[7]. Malgré cette précision sémantique, il n'en reste pas moins que la véritable intention des apologistes est de témoigner de l'évangile. Le nom de témoin est à lui seul éloquent puisqu'il désigne en grec le martyr (*martus, uros*) et que c'est ainsi que se prénomme notre philosophe dans la tradition patristique : Justin Martyr.

Daniélou présente les Apologies comme constituant la littérature missionnaire du second siècle : "elles sont la présentation de l'Evangile au monde païen"[8]. Les apologistes publient "à des fins de propagande. Ce but missionnaire est par ailleurs le seul but que poursuivent des ouvrages comme le traité de Théophile d'Antioche *A Autolycos*, le *Discours aux Grecs* de Tatien, *l'épître à Diognète* (...)"[9]. L'intention évangélique est souvent apparente chez Justin : "A nous d'exposer aux yeux de tous notre vie et notre enseignement"[10]. C'est donc à tous que Justin s'adresse. Et plus loin : "Nous croyons qu'il importe à tous les hommes de ne pas être détournés de ces enseignements, mais d'être encouragés (*protrépesthai*) à les suivre"[11]. Nous retrouvons aussi chez Justin le thème du désir de faire partager aux païens sa foi : "Nous prions pour nos ennemis, nous cherchons à gagner nos injustes persécuteurs, afin que ceux qui suivront les sublimes principes du Christ puissent espérer la même récompense que nous"[12]. Nous ne désirons que "leur repentir et leur conversion"[13]. Ce désir doit être accompli au prix de tous les risques : "Malgré la mort qui menace ceux qui enseignent ou seulement confessent le nom du Christ, partout nous recevons cette parole et nous l'enseignons"[14]. Nous le voyons, pour communiquer sa conviction, Justin use de tous les moyens. L'aspect juridique en fait partie et n'est pas un "but immédiat" (sic) ou prioritaire comme le rappelle Daniélou[15].

---

7. *charin* avec le génitif signifie "en faveur de ". C'est pourquoi, il vaudrait mieux traduire : "nous avons composé ces paroles en cette seule faveur."
8. J. DANIELOU, *Message évangélique et Culture hellénistique*, Paris, 1961, p. 13.
9. *Id., Ibid.*
10. *ap.* 3:4.
11. *ap.* 10:5.
12. *ap.* 14:3.
13. *ap.* 57:1.
14. *ap.* 45:5.
15. J. DANIELOU, *Message évangélique (supra,* n. 8), p. 17 : "Jusqu'à présent, nous avons examiné des ouvrages dont le but immédiat était juridique et qui présentaient des éléments missionnaires". Aux antipodes du cardinal, nous proposons : *les Apologies ont un but évangélique et présentent des éléments juridiques.*

Monachino abonde dans notre sens à plusieurs reprises : "Justification ne signifie pas seulement défense mais aussi proclamation du droit du christianisme à s'affermir et pénétrer de ses principes tous les hommes et toute la société (...). Une défense au niveau juridique était bien difficile aux chrétiens et seule l'expansion de l'idée chrétienne et l'acceptation de celle-ci par l'Etat pouvait mettre fin aux persécutions. Et de plus : "l'apologétique est une vraie forme de propagande. L'écrivain qui s'en remet à l'Empereur n'a certes pas comme but suprême que celui-ci lise sa Supplique et cesse pour autant de persécuter les chrétiens qui n'étaient pas naïfs" (...) Nous avons démontré comment Justin poursuivait un objectif pratique immédiat. Maintenant nous devons ajouter que l'objectif apologétique ne prévaut pas mais qu'au contraire l'intention qui prédomine est le propagandisme que nous pouvons encore appeler missionnaire. Ceci résulte de manière non équivoque des deux Apologies."[16].

En rappelant la dimension évangélique de l'apologétique au IIe siècle, nous nous replaçons davantage dans l'esprit et la pensée des premiers chrétiens. On ne définit pas un individu par un moyen, par un style, par ce qu'il manifeste mais par ce qui le caractérise, par ce qui donne sens à sa vie. C'est à une clarification de la notion d'*expression* que nous procédons pour ne pas confondre ses multiples acceptions. Ce travail préalable de définition est nécessaire pour dégager les différents axes de recherche. Les apologètes ont moins une intention juridique de défense et de plaidoyer qu'une visée d'évangélisation, de témoignage et de diffusion. Cette visée peut prendre les formes d'un manifeste politique comme le rappelle Daniélou : "on peut assimiler les Apologies à un manifeste adressé aujourd'hui à un chef de gouvernement pour demander la libération d'un prisonnier politique, muni de nombreuses signatures et envoyé aux journaux"[17]. Certains[18] ont attiré l'attention sur

---

16. V. MONACHINO, "Intento pratico..." *(supra,* n. 2), pp. 8,29,36 ; "Giustificazione che non significa solamente difesa, ma anche proclamazione del diritto del cristianesimo ad affermarsi e penetrare dei suoi principi tutti gli nomini e tutta la società (...) Una difesa nel campo giuridico era ben difficile ai cristiani e solo l'espansione dell'idea cristiana e l'accettazione sua da parte dello stato poteva dar fine alle persecuzioni. Ed ancora : "L'Apologetica è una vera forma di propaganda. Lo scrittore che si rivolge all'imperatore non ha certo per scopo supremo che questi legga la sua Supplica e cessi senz'altro dal perseguitare i cristiani, chè non erano poi tanto ingenui" (...) Abbiamo dimostrato come Giustino persegua un obiettivo pratico immediato. Ora dobbiamo aggiungere che l'obiettivo apologetico non è il prevalente, ma che invece l'intento che predomina è il propagandistico, che possiamo anche chiamare missionario. Questo risulta in modo inequivocable dalle due Apologie."

17. J. DANIELOU, *Message évangélique (supra,* n. 8), p. 12.

18. Nous renvoyons au titre de l'article de V. Monachino et à M. PELLEGRINO, *Studi sull'antica apologetica*, Rome, 1947.

l'aspect de propagande. Cette notion ne nous enchante guère eu égard au fait qu'elle induit une connotation politique dans un champ religieux. On ne propage pas la foi (du latin *propaganda* formé sur l'adjectif verbal *propagandus* du verbe *propago,as,are* qui n'indique selon le Gaffiot qu'une notion de durée ou d'étendue, de diffusion) comme on organise une campagne électorale. Le prosélytisme conviendrait mieux (du grec *prosèlutos*[19] : au sens propre, étranger domicilié ; au sens figuré, nouveau converti), désignant le zèle à gagner des personnes à une doctrine. Mais nous préférons, tant s'en faut, la notion d'évangélisation, plus proche de la pensée biblique, que revendiquent de plein droit les apologistes et à laquelle ils accordent entièrement crédit. C'est pourquoi nous apprécions le chapitre de Daniélou intitulé "préparation évangélique" et où il expose l'intention missionnaire des apologistes[20].

Les notions d'*évangélisation* et de *propagande* diffèrent dans la mesure où elles font appel à des motivations opposées. Le prosélytisme ou le propagandisme ont pour but de faire des adeptes et de gonfler les rangs du mouvement. L'évangélisation a pour intention de diffuser et de répandre la Bonne Nouvelle pour que Dieu puisse toucher d'autres coeurs par la puissance de son Esprit mais ce n'est pas aux chrétiens de persuader ou de convertir : ils n'ont pas à se substituer au travail du Saint-Esprit. Quant au terme "missionnaire" employé par Daniélou et Monachino, il vient du latin *missio* et signifie l'action d'envoyer. Nous optons tout de même pour "évangile" certainement plus employé dans l'église primitive car d'origine grecque. Bien que *missio* soit déjà passé dans l'usage avec Cicéron, Suétone, Pétrone et d'autres, il prend son acception chrétienne vers la fin du siècle avec les premiers pères latins. Il nous semble moins anachronique de parler d'esprit évangélique en étudiant Justin.

D'autre part, évangile (*euangélia*) est un terme qui dans la Bible signifie bonne nouvelle. A l'origine, il ne comportait pas de connotation religieuse. Depuis le IVe siècle av J-C, selon Nock, il avait le sens courant de "bonne nouvelle" ou de "sacrifice en l'honneur d'une bonne nouvelle". On le trouve dans la Septante en II R. 18:20,27 ; Es. 61:1 ;

---

19. Nous trouvons plusieurs occurrences de ce mot dans le Nouveau Testament : Mtt. 23:15 ; Ac. 2:10 ; 6:5 ; 13:43. Notons à titre indicatif que le Bailly fait une erreur de référence : il ne s'agit pas de Ap. 2:10 mais de Ac. 2:10.

20. Le terme d'évangile ou de bonne nouvelle n'est présent qu'à deux reprises dans les Apologies : *ap.* 66:3 ; 33:5. Justin lui substitue le mot de *mémoire* pour des raisons apologétiques que nous expliquons plus loin : cf. *infra*.

Cf. aussi *Dial.* 100:1 ; 10:2. A défaut de ne retrouver qu'à quatre reprises des occurrences de l'évangile, Justin cite abondamment les quatre livres.

Psm. 95:2 (in LXX). Le verbe *euangélizô* (annoncer une bonne nouvelle) est employé à de nombreuses reprises dans le N.T. : Luc 4:18 ; Mtt. 11:5 ; Héb. 4:2,6 ; Luc16:16 ; Gal.1:11...

Cette intention d'évangélisation correspond à la pensée biblique car les chrétiens n'ont pas à se défendre : seul Dieu est notre juge[21]. Nonobstant, il ne faut pas perdre de vue que le témoignage est souvent lié à la défense. Cette idée n'est pas absente du N.T. Cependant, Paul précise qu'on ne doit pas préméditer sa défense à la manière des grecs qui allaient faire composer leur plaidoyer par des logographes. La défense ne doit pas être artificielle mais naturelle et inspirée par Dieu. "Soyez toujours prêts à vous défendre contre quiconque vous demande raison de l'espérance qui est en vous : mais (faites-le) avec douceur et crainte"[22]. Le verbe "défendre" traduit le substantif *apologian* à l'accusatif car précédé de *pros*. Ajoutons que Bailly traduit par "réponse", faisant disparaître ainsi le sens juridique de plaidoyer.

En tous les cas, par cette citation biblique, l'apologétique, si on l'entend dans son sens le plus large, est aussi ancienne que le christianisme et les précurseurs de Justin sont nombreux. Tout d'abord, notons que dans le triple effort de situer la doctrine chrétienne, annexer ce qui peut être utilisable dans la pensée païenne, répondre aux critiques des adversaires intellectuels, un homme avait précédé les chrétiens, le Juif Alexandrin Philon (-20 ; +40). Ensuite, "dès l'origine, ceux qui sont venus prêcher la bonne nouvelle ont fait effort pour en démontrer la vérité et réfuter les objections qui y étaient opposées. Beaucoup de discours du Christ, particulièrement ceux qu'il prononça à Jérusalem et que Jean rapporte, sont apologétiques ; de même ceux de Pierre, d'Etienne, de Paul, que nous lisons dans les Actes. parmi les livres apostoliques, la lettre de Barnabé a un caractère manifestement apologétique. Cependant c'est surtout au cours du IIe siècle que ce genre littéraire se développe et mérite une étude particulière"[23]. En quoi les apologistes du IIe siècle sont-ils caractéristiques d'un genre ? Qu'est-ce qui les spécifie ?

Nous pouvons conclure cette démonstration par la proposition suivante :

---

21. Cf. I Co. 4:4 ; Ecc. 7:21, il ne faut pas prêter attention à tous les racontars, ragots ou quelconque calomnie.

22. I Pi. 3:15 (...) κύριον δὲ τὸν Χριστὸν ἁγιάσατε ἐν ταῖς καρδίαις ὑμῶν, ἕτοιμοι ἀεὶ πρὸς ἀπολογίαν παντὶ τῷ αἰτοῦντι ὑμᾶς λόγον περὶ τῆς ἐν ὑμῖν ἐλπίδος, (...). Nous mentionnons à titre indicatif d'autres passages : Luc 21:14 ; Ac. 25:8,16 ; 26:24 ; I Co. 9:3 ; Phi. 1:7,17 ; II Tim. 4:16.

23. FLICHE & MARTIN, *Histoire de l'Eglise*, t.I, Paris, 1934, p. 419.

les apologistes, dans le projet de témoigner de leur identité chrétienne (c'est-à-dire d'évangéliser) redéfinissent plus nettement le christianisme biblique à l'occasion d'une conjoncture historique, par le moyen juridique de la défense et du plaidoyer.

2- origine historique et étymologique de l'apologie.

On défend pour témoigner mais on ne témoigne pas pour défendre car le plaidoyer n'est pas le but ni l'intention des apologistes. C'est seulement dans ce cadre-là que nous pouvons rappeler l'origine étymologique de l'apologie et essayer de comprendre de quelle manière s'exprime cette défense.

D'après Puech, "la dénomination *d'apologies* est légitimée au sens propre, quand l'auteur paraît se proposer surtout de revendiquer pour les chrétiens le droit à l'existence légale ; la valeur du terme est alors très voisine de celle qu'il a eue dès l'origine, en désignant un plaidoyer, la défense d'un accusé qui réclame *l'acquittement*"[24]. Ce nom était déjà celui que portaient les discours fictifs composés par Platon et Xénophon pour Socrate. Dans l'antiquité grecque, aux tribunaux (l'Aréopage ou l'Héliée) les affaires judiciaires se déroulaient par l'audition de l'accusateur présentant sa *katègoria*, puis par celle de la victime prononçant pour sa défense une *apologia* après ouverture de la séance au lever du jour[25]. Nous retrouvons ces scènes d'*agôn*[26] dans la tragédie chez Euripide (cf. *les Troyennes*...) ou la comédie chez Aristophane (cf. *les Guêpes*...). Le discours de défense de Jason dans Euripide (*Médée*) est une adaptation fidèle des grands canons de la rhétorique judiciaire[27] : il se compose d'un exorde (*to prooimion*), d'une réfutation (*o élenchos*), d'une argumentation (*ai pisteis*) et d'une péroraison (*o épilogos*). Ces quatre grandes phases de l'apologie classique ne se retrouvent pas *in extenso* dans les oeuvres justiniennes car leur composition est loin d'être aussi rigide, nous le verrons, mais nous pouvons y discerner quelques-uns de ces grands moments. En tous les cas, nous remarquons déjà que nous ne pouvons raisonnablement étudier l'expression de la morale et de la foi dans un discours de défense sans tenir compte de

---

24. A. PUECH, *Les apologistes grecs au IIe siècle*, Paris, 1912, p. 1, 2.
25. La plupart du temps, l'accusateur et l'accusé allaient acheter leurs discours auprès d'un logographe, un professionnel de la parole et de l'éloquence judiciaire, composant pour ses clients.
26. Nous retenons la définition de J. DE ROMILLY, *la tragédie grecque*, Paris, 1990 (3e éd.), p. 188 ; "Scène de débat, inspirée par les habitudes rhétoriques du temps et comportant, en général, deux tirades opposées, suivies d'un échange vers à vers."
27. EURIPIDE, *Médée*, v. 523-576.

l'acte d'accusation, et donc ici de la réaction païenne. Se défendre devant un tribunal se disait en grec *apologeisthai*. Justin au seuil de ces deux apologies[28], dénonce l'injustice des accusations portées et rappelle la condamnation de Ptolémée, de Lucius, et d'un autre chrétien pour la seule raison qu'ils étaient chrétiens.

De quel droit les apologistes se réclamaient-ils pour oser défendre des "criminels" et des "ennemis du genre humain" ? Nous les appelons *apologistes* ou *apologètes*. Ce dernier terme, nous informe Puech, "est celui qui reproduit le plus exactement l'expression grecque, mais le premier est passé dans l'usage et c'est celui que nous emploierons couramment"[29]. Leur fonction sociale était variable suivant les cas : Théophile d'Antioche, Méliton de Sardes étaient évêques, mais Aristide d'Athènes, Justin, Athénagore se présentent à nous avec l'étiquette de philosophes. Tatien, le disciple de Justin, est, quoiqu'il en dise, un philosophe lui aussi. Ils se sont recrutés parmi des païens convertis, et en exposant leur foi aux autres, ils ont essayé de clarifier leur pensée et leurs propres raisons de croire. Ils étaient pour la plupart des laïcs ayant reçu une certaine culture profane, et étaient donc plus libres que les évêques pour s'engager dans les polémiques et courir "en enfant perdu de leur parti".

Ils composaient leurs apologies pour informer et rétablir la réalité si déformée par les rumeurs populaires : c'était une réponse aux arguties païennes en même temps qu'une justification de leur foi, tout en présentant la défense de leurs compatriotes. Ce sont là les différentes acceptions du mot *apologia*. Mais c'était aussi une sorte d'*apologos* dans la mesure où ils faisaient un récit détaillé des moeurs et des rites chrétiens. En analysant le terme même, on s'aperçoit qu'il est constitué d'un préfixe ou d'un préverbe *apo-* et du radical logos qui vient de *-légô*. *Apo-* tient une grande place en composition pour exprimer l'idée d'éloigner, d'écarter. On peut comprendre ainsi que Justin prenait position et se séparait de ces discours et de ces rumeurs en faisant acte de parole. *Apologia* servirait à désigner l'origine et la cause de ce genre littéraire qui est à chercher dans les calomnies et mauvaises rumeurs qui planaient sur les chrétiens. La mission apologétique est opposée à la pensée païenne. Les apologistes reprennent certains arguments de leurs adversaires pour les réfuter, marquer leur position, et instaurer une mise à distance avec les courants de pensée actuels.

---

28. *ap.* 1-3 ; *app.* 1-2.
29. A. PUECH, *Histoire de la littérature grecque chrétienne*, II, Paris, 1928, p. 114.

Par ailleurs, en composition, *apo-*, comme *ek-*, marque l'aboutissement du procès. Dans l'éloquence judiciaire, le discours de défense clôt la séance après l'acte d'accusation, avant la délibération et le vote des magistrats. Enfin, le sens peut devenir privatif et négatif comme dans *apagoreuô* (défendre), *apareskô* (déplaire), *apaudaô* (refuser), *apolégô* (récuser, s'opposer à, renoncer à, abandonner). Chantraine[30] ajoute que dans certaines formations nominales *apo-* semble exprimer la notion "une espèce de " avec une nuance péjorative ; ainsi dans *apolinon*, *apolantion*... Cette acception d'*apologia* pourrait se trouver dans la bouche des adversaires de Justin, comme le cynique Crescens, mais cette hypothèse, si elle est vraisemblable, n'est pas justifiée ou prouvée pour autant. Nous nous contentons de la signaler sans la reprendre à notre compte.

Par cette brève étude sur l'histoire du mot *apologia*, il est clair que son acception n'est pas réductible à une situation juridique, et le titre de philosophe dont se réclame Justin nous achemine vers une autre perspective.

3- Les caractères communs aux apologies.

Toutes les apologies du IIe siècle ne se rattachent pas forcément à la tradition historique judiciaire. Tatien dans son *Discours aux Grecs* ne se place pas au point de vue juridique. C'est pourquoi il nous faut nuancer la place de la défense dans l'apologie chrétienne et déployer plus avant la dimension hétérotélique : l'évangélisation et la diffusion dans un discours rationnel.

Si nous pouvons retrouver des paragraphes de réfutation et d'argumentation dans ces oeuvres, c'est moins pour calquer l'éloquence judiciaire que pour reprendre la structure logique et l'appareil conceptuel du raisonnement. Ce n'est pas tant une conjoncture juridique qu'il faut souligner mais un mode d'exposition rationnelle d'une opinion religieuse. La raison envahit le terrain de la foi. Quand Justin compare le cas des chrétiens à Socrate, ce n'est pas seulement pour rappeler un procès de tendance et l'intolérance, mais aussi pour affirmer l'analogie avec ce combat philosophique : dans *l'apologie* de Platon, Socrate ne défend pas tant sa vie que sa doctrine. De même, c'est moins le côté de plaidoirie et de défense qui est à relever chez les apologistes que la

---

30. P. CHANTRAINE, *Dictionnaire étymologique de la langue grecque, histoire des mots*, Paris, 1968.

dimension philosophique de cet exposé de la foi[31]. Puech nous le confirme : "Justin nous apparaît manifestement comme adaptant à la propagande chrétienne les procédés et les pratiques qui étaient de tradition dans l'enseignement philosophique"[32]. Nous trouvons déjà une ébauche de réponse à la spécificité des apologistes grecs du IIe siècle : c'est dans la confrontation de la philosophie avec la croyance, la raison avec la foi, l'hellénisme avec le christianisme, que s'exprime l'apologétique du IIe siècle. Nous serons donc conduits à analyser ces rapports plus avant dans notre réflexion, mais à ce point, nous pouvons préciser et affiner davantage le rôle des apologistes :

Dans l'intention de témoigner de leur identité chrétienne, ils situent plus nettement le christianisme biblique, à l'occasion d'une conjoncture historique déterminée, par le moyen du dialogue entre la philosophie et le christianisme.

Les apologistes recherchaient la confrontation du christianisme avec la civilisation antique dans laquelle ils baignaient pour diffuser la bonne nouvelle qui n'était perçue jusqu'alors que comme une sourde rumeur faite de revendications et s'instaurant sur un mode conflictuel. Ils voulaient dépasser ce conflit, résultat d'une sous-information, qui s'élevait entre ceux qui détenaient l'autorité et ceux qui détenaient la vérité[33]. C'est à cette besogne qu'ils oeuvrèrent tour à tour. D'après Eusèbe[34], c'est Méliton qui formula le premier cette idée qu'il n'y avait aucune incompatibilité entre le christianisme et l'Empire. Justin demande aux empereurs l'estampille officielle[35] pour une meilleure diffusion de l'information rendue publique. Ce désir nous fait comprendre l'effort de Justin, surtout dans sa seconde apologie, pour exposer en langage stoïcien la théologie chrétienne du Verbe. Athénagore multiplie les flatteries à l'égard de Marc-Aurèle et Commode, espérant être lu sinon par eux du moins par certains des hauts magistrats ou par le Sénat : Justin adresse sa seconde apologie au Sénat de Rome. Les apologistes croient à la réconciliation de l'église et de l'empire. Ils ont cru possible de se faire lire par les empereurs : naïveté, crédulité, illusion ? Cette confiance chimérique ne se rencontrera pas chez les latins comme Tertullien[36]. Cependant, ils visent aussi le grand public en dressant un tableau de la sainteté des moeurs

---

31. Pour une plus ample réflexion sur le statut de Socrate chez Justin, cf. *infra*.
32. A. PUECH, *Les apologistes grecs (supra*, n. 24), p. 14.
33. *Id., Ibid.*, p. 4.
34. *H.E.*,IV,26,7.
35. *app.* 14:1 ; 15:2.
36. *apol.* 21,24.

chrétiennes. Ils s'efforcent d'atteindre le public lettré et les philosophes en ayant conscience que ceux-ci n'ont pas découvert la vérité plénière de la révélation. Les apologistes (Quadratus, Aristide, Justin, Apollinaire, Méliton, Athénagore) se sont adressés aux empereurs régnants mais Tatien dans son *Discours* écrit aux grecs, tandis que Théophile a pour destinataire Autolycus, "some high-ranking official otherwise unknown" ajoute Grant[37], c'est-à-dire un fonctionnaire de haut rang autrement inconnu. Mais dans cette présentation, ce qui frappe, "ce n'est pas le talent de l'écrivain qui fait la valeur de leurs livres ; c'est la valeur morale du témoin"[38].

On peut être à la fois chrétien et cultivé. Un christianisme philosophique est possible, mais, selon Simon[39], ce problème n'a pas été au coeur des préoccupations des apologistes qui se contentaient de défendre le christianisme face aux païens. Ce problème a été l'objet de la génération suivante avec Clément d'Alexandrie et Origène, qui ont déployé cette réflexion en affirmant que la philosophie est appelée à épauler la foi. Simon[40] fait remonter historiquement le conflit raisonné du christianisme et de la philosophie à l'école d'Alexandrie et à Tertullien mais Justin en parle déjà explicitement : c'est un pionnier solitaire en la matière. Si Justin a été sensible aux problèmes extérieurs (société romaine...) et moins aux problèmes intérieurs (le danger que faisait courir à la foi chrétienne ceux qui dénigraient toute forme de recherche intellectuelle et toute sagesse étiquetée profane), il a quand même esquissé un effort pour penser la foi chrétienne. Cette manière d'exprimer philosophiquement la morale et la foi retiendra notre attention tout particulièrement plus loin. Si ce conflit n'existe pas au temps de Justin et que ce rapport philosophie/christianisme ne pose pas problème, Justin l'a abordé implicitement dans ses oeuvres en combattant les païens et les gnostiques. Et cette dimension n'est pas à négliger. Si la façon de s'exprimer des apologistes dans le projet d'évangélisation est mieux saisie, nous ne savons encore rien ou pas grand chose des tâches qui leur incombaient. Ce dont nous voudrions vous entretenir à présent.

---

37. R.M. GRANT, "The chronology of the greek apologists", *VCh*, 9, 1955, pp. 25-33.
38. FLICHE & MARTIN, *Histoire de l'Eglise (supra,* n. 23), p. 423.
39. M. SIMON, *Christianisme et civilisation antique*, Paris, 1972, pp. 191-195.
40. Il n'est pas le seul ; cf. F.VAN DER MEER & C. MOHRMANN, *atlas de l'antiquité chrétienne* (trad. française), Paris/Bruxelles, 1960, p. 40. Ils font remonter les premiers rapports entre intellectuels païens et chrétiens à Clément d'Alexandrie.

II- Les principaux thèmes de l'apologétique chrétienne.

Nous avons montré plus haut dans notre exposé que les apologistes se définissaient *en contraste avec* la société païenne, et c'est sur cet aspect que nous voudrions insister. Ces hommes étaient confrontés à une double tâche : assurer la défense politique et juridique des chrétiens, et prouver la véracité du christianisme.

1- La polémique.

Cette défense consistait à justifier la croyance des chrétiens, qui s'établissait sur la ruine des croyances païennes. c'est ainsi qu'ils ont été contraints dès l'origine de ne pas se borner à la défensive : ils ont attaqué. Leur polémique (au sens fort du grec *polémos* : la guerre) s'est engagée contre la religion, la philosophie, le gnosticisme.

a- Contre la religion païenne.

Comme l'écrit Puech, "ils ont entrepris de montrer que les religions anciennes n'étaient plus qu'un assemblage vermoulu de rites désuets et de fables passées de mode"[41]. Les apologistes font le procès de la mythologie et de l'immoralité qu'elle tolérait et encourageait selon eux. Ils vont développer cela avec beaucoup de méthode, en disant : "Comment voulez-vous que ces gens soient moraux, puisque les dieux qu'ils adorent ne le sont pas ?"[42] Les mythes rapportent les orgies des dieux olympiens, les rivalités dans le panthéon grec : la jalousie d'Héra, la colère et l'infidélité conjugale de Zeus, la séductrice Aphrodite, les indécences de Dionysos... Les apologistes de défenseurs deviennent accusateurs et leur condamnation à l'encontre de la mythologie s'étend à la société. Notons que dans les attaques contre la religion païenne, Tatien insiste moins que d'autres sur la mythologie et qu'il vise surtout les superstitions qui étaient en effet les plus dangereuses : l'astrologie, la magie, les mystères. Justin, quant à lui, en réfutant les orgies qu'on reproche aux chrétiens, dénonce l'exposition des enfants nouveaux-nés, abandonnés par leurs parents et repris par quelque individu qui les élevait pour les livrer ensuite à la prostitution et s'assurer ainsi des bénéfices[43]. Au même chapitre, Justin dénonce aussi la prostitution

---

41. A. PUECH, *Histoire de la littérature (supra,* n. 29), p. 116.
42. Notions élaborées par P. PRIGENT dans une interview à Radio-Canada et publiée à Paris en 1983 in *Les Premiers chrétiens - la rencontre avec la civilisation gréco-romaine* (t. 3) : "La critique chrétienne du paganisme et de la société païenne" (chap. XI, pp. 119-128).
43. *ap.* 27:1.

sacrée et la castration[44], faisant allusion au culte de Cybèle, la mère des dieux, célébré par les archigalles, des prêtres eunuques. Minucius Félix, apologiste latin, écrit : "J'ai honte de parler de l'histoire de Cybèle sur le Dindyme... C'est en raison de cette légende que les galles vont jusqu'à sacrifier leur virilité pour honorer la déesse. Ce n'est pas un culte, ce sont des tortures" (trad. J. Beaujeu)[45].

Justin critique l'idolâtrie des cultes païens et refuse de sacrifier aux idoles parce que celles-ci sont fabriquées par des débauchés et sont autant d'injures faites à Dieu[46]. Les apologistes ont repris, sans la retoucher la conception professée en la matière par la Bible et développée par l'apologétique judéo-alexandrine : les dieux païens sont purement et simplement identifiés à leurs idoles[47]. Mais Justin infléchit cependant en un autre sens sa critique de l'idolâtrie : les esprits mauvais et les dieux de la mythologie ne sont rien autre que les anges déchus mentionnés dans la Bible[48]. "Nous sommes convaincus, comme nous l'avons dit, que tout cela est l'oeuvre de mauvais démons qui se font offrir des victimes et rendre un culte par les gens qui vivent sans réfléchir"[49]. Avant la venue de Jésus, sous l'inspiration des démons, les poètes ont inventé des mythes qui parodiaient son existence, comme ceux-là ont suscité contre les chrétiens des calomnies[50]. Les mythes païens sont donc des inventions des démons qui parodient l'Ecriture pour en diminuer la puissance et la portée : les mythes de Dionysos, fils de Zeus, qui a découvert la vigne, de Bellérophon et Pégase, de Persée et d'Asclépios[51]. Les démons ont inventé Coré, fille de zeus, copie de l'Esprit Saint et Athéna, fille de zeus, née sans le commerce de la génération, copie du verbe[52]. Les démons parodient dans leur culte les rites chrétiens : ainsi l'eucharistie est imitée dans la tradition des mystères de Mithra : "on présente en effet dans les cérémonies d'initiation du pain et une coupe d'eau que l'on accompagne de certaines formules"[53].

Mais dans cette critique de la religion païenne, nombreux sont les matériaux empruntés aux traditions grecque et latine. Les apologistes ne

44. *ap.* 27:4 ; 29:2.
45. *Oct.* 22,4.
46. *ap.* 9.
47. Nous renvoyons au célèbre passage du livre d'Esaïe 44: 9-20.
48. *ap.* 9:1.
49. ap. 12:5a.
50. *ap.* 23.
51. *ap.* 54. Cf. aussi *Dial.* 69,70.
52. *ap.* 64.
53. *ap.* 66:4.

sont pas les seuls à faire un pamphlet du culte de Cybèle et d'Attis. Les galles font l'objet de descriptions laissées par les satiriques païens (Perse, Juvénal, Martial)[54]. Puech l'affirme : "chez les grecs et chez les romains, il y avait bien longtemps que la philosophie avait montré les invraisemblances ou les scandales de la légende mythologique ; que le socratisme d'abord, le platonisme et le stoïcisme ensuite avaient opposé leur métaphysique ou leur physique à la croyance populaire et proposé une morale noble et pure, en opposition flagrante avec la morale traditionnelle"[55]. Ainsi les apologistes, en entreprenant d'attaquer la mythologie n'ont-ils pas fait oeuvre d'originalité car il leur suffisait de puiser dans l'abondance des matériaux de la littérature classique : Xénophane avait déjà ruiné l'anthropomorphisme de la mythologie et Platon avait mis au jour l'immoralité de la théologie homérique.

Cette attaque était menée passionnément au point que les apologistes faisaient souvent des erreurs d'appréciation. Justin se méprend en confondant Simon le magicien et le Dieu Sémo (ou Simo) Sancus qui était un dieu sabin présidant aux traités et aux pactes[56]. Puech rapporte que les apologistes prenaient leurs exemples pêle-mêle dans toutes les époques et dans tous les milieux sans se soucier de savoir si ces rites qu'ils condamnaient existaient à leur époque. Pour affirmer sa thèse, Puech donne l'exemple des sacrifices humains. Ce rite est ancien puisqu'on sacrifiait des enfants au dieu Ba'al Hamman de Carthage. La Bible rappelle de telles pratiques pour les condamner[57]. Les sacrifices humains, surtout répandus dans les religions de l'Orient, étaient pratiqués dans certains cultes. Le IIe siècle a connu un grand renouveau religieux dans l'ensemble de l'Empire et de toutes les classes avec une invasion des religions orientales comme nous l'avons vu. Justin en parlant de l'astrologie, de la magie et de la superstition, mentionne la nécromancie[58]. Les enfants innocents seraient une allusion, d'après Socrate[59], aux immolations d'enfants, avec inspection de leurs entrailles. Il nous faut donc nuancer les propos de Puech et il serait possible que

54. Voir l'argumentation de J. CARCOPINO, *aspects mystiques de la Rome païenne*, Paris, 1942, pp. 49-71.

55. A. PUECH, *Histoire de la littérature (supra,* n. 29), p. 118. Il est à noter que Justin avait remarqué cette différence puisque s'adressant aux empereurs philosophes, il distingue la morale des gens qui vivent sans réfléchir en sacrifiant aux démons de ceux qui aspirent à la piété (cf. *ap.* 12:5). Mais quelle est la spécificité de la morale chrétienne par rapport à cette morale raisonnable ?

56. *ap.* 26:2.

57. Lév. 18:21 ; Dt. 18:10 ; II R. 23:10 ; Ez. 16:21. Le dieu Molok était une divinité cananéenne.

58. *ap.* 18:3.

59. Cf. *Hist. Eccl.* III,13.

ces pratiques connussent quelque survivance au IIe siècle. Justin ne ferait donc pas mention de ce rite ancien carthaginois et phénicien mais de l'actualité de la nécromancie au IIe siècle. Cette partie de l'apologétique est la moins passionnante car de qualité médiocre, elle ne fait que répéter ce que d'autres ont dit, et elle souligne la connaissance superficielle que les apologistes avaient du milieu religieux de leurs contemporains. Par contre, sont-ils plus solides dans leur polémique contre la philosophie ?

b- Contre la philosophie.

Nous avons vu que les condamnations des apologistes touchant à la religion traditionnelle rejoignaient sur nombre de points celles des philosophes mais leurs positions étaient différentes. les accusations de Justin et ses contemporains avaient pour but de rompre avec l'ordre religieux établi alors que les philosophes, malgré leurs critiques, n'en continuaient pas moins à se plier aux rites ancestraux. D'ailleurs, certains philosophes vont même jusqu'à concilier philosophie et religion pour défendre le paganisme. La philosophie "s'appuie sur les cultes païens pour se donner la force, ou au moins l'illusion d'un élan religieux, mais, pour en tirer quelque apparence de vie, elle doit les épurer, les élever, les transformer"[60]. L'empereur-philosophe Marc-Aurèle est une illustration frappante : tout stoïcien qu'il est, il respecte la religion de sa patrie, se plie aux différentes exigences des collèges religieux de sa cité, il a été lui-même au collège des saliens, vers huit ans nous précise l'Histoire-Auguste[61]. D'ailleurs, les différentes écoles philosophiques du IIe siècle induisaient une conduite morale et une réflexion sur le divin qui ne les réduisaient pas à une spéculation sèche et le plus souvent incertaine. C'est pourquoi, Lebreton affirme que "de plus en plus le combat se noue entre deux équipes de penseurs : ceux de l'Eglise et ceux de la philosophie"[62]. Justin fut en conflit avec le cynique Crescens[63], critiqua les stoïciens à plusieurs reprises soulignant leurs visées morales[64], et affirma que la doctrine du christianisme n'était pas absolument identique à celle de Platon, "non plus que celle des autres, stoïciens ou poètes et prosateurs"[65]. Les apologistes insistaient sur le monothéisme en exhibant la différence foncière entre la philosophie et la révélation. La présentation de la vérité chrétienne n'est pas réalisée

60. FLICHE & MARTIN, *Histoire de l'Eglise (supra,* n. 23), p. 462.
61. HISTORIA-AUGUSTA, *Marcus Antoninus,* IV, 2.
62. Cf. *supra,* n. 60.
63. *app.* 3.
64. *app.* 7:4,7,8.
65. *app.* 13:2.

par la voie lente et incertaine de la dialectique mais faite en matière de certitude historique. Cependant dans ce climat, comment concilier philosophie et christianisme ? Comment expliquer les emprunts faits aux philosophies par les apologistes si les motivations étaient si divergentes ? Quelle est l'influence de l'une sur l'autre et pouvons-nous l'évaluer ? En fait, qu'entend-on par philosophie au IIe siècle ?

c- Contre le gnosticisme.

Ce déploiement de la problématique et l'élaboration du questionnement prépare le champ d'investigation. Mais notre présentation de la polémique ne serait pas complète si nous n'effleurions pas du doigt les dissensions internes de l'Eglise qui ont donné naissance et un nouvel élan aux déviations du gnosticisme. Dans son *Dialogue*, Justin mentionne des gens qui se font passer pour chrétiens mais que leurs actes et leurs paroles démentent. C'est une allusion implicite aux Gnostiques et Marcionites et il insiste sur un attachement profond aux paroles de Dieu et une confiance en Sa personne et non à l'enseignement des hommes (*Dial.* 80:3). Ce problème n'émerge que de façon incidente dans les apologies et ne fait pas l'objet d'un chapitre particulier car Justin l'a traité à part dans le *Livre contre toutes les hérésies* dont il parle lui-même en *ap.* 26:8 mais non mentionné par Eusèbe dans son catalogue. Cet opuscule fait partie des oeuvres perdues. Les allusions de Justin sont donc dispersées et fragmentaires. Il rappelle un certain Simon de Samarie affublé d'une ex-prostituée du nom d'Hélène, un certain Ménandre, samaritain, et un certain Marcion originaire du Pont[66] et à qui il consacra toute une étude qui ne nous est jamais parvenue et qui s'intitulait : *Contre Marcion.* Il les considérait comme de dangereux déviationnistes inspirés par les démons.

En bref, la défense polémique des apologistes leur a permis de se situer et de se définir négativement. Après avoir montré ce qu'ils n'étaient pas, ils exposent ce qu'ils sont par la présentation de la doctrine chrétienne : c'est la définition positive. L'essentiel dans toutes les apologies devient ainsi la polémique et l'exposé doctrinal.

2- Le témoignage (l'exposé doctrinal).

Dans le but d'informer et pour faire cesser les rumeurs, les apologistes ont souvent fait une présentation descriptive des moeurs chrétiennes pour laver les fidèles de tous les soupçons qui planaient sur eux. C'est ainsi qu'ils nous ont laissé un témoignage des rites, des

66. *ap.* 26:2,4,5 ; 58.

coutumes, et de la liturgie chrétienne au IIe siècle. A certains égards, les apologistes ont été des historiens s'assignant la tâche de rapporter et d'expliquer la vie quotidienne des chrétiens. Cette peinture qu'ils nous ont brossé de leur milieu ecclésial est-elle objective ou subjective ? Exagèrent-ils dans le tableau qu'ils nous en rapportent ? C'est de cette deuxième tâche de l'apologétique qu'est sortie le sens d'éloge ou de caricature valorisante prêtée à l'apologie. C'est pourquoi leurs oeuvres font subir aux faits et à leurs vraies causes une déformation apologétique que nous ne manquerons pas de relever. Comme dit Joly en d'autres termes, le tableau des moeurs chrétiennes est commandé "par un vigoureux élan de propagande : c'est le coeur de toute apologie"[67].

Cependant, ils ne se sont pas contenté d'observer les chrétiens de l'extérieur car vivant la foi chrétienne au quotidien, ils ont été eux-mêmes témoins de Jésus-Christ en rapportant par écrit des éléments doctrinaux qui ont servi au fondement préparatoire de la théologie qui allait s'élever avec Tertullien, Irénée, Origène... Ils sont donc intéressants d'un double point de vue : comme observateurs de la vie de l'église au IIe siècle, et comme acteurs engagés dans le conflit intellectuel et doctrinal. Cette tâche est remarquable et constitue le morceau de bravoure le plus caractéristique de l'apologétique. Là encore, nous allons nous attacher à montrer que la perspective d'évangélisation n'est pas absente. Leur but n'est pas de nous dresser un tableau mignon, une image d'Epinal ou nous rendre l'atmosphère des bergers d'Arcadie, mais d'informer et de diffuser la bonne nouvelle qui n'était perçue que comme une sourde rumeur inquiétante, revendicatrice, et déstabilisatrice politiquement. En informant ainsi, ils désiraient certainement inviter implicitement leurs lecteurs à venir contrôler eux-mêmes la véracité de leurs propos pour que ceux-ci ne se contentent pas de vivre sur des calomnies et des "on dit".

a- Des acteurs.

En tant qu'acteurs, ils s'attachent à situer le christianisme par rapport aux principes de leur époque (ce qui est ancien a droit au respect, c'est une norme du monde romain posée tacitement) pour exhiber la respectabilité de leur religion. Celle-ci n'est pas nouvelle dans le fond mais dans la forme car elle correspond à la nouvelle alliance de Dieu avec les hommes par Jésus-Christ qui vient renouveler, accomplir, et rendre plus parfaite l'ancienne qui liait les Juifs au Dieu d'Abraham, d'Isaac et de Jacob. Les chrétiens revendiquent autant l'Ancien

67. R. JOLY, *Christianisme et philosophie*, Bruxelles, 1973, p. 186.

Testament que les évangiles. Ils veulent faire ressortir la continuité historique de l'alliance révélée en montrant que le salut n'est plus réservé à un peuple mais s'étend à quiconque[68]... Labriolle insiste sur cet aspect en montrant que chez les romains, toute institution, quelle qu'elle soit, qui se rattache à un passé lointain, a droit au respect. La croyance à la supériorité de l'humanité primitive, au double point de vue de la "science" et de la "vertu" n'était pas étrangère à une telle conviction, que professaient les moralistes les plus autorisés : Cicéron, Sénèque, Quintilien, Tacite...[69] Les apologistes cherchent à enraciner le christianisme dans la Haute antiquité par le recours aux prophéties. Ils démontrent ainsi que Jésus-Christ a été annoncé par les prophètes et même par Moïse : "Ainsi le prophète Moïse, le plus ancien des écrivains, comme nous l'avons dit, avait fait, comme il est indiqué plus haut la prophétie suivante : "il ne manquera pas de prince de la descendance de Juda, ni de Chef de sa race, jusqu'à ce que vienne celui à qui est réservée <sa royauté> ; il sera lui l'attente des nations ; il attache à la vigne son poulain ; il lave sa robe dans le sang du raisin"(Gen. 49:10-11)"[70]. Cette analyse occupe une place majeure dans le *Dialogue* mais n'est pas absente dans la première Apologie puisque Justin s'y étend du paragraphe 30 à 53. Pour ce faire, celui-ci s'applique à souligner l'ancienneté de la tradition biblique par rapport à l'apport hellénique qui s'en est inspiré : Platon se serait inspiré de Moïse car "Moïse est plus ancien que tous les écrivains grecs"[71]. Cette théorie d'un emprunt de la philosophie grecque à la tradition mosaïque n'est pas originale chez Justin : on la trouve déjà chez le Juif aristotélicien Aristobule (vers 150 av J-C.) et chez Philon d'Alexandrie (mort vers 50 ap J-C.)[72]. Tatien aussi reprend ce thème de l'ancienneté chère à Justin à l'Apologétique juive, en marquant la continuité du judaïsme et du christianisme pour rehausser le prestige de ce dernier devant le paganisme.

Cette théorie présente entre autres chez Justin[73], se comprend dans le contexte historique du IIe siècle. "Il faut connaître cet état d'esprit pour

---

68. Jn. 3:16.
69. P. DE LABRIOLLE, *La réaction païenne*, Paris, 1942, p. 44.
70. *ap.* 54:5.
71. *ap.* 44:8 ; 59:1.
72. Cf. ap. 20:4 ; 32:1. Cf. aussi l'édition aux études augustiniennes, *des apologies de Justin* par A. Wartelle, 1987, p. 277. Cette théorie familière à Justin rejoint celle du Verbe séminal ou *logos spermatikos*, selon laquelle une part du *logos* éternel s'est trouvée disséminée chez les philosophes païens : il n'y a pas contradiction mais complémentarité entre les deux théories.
73. Cette théorie n'est pas propre à Justin mais elle est défendue aussi par Théophile, Tatien, Clément d'Alexandrie, Tertullien, Minucius Félix...

comprendre l'insistance avec laquelle les premiers avocats du christianisme se défendront contre le grief de nouveauté, et s'attacheront à démontrer que, soudée au judaïsme, qui l'avait précédée et préparée, la religion du Christ n'est point nouvelle, qu'elle a derrière soi la majesté des siècles, dont l'ombre auguste doit la protéger".

Ensuite, les apologistes s'attachent aussi à situer le christianisme au plan doctrinal et intellectuel pour marquer leur position face aux philosophies ambiantes et au gnosticisme déviant. C'est ainsi que les *apologies* qui semblaient d'abord n'être que des discours judiciaires, sont devenues, à leur façon, une prédication aux gentils. Leur apostolat (c'est à dire leur mission ; en grec *apostolè*) consiste à développer et à approfondir des points doctrinaux ou théoriques mal perçus par le monde païen ou juif suivant les cas. Justin, comme il est naturel, met en lumière dans son *Dialogue* d'autres aspects de sa doctrine que ceux qui avaient nécessairement le plus de relief dans sa controverse avec les païens. Leur but n'est absolument pas de présenter une doctrine complète et systématique. D'ailleurs l'emploi du mot "système" par Puech en désignant la pensée justinienne est mal à propos[74]. Ils développent certains points plutôt que d'autres suivant les circonstances. L'intention apologétique n'est pas doctrinale mais évangélique : c'est pourquoi nous avons hésité à intituler ce paragraphe "l'exposé doctrinal" car les apologistes sont moins des doctrinaires que des témoins et ils s'adaptent suivant le destinataire. L'auteur de *l'épître à Diognète* répond aux questions que son correspondant lui a posées et il n'expose donc pas toute la doctrine mais il éclaire certains aspects précis. Cela ne veut pas dire que les apologistes ne nous livrent pas leur pensée tout entière mais ils n'ont pas d'appareil conceptuel leur permettant de brosser un tableau complet de la doctrine : il n'existe pas encore au IIe siècle. L'absence de toute doctrine unifiée explique que les historiens parlent de la doctrine de Justin, de la doctrine de Tatien... A l'instar de Puech, nous rappelons qu'on n'a pas le droit d'identifier l'Eglise avec eux. "En les étudiant, il convient de se souvenir que ce n'est pas le christianisme du IIe siècle que nous pourrons arriver à connaître : ce sont quelques formes individuelles de ce christianisme". Chacun a sa doctrine car il existe des divergences sur des points de détail mais dans l'ensemble le ton est le même dans le fond comme dans la forme puisqu'ils se rattachent aux mêmes sources : les textes de la Septante. Ce sont en fait les objections de leurs adversaires qui les forcent à préciser et à approfondir leur opinion en livrant un peu plus

74. A. PUECH, *Les apologistes grecs (supra,* n. 24), p. 16.

complètement leur pensée. Cet exposé théorique est donc précis mais non exhaustif. C'est pourquoi, il ne faut pas induire de l'absence de tel aspect dans l'oeuvre d'un apologiste qu'il a dévié et n'est pas fidèle à toute l'Ecriture. Il ne faut pas prendre des silences pour des lacunes et remettre en cause sa foi mais essayer de comprendre l'intention apologétique pour chaque auteur. Nous pouvons conclure cette mise en perspective en affirmant que les apologistes sont plus des philosophes que des théologiens. Puech est un peu rapide en disant que ce sont eux qui créent à leurs risques et périls la théologie. Nous pensons *a contrario* que c'est la génération suivante et l'école d'Alexandrie qui vont favoriser cette émergence d'une pensée systématique et réglée. Pour l'instant, nous assistons avec les apologistes à une pensée en éveil qui chemine et se forge au contact des adversaires : c'est une réflexion sur le terrain au quotidien dont la dimension est véritablement évangélique, c'est-à-dire dont l'exhortation à se convertir est une note dominante (mais non exclusive).

A la suite de Puech, nous rendons hommage aux apologistes qui sont les témoins les plus importants sur le développement du christianisme au cours du IIe siècle[75]. C'est pourquoi, il est capital de relever et d'analyser avec soin leurs oeuvres car s'ils sont acteurs, ils sont aussi observateurs et ils nous laissent un instantané de la vie de l'Eglise à leur époque.

b- Les observateurs.

L'apologétique ne nous offre rien de plus complet et de plus précis que son exposé de la foi et de la morale de l'église. Justin en rédigeant une démonstration de la vérité chrétienne, nous trace un tableau aussi complet que possible de la vie intérieure des communautés chrétiennes. Il aborde le problème de la conversion en présentant son témoignage personnel (cf. *Dial.*1-8) et nombre d'aspects touchant à la christologie et à la prophétie[76]. Il nous expose la manifestation divine dans le coeur des croyants : "La transformation morale opérée par le christianisme"[77]. Les vertus développées dans sa grande Apologie[78] comme l'amour, la maîtrise de soi, la paix, la patience sont autant d'indices révélateurs de la sainteté de cette religion. D'ailleurs, il sera intéressant de confronter ces vertus aux fruits de l'Esprit dans Ga.5 et aux préceptes moraux de Jésus abondamment cités (cf. *ap.*15-18).

75. *Id., Ibid.*
76. *app.* 8,9.
77. FLICHE & MARTIN, *Histoire de l'Eglise (supra,* n. 23), p. 441.
78. *ap.* 12-20.

Il développe la situation sociologique du fait chrétien en évoquant le martyre, les rites chrétiens c'est-à-dire le baptême, l'eucharistie, la vie commune, le service divin du dimanche[79]... Justin viole peut-être les lois de l'*arcane* en divulgant le "secret" des rites, uniquement dans le but de faire comprendre que les réunions des chrétiens ne comportent ni débauches ni sacrifices d'enfants. "Il ouvre toute grande la porte des églises, comme dit si bien Puech, et invite les profanes à venir y constater (...) qu'on y trouve l'exemple de toutes les vertus"[80]. Nous voyons que le rôle des apologistes est essentiel pour définir et situer l'Eglise au milieu du IIe siècle, soient qu'ils protestent, soient qu'ils exposent le dogme et la morale.

3- L'apologie du christianisme : enjeux, objet, méthode.

Nous consacrons cette synthèse à un bilan des résultats sur la démonstration de notre thèse selon laquelle la mission apologétique a une dimension évangélique. Il ne suffit pas d'avoir expliqué, voire justifié, ou argumenté cet axe se rattachant à la tradition biblique, il faut pouvoir en rassembler les différents éléments dans une réflexion finale que nous esquissons à grands traits en envisageant les trois questions qui nous semblent, comme en toute étude, fondamentales : pourquoi ? Quoi ? Comment ?

a- Pourquoi une apologie du christianisme au IIe siècle ?

C'est sur le pourquoi qu'il importe de s'interroger d'abord, non pas au sens de "en raison de quoi ?" mais "en vue de quoi ? Pour quels avantages ?" Nous avons retenu l'opinion de Bourgeault pour qui le critère de l'apologétique est l'auto-définition et la prise de position par une affirmation de son identité négativement en se démarquant, positivement en informant. Les apologistes ont voulu se situer par rapport à d'autres groupes, *en contraste avec*, mais ils ont exagéré en prenant un principe pour un prétexte. En tant que polémistes, ils font le procès du paganisme ; cependant en s'appropriant certaines des techniques de réfutation des écoles philosophiques, ils ont perdu de vue le projet initial de diffusion et d'évangélisation. N'étudier chez eux que ce côté combatif et offensif ne reviendrait pas à saisir la pleine spécificité de leur vocation. Cet aspect polémiste de leur existence leur a valu des jugements sévères et trop exclusifs. Ainsi l'ouvrage de Geffcken intitulé *Zwei griechische Apologeten* (Teubner, 1907), cité par

79. *ap.* 61-68.
80. A. PUECH, *Histoire de la littérature (supra,* n. 29), p. 151.

Puech, ne s'occupe en effet que de la polémique. Les apologistes ont glissé vers la facilité de l'argumentation et de l'attaque outrancière au lieu de se contenter de se définir négativement en précisant ce qu'ils n'étaient pas afin de se démarquer de leurs adversaires. Cette dimension polémique est la moins originale et a été accueillie par les païens comme manifestant l'intolérance et un processus de marginalisation à cause des critiques excessives à l'égard d'une société païenne. Il nous semble que Tatien a perdu de vue la mission initiale de l'apologétique quand il "part en croisade" contre ses adversaires, rejetant en bloc la société de son temps, comme corrompue, permissive... Nous considérons que la philosophie envisagée chez les chrétiens comme moyen d'attaque empruntant aux païens des tournures péjoratives, l'ironie et le mépris[81] est une déviation certaine de la perspective apologétique biblique, et certains apologistes ont fléchi à cet égard et ont succombé à la tentation en reprenant à leur compte des éléments de la querelle opposant rhéteurs et philosophes. Ce ton agressif, vindicatif et accusateur est aux antipodes de la douceur évangélique. A cet égard, Justin est resté dans la droite ligne de la tradition chrétienne. Est-ce à dire que la dimension polémique est absente ? Certes non, on trouve sous la plume de Justin l'emploi de quelques tournures péjoratives. Il utilise le procédé bien connu des rhéteurs qui consiste à décocher une antithèse mortelle à l'ennemi dans un cliquetis de mots. Il écrit ainsi contre Crescens : "ami du bruit et de la jactance. Car il n'est pas juste d'appeler philosophe celui qui dit en public, sur nous, des choses qu'il ne sait pas"[82]. Justin met en balancement *philopsophos* (ami du bruit) et *philosophos* (ami de la sagesse). Ce même jeu de mots est repris chez Tatien mais ce dernier est très friand de ce procédé que Justin utilise rarement et avec mesure. Il n'a pas le style acide, amer et violent de son élève. D'autre part, il affirme : "Chrétien, je reconnais que je le suis, je souhaite me faire connaître comme tel, et je lutte en ce sens par tous les moyens, non que la doctrine de Platon soit étrangère à celle du Christ, mais elle ne lui est pas absolument identique (...)"[83]. Une traduction plus littérale nous donnerait : "Je lutte en ce sens en toutes sortes de combats". L'adverbe *pammachôs* attesté ici pour la première fois est traduit par Bailly : "en luttant par tous les moyens". Justin conçoit la

---

81. Notions élaborées par A.-M. MALINGREY, *"Philosophia" étude d'un groupe de mots dans la littérature grecque des Présocratiques au IVe siècle ap J-C.* (thèse), Strasbourg, 1961, pp. 99-126.

82. *app.* 3:1; (...) τοῦ φιλοψόφου καὶ φιλοκόμπου. Οὐ γὰρ φιλόσοφον εἰπεῖν ἄξιον τὸν ἄνδρα ὅς γε περὶ ἡμῶν ἅ μὴ ἐπίσταται δημοσίᾳ καταμαρτυρεῖ.

83. *app.* 13:2 ; Χριστιανὸς εὑρεθῆναι καὶ εὐχόμενος καὶ παμμάχως ἀγωνιζόμενος ὁμολογῶ, οὐχ ὅτι ἀλλότριά ἐστι τὰ Πλάτωνος διδάγματα τοῦ Χριστοῦ, ἀλλ' ὅτι οὐκ ἔστι πάντη ὅμοια, (...)

polémique comme un moyen et non comme une fin en soi. C'est un moyen parmi tant d'autres et Justin ne lui accorde pas une grande place. D'ailleurs, la défense et le rôle de plaideur rentrent dans cette lutte mais il nous faut préciser notre pensée sur ce point.

Après avoir vu que la polémique est un principe emprunté à la tradition grecque et dont certains ont fait un usage excessif en prenant ce qui n'est qu'un procédé d'exposition pour un prétexte, nous devons circonscrire l'intérêt du plaidoyer. Si les apologistes paraissent plaideurs, avocats, ou défenseurs, ils sont avant tout des témoins de Jésus-Christ. C'est sur cette dichotomie de l'être et du paraître que nous aimerions revenir un court instant[84]. Pour ce faire, nous allons commenter une définition de Simon : "L'apologie chrétienne a pour objet de disculper le christianisme des accusations calomnieuses dont il est l'objet, en révélant son vrai visage, tout de vertu"[85]. Il ne parle pas d'objectif mais d'objet. La défense est l'objet de l'apologie, mais non son objectif. Il faut bien séparer le projet, la destination, la fin, de la fonction et du moyen. L'objectif désigne ce qui a rapport à l'objet et implique un but à atteindre, une intention, une finalité. L'objet (*objectum*) est littéralement la chose placée devant nous et nous l'employons dans son acception causale ; la défense est le motif, le thème, le sujet, bref l'objet de l'apologie. C'est pourquoi, nous ne reprenons pas à notre compte la citation de Simon qui utilise "objet" dans une expression lui prêtant un sens final : "avoir pour objet" comme "remplir son objet", "expliquer l'objet d'une visite" sous-entend davantage l'intention, le but, et la fin que la cause. Mais quels sont donc les objectifs c'est-à-dire qu'est-ce qu'on attend ? Les apologistes ne se sont pas engagés dans cet apostolat sans avoir examiné les raisons de le faire et estimé l'utilité qu'ils pouvaient en espérer.

Si le but et l'intention des apologistes étaient simplement de défendre, ils auraient glissé tous ensemble dans la polémique à outrance et l'attaque incessante. Ils se seraient bien vite éloignés de la morale chrétienne et de la charité évangélique. Ils auraient défendu l'amour et la douceur par le mépris et la violence : la fin justifie les moyens selon Machiavel en politique peut-être (et encore !) mais en matière religieuse, non ! L'apologétique sert à louer et à glorifier Dieu. Si la défense de la vérité devient prétexte à se faire valoir, on risque fort de perdre la communion avec Dieu. Ce n'est certes pas un tort d'être dans la vérité et de dénoncer l'erreur, à condition toutefois d'adopter l'attitude

84. Cf. début du chapitre.

85. M. SIMON, *Christianisme et civilisation antique (supra,* n. 39), p. 150.

qui convient : celle de l'amour. Nous retrouvons ce comportement chez Justin tel que Monachino nous le décrit : "Nous voulons enfin pour faire mieux comprendre le but missionnaire des apologies attirer de nouveau l'attention sur le sentiment dont est animé Justin dans toute son activité apologétique. Il est animé d'un profond sentiment de piété et de compassion pour les païens privés de la connaissance de la vérité ; sentiment qui au-delà a envahi les deux apologies et s'est exprimé plus d'une fois de façon explicite (...). Il a imprégné ses écrits d'un tel sentiment, d'une telle candeur et d'un accent si chaud et passionné qu'il émeut"[86].

Nous le verrons, certains historiens, philologues ou théologiens soutiennent que les apologistes étaient des rationalistes et des chrétiens superficiels. Nous pensons tout au contraire que Tatien n'est pas le fidèle représentant du courant apologétique et qu'il nous faut revenir à Justin qui affirme : "il (notre Maître à savoir Jésus-Christ) nous engage au contraire à user de patience et de douceur pour arracher tous les hommes à l'avilissement et à la séduction du mal"[87]. Le but apologétique est à chercher dans la mission évangélique de tout témoin de Jésus-Christ qui est conduit à témoigner, à informer, à diffuser la bonne nouvelle par des moyens qui varient suivant les circonstances.

Cette hypothèse se comprend dans la double acception de l'enjeu. Un enjeu se comprend de deux façons : en terme de chance et en terme de risque. Ce peut être une opération statistique qui relève des jeux et s'exprime en pourcentage. Naturellement, il est clair que dans le contexte conflictuel du IIe siècle, le christianisme avait peu de chances de s'en sortir : l'enjeu était faible. Revendiquer l'étiquette de chrétien comportait toujours un risque. La nature même de ces risques se nomme les enjeux. Ce qui caractérise un enjeu, c'est sa gravité et par conséquent sa profondeur c'est-à-dire ce qui engage celui qui le risque. C'est dans ce deuxième sens que nous sommes autorisés à penser que *l'apologétique se comprend à partir de ses enjeux.* La défense, le plaidoyer est un enjeu au IIe siècle, car c'est un danger réel face à la délation et aux calomnies qui peuvent mettre en péril la conservation en vie : Justin dénoncé par Crescens meurt martyr. En 177, les chrétiens de

---

86. V. MONACHINO, "Intento pratico..." *(supra,* n. 2), pp. 47,48,49 ; "Vogliamo infine, per far meglio comprendere l'intento missionario delle due Apologie, richiamare l'attenzione sul sentimento da cui è stato mosso Giustino in tutta la sua attività apologetica. Egli è stato mosso da un profundo sentimento di pietà e di compassione per i pagani, privi della conoscenza della verità ; sentimento che oltre a pervadere le due Apologie è espresso più di una volta anche con parole esplicite (...). Ed ha pervaso i suoi scritti di un tale sentimento, di un tale candore e di un accento cosi caldo ed appassionato che commove."
87. *ap.* 16:3c.

Lyon persécutés par leurs concitoyens sont envoyés dans l'arène. Les apologistes comprennent ce risque et le courent non pour le plaisir de défendre et pour se faire justice mais au nom de l'amour de la vérité (cf. *ap.*8). Cet enjeu révèle une pathologie sociale : les romains accusent un titre et non un comportement répréhensible. A partir de cette défense vue comme un enjeu, l'apologétique apparaît comme une tâche à accomplir. Cette tâche, ce but, c'est la diffusion et l'expansion du christianisme. D'ailleurs, Monachino confirme cette position : "Il ne semble pas suffisant de dire que dans les deux apologies des éléments propagandistes sont récurrents mais plutôt si on veut parler de manière plus appropriée, on doit dire que les deux apologies, pour répondre à une nécessité de défense et pour s'acquitter de la finalité apologétique vont plus loin et tentent de déployer une véritable action missionnaire"[88]. Il faut répondre que la défense n'est pas un absolu car sinon face au danger de la mort, la volonté de puissance, la domination et la crainte déboucheraient sur la contre-offensive et l'attaque ou la fuite. Le chrétien ne place pas ses espoirs dans une vie terrestre car il croit en la résurrection des morts : les apologistes ne se privent pas de nous le rappeler (*ap.*18,19,20) et Athénagore y consacre tout un traité. L'apologie du christianisme est une tâche à accomplir et implique des décisions, des engagements, des actes qui sont autant de risques. Cette tâche implique des enjeux concrétisés par la défense (*apologia*) et la présentation des moeurs chrétiennes sous forme d'éloge. Monachino nous rappelle que Justin a recherché les conditions réelles dans lesquelles se trouvaient les chrétiens du IIe siècle mais qu'il ne s'est pas arrêté à l'apologétique simple. Il a essayé de convaincre les païens de la vérité du christianisme pour les pousser à embrasser celui-ci. "Il a voulu faire des prosélytes à la nouvelle religion, convertir, débuter au moins l'oeuvre de conversion qui aurait été ensuite complétée par la lecture des Ecritures et l'instruction personnelle"[89]. La nature de la tâche est la diffusion, l'évangélisation. Evangéliser, c'est annoncer une bonne nouvelle qui ne se réduit pas à prêcher Jésus-Christ mais à en vivre en témoignant par les actes, les gestes. La vie communautaire en est une illustration éloquente.

---

88. V. MONACHINO, "Intento pratico..." (*supra*, n. 2), p. 48 ; "non ci sembra sufficiente il dire che nelle due Apologie ricorrono degli elementi propagandistici ; ma piuttosto, se si vuol parlare con più proprietà, si deve dire che le due Apologie, pur rispondendo a necessità di difesa, e pur adempiendo a finalità apologetiche, si spingono oltre, ed intendono svolgere vera azione missionaria".

89. *Id.*, *Ibid.*; "Ha insomma voluto far proseliti alla nuova religione, convertire, iniziare almeno l'opera di conversione, che si sarebbe poi completata con la lettura delle Scritture e con la instruzione personale".

D'aucuns prétendront que nous prêtons aux apologistes des intentions qu'ils n'avaient pas en nous projetant comme sujet sur notre objet d'étude ; confondant ainsi la situation réelle du IIe siècle et le vécu personnel en matière religieuse. Nous tenons simplement à nous élever contre un processus d'erreur courant en histoire : en désignant un genre littéraire (l'apologétique) par ce qui nous paraît avoir été un caractère dominant, on fait de ce nom un principe, oubliant que la notion n'a pas d'être propre. Avant d'être apologiste, Justin, Aristide, Athénagore... sont des membres d'assemblées chrétiennes locales qui pullulaient déjà dans le bassin méditerranéen au IIe siècle. On connaît ces fidèles sous le nom d'apologistes mais ils ne se présentaient pas comme tels : Justin décline son identité en se présentant comme philosophe. Nous voulons nuancer cette tradition historiographique en rappelant la priorité du témoignage qui incombait à tout chrétien dans le christianisme naissant et qui explique l'envergure de l'expansion de ce mouvement religieux en si peu de temps. "Les apologies grecques révèlent de façon indubitable que, pendant tout le IIe siècle, le christianisme a conservé vive toute la force d'expansion et tout l'esprit de conquête insufflé par le fondateur"[90]. Cependant, nous ne voudrions pas qu'à la lecture de ces lignes certains pensent que nous dénigrons le caractère apologétique au profit d'une dimension évangélique : ce qui serait se tromper sur notre projet. A l'instar de Monachino, nous pensons que "la propagande ne représente pas un élément rapporté, rendu nécessaire indirectement par la plaidoirie mais un élément directement recherché. Si quelque fois il semble uni, subordonné au but apologétique, cela ne signifie pas pour autant qu'il n'est pas directement voulu, mais seulement que les auteurs ont poursuivi simultanément un but apologétique"[91]. Néanmoins, nous ne pensons pas qu'il faille comme semble le promouvoir Monachino[92] mettre sur le même plan le but apologétique et le but propagandiste. En reprenant notre terminologie, nous dirons que ceux-ci existent tous les deux mais le but réel est l'évangélisation et les moyens sont tributaires de la conjoncture d'un temps, d'un lieu, et d'un milieu. Pour ce qui concerne les apologistes, la défense a constitué un risque encouru qui est un enjeu. A partir de cette défense à connotation juridique, s'est

---

90. *Id.*, *Ibid.*, p. 222 ; "si può affermare che le apologie greche rivelano, in modo indubbio, che durante tutto il secolo II il cristianesimo conservò viva tutta la forza di espansione e tutto lo spirito di conquista impressigli dal Fondatore".

91. *Id.*, *Ibid.*, p. 219 ; "Non rappresenta quindi la propaganda un elemento importato indirettamente dalla necessità della difesa, ma un elemento inteso direttamente. Se qualvolta lo si trova unito e sembra subordinato allo scopo apologetico, ciò non significa affatto che non viene perseguito direttamente, ma solo che gli scrittori hanno perseguito anche un intento apologetico".

92. *Id.*, *Ibid.*, pp. 219-222.

déployée une apologétique qui était une tâche à accomplir, un but découlant de la volonté initiale de diffuser le message chrétien. Si la volonté d'évangéliser n'était pas présente, à quoi servait-il de défendre le christianisme ? Caron Laviolette, dans son mémoire, affirme que "les apologistes plaident pour le christianisme devant le monde des païens cultivés, non pas tellement dans le but de les convertir mais plutôt dans l'espoir de les persuader d'arrêter des persécutions locales intermittentes dont l'Eglise avait à souffrir à ce moment-là"[93]. Il faut rétablir l'équilibre entre cause et effet afin de s'apercevoir qu'une conséquence de l'évangélisation est la cessation des persécutions si les païens acceptent de capituler devant Dieu par Jésus-Christ mais avoir pour but l'arrêt des persécutions implique rarement des conversions sinon l'indifférence : toute l'histoire de l'Eglise le montre ! Si la thèse de Caron Laviolette était juste, alors l'évangélisation n'existerait pas chez les apologistes et leur intention propagandiste ne serait plus que purement politique et juridique. Ils seraient plus des défenseurs que des *chrétiens* (disciple de Jésus-Christ) remplis de l'amour de leur Seigneur. Green reconnaît l'existence des buts apologétiques mais il critique leur méthode d'évangélisation qu'il trouve trop subordonnée à la défense contre les attaques des païens. De ce fait, il écrit : "Les apologies écrites plus tard ont pour but de défendre une position donnée (...). Les Pères apologètes, eux, sont trop préoccupés de défendre le christianisme contre les attaques injustes du paganisme pour que leur méthode d'évangélisation soit exemplaire"[94]. Il est possible que le style virulent de Tatien soit peu recommandable dans une perspective évangélique mais il ne faut pas induire ce jugement à l'ensemble des apologistes. Nous pensons que Justin tient un discours qui concorde avec les plaidoyers que nous trouvons dans les *Actes* : il transforme la défense en attaque (et non en polémique) et évangélise au moyen même de ses réponses aux accusations portées contre lui.

L'aspect missionnaire, propagandiste, prosélyte ou évangélique comme nous l'avons appelé est le moteur de l'action apologétique. Comme souvent, le moteur est dissimulé derrière la carrosserie de l'attaque apologétique, mais la source motrice demeure l'amour car quand on défend l'honneur de Dieu on a l'amour de la vérité. Il était bon de le rappeler *hic et nunc*.

---

93. C. CARON LAVIOLETTE, *conversion philosophique et conversion chrétienne aux trois premiers siècles de notre ère* (mémoire de maîtrise sous la direction de M. Meslin, oct. 1982) p. 73.

94. M. GREEN, *L'Evangélisation dans l'Eglise primitive (le développement de la mission chrétienne des origines au milieu du troisième siècle)*, St. Légier (Suisse), 1981 [[1]1969, Evangelism in the early church], p. 161.

b- L'apologie de quoi ?

La question peut paraître saugrenue puisqu'on semble avoir déjà donné la réponse. Il s'agit de l'apologie du christianisme. Ce qui est en cause, c'est le christianisme qui est l'objet d'attaques. La défense est donc l'objet de l'apologie, d'où son importance puisque en grec les apologistes sont littéralement des défenseurs. Notre intention dans ce chapitre n'est pas de minimiser l'aspect juridique mais de le replacer en ne confondant pas un enjeu (un risque) et un enjeu (un objectif) bien que le français ne nous facilite guère en ce domaine eu égard à la polysémie des mots.

Simon écrit : "l'apologie est née d'une réaction contre les premières attaques, orales avant de se fixer par écrit, de l'opinion païenne et les premières difficultés suscitées à l'Eglise par l'autorité civile"[95]. Il rajoute que ces apologies (en tous les cas celles de Justin !) sont antérieures aux grands ouvrages de polémique anti-chrétienne : l'aspect polémique n'est donc pas prédominant et l'origine de ce genre littéraire est à chercher dans une réaction face à des causes plurielles et que Simon désigne par des attaques verbales (orales puis écrites) et les persécutions étant seulement une des causes [96].

Au risque de nous répéter, nous préférons insister pour faire ressortir l'intention apologétique dans l'exposé de la morale et de la foi chrétiennes et prévenir toute objection. Les apologistes défendent pour témoigner et non l'inverse. Certains pourraient nous rétorquer que le tableau des moeurs chrétiennes et le rapport du service dominical sont présentés pour innocenter les victimes et défendre les accusés. Ce n'est pas forcément l'intention de nos auteurs. Par réaction contre cette interprétation exclusive, nous avons tendance à penser que cet exposé du dogme et de la morale ne leur sert pas à témoigner pour innocenter, mais à défendre *pour* informer et gagner d'autres à l'évangile. Nous ne sommes pas les seuls à penser cela et Monachino encore une fois nous le prouve : "cette vérité (celle de Jésus-Christ) constitue pour lui un devoir, une obligation étroite de la communiquer aussi aux autres hommes qui l'ignorent encore. Et Justin a conscience du devoir qui lui incombe (...). Il a vraiment essayé avec les deux apologies de s'acquitter de ce devoir qui incombe à tous les chrétiens de communiquer aux autres hommes la vérité connue"[97]. Justin avoue que ce qui l'a touché

---

95. M. SIMON, *Christianisme et civilisation antique (supra,* n. 39).

96. Cf. le début de ce chapitre.

97. V. MONACHINO, "Intento pratico..." *(supra,* n. 2), p. 38 ; "questa verità conosciuta per lui un dovere, un obbligo stretto di comunicarla anche agli altri uomini che ancora la ignorano. E Giustino ha coscienza del dovere che gli incombe.(...) Orbene, Giustino con le due Apologie ha

dans le témoignage des chrétiens, c'est intellectuellement la preuve par la prophétie[98], et sociologiquement l'exemple du martyre[99]. S'étant converti par ce témoignage, à son tour il tient à souligner ces aspects dans son oeuvre : le recours à la prophétie (*ap.*30-53), le martyre (*ap.*5, 57) et le tableau de la vie chrétienne (*ap.*61-68). Nous nous rendons compte que le christianisme est à considérer dans deux grandes optiques :

*Le plan du savoir : le combat intellectuel mené par les apologistes sur le terrain de la raison.

*Le plan social : le témoignage rendu par le vécu, la manifestation de la morale et de la foi au quotidien.

c- Comment faire l'apologie du christianisme ?

Une fois qu'on a indiqué pourquoi il vaut la peine de la faire et déterminé de quoi précisément il y sera question, il reste à raisonner comment s'y prendre, c'est-à-dire la façon de construire ou la méthode. L'art (dans son sens technique) apologétique est à étudier du point de vue du moule et des ingrédients. Quels sont les rapports qu'entretiennent philosophie et christianisme ?

Simon nous informe que "ses méthodes et son argumentation reparaissent encore chez certains auteurs du IIIe siècle, jusqu'à la paix de l'Eglise. Mais en tant que genre littéraire différencié, l'apologie chrétienne est essentiellement un phénomène du IIe siècle"[100]. Nous verrons que l'objectif "spéculativo-culturel"[101] de l'apologétique grecque est fonction de l'intention évangélique. Cette méthode reste à définir. Le moule chrétien prend-il un contenu philosophique ou est-ce la philosophie qui prend pour trajet le christianisme ? Devons-nous parler de philosophie chrétienne ou de christianisme philosophique ? Quelle est l'influence des courants littéraires religieux (l'orientalisme croissant) du IIe siècle sur les apologistes ? Comment évaluer et apprécier le rôle de l'apologétique grecque (les canons de la rhétorique judiciaire) dans l'oeuvre de Justin ?

---

intenso veramente di adempiere a questo dovere, incombente a tutti i cristiani, di comunicare agli altri uomini le verità conosciute".

98. *ap.* 12:9,10 ; 30 ; *Dial.* 53:5,6.

99. *app.* 12:1.

100. *supra* n. 92.

101. Expression empruntée à V. MONACHINO, "Intento pratico..." *(supra*, n. 2), p. 222 ; "Tutto questo risulterà ancor meglio dall'indagine circa il terzo obiettivo dell'apologetica greca, quello speculativo-culturale, giacchè anch'esso, in parte almeno, è in funzione dell'intento propagandistico".

III- Les traits marquants de l'apologétique justinienne.

Rops, dans sa large fresque de l'histoire de l'Eglise, nous dépeint Justin comme celui qui "inaugurera cette technique de prendre la philosophie pour alliée"[102] en le plaçant sur le même plan qu'Origène ou Augustin. Justin prend pour alliée une discipline dont les représentants les plus illustres du moment constituent des adversaires mortels pour lui. Il s'allie à la philosophie qui génère en son sein les germes de son anéantissement. Pourtant, il est remarqué pour sa position de chrétien-philosophe et tous les témoignages concordent sur ce point : Wartelle voit l'originalité de Justin dans l'essai de "confrontation entre la conception grecque du monde et la vision chrétienne"[103]. Puech explique que Justin est le premier à avoir posé "nettement un certain nombre de questions dogmatiques essentielles, qu'il fallait bien résoudre dès qu'on ne se bornait plus à répéter les formules de la foi, et qu'on les soumettait à la réflexion."[104] Ces opinions sont suivies par nombre d'auteurs : Lebreton, Joly, Bardy, Daniélou, Simon, Marrou, Malingrey, Campenhausen, Godet...

1- Justin et la culture de son époque.

a - le milieu intellectuel.

Le IIe siècle est caractérisé, selon Pycke, "par une grande soif de connaissance chez les païens, comme chez les chrétiens, on constate un enthousiasme débordant pour le savoir, surtout pour la connaissance du monde invisible, de Dieu. Ce désir de la connaissance de Dieu et des choses du monde se manifeste de façon particulière dans les oeuvres des philosophes païens de ce siècle."[105]. Nous consacrons ce paragraphe au commentaire de cette citation qu'il faut nuancer. Cette grande soif de connaissance métaphysique, existentielle, du sacré et du divin a eu pour conséquence que les doctrines philosophiques de l'époque remplaçaient pour beaucoup d'hommes la religion en informant leur conduite. En effet, la religion de l'époque hellénistique mettait avant tout l'accent sur l'homme en tant qu'individu en insistant sur ses besoins, ses demandes ; elle était donc toute désignée pour répondre aux demandes de l'époque. Devant les catastrophes soudaines et les revers de situation, les hommes

---

102. D. ROPS, *L'église des apôtres et des martyrs*, Paris, 1971, p. 339.
103. A. WARTELLE, *Saint Justin, apologies (supra*, n. 72), p. 39.
104. A. PUECH, *Les apologistes grecs au second siècle*, Paris, 1912, p. 46
105. N. PYCKE, "connaissance rationnelle et connaissance de grâce chez Saint Justin", *EThL*, 1961, p. 52.

essayent de se raccrocher à des valeurs sûres, stables et solides, cherchant un sens à la vie et régulant une conduite de vie.

Dans ce contexte, "certains se sentaient rassurés grâce à une croyance fervente dans la toute puissance des astres"[106], les doctrines astrologiques babyloniennes et le regain de la magie. Ptolémée, Sénèque et Vettius Valens sont des hommes représentatifs de ce "mysticisme astral" selon le mot de Cumont[107].

D'autres cherchaient un refuge dans quelque école philosophique espérant qu'elle leur apporterait une sorte de *sôtèria* et nous verrons que la démarche de Justin est proche de cet état d'esprit. La philosophie n'est donc pas pure spéculation mais "une affaire véritablement quotidienne"[108] dans la mesure où les analyses qu'elle provoque servent à éclairer les préoccupations du moment. Elle gagne tous les degrés de la société. Toute l'aristocratie romaine était imprégnée de pensée philosophique. Cette discipline ne se réduisait pas seulement à un enseignement comme la rhétorique. Chez les romains cultivés, chacun accueillait chez soi et entretenait dans sa domesticité un ou plusieurs philosophes comme on faisait avec un ou plusieurs médecins. La vie politique était elle aussi sous la dépendance de la philosophie et Carcopino reconnaît l'importance de la "propagande stoïcienne" pour l'idéologie politique de Trajan[109]. Les romains tournent les regards vers l'Orient dans tous les domaines comme nous l'avons vu et "du moment que la philosophie répondait aux besoins spirituels aussi bien qu'intellectuels des hommes, elle ne s'adressait plus seulement à quelques privilégiés, mais atteignait également les masses."[110]

L'épicurisme cherchait à libérer les hommes de la crainte superstitieuse des dieux et de la mort. Nous pouvons nuancer ici les propos de Pycke car tous les philosophes n'étaient pas forcément passionnés par le sacré et le divin. D'ailleurs, Justin le dit lui-même quand il parle du philosophe stoïcien qu'il fréquentait : "Après un certain temps passé auprès de lui, comme je n'avais rien ajouté à mes connaissances sur Dieu (il ne le connaissait pas lui-même et il disait que cette science n'était pas nécessaire)..."[111] Par les conférences qui se multipliaient dans la ville, ces doctrines philosophiques se répandaient :

---

106. A.D. NOCK, *Christianisme et Hellénisme*, Paris, 1973, p. 121.
107. *Id., Ibid.*, p. 121, 122, 123.
108. P. GRIMAL & CL. CARCOPINO & P. OURLIAC, *Jérôme Carcopino, un historien au service de l'Humanisme*, Paris, 1981, p. 309.
109. *Id., Ibid.*, p. 309, n. 17.
110. A.D. NOCK, *Christianisme et Hellénisme (supra*, n. 106), p. 124.
111. *Dial.* 2:3.

les conférenciers populaires étaient nombreux et les Cyniques à l'allure négligée, ces mendiants au comportement trouble, méprisés et mal vus par la police improvisaient des discours dans les carrefours, sur le genre fameux de la diatribe, sorte de "causerie" au style familier et mordant, dont la raillerie virulente n'épargnait personne.

Mais la philosophie hellénistique populaire ne se limitait pas à ces "prédicants-troubadours" ; ses différentes écoles étaient bien représentées : platonisme, stoïcisme, épicurisme, aristotélisme. Le IIe siècle a beaucoup hérité de l'enseignement hellénistique traditionnel de chaque école mais la spéculation philosophique a perdu beaucoup de sa fécondité. Néanmoins, l'héritage hellénistique est conservé et demeure plus que présent au IIe siècle à cause de situations politiques com-parables : l'individu (le citoyen romain du IIe siècle comme l'hellène du IIIe siècle av. J-C.) est désencadré dans un immense empire où il a peine à se situer, à la quête de son identité dans une politique unifiante et englobante[112]. Il cherche sa voie et un sens moral ; c'est pourquoi les recherches métaphysiques semblent présenter moins d'attrait. L'errance philosophique et l'incertitude croissante s'expliquent aussi suivant Faye[113] par un contre coup du scepticisme ambiant qui a remis en question le dogmatisme des grandes écoles. "(...) C'est aux environs de l'ère chrétienne que tout à coup le scepticisme critique donna toute sa mesure. Cette fois-ci, il se réclame de Pyrrhon". Les sceptiques remettant en cause les résultats établis sur les bases de la raison, celle-ci chancelle : "Quand on désespère de la raison, on tourne facilement au mysticisme (...)". Cette insistance sur l'aspect moral en philosophie au début de notre ère est une conséquence du scepticisme critique qui a orienté l'atmosphère morale et intellectuelle. "Relevons un dernier fait qui ne s'explique que si l'on y voit une répercussion inattendue du scepticisme. Les philosophes presque tous deviennent religieux. Lucien seul fait exception. Numénius et Plutarque associent la philosophie et la religion". Au regard de l'impact du scepticisme sur le monde intellectuel de ce temps, la pensée chrétienne est une espèce de choc en retour contre le scepticisme ambiant.

---

112. Nous ne voulons pas identifier, dans cette analogie, le régime des diadoques à l'impérialisme romain, ni parler pour les Antonins de politique d'assimilation. Les romains étaient respectueux des traditions de chaque province conquise ; le syncrétisme religieux est une preuve du respect des dieux des peuples romanisés et des traditions de chacun. Nous essayons simplement de percevoir la situation de l'individu perdu et désorienté dans un empire embrassant tout le monde antique (du royaume des Séleucides jusqu'aux colonnes d'Hercule).

113. E. DE FAYE, "De l'influence du scepticisme grec sur la pensée chrétienne...", *Actes du congrès d'histoire des religions tenu à Paris en octobre 1923*, II, 1925, pp. 282-289.

Ce qu'on cherche surtout à définir, "c'est l'idéal du sage, le secret du vrai bonheur, dans une éthique morale et pratique plus conforme aux préoccupations des sophistes et de Socrate qu'à celles de Platon et d'Aristote."[114] Justin incarne bien ces dispositions ; au début de son *Dialogue*, il expose sa recherche de la vérité à travers les écoles philosophiques de son temps. Les spéculations métaphysiques, la sécheresse des raisonnements arides et logiques, la quête du savoir pour le savoir, ne l'intéressent pas. Quand le pythagoricien qu'il rencontre (cf. *Dial.* 2:4,5) lui dresse un tableau des disciplines qu'il se doit d'acquérir (géométrie, musique, astronomie), il préfère ne pas perdre son temps à les apprendre, mais poursuivre l'essentiel : rencontrer Dieu. "Cette masse de connaissances paraissait à Justin plutôt un obstacle qu'une aide à la découverte de Dieu qu'il souhaitait atteindre au plus vite" conclut Wartelle[115].

Mais le témoignage de Justin sur les différentes écoles n'est pas toujours représentatif de son temps car il règle ses comptes ou se contente de banalités. Le reproche qu'il adresse au stoïcien est surprenant car leur philosophie a parlé de Dieu avec des accents admirables qui nous parviennent en écho des oeuvres de Cléanthe, Sénèque, Epictète et Marc-Aurèle. Cependant ce jugement de Justin cache peut-être, comme l'a souligné Robillard une déception : "Son expérience du stoïcisme, réelle ou intellectuelle, lui révéla le néant fondamental d'un système (...) que son panache n'empêchait pas d'être désespéré. Il n'avait que faire d'une métaphysique de l'absurde ou de la pure fatalité. Il cherchait le bonheur venu d'un choix libre et non l'histoire des avatars d'un monde roulant aveuglément vers une consommation toujours prochaine."[116] Justin mentionne le péripatéticien (disciple d'Aristote ainsi nommé parce que le maître les enseignait en se promenant [*péripatein*]) pour lui reprocher de réclamer des honoraires. Si cette pratique paraissait scandaleuse, elle n'en demeurait pas moins fort courante déjà du temps de Socrate qui se moquait des sophistes, se faisant payer de 20 à 30 mines pour chaque leçon. Puech[117] affirme que Justin se contente d'écrire des banalités, décochant une flèche satirique contre le manque de désintéressement des philosophes ; il se contente de reprendre l'argument des contradictions contre les différentes sectes.

---

114. A. AYMARD & J. AUBOYER, *L'Orient et la Grèce antique*, Paris, 7e éd. 1985, p. 523.
115. A. WARTELLE, *Saint Justin, apologies (supra*, n. 72), p. 18.
116. ED. ROBILLARD, *Justin, l'itinéraire philosophique*, Paris/Montréal, 1989, p. 47.
117. A. PUECH, *Les apologistes grecs (supra*, n. 24), p. 49 n. 2.

Ensuite, Justin nous dépeint le pythagoricien comme un érudit "gavé" de savoir. Là encore, son image est fort réductrice. Il va sans dire qu'il a été au contact du néo-pythagorisme introduit durant le Ier siècle av. J-C. Mais ce mouvement avait pour devise : suivre Dieu, et par là déjà, il semblait devoir répondre exactement aux exigences de Justin[118]. Le pythagorisme n'était pas une école où l'on se contentait d'engranger les connaissances. Les platoniciens ont beaucoup appris de Pythagore en évoquant la préparation contemplative à la vision d'un Dieu souverainement Beau et Bon. Cette école pratiquait des exercices spirituels et une vraie ascèse faite de privations alimentaires et corporelles (rigueur dans le vêtement : refus de se vêtir de toute matière d'origine animale), de silence mystique, de scènes ésotériques. Robillard suggère que "son refus de Pythagore lui est probablement plutôt dicté par l'expérience qu'il a acquise dans l'Eglise, après sa conversion, des rapports étroits existant entre la gnose hérétique et le pythagorisme. (...) L'attrait de Justin pour le pythagorisme (...) a dû être en fait aussi grand et même plus grand qu'il n'ose le dire, par crainte d'exciter chez ses frères chrétiens une curiosité dangereuse de ce côté..."[119]

Cependant, ce sont les platoniciens qui l'ont le plus marqué et ceux qu'il a rencontré n'étaient pas encore les néo-platoniciens mais les tenants de ce qu'on a appelé le moyen-platonisme. Daniélou écrit : "Le platonisme retrouve son élan original après l'éclectisme de la Nouvelle Académie. Gaïus, Albinus, Atticus, Numénius se remettent à l'étude du platonisme authentique et prépare les voies au néo-platonisme."[120] Le moyen-platonisme a largement marqué la pensée des apologistes mais l'influence des autres écoles n'est-elle pas importante aussi ?[121] Il faut noter qu'au IIe siècle la séparation entre écoles était beaucoup plus floue. Leurs désaccords "demeuraient certes nombreux et graves, mais ils étaient très atténués dans la philosophie populaire. C'est ainsi par exemple que Sénèque cite volontiers des adages d'Epicure."[122] Ainsi l'influence d'une école plutôt qu'une autre sur la pensée des apologistes est-elle à nuancer et il est préférable de dire que Justin a été baigné dans

---

118. Nous nous sommes largement inspirés des commentaires de Ed. Robillard, *Justin, l'itinéraire (supra,* n. 116), p. 45-51 dans les lignes qui suivent.

119. *Id., Ibid.*, p. 51.

120. J. DANIELOU, *L'Eglise des premiers temps (des origines à la fin du IIIe siècle)*, Paris, 1985, p. 103.

121. cf. *infra.*

122. A.D. NOCK, *Christianisme et Hellénisme (supra,* n. 106), p. 125.

le milieu intellectuel du IIe siècle que marqué par les sentences de tel philosophe.

Un des traits généraux de la période selon Bréhier[123], c'est un essor intellectuel arrêté, qui stationne et piétine. La philosophie se rapproche dangereusement de la pure rhétorique. "Un Aélius Aristide (117-177) qui critique passionnément la condamnation de la rhétorique par Platon dans le *Gorgias*, met l'éducation formelle du rhéteur bien au-dessus de celle du philosophe." Le second siècle est dans le monde hellénistique celui de la rhétorique. Aelius Aristide, Dion de Pruse, Hérode Atticus ont développé la prose d'art sous Antonin. Maxime de Tyr est contemporain d'Hadrien. Les rhéteurs impressionnent par leurs brillantes improvisations. Il n'existe pas de curiosité philosophique profonde. On se contente de commenter les oeuvres de Platon et d'Aristote sur lesquelles on se repose comme sur des dogmes. Cet affadissement de la pensée philosophique dans son activité méthodique de l'esprit est contrebalancé par ses préoccupations morales et religieuses qui sont foncièrement les mêmes dans toutes les écoles. Dion Chrysostome (Dion-à-la-bouche-d'or), rhéteur grec (30-117) popularisa les enseignements moraux des philosophes stoïciens. "On cherche à ce moment chez le philosophe un guide, un consolateur, un directeur de conscience. La philosophie est une école de paix et de sérénité. Si elle prétend rester recherche et connaissance de la vérité, c'est à cause de la valeur que cette connaissance a pour la paix de l'âme et son bonheur." Marc-Aurèle n'a pas voulu s'enfermer dans la pure rhétorique avec Fronton mais s'est attaché au stoïcisme pour son *habitus* (mode de vie, manière d'être). Suivant la même démarche, Justin a refusé le savoir facile et les connaissances superficielles, dogmatiques pour chercher le vrai, le profond, l'authentique : il a refusé l'état d'esprit de la culture ambiante pour atteindre le stable, ce qui demeure. Déçu par les différentes écoles philosophiques (à part les platoniciens), il a refusé de se contenter d'une rhétorique facile ; mais comment expliquer son attachement à la sagesse humaine si elle l'a déçu ?

b - Pourquoi Justin a-t-il gardé la philosophie après sa conversion ?

Nous revenons plus en détail à présent sur la conception de la philosophie au IIe siècle de notre ère.[124] Elle est considérée comme une

123. E. BREHIER, *Histoire de la philosophie*, I, Paris, 5e éd. 1989, pp. 367-396.

124. Les arguments développés dans ce paragraphe s'inspirent largement des analyses de A-M. MALINGREY, *"Philosophia", étude d'un groupe de mots (supra*, n. 81), pp. 99-110.

vie et non plus seulement comme un enseignement abstrait où seul importerait l'activité méthodique de l'esprit.

Il nous faut essayer de retrouver ce qu'avait été la situation réelle dans la Rome impériale. Pour ce faire, l'historien doit d'une part comprendre ce qu'ont voulu dire les lettrés par "philosophie" pour saisir l'héritage des apologistes ; d'autre part, apprécier ensuite la légitimité de leur construction, de leur témoignage face à cette activité intellectuelle. Le risque de l'historien est de mettre dans la notion moins que la vérité totale du passé, mais plus ou autre chose. Il est tentant d'attribuer à l'homme d'autrefois l'idée claire et distincte que l'historien a lui-même élaborée, extrapolant les données souvent maigres ou imprécises, de ses documents.

En ce domaine, les témoignages de Dion de Pruse, Musonius, Plutarque et Epictète sont précieux. La philosophie stoïcienne à l'époque impériale devient une sorte de catéchisme moral[125]. "Plutarque nous parle de l'étonnement des gens qui, habitués à entendre les philosophes dans les écoles, avec le même sentiment qu'ils écoutent les tragédiens dans les théâtres, ou les sophistes dans leur chaire, c'est-à-dire en cherchant en eux la seule virtuosité de parole, sont tout surpris que, le cours une fois fini, ils ne déposent pas leurs idées avec leurs cahiers ; et surtout lorsque le philosophe les prend en particulier et les avertit franchement de leurs fautes, ils le trouvent déplacé." A cette époque le mot *philosophia* recouvre essentiellement un art de vivre (*technè peri bion*) réglé sur des valeurs morales déterminées dont l'éloge constitue l'un des thèmes principaux de la littérature. "C'est pourquoi, affirme Malingrey, le verbe *philosophein* a pour équivalent l'expression *kalôs zèn* et c'est pourquoi aussi le titre de *philosophos* postule chez ces auteurs une véritable valeur morale : "Etre bon et être philosophe, c'est la même chose" (Dion de Pruse)"[126]. Nous comprenons déjà facilement l'intérêt que pouvaient trouver les apologistes à reprendre ces notions pour les intégrer dans leur diffusion du christianisme. Les buts sont les mêmes mais les moyens pour y parvenir diffèrent du tout au tout : cet engagement à poursuivre la perfection et à se détourner de ce qui est honteux et vil en vivant près de Dieu. La différence entre la rhétorique comme exercice de style et la vraie philosophie comme pratique de la vertu est nette ici. Cette dernière est une fidèle égérie dans tous les domaines pratiques de la vie : concernant le mariage, la vie politique, le droit de la cité...

---

125. E. BREHIER, *Histoire de la philosophie (supra,* n. 123), pp. 370-373.
126. A-M. MALINGREY, *"Philosophia", étude d'un groupe de mots (supra,* n. 81), p. 100.

"En même temps, le souci prédominant de l'efficacité immédiate entraîne une sorte de désintérêt pour la spéculation. Alors que Platon avait su établir et maintenir un lien étroit entre ses options métaphysiques et leur retentissement dans l'action, les hommes des premiers siècles mettent l'accent sur les conséquences d'une vie morale qui doit conduire au bonheur."[127] De fait, la philosophie ne doit plus être l'apanage d'une élite intellectuelle mais un devoir pour quiconque, dans la mesure où l'homme est fait pour la vertu. Nous rejoignons indirectement les intentions évangéliques qui s'adressent à tout le monde (cf Jn. 3:16) et doivent préoccuper même ceux qui ne s'en inquiètent pas. Mais là s'arrête l'analogie car la philosophie promeut une morale et un bien-vivre qui se limite à l'existence terrestre alors que le christianisme veut faire rencontrer une personne (Jésus-Christ) pour bien vivre *hic et nunc* mais aussi dans l'éternité.

Le *philosophos* a le rôle d'un directeur de conscience, d'un guide, d'un maître, d'un médecin. Il était tentant de rapprocher pour les apologistes cette conception de celle du bon berger des Evangiles[128]. Le personnage de Socrate est présenté comme le modèle idéal du philosophe parce qu'il était tout à tous : "Rien ne l'empêchait de philosopher ni d'engager à la vertu ceux qu'il rencontrait ; il n'apportait pas ses propres sujets de réflexion, ni ce qui était l'objet de sa méditation, mais il utilisait toujours ce qui se présentait et il l'orientait dans la philosophie (Dion de Pruse)."[129] Jésus est le bon berger et le rapprochement entre ces deux personnages est fructueux : nous aurons l'occasion de revenir sur cette étude comparative[130]. La philosophie n'est donc pas le privilège des petits cercles de Rome mais elle veut s'élever, fortifier les âmes, gagner la masse, et dans la morale ou au-delà elle cherche Dieu. Dans ce contexte, la philosophie est une conception de la vie et il y a autant de philosophies qu'il existe de philosophes. Chacun fait son choix parmi les multiples doctrines alors en honneur, et on se constitue un ensemble d'opinions empruntant aux différentes écoles. Il faut rappeler qu' au IIe siècle, la séparation des différents mouvements est pure théorie car l'activité intense de la philosophie gagnant la masse et devenant populaire implique aussi une grande confusion résultant de la pénétration des doctrines entre elles : "l'éclectisme est à la mode." C'est pourquoi on entend Tryphon dire à Justin : "Quelle est *ta*

127. *Id.*, *Ibid.*, p. 102.
128. Jn. 10:1-21.
129. A-M. MALINGREY, *"Philosophia", étude d'un groupe de mots (supra*, n. 81), p. 104.
130. Cf. *infra*.

philosophie ?"[131] C'est dans cette atmosphère de liberté et de confusion que les apologistes se sont servis des notions de philosophie pour présenter le christianisme aux païens.

On pourrait leur rétorquer qu'ils mélangent des notions antinomiques : la philosophie est libre recherche, et le christianisme, révélation. "Mais au IIe siècle, la philosophie, platonisme ou stoïcisme, tendait en quelque mesure vers la religion. Il était désirable que la religion supérieure, qui allait triompher de toutes les autres, se rapprochât de la philosophie."[132] Les raisons sont donc nombreuses pour Justin de conserver la profession de philosophe, même devenu chrétien, et nous en distinguons trois majeures pour notre thème.

* Tout d'abord, Justin est respectueux de la sagesse humaine. Wartelle nous dit que c'est un "homme droit croyant fermement au Christ sans trouver aucune raison de renoncer pour cela au bienfait de la philosophie, et cherchant un moyen d'harmoniser sa foi avec sa raison."[133] C'est le platonisme qui l'a conduit au christianisme (cf. *app.*12,13) et ne reniant rien de bon de ce qu'il a trouvé ailleurs en devenant chrétien, il entend bien rester un praticien de la philosophie.

* Ensuite, Justin entend utiliser la philosophie comme méthode d'investigation. Les chrétiens ne pouvaient plus se passer des règles de logique, des procédés d'argumentation et de démonstration dont la philosophie grecque avait donné la théorie. Ils n'avaient aucune chance d'être écoutés en pays grec et latin s'ils ne commençaient par s'y soumettre. Ils trouvaient donc dans la logique philosophique et la culture littéraire profane un instrument indispensable à l'apologétique pour diffuser et faire comprendre le christianisme. Les apologistes vont même jusqu'à attaquer leurs adversaires sur le terrain de la raison en montrant que ce sont ces derniers qui l'offensent et qu'au contraire ce sont eux qui la représentent[134]. Cette position implique une interprétation remarquable de la continuité entre le christianisme et l'hellénisme. Les chrétiens n'ont pas importé une vérité de plus au panthéon des idées grecques mais Jésus leur a révélé la vérité unique dont les barbares, les Juifs et les grecs n'avaient qu'une révélation partielle par le *Logos* (c'est ce que pense Justin).

* Enfin, la troisième raison relève de considérations plus ecclésiales. En cherchant d'une part à concilier le christianisme et l'hellénisme, les

---

131. *Dial.* 1:6.
132. A. PUECH, *Histoire de la littérature grecque chrétienne,* II, Paris, 1928, p. 232.
133. A. WARTELLE, *Saint Justin, apologies (supra,* n. 72), p. 41.
134. Idées développées par J. DANIELOU, *L'Eglise des premiers temps (supra,* n. 120), p. 102 sq.

apologistes luttent contre l'idée commune selon laquelle les chrétiens fuient le monde et leurs responsabilités en vivant pour le céleste. Ils rappellent que les chrétiens, s'ils ne sont pas *du* monde, vivent *dans* le monde. D'autre part, le christianisme est méprisé par les gnostiques et les païens, le considérant comme "religion du vulgaire, des illettrés et des femmelettes, indigne de séduire l'élite cultivé et pensante"[135](sic). De leur côté, les chrétiens, craignant l'extrémisme des gnostiques, jettent le discrédit sur toute démarche intellectuelle, tout recours à la raison, et tout effort pour approfondir le message chrétien leur apparaît comme une trahison. Sous couleur de simplicité évangélique, ce "courant obscurantiste", comme l'appelle Simon[136], fait le jeu des adversaires. Dans ce cadre, les apologistes tendent à montrer que le christianisme n'est pas une superstition mais fait partie des formes les plus hautes de la pensée religieuse car elle s'appuie sur la raison. Cette religion n'est pas assimilable aux *superstitiones* venues de l'Orient. Elle n'avait rien à voir avec l'émergence du surnaturel et le triomphe de l'irrationnel exercé dans les rites isiaques, chez les sectateurs de Mithra ou les dévots de Cybèle.

Mais la position des apologistes induit des dangers à tous les niveaux. Ces dangers que nous évaluons au nombre de quatre ont été risqués et ils constituent dans l'apologétique ce que nous avons appelé des enjeux.

En premier lieu, l'équilibre est instable et il est facile de glisser dans le rationalisme. Ce qui frappe lorsqu'on aborde les oeuvres de Justin, c'est l'amour de l'apologiste pour la philosophie. Dans les *apologies*, il présente la foi chrétienne en accentuant l'appel à la raison. "Nous y voyons comment un homme d'un esprit ouvert et d'une bonne culture pouvait, au IIe siècle, exposer les fondements de la foi dans un langage qui fût en accord avec les habitudes de la pensée philosophique courante."[137] Il a une si belle confiance dans la valeur de la raison qu'il la croit capable de faire la preuve de la vérité chrétienne. Devons-nous penser, à l'instar de Joly, que les apologistes étaient rationalistes ? D'aucuns ont été tentés de les prendre pour des rationalistes, les voyant insister au cours de leur argumentation apologétique sur le caractère absolument rationnel du christianisme. Chez Justin, nous montrerons que dans ce rapprochement de la philosophie et du christianisme, la philosophie a été subordonnée au christianisme. "La préoccupation

---

135. M. SIMON, *La civilisation de l'antiquité et le christianisme*, Paris, 1972, p. 191.

136. *Id., Ibid.*

137. A. WARTELLE, *Saint Justin, apologies (supra,* n. 72), p. 42.

excessive de la misère morale de l'homme, l'horreur de la chair ont conduit Tatien à l'hérésie, tandis que Justin a su toujours - nous espérons le montrer - subordonner à la foi chrétienne ce qu'il empruntait à la philosophie."[138] La foi de Justin préserve sa raison de virer dans le gnosticisme et sa ferme croyance le garde de rester dans le domaine de la pure spéculation quand les discussions l'y entraînent. Mais de quelles manières se conciliaient chez lui la raison et la foi ? L'enjeu de cette conciliation pouvait aboutir à une invasion de la philosophie grecque dans la pensée chrétienne. C'est ce qui définit, selon Bréhier[139] le gnosticisme, qui est une "aberration de l'intelligence" d'après Rops[140]. Il conduit à un abus de la recherche et de la spéculation appliquée aux mystères de Dieu. Les gnostiques échafaudent un système, infiniment complexe, d'explication du monde, de la vie et de Dieu. Les marcionites se servaient à l'excès de la raison. L'un des leurs, Apelle, composa un traité portant le titre de *Syllogismes* et dans lequel il employait les procédés les plus subtils de la méthode dialectique pour démontrer la fausseté de tout ce qu'a écrit Moïse. Les élèves d'Apelle devaient être des logiciens de première force mais c'est l'usage de cette méthode dans un champ d'étude qui n'en relève pas qui est condamnable et qui fait d'eux des gnostiques[141]. Jusqu'à quel point l'intelligence peut-elle rejoindre l'adoration, où la réflexion se mêle intimement à la foi ?

Le deuxième danger représente l'influence devenant contamination et assimilation. Marrou écrit à propos de la rivalité entre rhéteurs et philosophes : "L'opposition crée entre les deux écoles rivales une tension créatrice, un échange réciproque d'influences ; comme il arrive toujours au cours d'une lutte prolongée, les deux adversaires finissent par déteindre beaucoup l'un sur l'autre."[142] Nous pouvons reprendre cette remarque pertinente à notre compte dans le conflit opposant les apologistes et leurs adversaires (païens et gnostiques). Nock expose l'effort déployé par les apologistes pour présenter le christianisme sous l'aspect de quelque philosophie grecque bien raisonnable, comme une tentative de compromis qui "échouait face à l'intense foi personnelle du plus grand nombre"[143]. Il assimile Justin et ses coreligionnaires à des gens qui ont dénaturé la foi en tentant un exposé rationnel. Lebreton parle de la philosophie des apologistes comme d'une "philosophie

---

138. A. PUECH, *Histoire de la littérature grecque chrétienne,* II, Paris, 1928, p. 181.
139. E. BREHIER, *Histoire de la philosophie (supra,* n. 123), p. 442.
140. D. ROPS, *L'église des apôtres et des martyrs,* Paris, 1971, p. 352.
141. G. BARDY, "Les écoles romaines au second siècle", *RHE* 28, 1932, pp. 513-517.
142. H-I. MARROU, *Histoire de l'éducation,* Paris (1ère édition 1948), 1981, I, pp. 313,314.
143. A.D. NOCK, *Christianisme et Hellénisme (supra,* n. 106), p. 135.

parfois trop complaisante"[144]. En est-il ainsi pour Justin ? Les conceptions théologiques très répandues dans la philosophie hellénique et dans le judaïsme, offrent aux apologistes des arguments, mais en même temps leur créent un péril. Cette contamination était moins dangereuse pour Justin qui avait pour le stoïcisme peu de sympathie. Mais le platonisme avait quelque temps dominé sa pensée et continue à l'attirer ; cet attrait sera pour lui un danger nous le verrons ; il s'en défendra cependant et maintiendra sur les points essentiels, l'indépendance de sa pensée religieuse.

Le troisième enjeu résulte de la méfiance de l'Eglise face à l'apostolat des apologistes. En effet, les fidèles de la communauté sont parfois réservés par rapport à ces laïcs convertis qui enseignent sans l'aval du conseil des responsables de leur assemblée locale et qui de ce fait ont un statut très semblable aux gnostiques ayant ouvert eux-aussi des écoles sous leur propre responsabilité. Ainsi, Bardy[145] oppose raison et foi sous couvert d'implicite en affirmant qu'à des écoles rivales et multiples groupant souvent des esprits curieux de philosophie, s'oppose "l'Eglise unique, gardienne de la foi". Plus loin, il écrit : "Peut-être d'ailleurs, les évêques n'étaient-ils pas portés à regarder d'un oeil très favorable ces écoles où la philosophie risquait de compromettre la pureté de la foi : ils ne les condamnaient pas, mais ils ne les favorisaient pas non plus. Leur attitude changera au début du troisième siècle, lorsqu'ils soumettront définitivement les didascales à leur autorité, et que l'école deviendra une institution officielle"[146]. Notons qu'à la fin du second siècle et au début du troisième, le nom d'école est souvent employé avec un sens péjoratif, pour désigner une communauté séparée : c'est un terme de mépris. Il est possible que Justin ait dû souffrir de la méfiance de certains fidèles durant son premier séjour à Rome car pendant le second d'après les *Actes du martyre*[147], il ne connaissait pas d'autres endroits de réunion que son école. En tous les cas, s'il n'en a pas été affecté, cette circonstance sociologique l'a poussé à réfléchir au rapport de la raison et de la foi.

Enfin, il est évident que les apologistes ont été en butte aux réactions des païens[148] : Crescens a constitué pour Justin un réel danger car la délation était courante à cette époque. Crescens était un fidèle représentant du Cynisme : il endosse son nom de "chien" (*cuôn*) avec

144. FLICHE & MARTIN, *Histoire de l'Eglise*, t. I, p. 463.
145. G. BARDY, "Les écoles romaines..." (*supra*, n. 141), p. 512.
146. *Id.*, *Ibid.*, p. 530.
147. *Actes* 3:3.
148. Nous renvoyons au livre de P. DE LABRIOLLE, *La réaction païenne*, Paris, 1942, pp. 12-108.

fierté et arrogance, aboyant sur Justin avec hargne et férocité. Il ne devait pas rompre avec la tradition cynique : philosophe clochard à la barbe et aux cheveux longs, manteau court, bernant les badauds aux carrefours, improvisant des diatribes qui sont la spécialité des Cyniques. Il se moque de tout et bien sûr des chrétiens. Nous savons par Tatien que Crescens recevait une pension de l'empereur : "Vos philosophes (...) reçoivent de l'empereur 600 pièces d'or par an, sans utilité"[149]. Le contenu de la controverse entre Crescens et Justin ne nous est pas malheureusement pas connu mais nous pouvons penser que certains thèmes récurrents étaient : le problème de la résurrection, amener des hommes à la vertu par la "crainte (du châtiment) et non par l'amour du beau"[150]. Toutefois, le colloque entre ces deux philosophes ne reposaient pas que sur des arguments : en engageant certains débats contradictoires, Crescens perdait pied car ses attaques reposaient davantage sur des rumeurs et des intrigues assez perfides. Au point que selon Minucius Félix dans son *Octavius*, "les philosophes rougissent ou ont peur d'entrer en conversation publique avec les intellectuels chrétiens ; audire nos publice aut erubescetis aut timetis (*Oct.* 31:6)"[151].

c - Philosophie et religion.

A ce point de notre réflexion, il nous faut répondre que Justin cherche à exprimer philosophiquement sa foi pour en présenter une démonstration rationnelle. Mais il n'est pas novateur en ce domaine et Quadratus comme Aristide et Ariston non plus. Pour bien comprendre l'attitude des apologistes, il faut se rappeler tout d'abord ce qui s'était déjà passé à Alexandrie, lorsque le judaïsme s'était rencontré avec l'hellénisme. Philon (-20;40), contemporain de Jésus, Juif de la *Diaspora* alexandrine, avait consciemment utilisé la culture grecque pour la mettre au service de sa foi. Quand nous ouvrons les oeuvres de Philon, nous constatons que ce que les apologistes avaient souhaité y est pleinement réalisé. Il est profondément croyant et il trouve dans la révélation la source de ses croyances, mais il en retrouve les éléments dispersés dans les doctrines des grecs. Il n'entreprend jamais un projet systémique sous forme de traité théologique mais il se contente d'un commentaire des textes sacrés à la lumière des concepts philosophiques de la culture grecque : il transpose toutes les données de la Bible dans la langue du stoïcisme ou du platonisme, "il en traduit les idées comme les

---

149. *Discours aux Grecs*, §19.
150. *app.* 9:1.
151. P. DE LABRIOLLE, *La réaction païenne (supra,* n. 148), p. 65.

Septante en ont traduit les mots" selon la comparaison de Puech. Ce dernier affirme : "par la connaissance étendue et exacte qu'il a des systèmes, par le large et libre usage qu'il en fait, Philon est très supérieur aux apologistes de l'époque antonine ; il est au niveau qu'atteindront seulement parmi les chrétiens, les hommes de la génération suivante, les docteurs de l'école d'Alexandrie"[152].

Cependant, il n'est pas sûr que Justin opère le même traitement dans l'usage qu'il fait de la philosophie grecque : il ne réalise pas un commentaire philosophique de la Bible. Néanmoins, deux thèmes de la pensée philonienne[153] sont repris par lui : sa méthode d'explication scripturaire reposant sur l'allégorie, et sa doctrine du *Logos*.

Plus qu'une conciliation entre deux cultures, Justin voit dans le christianisme une philosophie et une religion. Pour reprendre les propos de Nock[154], le christianisme trouve un équilibre entre l'instinct intellectuel et l'instinct religieux des hommes, il répond aux aspirations de l'homme dans sa personnalité tout entière. Justin, s'il a connu les oeuvres de Philon, n'a pas fait de plagiat. De plus, celui ci est Juif alors que l'autre est chrétien. C'est pourquoi Justin engage aussi toute une polémique contre le judaïsme qui est un des traits marquants de son apologétique puisqu'il y consacre un long *Dialogue*. Justin avait eu vraisemblablement un entretien de deux jours vers 135 à Ephèse avec le didascale fameux qu'était le rabbi Tarphon du temps d'Akiba selon Eusèbe. Il importe peu de savoir ici si ce *Dialogue* est pure fiction ou s'il rapporte plus ou moins fidèlement une réalité vécue ; ce qui est clair, c'est que Justin résume ici tous les problèmes de vie religieuse débattus entre Juifs hellénistes et chrétiens du deuxième siècle.

Le style du dialogue était un genre littéraire fort en honneur dans l'antiquité. Robillard pense que la méthode de discussion est celle de l'exégèse rabbinique. Cette hypothèse n'est pas impossible mais ce n'est pas parce que ces analogies sont notables que nous devons en déduire *ex abrupto* que Justin s'en est inspiré. Là encore, effet et cause sont à distinguer. Nous pensons que l'apologiste était plus au courant du genre littéraire des dialogues de Platon que de l'exégèse rabbinique de par sa formation intellectuelle à travers les différentes écoles philosophiques. Mais il est probable aussi qu'il ait été en contact avec les synagogues à Naplouse pendant son adolescence alors qu'il était encore inconverti. Néanmoins, l'influence décisive est sans conteste celle des philosophes

---

152. A. PUECH, *Les apologistes grecs (supra*, n. 24), p. 286.
153. D. ROPS, *L'église des apôtres (supra*, n. 140), pp. 341,342.
154. A.D. NOCK, *Christianisme et Hellénisme (supra*, n. 106), p. 129.

grecs. Sa méthode d'exposition est simple : il procède comme toujours par demandes et par réponses. Ayant affaire à des Juifs, il s'appuie surtout sur le témoignage des livres saints. Le caractère unique de la prophétie est encore plus vigoureusement marqué dans le *Dialogue* que dans l'*Apologie* ; il discute les diverses interprétations que l'on peut donner des prophéties ; il critique la méthode des maîtres juifs ; parfois même, il examine les diverses leçons des manuscrits et y dénonce à l'occasion des suppressions arbitraires ou des interpolations suspectes ; tour à tour il appelle à son aide la critique textuelle, la philologie, l'exégèse, la philosophie ou l'histoire. L'explication allégorique est une méthode très prisée par les Juifs (cf. Philon) mais aussi par la philosophie l'appliquant déjà à la mythologie populaire.

En fait, le judaïsme est un adversaire différent du paganisme et du gnosticisme. En effet, il faut maintenir le lien avec lui car le Dieu juif est le même que celui des chrétiens. Mais il fallait aussi montrer son insuffisance et prouver qu'il ne devait représenter qu'un moment du développement religieux de l'humanité et qu'il devait céder la place au christianisme. Cette idée est très présente à la fin du *Dialogue* quand Justin dit au moment où ils se quittent : "la meilleure prière que je puisse faire pour vous, amis, c'est de demander que vous reconnaissiez que le bonheur est donné à tout homme par cette voie, et que vous en veniez vous aussi à croire comme nous que Jésus est le Christ de Dieu." (*Dial.* 142:3). Nous le voyons là encore (cf. aussi *Dial.* 133:1), le christianisme est défendu devant le judaïsme dans le but d' annoncer l'évangile.

Le christianisme n'était pas simplement une religion mais une vérité intelligible au jugement critique de la raison. Cette opinion de Justin est nuancée par Irénée qui ajoute que, "tout en étant rationnel, le christianisme ne sera jamais une simple philosophie car il repose bien plutôt sur la Révélation et sur la tradition sainte"[155]. L'équilibre à tenir dans le christianisme entre les aspects de révélation et de rationalité relance le débat raison et foi et tout l'enjeu de notre recherche est de discerner la façon dont s'exprime Justin en présentant la foi et la morale chrétienne. Justin entend montrer la convenance du christianisme aux exigences de l'esprit humain et son harmonie avec la raison. Il lui reconnaît donc une valeur et discerne dans la philosophie quelques vérités. Comment a-t-il expliqué cet accord ? Quelle attitude a-t-il prise vis-à-vis de la raison humaine et de la philosophie ? De quelle manière

155. H. VON CAMPENHAUSEN, *Les Pères grecs*, Paris, 1963, p. 38.

Justin revendique-t-il la philosophie comme héritage du christianisme dans son expression ?

Godet dit : "Le trait caractéristique de Justin est de servir d'intermédiaire entre la pensée chrétienne et les spéculations régnant à son époque en dehors du christianisme"[156]. Cette appréciation prend mieux en compte - nous nous attacherons à le montrer dans notre étude - la spécificité de Justin alors que Lebreton juge en bloc les apologistes en affirmant que le christianisme est chez eux diminué parce qu'ils sont trop portés à le présenter comme la religion naturelle. Il conclut hâtivement : "entre le rationalisme et la foi d'autorité, ils essaient de conclure une alliance nécessairement boiteuse"[157]. Lebreton ne distingue pas les apologistes entre eux : distinction nécessaire car ce genre littéraire regroupe des auteurs très différents ; nous l'avons souligné dans notre typologie. Devons-nous nous ranger aux antipodes de Lebreton avec Winden en clamant haut et fort que Justin prend nettement position contre la philosophie ?[158]

Wartelle exagère-t-il en écrivant que Justin a une confiance "si grande dans la raison - aussi grande peut-être qu'Augustin ou que Thomas d'Aquin - qu'il la croit capable d'apporter la démonstration de la vérité chrétienne"[159] ? Quelles traces de son commerce avec la philosophie ses théories dénotent-elles ?

Tous les apologistes ont reçu une culture suffisante pour connaître les principaux philosophes qui ont illustré la pensée grecque, et il serait intéressant de se pencher sur leurs rapports avec la *paideia*[160]. Ont-ils eu recours à des anthologies ou des recueils de citations pour découvrir les philosophes ou ont-ils étudié les oeuvres directement ? Se sont-ils contentés de manuels scolaires, engrangeant ainsi une connaissance superficielle ? L'expression, le langage des apologistes montre de façon éloquente qu'il est celui précisément de la *paideia*. L'emploi qu'ils font de la philosophie est très proche de l'utilisation qu'en faisaient leurs contemporains mais devons-nous penser avec Malingrey "qu'ils y ajoutent parfois des tonalités affectives qui devaient acheminer ce mot dans la suite, vers un changement de sens"[161] ?

---

156. F. GODET, *commentaire sur l'évangile de Saint Jean*, I, Neuchâtel, 1ère éd. 1902 (5e éd. 1970), p. 221.

157. J. LEBRETON, "chronique d'histoire des origines chrétiennes", *RSR* 13, 1923, p. 356.

158. J.C.M.VAN WINDEN, "Le christianisme et la philosophie", *Mélanges Johannes QUASTEN in Kyriakon Festschrift J. Quasten*, Munster, I, p. 206.

159. A. WARTELLE, *Saint Justin, apologies (supra*, n. 72), p. 43, n. 53.

160. La *paidéia* désigne l'éducation, l'instruction, la culture de l'esprit et les connaissances particulières dans la Grèce antique.

161. *"Philosophia", étude d'un groupe de mots (supra*, n. 81*)*, p. 108.

Remarque :

Nous n'étudions pas Justin en tant que théologien mais comme un philosophe. Théologie étymologiquement veut dire "parler de Dieu" (*théon legein*). En ce sens, les stoïciens, les platoniciens, les pythagoriciens étaient des théologiens car ils réfléchissaient sur le sacré et le divin dans la perspective de rencontrer et de voir Dieu ou les dieux. Mais très vite dans l'histoire des mentalités, dès le moyen âge (et même peut-être dès le Ve siècle), la théologie s'est constituée comme discipline autonome en volant ses prérogatives à la philosophie. C'est pourquoi, cette acception est restée aujourd'hui et le sens commun a tendance à définir la *théologie* comme un exposé doctrinal et dogmatique parlant de Dieu dans l'absolu plutôt que des rapports vivants de Dieu avec l'homme[162], et la *philosophie* comme une démarche spéculative et abstraite parlant de l'homme dans l'absolu plutôt que des rapports de l'homme avec Dieu[163]. Et c'est malheureusement souvent d'après de tels critères qu'on examine Justin alors que le contexte et les notions utilisées avaient une toute autre dimension. Justin n'est pas théologien, il est philosophe. Il concevait cette dernière non comme une théorie ou une spéculation déssèchante sur le christianisme mais une morale conciliant raison et foi en faisant acte de réflexion. Un grand problème qui le tourmentait était le rapport de la révélation et l'usage des facultés intellectuelles.

Mais sa pensée ne s'exprime pas en une théologie complète, elle ne se formule pas dans une perspective systémique mais chemine dans la connaissance. Justin rentre dans le cadre d'une pensée se déroulant. Il n'écrit pas parce qu'il a les réponses toutes faites mais pour poser le problème et tendre à une formulation explicite de la question pour diriger le lecteur dans une voie, c'est à dire dans un chemin. Sa recherche ne se fonde pas sur une ontologie heideggerienne : la Bible lui apporte les réponses essentielles aux questions de l'existence, de la morale et de la connaissance[164]. Elle se déploie davantage dans une dimension apologétique.

---

162. Nous pensons entre autres au courant bultmannien avec la théologie moderne.

163. Nous pensons entre autres à la philosophie existentialiste athée avec Jaspers, Sartre et Heidegger ainsi qu'au courant anglo-saxon de Ludwig Wittgenstein.

164. Ces trois domaines constituent les axes de la philosophie : métaphysique, éthique, épistémologie. On peut les formuler sous forme d'un questionnement avec E. Kant : que m'est-il permis d'espérer ? Que dois-je faire ? Que puis-je savoir ? La recherche philosophique de Justin et de tout croyant n'est pas heideggerienne (pourquoi y a-t-il de l'étant plutôt que Rien ?) mais apologétique : comment la Bible répond-elle aux questions des philosophes ?

Mais un deuxième problème se noue à cause de la dichotomie philosophie/théologie. On a trop souvent tendance à présenter Justin comme un agent efficace de la formation d'une théologie et on le compare facilement à Clément, Tertullien, Origène, Augustin - en faisant remarquer que sa culture est bien moins large que celle de ses successeurs (sic!). Mais l'intention de Justin est aux antipodes de celle de ces théologiens qui voulaient présenter un exposé cohérent de la doctrine chrétienne. Du reste, Lagrange, dominicain, écrit lui-même au début du siècle : "Ses convictions sont celles de tous les autres chrétiens, disciples des Apôtres, membres de la même Eglise. Pas un seul instant il n'aura l'illusion, caressée par Origène, de faire pénétrer dans la doctrine de cette Eglise quelques dogmes de Platon. Mais il a fait tout d'abord profession de philosophie. C'est pour lui un titre de noblesse. Il ne voit pas que le nom de chrétien soit incompatible avec celui de philosophe"[165]. D'aucuns pensent que Justin est un précurseur de l'école d'Alexandrie en essayant de créer un système doctrinal prémisses d'une théologie[166]. Cette vue relève d'une analyse téléologique qui cherche des précurseurs de l'école d'Alexandrie. On avance à reculons dans le passé au lieu de considérer le contexte du deuxième siècle. Le IIe siècle devient un prétexte et un outil d'explication pour le IIIe siècle, au lieu de l'envisager pour lui-même. Ainsi les apologistes sont les devanciers de l'école d'Alexandrie, ils ont ouvert la voie à la théologie, restant malhabiles et superficiels dans leur culture. Mais qui nous dit qu'ils voulaient dogmatiser ?

Irénée, Clément, Origène ont étudié les apologistes dans ce que ceux-ci pouvaient leur apporter pour édifier la théologie mais cela ne veut pas dire que les apologistes avaient pour but d'en édifier une. On lit les apologistes à travers et par les théologiens comme on lit plus souvent Epicure à travers Lucrèce, et Heidegger à travers Sartre alors que leurs intentions et leurs mobiles étaient différents et on tord ainsi le sens de leurs oeuvres.

2 - Justin et la Bible.

a - Autorité de l'Ecriture.

Son principal instrument de travail dans la constitution de son apologétique est la Bible. Pour démontrer la vérité de la religion

165. M.-J. LAGRANGE, *Saint Justin, Philosophe et martyr*, Paris 3e éd. 1914, p. 21.
166. Cf. A. PUECH, *Histoire de la littérature (supra*, n. 29), p. 134; *idem, Les apologistes grecs (supra*, n. 24), p. 52; G. BARDY, "Les écoles romaines..." *(supra*, n. 141), p. 531.

chrétienne, l'essentiel de son argumentation repose sur l'Ecriture, dont l'autorité est fondée à la fois sur son inspiration divine et sur la réalisation des prophéties. "c'est ici ce qui a été dit par le prophète" constitue la vérité centrale sur laquelle Justin élabore toute sa démonstration concernant Jésus. En cela, il se fait l'écho de Pierre (cf. Ac. 2:16) dans le type d'exégèse de l'accomplissement, et s'intègre dans la tradition judaïque. "C'est un principe constant de l'exégèse rabbinique de l'Ancien Testament, déclare Dodd que ce que les prophètes prédisaient avait rapport "aux jours du Messie" c'est-à-dire au temps espéré où Dieu, après de longs siècles d'attente, visiterait son peuple avec un jugement et une bénédiction portant ainsi à leur plénitude ses relations avec lui dans l'histoire"[167]. Cette manière de procéder se retrouve aussi chez Paul en Ac. 26:23. Green écrit à ce sujet : "cette façon de plaider la cause chrétienne à partir des écritures était si répandue qu'il serait raisonnable d'en attribuer l'origine à Jésus en personne, sans même qu'il soit besoin de recourir aux déclarations explicites de Luc 24:25,44"[168]. Le passage de Gen. 49:9,10,11 est souvent cité par les apologistes et il ne revient pas moins de quatre fois sous le calame de Justin : *ap.* 32:1 ; 54:5 ; *Dial.* 52:2,4 ; 54:1 ; 120:3. Ainsi la venue du Messie est annoncée et Jésus-Christ prêché par les chrétiens. La crucifixion étant pour les Juifs une pierre d'achoppement[169], Justin s'attache à montrer par le recours à l'allégorie[170] que loin d'être un signe de défaillance, la croix est la suprême manifestation de la puissance divine dans la vie de Jésus. Il illustre cette puissance de la croix au moyen d'une singulière exégèse allégorique de la bataille de Josué contre Amalek où Moïse priait Dieu, les bras levés au ciel[171]. Ces différentes figures de la Croix sont développées par Fédou : le signe du serpent d'airain, l'Arche de Noé, le bâton de Moïse, les cornes, le cordeau écarlate[172]... Le passage d'*ap.* 43-53 constitue une longue digression dans laquelle Justin rapporte les prophéties au sujet de Jésus, comme des faits déjà accomplis, ce qui n'implique pas la négation de la liberté. Justin insiste largement sur le Psm. 21 qui raconte les affres du juste persécuté. En *Dial.* 98:2-5, il reproduit la

---

167. C.H. DODD, *La Prédication apostolique* (trad.fr. G. Passelecq), Paris, 1964, p. 22 cité par M. GREEN, *L'évangélisation dans l'Eglise primitive (supra*, n. 94), p. 88 note 16.
168. M. GREEN, *L'évangélisation (supra*, n. 94), p. 92.
169. *Id., Ibid.*, pp. 105-109.
170. Ce recours à l'allégorie est déjà courant dans le Nouveau Testament ; Paul le dit lui-même en faisant d'Agar et Sara une allégorie des deux alliances : cf. Ga. 4:21-31.
171. *Dial.* 90.
172. M. FEDOU, "La vision de la Croix dans l'oeuvre de saint Justin", *Recherches Augustiniennes*, 19, 1984, pp. 37-47.

totalité du Psaume jusqu'au verset 24[173]. L'argumentation de Justin contre Tryphon s'appuie essentiellement sur le rouleau d'Esaïe (Es. 51-53) pour décrire le serviteur souffrant[174].

Cependant, il est à noter qu'il a connu assez tard les Ecritures, ayant traversé toutes les écoles et pensé quelque temps que le platonisme donnerait satisfaction aux besoins de son âme ardente. Cela n'empêche que son oeuvre est remplie de citations bibliques empruntant aux différents livres. Nous renvoyons à titre indicatif à l'index scripturaire dressé par Wartelle[175]. Mais sur quelle version Justin travaillait-il ?

b - Textes de l'Ecriture utilisés pour l'Ancien Testament[176]

Justin cite abondamment l'Ancien Testament qu'il désigne d'ordinaire par le terme *graphai*, "les Ecritures". Helléniste, il a lu la Bible dans le texte de la Septante, mais quelle version a-t-il consultée ?

D'après la *lettre d'Aristée,* la première version grecque aurait été composée par soixante-dix ou soixante-douze Juifs d'Egypte sur l'ordre de Ptolémée-Philadelphe à Alexandrie dans l'île de Pharos[177]. Cette version serait la plus ancienne de toutes (283 ou 282 av. J.-C.). En fait, cette désignation regroupe un ensemble de traductions d'époques diverses. "Il est évident par exemple que la Septante de l'Ecclésiaste est de plusieurs siècles plus jeune que celle de la Genèse. On ne peut donc parler d'histoire de la Septante comme d'un unique problème"[178]. Justin raconte l'origine de la traduction des Septante (*ap.* 31:2-5) et son témoignage semble dépendre de la *lettre d'Aristée* à l'exclusion des traits légendaires qui s'y rattachent. Cependant, il commet un anachronisme inquiétant en prétendant que Ptolémée, roi d'Egypte (285-246 av. J.-C.) organisateur de la bibliothèque d'Alexandrie, demanda à Hérode qui régnait en Judée de lui envoyer les livres des prophètes. Hérode le grand a régné de 40 à 4 av. J.-C. ; son fils Hérode Antipas a régné de 4 av. J.-C. à 39 après J.-C. : erreur historique de Justin ou erreur de copiste ?

Justin ne déclare pas que les soixante-dix vieillards ont été inspirés, mais il leur fait confiance bien plutôt qu'aux didascales juifs qui

---

173. *Id., Ibid.*, pp. 55-63.

174. *Id., Ibid.*, pp. 48-55.

175. A. WARTELLE, *Justin, Apologies*, Paris, 1987, pp. 321,322,323.

176. Sur les problèmes de la Septante, nous renvoyons au livre intéressant de M. HARL & G. DORIVAL & O. MUNNICH, *La Bible grecque des Septante*, Paris, 1988.

177. Ces 72 vieillards auraient été isolés deux par deux selon la légende pour éviter toute communication et ils auraient remis au bout de 72 jours des traductions parfaitement concordantes.

178. D. BARTHELEMY O.P., *Les devanciers d'Aquila*, Leyde, 1963, p. IX.

essaient de faire eux-mêmes leurs traductions (*Dial.* 71:1). Il va jusqu'à penser que les Juifs ont supprimé entièrement de la traduction faite par les vieillards de Ptolémée beaucoup d'Ecritures qui annoncaient trop clairement le Christ (*Dial.*71:2). Parmi ces passages retranchés, nous trouvons un fragment d'Esdras (*Dial.*72:1), et un extrait de Jérémie (*Dial.*72:4). Il accuse les Juifs d'avoir supprimé certains mots du Psm.95 (*Dial.*73:1). Enfin, il prétend que le verset de Jé.11:19 a disparu d'un certain nombre d'exemplaires à une époque récente (*Dial.*72:2). A ce propos, Bardy déclare ironiquement : "il est remarquable que cette citation figure actuellement dans tous nos manuscrits et dans toutes nos versions du prophète Jérémie"[179]. Au dire de Justin en *Dial.*71:1, il existait au cours du premier siècle de notre ère, sous l'influence du rabbinat, une entreprise cohérente de traduction et de recension grecque de la Bible. Dans les trente premières années du deuxième siècle, l'influence d'Akiba[180] (ou Aqiba) favorisa le développement d'une école d'interprétation rabbinique prédominante. Aquila, un prosélyte grec, disciple d'Akiba, réalisait une nouvelle traduction de l'Ancien Testament en essayant de rendre tous les détails du texte sacré : faire passer la subtilité de l'hébreu en des mots grecs, insister sur chaque mot du texte original jusqu'à exhiber des détails superflus[181]. Justin se plaint auprès de Tryphon[182] que l'attitude du rabbinat contemporain ose dénaturer le vénérable héritage des soixante-dix anciens (*Dial.* 84:3) en remplaçant l'Exégèse messianique traditionnelle des prophéties par des interprétations misérables "qui se traînent à ras de terre"[183]. La réfutation du judaïsme dans le *Dialogue* tourne à la critique textuelle et Justin confronte des exemples de l'interprétation traditionnnelle des Septante à celle du rabbinat contemporain[184]. Il connaît bien les débats qui touchent à la Septante et semble bien outillé puisqu'il cite parfois le

---

179. G. BARDY, "Justin Martyr" in *DTC*, col. 2246.

180. Akiba ben Joseph, célèbre rabbin (50-132) qui joua un rôle actif dans l'insurrection de Bar Kochba et fut condamné à être écorché vif. Par sa méthode d'interprétation, il est considéré comme un précurseur de la Cabale.

181. Dans le cours du IIe siècle, deux autres versions virent le jour. Théodotion n'apporta que des corrections aux textes : ce fut une forme de version révisée. Par contre, Symmaque entreprit une nouvelle traduction.

182. Eusèbe de Césarée croit reconnaître dans ce personnage le célèbre rabbi Tarphon du temps d'Akiba.

183. Nous faisons remarquer avec D. Barthélémy (*Les devanciers d'Aquila,* p. 203 note 4) que Justin mentionne comme exemple de telles interprétations : "combien faut-il de mesures d'huile dans les oblations"? (*Dial.* 112:4). Il est donc remarquablement informé puisque cette célèbre question disputée avait justement affronté Akiba et Eleazar ben Azariah sur un point méthodologique de première importance, peu avant la seconde révolte où se situe la mise en scène du *Dialogue*.

184. Cf. *Dial.* 120:4 ; 124:2,3 ; 137:3.

texte biblique sous la forme où le lisaient ses partenaires juifs : *Dial.* 124:4 ; 137:3. Nanti de ces informations, Barthélémy écrit : "aussi envisage-t-on volontiers le texte biblique très original attesté par Justin comme une recension personnelle de la Septante à partir des premières grandes traductions juives du deuxième siècle et spécialement de celle d'Aquila"[185]. A certains moments, en argumentant contre Tryphon, Justin emprunte ses citations des Petits Prophètes au Nouveau Testament. En bref, nous pouvons dire que Justin utilise souvent les traductions juives d'Aquila bien que les copistes de son oeuvre aient parfois assimilé par la suite son texte à celui de la Septante tardive. Par ailleurs, de temps en temps il puise ses citations dans des recueils chrétiens de Testimonia ou bien, carrément, il a recours à celles intégrées dans le Nouveau Testament. Cependant, il faut comprendre que la version d'Aquila se rattache à un vaste effort de reprise en mains de la Bible grecque, qui s'est opéré au premier siècle de notre ère sous l'égide du rabbinat palestinien. La recension que Justin a utilisée dans le dialogue coïncide avec les fragments du *Dodécapropheton* que publie Barthélémy (là où leur texte se recoupe bien sûr). Mais il est impossible de considérer cette recension et la LXX comme deux traductions différentes. C'est en fait une recension de LXX opérée à partir du texte hébraïque, et cette recension serait la base grecque qu'Aquila aurait surrecensée à partir du texte hébraïque[186].

c - Les livres consultés dans le Nouveau Testament.

Le canon de Justin ne se borne pas à l'Ancien Testament. Pour désigner le Nouveau Testament, il se sert de l'expression "d'après nos écrits" (*ap.* 28:1; ἐκ τῶν ἡμετέρων συγγραμμάτων) qui se rapproche beaucoup de *graphai*. S'il n'a pas employé le mot *graphè* pour désigner les Evangiles, il a dit sans hésitation : "il est écrit" (*gégraptai*)[187]. On peut donc dire que le canon de Justin comprend, outre l'Ancien Testament, l'Apocalypse, et ce que Justin appelle "Mémoire des Apôtres"[188](ἀπομνημονεύματα τῶν ἀποστόλων). Nous l'avons vu, cette expression désigne les Evangiles (cf. *Dial.* 103:8; ἐν γὰρ τοῖς ἀπομνημονεύμασιν, ἅ φημι ὑπὸ τῶν ἀποστόλων αὐτοῦ καὶ τῶν

185. D. BARTHELEMY, *Les devanciers d'Aquila (supra,* n. 178), p. 204.

186. D. BARTHELEMY, *Les devanciers d'Aquila (supra,* n. 178), pp. 266, 267, 269.

A. RAHFLS, dans l'édition de Stuttgart de la Septuaginta, parle d'une traduction grecque entièrement nouvelle : "As a result, the Judaism of this period fashioned an entirely new Greek translation of the Old Testament" (p. LVIII). Notons que le travail de D. Barthélémy est bien plus récent.

187. *Dial.* 100:4.

188. *Dial.* 100:4 ; 101:3 ; 102:5 ; 104:1 ; 106:1,4 ; 103:6,8 ; *ap.* 66:3 ; 67:3.

ἐκείνοις παρακολουθησάντων συντετάχθαι, γέγραπται (...))[189]. Mais pourquoi Justin désigne-t-il ces livres du nom inusité de *Mémoires*, au lieu de les appeler simplement Evangiles ?

Godet répond pour nous : "parce qu'il s'adresse, non à des chrétiens, mais à l'empereur et au Sénat, qui n'auraient pas compris la dénomination chrétienne d'Evangiles sans exemple dans la littérature profane. Chacun connaissait en échange les *apomnèmoneumata* (Mémoires) de Xénophon. C'est à cette dénomination usitée que Justin a recours, absolument comme il substitue aux termes chrétiens de *baptême* et de *dimanche* ceux de *bain* et de *jour de Soleil*"[190]. L'adaptation que fait Justin dans son oeuvre de certaines notions liturgiques en les exposant dans des mots compréhensibles pour le destinataire n'est pas un trait pertinent de son style mais un trait congruent. Ce n'est qu'un fait conjoncturel et non un trait définitoire. En effet, cette adaptation apologétique révèle les liens conjoncturels et circonstanciels de l'ouvrage : c'est l'indice d'une situation sociale (milieu) temporelle (temps) et spatiale (lieu). En bref, c'est un repère de la situation sociale.

D'aucuns ont émis l'hypothèse que Justin aurait eu en mains une espèce d'harmonie des Evangiles ou un abrégé synoptique des quatre Evangiles en un seul, quelque chose comme un *Diatessaron* antérieur à celui de Tatien. Cette hypothèse ingénieuse expliquerait les divergences relevées entre le texte reçu des Evangiles et les citations qu'il en fait. Cependant, il ne faut pas oublier que les citateurs anciens étaient beaucoup moins scrupuleux sur la matérialité des textes qu'aujourd'hui ; ils leur suffisaient d'être fidèles à l'esprit de l'auteur cité.

Si l'on se réfère à l'index scripturaire de Wartelle, on se rend compte que Justin connaît l'ensemble de notre Nouveau Testament. "Si l'on tient compte de toutes les allusions - et non pas seulement des citations explicites - relevées par les éditeurs modernes dans les *Apologies* et le *Dialogue*, on s'aperçoit qu'il n'y a guère que *l'Epître à Philémon* et quelques épîtres "catholiques" à paraître oubliées. En dehors des quatre Evangiles et des *Actes des Apôtres*, les textes les plus souvent invoqués sont l'*Epître aux Romains*, la *Première aux Corinthiens*, *l'Epître aux Hébreux*, *l'Epître aux Galates*. Toutefois, dans la façon dont il fait ses emprunts aux textes du corpus paulinien, rien n'indique que Justin les

---

189. Bardy écrit : "cette formule (les Mémoires des apôtres et de leurs disciples) pourrait désigner les auteurs de nos quatre évangiles canoniques, puisque deux d'entre eux, saint Matthieu et saint Jean sont des apôtres, et que les deux autres, saint Marc et saint Luc sont des disciples des apôtres" (*DTC* col 2247).

190. F. GODET, *commentaire (supra,* n. 156*)*, t. I p. 220.

tienne pour "canoniques" (...)"[191]. Cette hypothèse du corpus paulinien n'induit pas forcément un aspect non paulinien de sa pensée, mais indique simplement qu'il accorde plus d'importance aux Evangiles. Concernant les ouvrages extra-canoniques, nous renvoyons aux pages de Wartelle et Bardy[192]. Nous nous contentons de conclure avec Wartelle : "en définitive, Justin apporte peu d'éléments extra-canoniques. Les détails légendaires et le merveilleux de certains évangiles apocryphes, ou même de certains autres Pères des premiers siècles sont rares chez lui. Justin est un esprit formé aux disciplines philosophiques".

Si l'ampleur des textes bibliques cités n'est pas négligeable, Justin utilise aussi les courants philosophiques de son temps. Nous allons rechercher sous quelles formes ces doctrines étrangères à la pensée biblique ont pu agir sur sa réflexion, nous entendons quelles sont les théories qui, chez lui, portent l'empreinte des philosophies grecques.

3 - Justin et les philosophies : analyse des différents courants.

Cette étude ne vise pas à l'exhaustivité. Nous tâchons simplement de recenser les diverses influences en regroupant les résultats des différentes recherches. Ce paragraphe nous permettra d'apprécier *a posteriori* l'incidence de la pensée philosophique sur l'expression de sa foi.

Ce genre littéraire même exige des apologistes une grande familiarité de la culture profane. Ils ont été formés dans les écoles grecques et romaines. Leur culture est celle de leur milieu et de leur temps. Justin est un atticiste selon les mots de Daniélou[193]. Il s'inspire des auteurs classiques. Le début de son *Dialogue avec Tryphon* imite de toute évidence le début des dialogues platoniciens. Son examen des rapports entre le christianisme et le judaïsme forme un vrai dialogue en bonne et due forme, qui fait penser à Plutarque, Lucien, Philostrate. Son style direct, dépouillé, est d'une clarté admirable. Il émaille ses apologies de citations d'Homère et des Tragiques, puisées d'ailleurs vraisemblablement dans les recueils scolaires. Les auteurs chrétiens ne connaissaient d'ailleurs souvent les philosophes que par des sources indirectes : des anthologies du type répandu à cette époque. Les Pères

---

191. A. WARTELLE, *Justin, Apologies (supra,* n. 175), p. 48.
192. G. BARDY, "Justin Martyr" in *DTC* col. 2249-2250 & A. WARTELLE, *Justin (supra,* n. 175), pp. 48-53.
193. J. DANIELOU, *L'Eglise des premiers temps,* Paris, rééd. 1985, pp. 103-105.

de l'Eglise, surtout au IIe siècle, assoient leur platonisme, non pas sur une lecture *in extenso* des dialogues platoniciens, mais sur quelques phrases comme s'il existait un florilège, un recueil de morceaux choisis. En fait, les éléments des différentes écoles (stoïciens, aristotéliciens, platoniciens...) que l'on rencontre chez les apologistes sont presque exclusivement ceux qui faisaient partie de l'éclectisme de la culture scolaire et qui étaient devenus le langage commun de toutes les écoles. Le romain ou le chrétien cultivé des premier et deuxième siècles qui cite Platon, Zénon, ou Aristos de Chios les connaît comme les bacheliers connaissent Spinoza, Leibniz, et Rousseau à travers les cours de leurs professeurs ou bien à travers des livres scolaires[194]. Nous verrons que la seule philosophie qui ait vraiment une influence sur eux est le moyen-platonisme. Avec les apologistes, nous voyons apparaître un type nouveau : l'intellectuel chrétien, qui n'avait pas d'équivalent dans le judéo-christianisme.

Justin, en écrivant en *ap.* 59 que Platon a emprunté à Moïse, justifie son recours à la philosophie. Cette revendication de l'Ancien Testament est chère aux apologistes et son ancienneté lui confère son authenticité dans l'antiquité. Ils s'ingénient à établir la possibilité de contacts entre les philosophes grecs et leurs "sources" juives, et particulièrement l'antériorité de Moïse à toute spéculation hellénique.

Plus encore que la forme littéraire, nous le voyons, c'est la pensée elle-même qui est nourrie de l'hellénisme. Le vocabulaire de la connaissance est chez Justin et Athénagore en grande partie stoïcien. Surtout, les principes de la morale stoïcienne sont reconnus justes par Justin et le chrétien est présenté comme réalisant l'idéal du sage stoïcien.

a - Le stoïcisme[195].

Le stoïcisme contenait beaucoup d'éléments récupérables par les chrétiens. On se rappelle le discours de Paul à Athènes sur l'Aréopage, entreprenant de présenter le christianisme dans une perspective stoïcienne. Il va aussi loin qu'il peut pour montrer la continuité entre l'Evangile et la philosophie grecque. La façon dont Jean, dans le prologue de son Evangile, parle du *Logos* se ressent beaucoup plus de l'influence platonicienne que de l'influence stoïcienne.

---

194. Cf. l'analyse remarquable de la culture philosophique de Sénèque par E. ALBERTINI, *La composition dans les ouvrages philosophiques de Sénèque,* Paris, 1923.

195. Voir l'étude complète de G. BARDY, "saint Justin et la philosophie stoïcienne", *RSR* 13, 1923, pp. 491-510 & t. 14, 1924, pp. 33-45. Pour un approfondissement de la question, se reporter au livre de M. SPANNEUT, *Le Stoïcisme des Pères de l'Eglise,* Paris, 1957.

Dans sa première apologie, Justin ne parle qu'une seule fois du stoïcisme à propos de l'embrasement universel qui doit mettre fin à notre univers : "les philosophes dits stoïciens professent que Dieu même se résout en feu et déclarent que, de nouveau, par transformation, le monde revient à l'existence ; mais nous, nous pensons que le Dieu créateur de l'univers est quelque chose de supérieur aux êtres qui subissent des transformations. En affirmant que l'univers tire son existence et son ordonnance de Dieu, nous paraîtrons enseigner une doctrine de Platon ; en affirmant une destruction du monde par le feu, une doctrine des stoïciens"[196]. Pour les stoïciens, l'univers a une fin provisoire, et s'il s'achève dans le feu, c'est pour recommencer ensuite, identique à lui-même. Justin, en rappelant la doctrine stoïcienne, l'envisage comme un bloc et se préoccupe surtout de sauvegarder la pureté de l'enseignement chrétien sur l'éternité de Dieu. Justin se tient éloigné des principes stoïciens concernant l'idée que Dieu se confond avec la substance de l'univers (monisme stoïcien) et serait donc soumis au changement.

Toutefois, s'il n'est fait mention explicite des stoïciens qu'une seule fois dans la première apologie, elle occupe dans la pensée de Justin une place importante. *ap.* 43, est dirigé contre la doctrine stoïcienne de la fatalité (*heimarménè*). Ce thème n'est pas particulier au stoïcien, et bien des gens, qui ne se piquaient pas de philosophie, croyaient au destin, à l'influence des astres sur la vie humaine, au déterminisme ambiant.

On peut trouver une autre connotation stoïcienne dans le dialogue avec le vieillard. Les arguments apportés par ce dernier pour montrer que l'âme n'est pas éternelle, sont encore ceux des stoïciens. Ailleurs, Justin emploie le verbe *théologein* dans le sens de recherche sur les questions religieuses (*Dial.* 113:2) : il se peut que ce sens ait une origine stoïcienne, puisque les philosophes du Portique appelèrent les poètes primitifs *oi palaioi théologoi*[197].

C'est surtout lorsqu'il parle de Dieu que Justin manifeste son mépris des conceptions philosophiques. Le Dieu de Justin est celui de la Bible, c'est un Dieu vivant, et non une entité métaphysique, un être transcendant et inaccessible.

Lorsqu'on aborde sa seconde apologie on ne peut s'empêcher de reconnaître que le stoïcisme y tient une place beaucoup plus importante que dans les deux autres ouvrages de Justin : matériellement les stoïciens y sont nommés à cinq reprises : *app.* 7:3,4,8 ; 8:1 ; 13:2. Dans

196. *ap.* 20:2,4 ; cf. aussi *ap.* 60:8,9 où Justin fait de nouveau mention de la catastrophe finale.
197. G. ARCHAMBAULT, *Dialogue avec Tryphon*, II, p. 179.

la réfutation qu'il fait à nouveau de la fatalité, la seule originalité consiste à montrer que les stoïciens se mettent en contradiction avec eux-mêmes en enseignant à la fois la soumission à la loi morale et l'impossibilité d'échapper à l'inévitable destin. La grande nouveauté est sa théorie du *Logos spermatikos*, introduisant l'expression stoïcienne mais nous nous y intéresserons plus spécialement dans le chapitre suivant.

En bref, les trois grands points importants qui manifestent un intérêt pris par Justin à l'enseignement stoïcien sont le problème eschatologique, la question de la fatalité et du libre arbitre, la théorie du *Logos spermatikos*. Pour le reste, nous ne pouvons parler d'influences. Quand il emploie des termes d'origine stoïcienne, ce n'est pas son origine qui légitime l'emploi qu'il en fait mais parce que la Bible en parle : il ne faut pas discerner des emprunts partout mais faire preuve de mesure et voir que ses idées sont simples et d'inspiration biblique ; elles ne sont pas forcément à proprement parler ni stoïcienne, ni platonicienne.

Il fut ouvert à cette philosophie stoïcienne mais elle ne l'a pas conquis : "il en parle avec respect plus qu'avec sympathie". Le nom de Musonius est honoré mais c'est en définitive une condamnation qu'il porte contre cette théorie sans consolation et sans espérance (cf. *app.*13:2), d'ailleurs, Justin ne paraît nulle part avoir du stoïcisme une connaissance livresque. Il n'en parle guère que comme d'une doctrine connue par expérience (*Dial.* 2:3) et qu'il a rencontrée dans des florilèges ou dans des réfutations à travers des fragments.

b - Le cynisme[198]

L'école d'Antisthène et de Diogène jouit dès les premiers siècles de notre ère d'un regain de faveur. Celse, Aelius Aristide (dont la vie s'encadre entre 117 et 189) rhéteur grec, ont eu tendance à apparenter cynisme et christianisme. Pour les Anciens, cynisme signifiait réprobation des formes sociales qui, plus ou moins, emprisonnent l'individu, des traditions qui pèsent sur lui et usurpent son indépendance. Aristide en parlant des "impies qui sont en Palestine" vise, d'après Labriolle les chrétiens plus que les Juifs et stigmatise chez eux une prétendue indiscipline, une apparence d'irrespect à l'endroit des autorités constituées. Gascó La Calle écrit : "Aristide disait que les

198. Nous renvoyons à nos deux principales sources : F. GASCO LA CALLE, "Cristianos y cínicos, una tipificación del fenómeno cristiano durante el siglo segundo" in *Religión, superstición y magia en el mundo romano,* Cadix, 1985, pp. 49-59.
P. DE LABRIOLLE, *La réaction païenne,* Paris, 1942, pp. 79-87.

chrétiens et les cyniques vont à l'encontre de l'ordre hiérarchique et sont des éléments anti-sociaux"[199].

Le cynisme recommandait l'amour des biens naturels, l'affranchissement des besoins factices, le mépris des richesses et la défense d'une vie austère. Epictète conseillant un jeune qui veut devenir cynique, l'avertit que la richesse n'est plus un bien et qu'il n'est pas pensable qu'il puisse posséder une maison et des esclaves. Le cynisme raillait la religion établie, les légendes, les mystères. Ils s'adressaient aux masses et leur prédication était aussi adressée aux crédules et aux simples. Cette propagande à ciel ouvert, ce franc parler ne déplaisait pas aux chrétiens. Ce rapprochement entre le christianisme et le cynisme était d'autant plus facile qu'à cette époque, les limites entre religion et philosophie s'estompaient progressivement[200].

Toutefois, Justin (et Tatien aussi) s'oppose de façon vigoureuse à cet amalgame. L'idée religieuse restait étrangère aux préoccupations du cynique et en dehors de ses perspectives. Ajoutons que son attitude devant la vie, ses ironies et son détachement à l'endroit de toute hiérarchie, étaient aussi loin que possible de la loi de respect plus d'une fois proclamée par Jésus et par l'apôtre Paul. Cette rivalité entre christianisme et cynisme se traduit ouvertement chez Justin dans son conflit avec Crescens (cf. *app.*3). Justin tient Crescens pour un homme sans loyauté et note qu'il est "impossible à un cynique qui place la perfection dans l'indifférence, de connaître le bien en dehors de l'indifférence" (*app.* 3:7).

Justin a eu en aversion ce rapprochement et une influence du cynisme est difficile à percevoir dans son oeuvre. On a rapproché l'expression philosophique chère aux cyniques qu'est la diatribe du dialogue de Justin, mais ce dernier s'était plus largement inspiré du genre platonicien. Cette influence peut paraître de façon implicite dans l'aspect polémique de l'apologétique par le recours à la diatribe et aux attaques verbales. Mais là encore, ces rapprochements sont purement gratuits : le constat de phénomènes similaires n'induit pas *a fortiori* une origine commune. A des effets identiques peuvent correspondre des causes différentes.

---

199. F. GASCO LA CALLE, "Cristianos..." (*supra*, n. 198), p. 53 ; "También decía Elio Aristides que cristianos y cínicos van en contra del orden jerárquico y son elementos antisociales".
200. *Id.*, *Ibid.*, p. 58 ; "Por otra parte en la época que nos interesa, ésto es el segundo siglo, comienzan a difuminarse los límites entre religión y filosofía".

c - Le platonisme

L'influence de Platon sur la pensée de Justin est sans conteste ; il n'est plus besoin de rappeler que cette école philosophique a marqué le plus durablement son esprit. Archambault va même jusqu'à parler de compilations entre Platon et la Bible, le présentant ainsi comme un piètre devancier d'Augustin : "Justin souvent juxtapose les souvenirs de sa philosophie et les données évangéliques, sans trop se préoccuper de les concilier"[201]. Seulement, Justin a embrassé certains aspects du platonisme plutôt que d'autres. "Le Platon qui l'enchantait, qui donnait "des ailes à son esprit", c'est le poète, le mythologue qui suppléait, par la divination et une imagination incomparable, à l'impuissance de la dialectique d'aller au-delà de certaines limites et de fournir des solutions à certains problèmes. Platon lui-même savait parfaitement que ses plus beaux mythes n'étaient que des conjectures plus ou moins heureuses, et il a eu bien soin de ne pas les mettre sur le même niveau que les déductions de sa puissante dialectique. Justin, - d'ailleurs il n'est pas le seul -, ne connaît pas ces précautions ; nous le verrons, il prend les mythes platoniciens dans le sens le plus concret, et c'est d'eux que dérivent la plupart de ses idées philosophiques"[202]. Les dialogues les plus souvent cités ne contiennent aucune idée abstraite (l'*Apologie*, le *Criton*, le *Phèdre*, le *Phédon*, la *République*, le *Timée*). Faye affirme qu'à chaque page, "un mot, une tournure de phrase les rappellent. Justin les a lus et relus"[203]. Ce qu'il a retenu de ces dialogues, ce sont surtout les mythes[204]. Il est vrai que nous pouvons trouver des affinités entre l'enseignement de Platon et celui de Justin : l'humilité, la non résistance au mal, la richesse comme un obstacle à la vie bonne et heureuse, le ciel comme destinée finale des âmes[205]... Mais ces rapprochements ne sont qu'apparents et n'occultent pas les divergences. Il est possible que Justin ait eu entre les mains le texte de certains dialogues (nous pensons entre autres au *Timée*) mais la plupart du temps, il a eu recours au florilège. "Dans un âge où les livres coûtaient relativement cher, les anthologies et les extraits étaient naturellement populaires, spécialement dans l'éducation, et tout le monde en usait"[206]. En fait l'intelligentsia puise dans Platon la réponse aux questions du IIe siècle qui sont

201. G. ARCHAMBAULT, *Dialogue*, I, p. 31 note 3.
202. E. DE FAYE, "De l'influence du Timée...", *Sciences religieuses*, 7, 1896, p. 177.
203. *Id.*, *Ibid.*, p. 178.
204. Cf. l'article pp. 178-179 note 1 où E. de Faye recense plusieurs passages faisant allusion aux dialogues de Platon.
205. H. CHADWICK, *Early christian thought and the classical tradition*, Oxford, 1966, p. 22.
206. *Id.*, *Ibid.*, p. 37 ; "In an age when books were relatively costly, anthologies and excerpts were naturally popular, especially in education, and everyone used them".

essentiellement morales et religieuses. Dans le désir d'entrer en communion avec la divinité, le IIe siècle est préoccupé du problème des rapports de Dieu et du monde.

Au temps de Justin, personne n'avait du platonisme une intelligence vraiment exacte et profonde. L'une des conceptions que l'on a exagérée à l'extrême, c'est celle de Dieu. La définition en *Dial.* 3:5 est une formule parfaitement platonicienne : "ce qui est toujours le même et de la même manière et cause de l'être pour tous les autres, voilà Dieu". Le Dieu platonicien était relégué dans l'abstraction, transcendant, à telle enseigne que toute communication avec lui devenait inconcevable (cf. *Dial.*1:4). "Même devenus chrétiens nos apologètes restèrent imbus de cette conception", Conclut Faye[207]. Cependant, il ne faut pas exagérer l'influence. La définition donnée en termes métaphysiques est là pour montrer que Justin non-converti parle en philosophe au vieillard chrétien. Mais de là à voir comme De Vogel[208] qu'il y a continuité chez Justin entre platonisme et christianisme, il y a un pas difficile à franchir. Justin s'est beaucoup inspiré de Platon pour les données métaphysiques : Dieu, création, formation de l'univers, l'âme... L'influence du *Timée* l'a marqué à ce sujet comme il a marqué les conceptions cosmologiques des néo-pythagoriciens et des platoniciens des deux premiers siècles de notre ère. Dans trois endroits différents, Justin fait allusion au passage dans lequel Timée explique comment Dieu[209] tira l'Univers de la matière informe.

En *ap.*10:2, "nous avons appris également que ce Dieu, étant intrinsèquement bon, a fabriqué l'univers en le tirant d'une matière informe à cause des hommes". Faye voit dans cet extrait une vue dualiste esprit/matière. Dieu se serait servi de matériaux qui existaient déjà pour former le Cosmos. Il ne serait pas question d'une Création proprement dite. Dieu serait le *dèmiourgos*, l'artisan et l'architecte de l'Univers. Wartelle réfute cette idée en affirmant qu'en dépit des apparences, Justin n'est pas dualiste. "Nulle part, il ne parle de l'éternité de la matière ; ailleurs, il affirme que Dieu est seul éternel et inengendré (cf. *ap.*14:1,2 ; 25:2 ; 49:5 ; 53:2 ; *app.*6:1 ; 12:4 ; 13:4). A l'idée commune à tous les philosophes que Dieu a organisé le monde à

207. E. DE FAYE, "La christologie des Pères apologètes grecs...", *Rapports annuels de l'Ecole Pratique des Hautes Etudes,* 1906, p. 12. Cf. aussi l'article sur "l'influence du Timée" p. 185 sq où il montre que dans toutes ses affirmations sur la divinité, Justin est foncièrement platonicien avec à l'appui des arguments loin d'être toujours convaincants.

208. C.J. DE VOGEL, "Problems concerning Justin Martyr", *Mnem* 31, 4, 1978, p. 388.

209. Platon distingue, dans son *Timée*, entre le Dieu absolu et les autres divinités. Celles-ci sont subalternes et ce n'est qu'avec le consentement pour ainsi dire et sous le patronage du Dieu suprême, qu'elles prennent part à la formation et à l'entretien du Cosmos.

partir de la matière (...), Justin ajoute une note chrétienne en précisant "pour ces hommes". Quant à la matière informe, elle renvoie moins à Platon *Timée* 29d qu'à Gen.1:2"[210].

En *ap.* 59, Justin rapproche la Bible de Platon en disant que ce dernier a emprunté aux écrits de Moïse sa conception de la formation de l'Univers à partir de la matière informe. Ici encore, Justin semble admettre la préexistence de cette matière informe mais l'affirmer serait lui faire dire plus qu'il ne dit. Ici, comme en d'autres chapitres, il veut montrer des analogies entre les doctrines des philosophes et la foi chrétienne : que Dieu ait ordonné la matière brute et informe, voilà un point d'accord avec Platon ; mais il ne va pas plus loin et n'affirme nulle part l'éternité de la matière[211]. On retrouve encore une allusion en *ap.*67:8 ; "(...) jour où Dieu fit le monde en transformant la matière et la ténèbre (...)". Justin est ambigü mais il peut suggérer comme Tatien que le *Logos* a d'abord créé de la substance comme matière première pour ensuite l'ordonner en un Univers[212]. Le dualisme démiurge/matière est bien chez Platon (Cf. *Timée* 29,30) avec la préexistence de cette dernière à l'action du démiurge, mais on ne peut conclure de ce rapprochement que Justin propose ici une telle théorie ; en tout cas il ne le dit pas, ni ne pose non plus le problème de la création *ex-nihilo*. Son affirmation porte sur une création du monde à partir d'une matière informe, ce qui n'a pas le même sens : peut-être cherche-t-il à concilier l'enseignement commun de la philosophie platonicienne et celui de Gen.1:2 qui représente la terre à l'origine comme vide et vague. Justin lisait dans la Septante en Gen. 2:2 ; "la terre était invisible et informe" et il cite ce texte en *ap.*59:3[213]. Des textes consultés, Tresmontant conclut que la doctrine chrétienne de la création ne semble pas encore clairement conçue dans toute son exigence[214].

Mais Justin va encore plus loin dans l'interprétation qu'il réalise du *Timée*. En *ap.*60, Il s'inspire de *Timée* 36 b.c. pour exprimer l'idée que Dieu a imprimé son fils en forme de *chi* sur l'Univers : il tire ainsi du mythe de Platon une préfiguration du mystère de la croix. Fédou voit dans ce passage la récupération chrétienne d'un philosophe païen, la naïveté d'un texte qui pose Platon en lecteur peu doué de Moïse,

---

210. A. WARTELLE, *Saint Justin, apologies (supra,* n. 72), p. 247.
211. *Id., Ibid.,* p. 287.
212. H. CHADWICK, *Early christian thought (supra,* n. 205*)*, p. 47 ; "Justin is ambiguous but could be taken to suggest, like Tatian, that the Logos first created needed matter as raw material and then ordered it into cosmos".
213. Cf. A. WARTELLE, *Saint Justin, apologies (supra,* n. 72*)*, p. 56,57.
214. CL. TRESMONTANT, *La métaphysique du christianisme et la naissance de la philosophie chrétienne*, Paris, 1961, p. 114.

l'orgueil des chrétiens à qui "les autres" auraient emprunté leurs affirmations les plus hautes[215]. De cette analogie, Justin n'en déduit pas un mystère qui avant Jésus-Christ, ne pouvait point être révélé dans sa plénitude, mais veut y lire l'hommage balbutiant de la sagesse grecque au Dieu qui leur était encore inconnu. La Croix est tellement essentielle au monde que Platon en a obscurément perçu la trace.

Nous nous rendons compte que Justin utilise Platon plus qu'il n'en est imprégné car il n'hésite pas à s'en départir quand il trouve que les visées du philosophe sont aux antipodes des Ecritures. Pour Platon, l'âme est inengendrée et immortelle en vertu de sa propre nature. L'incorruptibilité lui appartient nécessairement[216]. C'est précisément cette thèse que Justin (comme Tatien, Irénée, Tertullien, Arnobe...) critique au nom de la métaphysique chrétienne de la création : l'âme humaine est créée ; elle n'est pas de soi, immortelle ; si elle est en fait immortelle, ce n'est pas en vertu de sa propre nature, ou de son essence divine, mais par don. Nous le voyons, le refus de Justin relatif aux principes fondamentaux de l'anthropologie platonicienne est très net : il n'y a qu'à relire *Dial.*4 à 6. L'âme n'est pas vie, elle reçoit la vie. C'est Dieu qui est vie. L'âme n'est pas divine. Elle reçoit l'existence du don créateur de Dieu[217].

En conclusion, nous pouvons avancer avec Faye que pour le fond positif de sa conception de Dieu, Justin est en plein harmonie de pensée et de sentiment avec les chrétiens les plus authentiques de son temps. Pour la forme qu'elle revêt dans son esprit, il est platonicien. Le fruit dérive de sa foi religieuse, l'enveloppe ou la gaine provient de sa culture philosophique[218].

Cependant, nous nous apercevons que ce platonisme ne correspond plus pleinement à la pensée première de Platon, et au IIe siècle l'éclectisme philosophique nous conduit à considérer davantage le courant du moyen-platonisme.

d - Le moyen-platonisme[219]

Ce courant résulte d'une "grande alliance" philosophique ; "Les critiques radicales du scepticisme envers toute philosophie

---

215. M. FEDOU, "La vision de la Croix..." *(supra,* n. 172*)*, pp. 72-81.
216. PLATON, *Phèdre* 245c sq.
217. CL. TRESMONTANT, *La métaphysique (supra,* n. 214), pp. 280, 370-373.
218. E. DE FAYE, "De l'influence du Timée..." *(supra,* n. 202), p. 187.
219. Nous renvoyons aux principaux articles qui ont servi de support au développement : C. ANDRESEN, "Justin und der mittlere Platonismus", *ZNTW* 44, 1952-53, pp. 157-195 ; E. DES PLACES, "Platonisme moyen et apologétique chrétienne au IIe siècle ap.J.-C. Numénius, Atticus, Justin", *SP* 15, 1, pp. 432-441.

systématique, ainsi que la croissance des sentiments religieux, font que la philosophie prend une forme différente de celle qu'elle avait revêtue auparavant, à l'époque hellénistique. Elle devient un mélange d'éléments divers, dans lequel le platonisme et le stoïcisme figurent au premier plan ; ou plutôt, elle devient une attitude, éclectique et fondamentalement religieuse"[220]. Andresen explique que le platonisme scolaire est conditionné dans ses principes religieux par le contexte d'une époque pleine de religiosité[221]. Cependant, il nous faut nuancer les propos de Reardon avec Faye et voir que les néo-pythagoriciens ont été aussi les principaux maîtres du moyen-platonisme avec Platon et Zénon[222]. Nous n'allons pas refaire à présent un développement qui serait pure répétition. Nous avons préféré traiter du platonisme et du stoïcisme à part pour que ce paragraphe-ci ne prenne pas des proportions démesurées. Mais il est vrai que ce qui intéresse Justin dans ces philosophies est le propre du moyen-platonisme. Il critique les péripatéticiens et le scepticisme comme ses contemporains païens. Dans le rapport matière/univers, il est plus proche de la conception du démiurge platonicien que de l'enseignement stoïcien sur la corporéité des qualités. Selon le moyen-platonisme, même les qualités seraient *asômatoi* (incorporelles). Il se contente de louer la morale stoïcienne et d'emprunter des termes éthiques aux stoïciens, comme le courant éclectique dans lequel il baigne. Il critique dans l'épicurisme le caractère hypothétique des principes moraux ; pour lui, l'âme est libre de choisir le bien ou le mal, donc son destin (récompense ou punition). Andresen montre que Justin, par son affinité avec le courant de son époque, est en fait platonicien dans les fondements de sa pensée. Sa prédication chrétienne serait plutôt liée à un rationalisme stoïcien (comparable à Philon sur ce point) et sa conversion serait l'aboutissement de son itinéraire philosophique. Dieu ne serait pas connaissable par les yeux, mais par le *nous* platonicien. Andresen conclut alors que Justin appartient à une orientation orthodoxe du moyen-platonisme (Plutarque, Atticus)[223]. Nous pensons que le

---

220. B.P. REARDON, *Courants littéraires grecs des IIe & IIIe siècles ap. J.-C.*, Paris, 1971, p. 290.
221. C. ANDRESEN, "Justin..." (*supra*, n. 219), p. 160 ; "Doch lenken gerade diese tendenziösen Züge in der Selbstdarstellung Justins das Augenmerk auf den mittleren Platonismus. Denn der Schulplatonismus bestimmt in seiner religiösen Grundhaltung weithin das Urteil einer religiös empfindenden Zeit, nicht zum mindesten über die anderen Philosophenrichtungen".
222. E. DE FAYE, "La christologie des pères apologètes grecs et la philosophie religieuse de Plutarque", *rapports annuels de l'Ecole pratique des Hautes Etudes*, 1906, p. 2.
223. Andresen pense que de son éducation philosophique, Justin tient l'idée qu'il n'y a qu'un Dieu, une providence et que la vie morale de l'homme décide de son destin dans l'au-delà. De ce point de vue, le christianisme ne lui apporte rien. Laissons-le parler : "Daß es einen Gott gibt, der in

théologien allemand va trop loin en cherchant de façon systématique les influences et les emprunts de Justin dans le courant de son époque alors que ces mêmes idées (conscience morale, Dieu unique...) s'expliquent aussi et avant tout par sa lecture de la Bible. On en fait ainsi un moyen-platonicien plus qu'un chrétien. C'est ce qui fait dire à Dörrie que le platonisme de Justin est seulement teinté de christianisme[224]. *A contrario*, nous essayons de montrer que le christianisme de Justin est simplement teinté de platonisme. D'autre part, Des Places affirme que si la quête de Dieu en *Dial.*2:3-6 "rejoint les trois voies du platonisme contemporain - négation, analogie, éminence, - communes à Albinus, à Apulée, à Maxime de Tyr, trop d'incertitudes empêchent de l'annexer à une école particulière"[225]. Il pense que Justin s'accordait avec Atticus et Plutarque pour attribuer au monde un commencement dans le temps, sans dépendre pour autant d'eux. "On ne peut dire que Justin ignorait l'argumentation d'Atticus ; il la partageait sans la lui devoir"[226]. Si Justin s'accorde avec ces deux philosophes, c'est avant tout parce que ces derniers, sur ce point, s'accordent avec la Bible (sans pour autant la connaître). Des Places ajoute que la définition des Idées chez Atticus est celle de Dieu chez Justin[227]. Il est possible que l'apologiste ait emprunté une citation à Atticus et l'ait transposée dans son exposé pour définir Dieu, trouvant que ce qu'Atticus exprimait à propos des Idées convenait tout à fait à la notion du Dieu judéo-chrétien sans pour autant qu'il confondît Idée et Dieu. Ceci serait un réaménagement déformé d'une pensée au service d'une cause chrétienne. Nous le voyons, Justin modèlerait la pensée de son temps aux idées chrétiennes et la refondrait en fonction de celles-ci au lieu de modifier la doctrine chrétienne en la subordonnant au moyen-platonisme.

Quant au pythagorisme, Justin porte un jugement favorable à son égard en *Dial.* 5:6 ; "Est-ce donc là ce qui a échappé, dis-je, à ces sages Platon et Pythagore, qui pour nous sont devenus les remparts et le soutien de la philosophie ?" Il nous faut donc analyser les rapports de

---

seiner göttlichen Vorsehung sich um den einzelnen Menschen sorgt, und daß das moralische Leben der Menschen über ihr Schicksal im Jenseits entscheidet, war ihm ohne das Christentum bekannt"("Justin" *supra*, n. 219, p. 195).

224. E. DES PLACES, "Platonisme moyen..." (*supra*, n. 219), p. 433.

225. *Id.*, *Ibid.*

226. *Id.*, *Ibid.*, p. 434.

227. "Pour Atticus, les Idées sont "les modèles du devenir incorporels et intelligibles, qui restent toujours identiquement les mêmes, qui existent en soi souverainement et primordialement et sont pour les autres choses causes concomitantes (*paraitia*) que chacune est telle"(...). Pour Justin, Dieu est "ce qui est toujours identiquement le même et cause (*aition*) de l'être pour tous les autres"(*Dial.* 3:5)", E. DES PLACES, "Platonisme moyen..." (*supra*, n. 219), p. 435.

Justin avec les détenteurs de la branche néo-pythagoricienne du moyen-platonisme. "Numénius pourrait avoir influencé Justin. En tout cas, c'est avec lui que les points de contact sont les plus nombreux"[228]. Des Places rapproche Justin et Numénius à propos d'une métaphore commune au fragment 14 (9-14) et au *Dial.* 61:2. "Ce beau trésor, c'est la belle science, dont le donataire a bénéficié sans que le donateur en soit frustré ; c'est ainsi qu'on peut voir une lampe allumée à une autre lampe et porteuse d'une lumière dont elle n'a pas privé la source : sa mèche a seulement été allumée à ce feu"(Numénius d'Apamée, *Fragment* 14, 9-14 ; Ἔστι δὲ τοῦτο τὸ καλὸν χρῆμα ἐπιστήμη ἡ καλή, ἧς ὤνατο μὲν ὁ λαβών, οὐκ ἀπολείπεται δ' αὐτῆς ὁ δεδωκώς. Οἷον ἂν ἴδοις ἐξαφθέντα ἀφ' ἑτέρου λύχνου λύχνον φῶς ἔχοντα, ὃ μὴ τὸν πρότερον ἀφείλατο ἀλλ' ἢ τῆς ἐν αὐτῷ ὕλης πρὸς τὸ ἐκείνου πῦρ ἐξαφθείσης.). "Lorsque nous proférons quelque verbe, nous engendrons un verbe, et ce n'est pas par une amputation qui diminuerait le verbe qui est en nous. De même que nous voyons que d'un premier feu s'en produit un autre, sans que soit diminué le feu où l'autre s'est allumé, tandis qu'au contraire il reste le même, de même aussi le nouveau feu qui s'y est allumé se fait voir bien réel sans avoir diminué celui auquel il s'est allumé" ; (cf. aussi *Dial.*128:3). Nous pouvons faire ici la même remarque que pour Atticus. Cette analogie touche la forme plus que le fond dans la mesure où Justin emprunte (peut-être) une image pour illustrer une autre réalité (ici, la génération du Verbe, qui n'a d'ailleurs rien à voir avec la belle science de Numénius). Des Places établit un parallèle entre l'ébauche d'une Trinité chez Justin reprenant un texte de Platon en *ap.*60:7 et la proclamation de trois dieux par Numénius : le premier dieu qui n'a pas de contact avec la matière, le second dieu qui serait un créateur particulier, le troisième dieu serait l'Ame du Monde[229]. Ce qui rapproche Numénius et Justin n'est pas seulement leur origine commune sur la côte syro-palestinienne et leurs influences orientales que Puech a essayé de dégager, mais leur référence à la Bible : "L'apologétique chrétienne ne pouvait que se réjouir de voir des philosophes païens comme Numénius accorder droit de cité aux Juifs et à l'Ancien Testament. Nous avons relevé chez Numénius certains indices d'une connaissance de la Bible"[230]. Les rapprochements entre ces deux personnages ont leur limite car Numénius expose une doctrine marquée par des dualismes empruntés à des sources orientales (la

228. *Id.*, *Ibid*

229. H.-CH. PUECH, "Numénius d'Apamée et les théologies orientales au second siècle", *institut de philologie et d'histoires orientales* II, 1934 (Mélanges Bidez), p. 755, 756.

230. E. DES PLACES, "Platonisme moyen..." *(supra,* n. 219), p. 440.

religion perse et les mythes de l'Egypte) : bien/mal, âme/corps, esprit/matière... Justin n'est pas affecté par ces dualismes ; le bien et le mal sont présents dans son oeuvre car celle-ci est d'inspiration nettement biblique. Enfin, Numénius est d'inspiration gnostique (son oeuvre a favorisé ce mouvement hétérodoxe chrétien) alors que Justin est resté dans l'orthodoxie biblique. Numénius relit Platon à travers Pythagore et Justin relit Platon à travers le christianisme.

e - Le personnage de Socrate[231]

Ce personnage mériterait à lui seul toute une étude. Justin en parle à de nombreuses reprises avec des accents d'admiration[232]. Pour notre part, Nous l'avons déjà mentionné *supra,* le comparant à Jésus en parlant du thème du berger et du guide. C'est sur cette analogie que nous aimerions revenir un court instant. Socrate "apparaît comme un médiateur entre la norme idéale et la réalité humaine ; l'idée de médiation, d'intermédiaire, évoque celle de juste milieu et d'équilibre"[233]. Ces observations pourraient convenir pour Jésus-Christ. Cependant, la méthode dialectique chez Socrate est certes douce, mais mêlée d'ironie et de mépris : "il s'agit de faire sentir au lecteur son erreur non en la réfutant directement, mais en l'exposant de telle manière que son absurdité lui apparaisse clairement"[234]. Socrate feint de vouloir apprendre quelque chose de son interlocuteur : c'est là que réside exactement l'auto-dépréciation ironique. L'analogie avec Jésus est donc limitée car Socrate use des artifices de la persuasion par le jeu de la dialectique pour amener, par le "seducere", l'interlocuteur là où il ne voulait pas aller. Wolff affirme que Socrate "est dénué de tout don oratoire, mais son verbe est si puissant sur ses interlocuteurs que nul ne résiste à sa captation" (p. 9). Il a décidément tout du modèle religieux et c'est en cela que nous pouvons le comparer à Jésus. Son enquête s'annonce par une révélation divine et il se fie aux injonctions mystérieuses de son *démon* intérieur. Mais ce n'est pas pour autant un mystique car il maîtrise l'art subtil du dialogue et la finesse de la sophistique qu'il exècre. Socrate enseigne ses disciples mais il cherche plus à former qu'à informer car il affirme n'être sûr que d'une chose : c'est qu'il ne sait rien.

---

231. Cf. E. BENZ, "Christus und Sokrates in der alten Kirche", *ZNTW* 43, 1950-51, pp. 195-224 ; P. HADOT, *Exercices spirituels et philosophie antique,* Paris, 1987, pp. 77-116 ; F. WOLFF, *Socrate,* Paris, 1985.
232. *ap.* 5:3,4 ; 18:5 ; 46:3 ; *app.* 3:6 ; 7:3 ; 10:5,8.
233. P. HADOT, *Exercices spirituels (supra,* n. 231), p. 78.
234. *Id., Ibid.,* p. 89 sqq.

Les apologètes chrétiens prennent souvent exemple sur Socrate pour dire qu'ils sont chargés d'expliquer la "vérité" aux païens. Socrate est ainsi le moyen de montrer qu'un héritage culturel est commun aux païens et aux chrétiens. Socrate n'est donc plus simplement à rapprocher de Jésus mais des chrétiens en général. L'impiété reprochée à Socrate l'est aussi aux chrétiens. Personne n'est sans savoir l'injustice des magistrats au procès de celui qu'ils ont condamné à boire la cigüe mortelle. L'absence de crainte devant la mort de Socrate est comparable à celle des martyrs chrétiens qui a marqué l'esprit de Justin avant sa conversion (cf. *app.*12:1). L'impiété des chrétiens, aux yeux de l'apologiste, consiste à révéler le néant des dieux païens[235]. Cette pensée débouche sur une conception générale de l'histoire : les prophètes et les justes ont souvent été calomniés comme impies (ap. 46:3). Le chrétien est comme Socrate, un homme de la rue prêt à discuter avec tout le monde. Mais tous deux montrent les limites du langage. On ne comprendra jamais, par exemple, la justice si on ne la vit pas. Comme toute réalité authentique, la justice est indéfinissable. C'est précisément ce que Socrate veut faire comprendre à son interlocuteur : "à défaut de la parole, je fais voir ce qu'est la justice par mes actes". Le chrétien, et Socrate invitent les gens à se préoccuper moins de ce qu'ils ont que de ce qu'ils sont (cf. Platon, *Apologie* 36c). Ils n'oublient pas ce que c'est qu'exister. Ils n'ont pas de système spéculatif à enseigner. La philosophie est pour Justin et le maître grec un nouveau mode de vie. Le chrétien sait qu'il n'est pas un sage et que seul Dieu peut le rendre sage. Sa conscience individuelle s'éveille dans ce sentiment d'imperfection et d'inachèvement. C'est pourquoi, il est seulement *philo-sophe*, amoureux de la sagesse, c'est à dire désireux d'atteindre un niveau d'être qui serait celui de la perfection divine (Jésus pour les chrétiens) mais qu'il sait ne pouvoir atteindre par ses propres forces.

Cette christianisation de la figure de Socrate n'est pas le propre de Justin : Athénagore et Clément d'Alexandrie ont vu dans Socrate et la philosophie une voie préparée pour le christianisme (fonction propédeutique) : ceux-ci ont eu chez les grecs la même fonction que l'Ancien Testament chez les Juifs ; préparer la Révélation.

Justin utilise Socrate pour combattre les "faux-philosophes" comme Crescens[236]. En *app.*3:1,2 Justin écrit le fameux jeu de mots entre *philosophos*, *philopsophos* (ami du bruit) et *philokompos* (ami de la

---

235. E. BENZ, "Christus und Sokrates..." (*supra*, n. 231), p. 201.
236. *Id.*, *Ibid.*, p. 208.

parade). Mais, en fait, notre apologiste se sert surtout de Socrate pour rapprocher sa condamnation du martyre chrétien. Cela lui permet de développer le thème du "juste qui souffre injustement". La période de persécution accentue ce parallélisme : le martyr romain Apollonius (cf. Eusèbe, *Hist. Eccl.*5,21) fait de la mort de Socrate le paradigme de la mort du Christ. La même allusion est faite dans les *Actes* de Philéas (Egypte), sous Dioclétien. Justin présente Socrate et le chrétien comme victimes des mêmes accusations (*app.* 10:5). En *ap.* 5:3,4 la condamnation des chrétiens n'est que le prolongement de celle de Socrate. Ils sont tous victimes des démons qui se servent des hommes pour les martyriser (*app.*7:3). Cependant, il ne faudrait pas penser pour autant que Justin, dans son admiration respectueuse pour Socrate, aille jusqu'à postuler un rapport d'identité entre ce personnage et Jésus. Socrate n'est qu'un agent du *Logos*, tandis que Jésus est le *Logos*. En *app.*10:8, il écrit : "Car personne ne s'est laissé convaincre par Socrate jusqu'à mourir pour cette doctrine, mais le Christ, (...) a été cru (...) des gens (...) qui ont méprisé pour lui et l'opinion et la crainte de la mort, parce qu'il est la puissance du Père ineffable, et non une production de la raison humaine".

Cette influence de la figure de Socrate vient de l'école des rhéteurs où l'on apprenait comment se comporter et que dire lors d'un procès. Cette figure devient populaire chez les chrétiens grecs dès le IIe siècle, nous le voyons avec Justin (cf. aussi la figure de *Pérégrinus* de Lucien, ironiquement comparé à Socrate). Tertullien tend à déconsidérer plutôt Socrate car il voit en lui celui qui se moque des dieux (*Apol.*14,7). Quant à Augustin, dans la *Cité de Dieu*, au livre 8, il loue l'élévation morale de Socrate mais le Christ lui est supérieur car sa mort fut volontaire. Tertullien fait des chrétiens des gens supérieurs aux philosophes car ils ont trouvé la Vérité alors que les autres cherchent à l'acquérir (cf. *ad.nat.*, 1,4,6-7).

Nous pourrions encore rapprocher Socrate et le vieillard du *Prologue*, à cause du style socratique de la discussion avec Justin. Relisons donc ensemble ces premiers chapitres du Dialogue avec Tryphon.

IV - L'originalité de Justin.

1- Sa philosophie.

Les renseignements que Justin nous fournit dans ce *Prologue* doivent être analysés avec soin pour ne pas confondre les données du Justin platonicien et du Justin chrétien. En effet, il se met en scène dans les chapitres 1 à 8 tel qu'il était avant sa conversion et ses arguments chrétiens sont pour la plupart à chercher dans la bouche du vieillard. Cependant, il n'a pas tout rejeté du platonisme et certaines idées sont à conserver dans sa pensée chrétienne.

Déjà, en *Dial.*1:3, nous avons une esquisse de définition par l'intermédiaire de Tryphon : "(...) les philosophes ne parlent-ils pas toujours de Dieu ? ne font-ils pas constamment des recherches sur son unité, sur sa providence ? la philosophie n'a donc pas pour tâche d'enquêter sur le divin" ? Justin parle par la bouche de Tryphon et affirme qu'à l'origine la philosophie était la quête du divin. Rappelons à ce titre la belle formule de Platon dans le *thééthète* 176b : "l'évasion... c'est de s'assimiler à Dieu dans la mesure du possible". Mais la pensée de Justin se précise en *Dial.* 2:1 car Tryphon le pousse dans ses retranchements en lui demandant d'exposer sa philosophie : "en réalité, la philosophie est un bien très grand et très précieux aux yeux de Dieu ; elle seule nous conduit vers lui et nous réunit à lui". Robillard rapproche tour à tour ce passage de la *Sagesse*, d'Origène, et de Platon. Justin est allé puiser aux sources bibliques et philosophiques. Ce qu'il importe ici d'apercevoir, c'est que Justin-écrivant rapproche progressivement sa conception de la philosophie de celle du christianisme pour aboutir à identifier l'un à l'autre. Ici, la philosophie n'est plus simplement une quête, mais nous permet réellement de rencontrer Dieu et de goûter la communion. Pour l'instant, sa pensée reste fortement platonicienne mais cette affirmation de *Dial.* 2:1 ne semble pas le satisfaire puisqu'il relance la question quelques lignes en-dessous. "Mais qu'est-ce donc que la philosophie" ? C'est dans sa discussion avec le vieillard qu'une troisième définition est lancée : elle est décisive non pas tant par son contenu que par ses conséquences dans la conversation : "la philosophie, répliquai-je, c'est la science de l'être et la connaissance du vrai ; et le bonheur, c'est la récompense de cette science et de cette sagesse" (*Dial.*3:4; Φιλοσοφία μέν, ἦν δ' ἐγώ, ἐπιστήμη ἐστὶ τοῦ ὄντος καὶ τοῦ ἀληθοῦς ἐπίγνωσις, εὐδαιμονία δὲ ταύτης τῆς ἐπιστήμης καὶ τῆς σοφίας γέρας.). τοῦ ὄντος ne peut désigner que l'étant (=Dieu) ; si c'était l'être (opposé au paraître), on aurait τοῦ εἶναι. Cette définition n'a rien d'extraordinaire pour la pensée antique ; on retrouve des idées similaires chez Marc-Aurèle et Aristote[237]. D'après Robillard, l'être désigne Dieu. Nous pensons que l'être est placé là pour s'opposer au paraître et indiquer l'élément le plus consistant du réel et le désignant tout entier : il peut impliquer l'idée de Dieu[238]. Toutefois, c'est sur la notion de science que le vieillard va faire basculer la conversation. En *Dial.* 3:6 il parvient à montrer que la connaissance relève de deux sources : l'entendement et l'intuition[239]. Nous pouvons nous forger une science du visible mais quant à Dieu nous ne pouvons procéder de la même manière car Dieu ne s'appréhende pas ainsi : le terme science (*épistèmè*) ne convient pas. Le discours du vieillard traduit la pensée du Justin-écrivant. Nous ne pouvons rencontrer Dieu par l'effort de notre raison ; il faut qu'une intuition éclaire notre intelligence du dehors ; l'idée de révélation pointe déjà ici. En *Dial.*4:1, le vieillard suggère le secours de l'Esprit Saint.

"La connaissance du vrai" nous autorise à penser que Justin suggère ici non l'idée de vérité comme une notion abstraite, mais une donnée concrète renvoyant à quelqu'un (plus qu'à quelque chose), cette expression prépare l'entrée en scène du Sauveur de *Dial.*8:2. Nous le voyons, progressivement, Justin achemine le lecteur à découvrir dans le christianisme la seule philosophie sûre et profitable de *Dial.*8:1. Pour ce faire, il ne retient de l'héritage de la Grèce que ce qui ne lui paraît pas incompatible avec ses convictions religieuses. Il se tient à égale distance de l'intransigeance de Tertullien qui n'avait que des injures pour les philosophes sans en excepter Socrate, et de la complaisance des gnostiques qui pratiquaient en grand le syncrétisme de toutes les doctrines[240]. Des trois parties principales de la philosophie (logique, physique, éthique), Justin a porté son attention sur la morale et les questions métaphysiques (Dieu, formation de l'Univers, données anthropologiques...). Sa philosophie garde les formes de son temps mais son contenu est chrétien "Christ est la réalisation de l'idéal stoïcien. Il

---

237. MARC-AURELE, *Pensées* V,23 ; ARISTOTE, *Métaphysique* (gamma), 1 ; "La Métaphysique, science de l'être en tant qu'être" (Vrin t. I, p. 171).

238. La discussion de J.C.M. van Winden sur l'erreur de copiste lisant *théon* au lieu de *to on* en *Dial.* 3:5 et relançant une discussion sur les rapports entre être/Dieu, ne nous convainc guère. Nous y renvoyons le lecteur : *An early christian philosopher,* Leyde, 1971, pp. 59-63.

R. Joly et C.J. de Vogel contestent l'idée de Winden : R. JOLY, *Christianisme et philosophie,* Bruxelles, pp. 45-47 ; C.J. DE VOGEL, "Problems concerning Justin Martyr" *(supra,* n. 208), pp. 370-371.

239. Il serait intéressant de rapprocher ce passage de Justin de la *Critique de la raison pure* d'E. KANT, pp. 109-110 (en GF) où il met en place la différence entre intuition et concept, réceptivité et entendement, faisant résulter la connaissance de l'union de l'entendement et de l'intuition.

240. E. DE FAYE, "De l'influence du Timée..." *(supra,* n. 202), pp. 175,176.

est la droite raison qui vient apporter le contrôle de nos passions violentes"[241].

D'après Green, "dans le contexte gréco-romain, il était presque inévitable que la prédication de l'évangile revête la forme d'une nouvelle philosophie"[242]. Cette manière d'exposition était la plus cohérente pour le IIe siècle et il peut s'expliquer par une meilleure adaptation au public païen. C'était presque le seul mot qui put rendre les principes chrétiens compréhensibles aux non-croyants. *Superstitio* aurait diminué le fondement intellectuel du christianisme. *Religio* était inadéquat dans le sens où il traduisait la notion de croyance nationale, et aurait été ridicule puisque aux yeux des païens, les chrétiens faisaient figure d'athée du moment qu'ils reniaient les dieux de l'Etat. De toute manière, une *religio* qui n'avait ni autel, ni temple, ni sacrifices était parfaitement inconcevable, comme l'a fait remarquer Celse. D'ailleurs, cette idée de présenter le christianisme comme la philosophie n'est pas tellement absente du Nouveau Testament si on suit les arguments de Robillard[243]. Paul, en parlant de *connaissance de la vérité* (I Tim.2:4 ; II Tim.2:25 ; Tite 1:1), peut désigner l'aboutissement d'une recherche philosophique ou le bienfait de la Révélation ou les deux ensembles. "On peut se demander si le choix de ces formules ne vise pas précisément à présenter le christianisme comme une philosophie (non platonicienne !) plutôt que comme une foi". D'autre part, le christianisme porte le nom de son fondateur comme les écoles philosophiques (Platon => platonisme ; Aristote => aristotélisme ; Epicure => épicurisme...) : il ne pouvait que mériter le nom de philosophie. Cette idée soutenue par Justin en *Dial.* 2:2 et en *Dial.* 35:6 que chaque philosophie porte le nom de "fondateur" ou du "père" de son enseignement est à discuter car il existe une différence notable entre Platon et le courant platonicien qui lui a succédé. Par ailleurs, toutes les philosophies ne répondent pas à la règle : Zénon a fondé le stoïcisme, les aristotéliciens (terme usité au moyen-âge) plutôt appelés péripatéticiens dans l'antiquité, Diogène et les cyniques, Pyrrhon, Sextus, Posidonius et le scepticisme...

---

241. H. CHADWICK, *Early christian thought (supra,* n. 205*)*, p. 42 ; "Christ is the realization of the ideal wise man of Stoic aspiration. He is (as Justin said) the "right reason" who brings control to our stormy passions". Cf. *app.* 9:4.

242. M. GREEN, *L'Evangélisation dans l'Eglise primitive (supra,* n. 94), p. 165 et cf. aussi note 181.

243. ED. ROBILLARD, *Justin, l'itinéraire philosophique,* Paris/Montréal, 1989, p. 78.

2- Evangélisation et apologétique.

La dimension évangélique de l'apologétique n'est pas une gageure fruit d'une spéculation universitaire. La prédication aux Juifs se heurte à plusieurs problèmes : ils n'arrivent pas à admettre la crucifixion qui manifeste l'impuissance de ce soi-disant Messie à leurs yeux ; le mystère de Jésus-Logos paraît insensé à Tryphon (cf. *Dial.*48:1). Justin a la bonne grâce de l'admettre avant d'entreprendre d'éclairer la lanterne de son ami juif. Pour les chrétiens du IIe siècle comme Justin, les prérogatives du statut d'Israël leur reviennent, dépossédant les Juifs de leur héritage. Justin s'appuie sur les prophètes pour soutenir que Dieu rejette son peuple et le remplace par les Gentils (*Dial.*11). Pour la première génération de chrétiens au Ier siècle, Israël restait le peuple juif, mais envisagé comme un peuple qui croit en son Messie et dont les privilèges sont partagés par les païens. "Israël" dans l'usage chrétien primitif, semble toujours se référer soit aux Juifs *in toto* (Ac. 2:22 ; 3:12) soit à l'Israël croyant, aux privilèges duquel participent les Gentils (Eph. 2:12 ; Luc 7:9) bien qu'il existe toujours une priorité résiduelle pour le Juif (I Co.10:18)[244].

Concernant les méthodes d'évangélisation, l'oeuvre de Justin nous en rapporte quatre types : l'évangélisation publique, l'enseignement dans les maisons, l'évangélisation personnelle[245] et par les écrits.

Pour Justin, le lieu idéal pour propager le christianisme, c'est l'agora ou le portique des palestres. Son manteau de philosophe le faisait aborder plus facilement et facilitait l'engagement d'une discussion. Cette manière de répandre l'évangile est esquissée dans la Seconde Apologie où Crescens est pris à partie avec l'apologiste. Le dialogue avec Tryphon à l'ombre du Xyste suggère le même type d'évangélisation publique puisque le texte souligne que d'autres Juifs se sont joints au débat pour entendre discourir les deux orateurs. Justin adapte son message au niveau de compréhension de ses auditeurs, nous l'avons vu à plusieurs reprises, dans un souci de mieux communiquer sa foi. Il serait donc faux de croire que les apologistes (en tous les cas Justin) étaient des évangélistes de seconde zone. Le but de leur vie était d'amener des hommes de toute classe et de tout niveau intellectuel à la connaissance de la vérité sur Dieu, sur l'homme, sur l'univers, telle qu'elle était révélée dans la personne de Jésus-Christ.

---

244. M. GREEN, *L'Evangélisation dans l'Eglise primitive (supra,* n. 94), pp. 85-128.
245. Voyez à ce sujet l'étude complète de M. GREEN, *l'Evangélisation dans l'Eglise primitive (supra,* n. 94), pp. 233-284.

Le deuxième type d'évangélisation était l'enseignement dans les maisons. Nous avons déjà exposé le genre d'école que Justin avait mise en place à Rome au-dessus de l'appartement de Martin près des Thermes de Timiotinos, lieu public par excellence : son école était bien placée. Justin n'innove pas vraiment en pratiquant cette méthode : Paul se livrait vraisemblablement à un même type d'activités dans l'école de Tyrannus à Ephèse pendant trois ans en Ac. 19:1-22 Cet enseignement à l'extérieur de l'église prouve qu'il a été créé intentionnellement en vue de l'évangélisation[246]. Ensuite, les discussions personnelles sont mentionnées par Justin à travers sa rencontre avec le vieillard sur la grève. Justin est gagné à la suite du témoignage que ce chrétien lui a rendu de sa foi. Justin fit de même pour Tatien par la suite. Cette manière d'évangéliser personnelle et directe est très caractéristique de l'effort de l'Eglise primitive.

Enfin, Justin use de l'écriture pour transmettre le message de l'évangile. Il a l'intention d'encourager le lecteur à faire le même acte de foi en Christ. Il nous dit lui-même avoir écrit la deuxième apologie spécifiquement en vue de l'évangélisation (cf. *app.* 15:2).

En bref, nous n'avons pas voulu réduire l'apologétique à l'évangélisation mais rappeler que ces deux buts marchent ensemble dans l'activité chrétienne de Justin. Si Justin défend les valeurs chrétiennes, c'est encore pour témoigner et répandre la bonne nouvelle de Christ. L'apologétique est un but découlant de la volonté initiale de répandre le message de Jésus : en cela, les apologistes se placent dans la lignée des Pères de l'Eglise et s'intègrent dans la tradition chrétienne.

La connaissance historique qui se dégage des oeuvres de Justin rappelle à l'historien qu'elle repose sur la notion de témoignage. Elle n'est donc qu'une expérience médiate du réel par personnage interposé (le document des apologies). la coloration apologétique modifie toujours sensiblement la réalité du passé. Les apologistes et Justin y compris ont essayé de faire de l'histoire une démonstration évangélique et comme une machine à convertir. La foi chrétienne de Justin contribue à troubler la vision du IIe siècle et à rendre au lecteur du XXe siècle la vision d'un miroir déformant. La dimension évangélique agrandie que nous avons faite de l'oeuvre de Justin est au détriment de

---

246. M. Green (*L'Evangélisation supra*, n. 94) rapporte (cf. p. 246) que Justin instruisait dans la foi mais que lui-même subvenait à ses besoins en enseignant la philosophie comme il l'avait fait avant sa conversion. Rien ne nous permet d'affirmer une telle thèse d'après les textes que nous possédons. Cependant, cette conjecture, si elle demeure de l'ordre de l'hypothèse, reste vraisemblable.

la construction d'une connaissance historique valable du christianisme du IIe siècle : Justin est plus acteur qu'observateur[247].

Dans tout cela, que devient la notion même d'apologétique ? Nous avons essayé de dégager une triple orientation dans l'oeuvre de Justin : les aspects judiciaire, évangélique et philosophique. La défense n'est pas minimisée, elle est simplement replacée dans le cadre qui lui est échu. Nous avons voulu nuancer la tendance générale à faire de Justin un défenseur à tout crin. Ensuite, nous avons insisté avec Monachino sur l'évangélisation[248]. D'aucuns nous reprocheront d'être prisonnier de l'optique particulière que nous impose notre mentalité personnelle : il n'en est rien ! Cette activité missionnaire et évangélique n'est pas une lubie du sujet-écrivant mais une réalité chrétienne du IIe siècle que même Lenain de Tillemont avait déjà soulignée bien avant nous : "Nous verrons que toute sa vie a été plutôt celle d'un évangéliste destiné à prêcher partout la vérité, que celle d'un simple particulier et d'un laïc (...). Nous venons de voir des paroles qui nous représentent cette ardeur qu'il avait de porter la vérité dans toutes les nations"[249]. Enfin, le projet philosophique est tout entier inclus dans la démarche apologétique de l'auto-définition face aux normes dévalorisantes et aux attaques dont fait l'objet le christianisme du IIe siècle, le cheminement vers une meilleure compréhension du fait chrétien dans la jungle des phénomènes religieux typiques en cette fin de siècle de plus en plus spiritualiste. La philosophie de Justin était surtout morale : faisant consister la qualité de philosophe à n'aimer et à n'honorer que la vérité, et à préférer la justice dans ses actions aussi bien que dans ses paroles[250]. Le piège à éviter était de projeter une définition de la philosophie à caractère général sur un cas singulier : il fallait tirer la notion du cas singulier. On nous reprochera d'avoir trop insisté sur la place de la raison chez Justin et d'être en décalage par rapport au sujet que nous nous étions fixé. Il faudrait ne pas oublier que l'expression de

247. Nous répondons ainsi aux questions concernant la validité historique de l'apologétique comme enquête et source pour l'historien. Justin nous renseigne davantage sur le chrétien qu'il était, que sur la réalité du christianisme au IIe siècle. Cf. H.-I. MARROU, *De la connaissance historique*, Paris, 1954, pp. 117-139.

248. L'évangélisation n'est pas une notion qui renvoie seulement dans l'histoire de l'Eglise aux puissants mouvements de réveil qu'a connu le protestantisme britannique au XIXe siècle à la suite du réveil méthodiste du XVIIIe siècle. Elle est aussi une activité faisant partie intégrante de la vie des premiers chrétiens dans l'église primitive : l'évangélisation était alors plus naturelle, plus directe et certainement plus authentique.

249. LENAIN DE TILLEMONT, *Mémoires*, t. II pp. 389,394.

250. *Idem*, *Ibid.*, p. 378.

la foi chez Justin passe dans un discours rationnel qu'il fallait clarifier car il ne défigure pas la foi biblique.

Au terme de cette étude, que pouvons-nous dire ? L'apologétique justinienne demeure-t-elle soumise aux Ecritures ou s'en dépare-t-elle ? La présente étude permet de faire une réponse de Normand : il n'est pas faux de dire que Justin est un chrétien authentique qui va dans le sens d'une entière soumission aux textes scripturaires. Mais d'une part, cela ne rend pas compte de son attitude respectueuse et révérentieuse pour la sagesse antique et les grands penseurs (Héraclite, Socrate, Platon...) et donc des interactions entre christianisme et hellénisme : "il n'oublie pas les leçons de Platon (app. 12:1)" insiste Sirinelli[251] . Et d'autre part, si Justin fait du christianisme la seule philosophie sûre et profitable, il n'est pas certain que sa pensée ait vraiment respecté la simple tradition biblique.

251. J. SIRINELLI, *Les enfants d'Alexandre [La littérature et la pensée grecques 334 av.J-C - 529 ap.J-C]*, Paris, 1993, p. 351.

chapitre 4 :

PHILOSOPHIE ET CHRISTIANISME.

Le titre de cette synthèse touche à un thème très vaste. Nous pourrions le traiter d'après les points de vue les plus différents. "En cela nous atteindrons toujours quelque chose de juste. Mais comme, dans le vaste espace de ce thème, toutes les considérations possibles vont s'enchevêtrant, nous courons le danger que notre entretien reste étranger au recueillement dû"[1]. C'est pourquoi nous allons préciser tout au long de notre développement ce que nous entendons à chaque fois par christianisme et philosophie. Nous allons conduire ainsi notre entretien dans une direction bien assurée en nous dirigeant à chaque paragraphe dans un nouveau chemin que nous allons analyser pour savoir s'il sera bénéfique pour notre étude. Nous avons conscience que chacun des paragraphes forme à lui seul l'objet de tout un livre. Notre propos est simplement d'emprunter chacun de ces chemins pour en extraire ce qui éclaire l'apologétique chez Justin. Nous nous créons ainsi notre propre itinéraire parmi des sentiers souvent déjà empruntés mais nous ne faisons qu'y passer pour glaner les éléments d'une réponse ou du moins gagner à une meilleure position de la question : Justin, philosophe *et* chrétien ?

I- Philosophie révélée ou philosophie naturelle ?

Pour préciser à présent la teneur de la philosophie qu'expose Justin dans son oeuvre et pour pouvoir être à même de mieux juger l'essence de sa conception de la vie, il est indispensable de commencer par l'étude de la doctrine du *Logos*, étant donné que toute sa philosophie en dépend.

1- Le Logos[2] .

Cette notion compliquée et dont le sens a varié suivant le temps se trouve déjà chez Homère mais c'est bien avec Héraclite d'Ephèse que,

1. M. HEIDEGGER, *Questions I et II*, Paris, 1968, p. 317.
2. Cf. A. J. DROGE, *Homer or Moses ?* Tubingue, 1989 : "The *Logos* and the history of Philosophy" (pp. 65-72).

pour la première fois dans l'histoire de la philosophie, l'Occident se met à réfléchir sur la notion centrale de logos. Avant de signifier la raison (*ratio*), le logos des origines devait revêtir une multiplicité de significations. Fattal[3] essaye de traduire la pensée d'Héraclite quand ce dernier parle de logos. La traduction par "raison" semble anachronique chez Héraclite, car une telle notion s'adapte plutôt à la philosophie représentée par Platon, Aristote, et les stoïciens. Il finit par proposer l'expression "intelligence qui parle" car c'est une intelligence qui se fait parole : cette traduction rend compte de l'aspect doublement intuitif et discurcif[4]. Cette notion de parole est reprise plus tard par Philon d'Alexandrie mais une divergence est à remarquer : chez Héraclite, le logos comme rassemblement est l'ordonnance et l'harmonie du Tout, tandis que chez Philon, il est la condition préalable de l'ordonnance et de l'harmonie du Tout. La parole n'est plus à voir comme rassemblement mais comme origine. Les platoniciens et les péripatéticiens séparent le Logos de Dieu lui-même. Le Logos devient une sorte d'essence ou de force qui est tout ensemble de nature divine et immanente dans les choses. C'est la remarquable doctrine qu'enseigne le *Péri kosmou*, cet écrit péripatéticien anonyme longtemps attribué à Aristote[5]. Numénius d'Apamée va même jusqu'à faire du Logos un second Dieu en l'assimilant au Dieu démiurge.

Justin bénéficie de l'héritage philosophique[6] et biblique. L'évangile de Jean emploie Logos dans le sens de *parole* et non celui de *raison* qu'il a ordinairement chez les philosophes grecs[7]. L'usage de logos au sens de "parole" l'emporte chez Justin sur celui de "raison". En cela, il

3. M. FATTAL, "Le logos d'Héraclite : un essai de traduction", *REG* 99, 1986/1 n°470-471, pp. 142-152.
4. Cependant, M. Fattal précise par cette traduction que son but n'est pas de systématiser une traduction. Il a bien conscience qu'il est difficile d'appliquer la traduction au *logos* du fragment 31 qui désigne le "rapport".
5. E. DE FAYE, "La christologie des Pères apologètes grecs et la philosophie religieuse de Plutarque", *rapports annuels de l'école pratique des hautes études,* 1906, p. 6.
6. A. Puech refuse de penser à une influence directe de Philon : "Je ne crois pas que Justin ait lu Philon" (*Les apologistes grecs,* Paris, 1912, p. 110 note 1). Cela n'implique en aucune façon que certaines idées de Philon ne soient pas parvenues jusqu'à lui.
7. F. GODET, *Commentaire sur l'évangile de saint Jean,* t. II, Neuchâtel, 1970 (rééd.), p. 36.

reste dépendant de l'influence biblique[8]. Cependant, le terme *logikon* est fort ambigu et pourrait signifier à la fois parole et raison[9].

En *app.*6:3, Justin explique que l'origine du Logos est en Dieu : c'est le Fils, le Verbe engendré par Dieu avant les créatures et, qui créa l'univers. "Justin explique le sens de la puissance *logikè* que Dieu engendra de lui-même avant toutes créatures : cela est analogue à ce qui se passe en nous, lorsque nous avançons un certain logos (parole-raison) ; car nous produisons alors un logos (parole-argument) "sans une amputation qui affaiblirait le logos (parole-raison) qui est en nous"[10]. De même que, précise-t-il, on peut produire d'un premier feu un deuxième sans que remonte pas plus haut que la création ; il va de soi que, pour lui, Dieu a soit diminué le feu initial (cf. *Dial.*61:2). Justin ne possédé de tout temps son Verbe, mais il ne l'a possédé qu'intérieurement. Justin ne nie pas l'éternité du Logos, il reste dans la tradition biblique mais il explique que la création a favorisé sa manifestation (celle du logos) et a précédé l'organisation du monde[11]. Rien n'exclut chez Justin l'éternité du Verbe, explique Wartelle (p. 58), il est cependant distinct du Père dont il procède par génération.

En *ap.*36-38, il montre que les prophètes sont inspirés du Verbe divin. Si Justin parle de logos comme raison[12], il n'a pas renoncé au Logos comme Parole, que la traduction du Verbe manifeste d'emblée. Ce sens est capital : la puissance, dit-il, qui est auprès du Père est dite, entre autres, Logos "parce qu'elle porte les discours (*homilias*) du Père auprès des hommes" (*Dial.*128:2). L'expression *o logos autou* revient fréquemment dans le *Dialogue* lorsque Justin cite l'Ecriture (cf.

---

8. Justin cite le prologue de l'évangile de Jean : Jn. 1:1 => *ap.* 63:15 ; Jn. 1:3 => *app.* 6:3 ; Jn. 1:4 => *ap.* 32:10. Nous n'avons donné les références que pour les premiers versets du prologue parlant explicitement du Logos. Pour le reste du prologue, se reporter à l'index grec d'A. WARTELLE *Saint Justin, apologies,* Paris, 1987, p. 323. Nous n'abordons pas ici l'influence hellénique qu'aurait subi l'apôtre Jean pour faire de Jésus-Christ le Logos (cf. bibliographie de Wartelle, p. 58 note 95).

9. L. COULOUBARITSIS écrit : "L'hellénisation du christianisme, déjà entreprise par Paul, apparut du coup comme la seule voie possible pour assurer la crédibilité d'une religion qui défiait à la fois le judaïsme et l'hellénisme. Le *Dialogue avec Tryphon* de Justin constitue la première formulation claire de ce défi. Dans ce contexte, la transfiguration du Logos au sens de Parole en Logos qui associe Parole et Raison forme la première étape importante vers cette fondation métaphysique, mais aussi la source des difficultés doctrinales du christianisme ultérieur" ("Transfiguration du Logos" in *Philosophies non chrétiennes et christianisme,* 1984, p. 43).

10. *Id., Ibid.,* p. 40.

11. A. PUECH, *Les apologistes grecs du IIe siècle,* Paris, 1912, p. 111.

12. H. CHADWICK, *Early christian thought and the classical tradition,* Oxford, 1966, p. 19 ; "Justin is utterly convinced of the ultimate oneness of Christ with the highest Reason".

*Dial.*19:6 ; 26:2...) : c'est Dieu qui parle par les écrivains, lui ou son logos[13].

Justin ne présente pas cette doctrine du Logos comme une nouveauté. Dans l'Apologie, il commence par poser le thème en employant le mot logos au sens platonicien ou au sens stoïcien (cf. *ap.*2:1 à 3 ; 3:4 ; 5:2-3) puis sans autre explication en *ap.*5:4, il oppose à la raison humaine, au logos de Socrate, le Verbe en personne, *autos o logos*[14]. Le Logos désigne donc bien le fils de Dieu, Jésus-Christ : "ceux qui conforment leur vie à la connaissance et à la contemplation du Verbe tout entier, c'est-à-dire du Christ" (*app.*8:3). Il parle du logos en toute simplicité et c'est une notion courante chez les simples chrétiens, une notion qui fait partie du dépôt de la foi, et sans laquelle le christianisme serait incomplet. C'est de la tradition biblique qu'il a appris le rôle du Verbe dans l'oeuvre de Dieu. L'apologiste ne met pas en place de système philosophique mais se contente d'affirmer des réalités que suppose sa foi chrétienne[15]. Le Verbe (ou Logos) est le guide qui mène vers Dieu, en même temps qu'il est le maître qui enseigne à l'homme la vérité sur Dieu, le véritable didascale (*ap.*12:9 ; 13:3 ; *app.*8:5 ; *Dial.*76:3).

Sa mission depuis tout temps a été de manifester et d'expliquer le Père à l'humanité : les théophanies dans l'Ancien Testament étaient l'oeuvre du Verbe (*ap.*63:10) : "celui qui s'est fait voir à Abraham, à Jacob, à Moïse (...)" (*Dial.*56:11). Cela n'implique pas que le Fils ne soit qu'un ange (bien que le nom d'ange lui soit donné à l'occasion) : cette conclusion irait à l'encontre des déclarations déjà citées[16]. Pour Justin, ces théophanies seraient des christophanies[17]. Cependant, si Justin ne fait pas de confusion entre le Père et le Fils, la frontière est beaucoup plus floue entre le Fils et l'Esprit saint. Bardy écrit : "Justin est loin d'avoir une idée très claire de la nature et de la personnalité de l'Esprit prophétique (...) l'Esprit est-il donc identique au Verbe"[18] ? "A propos de l'Incarnation, en commentant la prophétie d'Isaïe (Es.7:14) et l'évangile de Luc (Luc.1:35), Justin semble confondre Verbe et Esprit saint : "Par l'Esprit et la Puissance venue de Dieu, écrit-il, on ne peut

13. Pour plus de détails se reporter à *Dial.* 19:6 note 6 de G. ARCHAMBAULT, *Dialogue avec Tryphon*, Paris, 1909, t. I p. 88,89.
14. A. PUECH, *Les apologistes grecs (supra,* n. 11), p. 103 note 1.
15. G. BARDY, "Justin Martyr" in *DTC* col. 2256-2258.
16. A. PUECH, *Les apologistes grecs (supra,* n. 11), p. 111 note 4.
17. H. CHADWICK, *Early christian thought (supra,* n. 12), p. 15, 16 ; "It is Justin's thesis in the Dialogue that the God who appeared to the patriarchs in the Old Testament theophanies must be the Logos-Son".
18. G. BARDY, "Justin Martyr" in *DTC* col. 2261.

rien entendre d'autre que le Verbe, qui est le premier né de Dieu, comme l'indique Moïse, le prophète mentionné plus haut, et cet Esprit descendu sur la Vierge l'a prise sous son ombre et l'a fait concevoir, non par union charnelle, mais par puissance" (*ap.*33:6)"[19] .

Justin ne distingue pas clairement entre l'Esprit et le Verbe. En *ap.*33:5, l'Esprit est désigné comme agent de l'Incarnation ; ici, ce rôle semble attribué au Logos. Toutefois, en *ap.*60:7, en reprenant le texte du *Timée* de Platon, il l'applique au mystère de la Trinité en différenciant bien le Verbe et l'Esprit saint. En conclusion, nous pouvons dire que le Logos chez Justin désigne le Fils de Dieu c'est-à-dire une personne et se définit comme le langage *pragmatologique*[20] dans la mesure où il est fondement et source de tout. Il est à la fois ensemble des *pragmata*, des actes manifestés (ce Logos produit des choses, il crée mais il ne se confond pas avec ce qu'il crée) et ensemble des *signes* c'est-à-dire des paroles communicables dans un langage humain sous forme de proposition. Le logos divin chez Justin est intelligence, Raison et parole produisant des actes : ce Logos est créateur, il permet l'union et l'harmonie entre l'esprit et la matière, il est l'intermédiaire entre Dieu et la création (la nature et l'homme), le médiateur entre Dieu et le monde créé. Cependant, le logos sert aussi à désigner la raison naturelle[21]. Il nous faut donc comprendre ce que Justin veut dire par :

2- Le logos spermatikos.

"Rien d'étonnant dès lors si les démons, convaincus de mensonge, continuent de s'employer à faire haïr encore bien davantage, non plus ceux qui n'ont qu'une *part de la raison partout répandue*, mais (...)" (*app.*8:3). Quand Justin parle de cette *raison partout répandue*, il s'agit bien du Logos divin (à la fois intelligence et "Verbe"), répandu comme une semence diffuse dans l'humanité entière, et qui est ainsi connu partiellement par l'usage que l'homme fait de sa *raison*, en opposition à la révélation du Logos tout entier, c'est-à-dire du Christ. Selon Bardy,

---

19. A. WARTELLE, *Saint Justin (supra,* n. 8), p. 62. Ed. Robillard souligne aussi ce proble dans son ouvrage: *Justin, l'itinéraire philosophique*, Paris/Montréal, p. 87, 88.
20. Je reprends le même mot que G. Bufo en lui conférant un autre sens. Cf. G. BUFO, "La raison cherchant la foi", *Les Etudes philosophiques* n°2, 1977, pp. 183-189.
21. *app.* 10:4 ; "Un des passages où se voit le plus clairement l'emploi de *logos* (sans article) au sens de raison, mis en lumière par l'expression *kata to anthrôpinon*" (A. Wartelle, *op. cit. supra*, n. 8, p. 309).

Justin aurait emprunté cette notion de *logos spermatikos* aux stoïciens. Il est vrai que pour eux, le Logos est la raison immanente du monde, la loi qui le régit, la force vitale qui l'anime ; il est donc le germe à partir duquel tout se développe selon une loi naturelle et infaillible : sous cet aspect le Logos est appelé logos spermatikos ou *raison séminale*. Les raisons séminales des stoïciens ont cependant essentiellement un sens cosmologique : ce sont les principes actifs du développement de toutes choses. Les stoïciens voient ces *logoi spermatikoi* partout épars dans l'Univers. Plutarque a mis en rapport ces *logoi* impersonnels avec ce groupe de divinités subalternes qu'il y a entre le Dieu suprême et le Cosmos[22]. Cependant à la base, les stoïciens ne vont pas si loin : l'idée de *semence* exprime l'expansion du germe qui va s'accroissant et développant tout ce qu'il contient. Mais ce principe physique (spermatikos) est en même temps un principe rationnel (logos) : il est raison. Sans lui la matière proprement dite (*hulè*) demeurerait inerte et informe. C'est lui qui crée et ordonne toutes choses[23]. Cette formule est donc manifestement stoïcienne mais Andresen a soutenu que ce thème était passé dans le moyen-platonisme et que c'est de là que Justin l'accueille. Holte propose Philon comme origine immédiate. Waszink est plus nuancé et pense que Justin a choisi cette expression pour trois raisons : thème stoïcien universellement connu, parabole évangélique du semeur et fréquence chez Philon de la métaphore *semer* et *planter*[24].

Toutefois, il est à noter que si Justin emprunte aux philosophes du Portique cette expression technique, il lui donne un sens qu'elle n'avait point chez eux. Pycke nous conforte dans cette idée : "Tous sont unanimes à déclarer que Justin a fondamentalement altéré le sens de l'expression *logos spermatikos*, expression empruntée aux stoïciens et qui chez eux possède surtout une signification cosmologique"[25]. Il est d'abord remarquable que Justin n'emploie jamais qu'au singulier la formule *logos spermatikos* qui le plus habituellement est employée au pluriel par les stoïciens. Ensuite, à l'opposé de ces philosophes, ce n'est

22. Pour plus de détails, cf. E. DE FAYE, "La christologie des Pères apologètes...", *Rapports annuels de l'E.P.H.E.*, 1906, p. 11.

23. Pour un exposé clair et concis de la conception stoïcienne du *logos spermatikos*, se reporter à : A. PUECH, *Les apologistes grecs (supra*, n. 11), p. 315, 316 (App. III). G. BARDY, "saint Justin et la philosophie stoïcienne", *RSR*, 14, 1924, pp. 36-40. J. LEBRETON, *Histoire du Dogme de la Trinité*, 2, Paris, 1928, pp. 436-437.

24. R. JOLY, *Christianisme et philosophie*, Bruxelles, 1973, p. 77.

25. N. PYCKE, "Connaissance rationnelle et connaissance de grâce", *EThL* 1961, p. 57. G. BARDY le reconnaît aussi : cf. "saint Justin..." *(supra*, n. 23), p. 40, 41.
A. PUECH émet une idée complémentaire : "La tendance à exclure de l'expression (*logos spermatikos*) le sens physique et cosmologique est déjà très marqué chez Philon (...). Que Justin ait ou non connu Philon, il y a là un indice qu'il n'a probablement pas prétendu innover hardiment" (p. 318).

pas pour lui le "logos qui ensemence, mais plutôt la semence du Logos". Dans l'oeuvre de Justin les formules *sperma tou logou, spora tou logou, méros tou spermatikou Logou* "ont un sens qui ne se comprend parfaitement, que si on l'éclaire par la phrase où Justin explique en termes très clairs qu'autre chose est la semence, autre chose celui qui l'a produit ; autre chose l'imitation, et le modèle. De là résulte à la fois que la raison n'obtient que des vérités partielles et qu'elle ne les voit même que confusément. C'est là ce qui n'est plus stoïcien"[26].

Dans tous les passages où il parle du Verbe séminal, Justin a en vue le Logos divin lui-même. De ce Logos, la raison humaine est une participation. Cependant la doctrine de l'apologiste est tout autre chose que l'immanentisme stoïcien, puisque le Logos divin n'est pas diffus mais est une personne (et qui plus est le Christ). La semence du Logos est la raison humaine. Mais devons-nous induire par là même avec les platoniciens que la raison serait ce qu'il y a de divin en l'homme ? Quelle est donc la relation entre la raison et le Logos divin ?

L'expression "semence du Logos" suppose que l'homme par sa raison se réfère de quelque façon au Logos divin. Justin ne l'affirme pas explicitement mais le passage de *ap.* 46:2-3 le sous-entend : "nous avons appris que le Christ est le premier né de Dieu, et nous avons indiqué plus haut qu'il est raison, à laquelle participe le genre humain tout entier. Ceux qui ont vécu en conformité avec la raison appartiennent au Christ, (...)". Ceux qui vivent selon le logos, c'est-à-dire selon cette participation au Logos divin, sont chrétiens. "Le terme habituel que Justin emploie pour désigner la raison humaine, est logos, généralement sans article. Il ne faut cependant pas concevoir la participation au Logos divin comme une émanation du Logos divin, car ce qui participe à quelque chose en est par cela même distinct. La participation est un signe d'irréductible distinction entre le participant et le participé"[27]. Sur ce problème de la participation, le passage de *Dial.* 6:1-2 est éclairant car il établit une distinction radicale entre ce qui participe à la vie et la vie elle-même. Dieu est vie et l'âme ne possède la vie que par sa participation à la vie divine. La participation affirme la distinction entre Dieu et l'âme, entre le divin et l'humain : "or ce qui participe à quelque chose est différent de ce à quoi il participe"[28]. L'âme

26. A. PUECH, *Les apologistes grecs (supra,* n. 11), p. 317.

27. N. PYCKE, "Connaissance rationnelle..." *(supra,* n. 25), p. 56.

28. *Dial.* 6:1 ; pour connaître le rapport entre la pensée de Justin et celle de Platon en ce qui concerne la participation (*météchô*), voir I. POSNOFF, *Les Prophètes dans la synthèse chrétienne de saint Justin* (thèse inédite), Louvain, 1948, pp. 233-238. R. HOLTE, "Logos Spermatikos.

n'est pas immortelle, car elle ne participe à la vie que dans la mesure où Dieu le veut ; elle n'est donc pas divine. Le divin est l'humain sont donc bien de nature diverse et Justin ne les confond point[29].

Toutes les approches de la vérité dont se sont montrés capables les hommes de tous les temps sont l'oeuvre du Verbe (cf. *ap.*5:4 ; *app.*8:1). "Tout ce que les philosophes de la Grèce ont trouvé et enseigné de bon, c'est au Verbe qu'ils le doivent, et s'ils ont été si souvent en désaccord entre eux, c'est qu'ils n'ont pas possédé le Verbe tout entier, mais n'en ont connu qu'une parcelle (cf. *app.*10:2 ; 13:3-6)"[30]. Il y a du Logos en tout homme (*app.*10:8 ; *o en panti ôn*). Ailleurs, il parle de la semence du Verbe qui est répandue en toute race d'hommes (*app.*8:1 ; *to emphuton panti génei anthrôpôn sperma tou logou*). Il était en Socrate. Les philosophes lui doivent leurs bonnes inspirations : "les écrivains ont pu voir indistinctement la vérité, grâce à la semence du Verbe qui a été déposée en eux" (*app.*13:5). Dans *app.*10:2,4,5, et *ap.*46:3 Justin montre que certains hommes comme Socrate, Héraclite[31], Musonius[32], chez les grecs se sont efforcés avec la seule capacité humaine (à l'aide de la raison) de découvrir des vérités[33]. C'est ainsi que cette raison humaine (ou logos spermatikos) se manifeste indirectement et incomplètement à l'homme dans l'ordre physique et moral. Cette semence permet aux stoïciens et aux poètes d'établir en morale des principes justes (cf. *app.*8:1) ; elle est innée à tous les hommes et fait donc partie de la nature humaine[34] : elle permet à l'homme de distinguer le bien du mal (*app.*14:2). Les stoïciens, Socrate et d'autres ont été persécutés à cause de leur morale qui est bonne et des principes qui régulaient leur vie. Justin conclut alors : "ceux qui ont vécu en conformité avec la raison appartiennent au Christ" (*ap.* 46:3). Cette semence est départie à chacun mais il revient à chaque individu de vivre

---

Christianity and Ancient Philosophy according to St. Justin's Apologies", *Studia Theologica cura ordinum theologorum scandinavicorum edita,* 12, 1958, p. 142-144.

29. N. PYCKE, "Connaissance rationnelle..." *(supra,* n. 25), p. 58.

30. A. WARTELLE, *Saint Justin (supra,* n. 8), p. 58.

31. Héraclite a basé sa philosophie sur la notion de logos nous l'avons vu, mais il s'efforça aussi de purifier les idées religieuses : c'est probablement ce qui lui vaut d'être cité à côté de Socrate parmi les "chrétiens" avant la lettre.

32. Cf. A. PUECH, *Les apologistes grecs (supra,* n. 11), p. 69 note 2.

33. Dans le passage d'*app.* 10:2, l'opposition est particulièrement nette entre le Logos lui-même et cette participation du Logos qu'est la raison humaine. "De fait, tout ce qu'ont jamais découvert, et dit de juste les philosophes ou législateurs, c'est par l'effort d'une raison partielle qu'ils l'ont atteint, grâce à leur pénétration et à leur réflexion").

34. On pourrait rapprocher ainsi cette notion de semence séminale (*logos spermatikos* ou raison humaine) de la conscience du bien et du mal dont l'homme a héritée en Eden en touchant à l'arbre de la connaissance du bien et du mal (Gen. 2 et 3) et de la pensée de l'Eternité que Dieu a mise dans le coeur de l'homme (Ecc. 3:11).

en conformité avec cette semence, d'obéir à ses injonctions ou non. Socrate appelait cette loi intérieure son démon (*daimon*, esprit d'un dieu en lui). Nous pensons ici que Justin va un peu loin par rapport à la tradition biblique. Seul Dieu sait ceux qui seront sauvés. Nous n'avons pas à faire un pseudo classement sur la base d'une obéissance à la raison, à la semence. Dieu tiendra compte des lumières que chacun aura reçu. Cette pensée de Justin explique son admiration pour les philosophes et celle-ci le pousse peut-être parfois à l'excès. Mais pourquoi Justin a-t-il mis en place cette idée de logos spermatikos ?

Après avoir écrit en *ap.*59-60 que la philosophie grecque était faite d'emprunts aux écrits mosaïques, cette justification ne devait peut-être pas le satisfaire et il aurait préféré compléter sa pensée dans la seconde apologie en remplaçant le schème de l'emprunt par l'idée de contemplation partielle. "En fait, le chapitre 60 de la première Apologie invite à reconnaître que, pour son auteur, il n'existe pas nécessairement d'opposition entre la pensée platonicienne et la Révélation judéo-chrétienne, mais primauté de celle-ci par rapport à celle-là (...)"[35]. Archambault confirme notre hypothèse en écrivant : "depuis longtemps les Juifs de la Diaspora avaient fait des philosophes grecs des disciples de la Sagesse juive : Hermippe (...), Aristobule (...), Philon (...). Cette idée fut reprise par les écrivains chrétiens des premiers siècles ; Justin en est le premier témoin, mais il en tempère l'étroitesse par sa conception du logos spermatikos. On la retrouve plus exclusive chez Tatien (...), Théophile d'Antioche (...) Clément d'Alexandrie (...)"[36].

En tous les cas, cette idée injectant un sens nouveau à une expression stoïcienne a été la porte ouverte à une pente glissante que beaucoup de critiques font prendre à Justin. Il est certain qu'il est sur un terrain dangereux quand il prétend que Socrate participait au divin Logos - cf. *ap.*5:3 ; Justin parle de "véritable raison" *logô alèthei*. Il est donc toujours question du logos spermatikos et non pas du Logos total. C'est délibérément qu'il s'approprie tout ce qui était valable dans le paganisme, étant convaincu que tout ce qui est bon vient de Dieu. Toutefois, rappelle Green, "il ne commit pas l'erreur de penser que le "bon" païen n'avait pas besoin de la conversion - autrement il se serait épargné la peine d'écrire ses apologies et de souffrir le martyre"[37].

---

35. M. FEDOU, "La vision de la Croix...", *Recherches Augustiniennes*, 19, 1984, p. 83.
36. G. ARCHAMBAULT, *Dialogue avec Tryphon*, I, p. 36, 37 note.
37. M. GREEN, *L'Evangélisation dans l'Eglise primitive*, St. Légier (Suisse), 1981, p. 188.

Bréhier dénonce dans cette attitude sympathique et réservée de Justin envers la philosophie grecque un rationalisme qui subit un recul chez Tatien et qui se retrouve accru chez Athénagore[38]. Cette idée tend à faire croire que Justin ferait confusion entre une parole révélée et une parole naturelle ; ce qui n'est pas ! Le texte de *app.*13:5 déjà cité affirme que l'homme peut parvenir à la connaissance de la vérité, mais seulement de manière confuse. Une révélation de Dieu est nécessaire. En *app.*13:2, Justin se glorifie d'être chrétien ; il ne rejette pas la philosophie humaine de Platon et des autres, mais il la prétend insuffisante. Seule la connaissance du logos total semble donc renfermer la connaissance de toute vérité. En *app.*10:1 on lit : "Notre doctrine paraît plus grande que toute sagesse humaine, car la vérité totale devint (c'est-à-dire prit forme dans) le Christ qui est apparu pour nous, corps, raison et âme, (c'est-à-dire un homme tout entier)"[39]. Les païens n'ont pu parvenir à la connaissance qu'au moyen de leur raison ; les chrétiens, eux, connaissent le logos total qui est le Christ. L'apologiste montre ainsi que les chrétiens sont plus favorisés que les païens. Justin distingue bien le logos total qu'est Christ du *logos spermatikos* (la raison humaine). L'homme peut donc parvenir à la connaissance de Dieu par la raison. Cependant, cette connaissance de Dieu reste distincte de la connaissance telle que la révélation nous la donne. Socrate ne connaissait donc le Christ que partiellement. La connaissance du logos étant partielle, il s'agit du logos spermatikos qui s'est manifesté dans la création. Cette connaissance est donc indirecte, obtenue uniquement par le logos présent à chaque homme.

En conclusion, nous pouvons dire avec Reardon : "De quelque noblesse et vérité que celle-ci (la philosophie) fasse preuve , elle reste une vérité partielle ; et la révélation reste l'élément essentiel du christianisme, dont les idées ne peuvent pas être considérées comme de simples développements du platonisme"[40]. Cette notion du logos spermatikos a des conséquences non négligeables car elle va permettre à Justin de comprendre le thème de la philosophie primordiale.

---

38. E. BREHIER, *Histoire de la philosophie*, t. I, Paris, 1931, p. 442.
39. Μεγαλειότερα μὲν οὖν πάσης ἀνθρωπείου διδασκαλίας φαίνεται τὰ ἡμέτερα διὰ τοῦ τὸ λογικὸν τὸ ὅλον τὸν φανέντα δι' ἡμᾶς Χριστὸν γεγονέναι, καὶ σῶμα καὶ λόγον καὶ ψυχήν. Cette traduction est empruntée à R. HOLTE, "Logos Spermatikos..." *(supra,* n. 28), p. 133 et reprise par N. PYCKE, "Connaissance rationnelle..." *(supra,* n. 25), p. 60 note 28 : "Our doctrines, then, appear to be greater than all human teaching, because the complete truth became (i.e. took shape in) Christ, the one who appeared for our sake, (a whole man) both body, and reason, and soul".
40. B.P. REARDON, *Courants littéraires grecs des IIe & IIIe siècles ap. J-C,* Paris, 1971, p. 285.

3- La philosophie primordiale.

Dans son prologue, Justin en *Dial.*2:1,2, répond aux deux questions suivantes : "Mais qu'est-ce donc que la philosophie ? Pourquoi fut-elle envoyée aux hommes et l'ignorent-ils pour la plupart ?" Il nous propose une brève histoire de la philosophie expliquant la diversité des écoles.

> "Car s'ils la connaissaient, ils ne seraient ni Platoniciens, ni Stoïciens, ni Péripatéticiens, ni Théoréticiens, ni Pythagoriciens, puisqu'elle est une science une. Or je vais vous dire pourquoi elle a pris plusieurs têtes. Il arriva que ceux qui s'y appliquèrent les premiers devinrent célèbres ; leurs successeurs les suivirent, non plus toutefois pour chercher la vérité, mais seulement parce qu'ils étaient frappés de la force d'âme des premiers, de leur modération et de la nouveauté de leurs discours ; ils en vinrent à regarder comme la vérité ce qu'ils apprenaient chacun près de son maître ; à leur tour, ils transmirent à leurs successeurs ces mêmes enseignements et d'autres semblables : on les désigna par le nom du père de leur enseignement".

Le problème est essentiellement de savoir ce qu'est pour Justin cette philosophie envoyée par Dieu, et qui ensuite a été vouée à la décadence. Cette philosophie première est-elle révélée ou naturelle ? Est-elle inspirée par le Logos divin ou par le logos spermatikos ? Hyldahl pense que Justin a emprunté cette idée d'une philosophie primordiale au Syrien Posidonius d'Apamée (135 -51), adepte de ce qu'on a appelé le moyen stoïcisme[41]. Hyldahl croit pouvoir attribuer à Posidonius la théorie d'une *Urphilosophie*[42]. Winden apporte crédit à cette thèse mais effectue des retouches importantes concernant Justin[43]. Il pense entre autres que l'apologiste modifie le thème posidonien et l'adapte à sa pensée. Cette adaptation résulterait d'une comparaison avec les hérésiarques. Justin penserait que la philosophie aurait suivi la même évolution que le christianisme qui s'est diversifié en plusieurs hérésies (gnostiques, marcionites, valentiniens...). Joly trouve que l'analogie va trop loin au point de fausser la réalité historique. Il concède à Winden que l'on puisse mettre sur le même plan les

---

41. E. BREHIER, *Histoire de la philosophie (supra,* n. 38), t. I, p. 354-359.
42. N. HYLDAHL, *Philosophie und Christentum : Eine Interpretation der Einleitung zum Dialog Justins* (Acta Theologica Danica 9), Copenhague, 1966.
43. J.C.M. VAN WINDEN, *An early christian philosopher*, Leyde, 1971, p. 42-48. Notons que dans un article ("Le christianisme et la philosophie", *kyriakon Mélanges Johannes Quasten*, Munster, 1970, t. I, pp. 205-213) J.C.M. van Winden rapproche Posidonius et Numénius tous deux originaires d'Apamée sur cette idée d'une tradition primitive où les premiers hommes auraient été en possession d'une grande sagesse ayant le caractère d'une révélation première. Cette conception implique un retour aux sources pour retrouver cette Sagesse primitive pure de l'âge d'or. Pour sa part, Ed. des Places rapproche Justin et Numénius sur cette tradition primitive ("Platonisme moyen et apologétique chrétienne", *SP* 15, 1, pp. 432-441).

stoïciens, les platoniciens, et les marcionites et les valentiniens. Mais en ce qui concerne les fondateurs de ces différentes écoles philosophiques (Platon, Zénon, Aristote) on ne peut les assimiler aux hérésiarques (Marcion et Valentin). Autrement cela voudrait dire que ces pères fondateurs ("les premiers qui devinrent célèbres") n'auraient pas possédé la vraie philosophie pas plus que les hérésiarques le vrai christianisme. "Ce que Justin dit en *Dial.*2:2 des premiers philosophes n'implique pas la moindre désapprobation, laquelle n'apparaît que pour ceux qui suivirent et qui "n'ont rien examiné au sujet de la vérité""[44]. Justin ne condamne globalement pas toute la philosophie grecque dans ce passage.

Quant à Hyldahl, au dire de Joly, le seul élément commun à Justin et à Posidonius est l'idée de la diversité des écoles philosophiques. Cependant, le rapprochement s'arrête ici, car "Posidonius nous parle d'une *Urphilosophie* mais non d'une décadence de la philosophie, alors que Justin parle d'une décadence de la philosophie, mais non d'une *Urphilosophie*"[45]. En effet, "ceux qui s'y appliquèrent les premiers" n'ont rien à voir avec des sages de l'âge d'or comme le pense Posidonius[46].

Le cardinal Daniélou fait remonter au contraire ces premiers sages antiques aux périodes les plus reculées en parlant des barbares (druides, mages, chaldéens) et des grecs (Orphée, Pythagore, Linos) : ce seraient eux les "premiers". La seconde étape serait celle des fondateurs des écoles philosophiques (Socrate, Platon, Aristote...) chez qui se brise l'unité de la révélation primitive. Et la troisième serait celle des philosophies contemporaines (le moyen-platonisme...) qui ne sont plus que des doctrines purement humaines. Ainsi Daniélou rapproche Justin et Clément en écrivant : "En gros les explications que nous donne Clément se ramènent à celles que Justin proposait déjà. Mais il donne à ces explications des développements beaucoup plus considérables qui nous permettent de mieux dégager leur signification et de voir leur complémentarité plus que leur opposition"[47]. Nous ne partageons pas l'opinion de Daniélou sur ce point ; nous avons déjà dénoncé cette

---

44. R. JOLY, *Christianisme et philosophie (supra,* n. 24), p. 32.

45. R. JOLY, *Ibid.*, p. 26 pour plus de détails sur la réfutation de Hyldahl par Joly, cf. pp. 26-32.

46. Nous l'aurons compris, Winden est en accord avec Joly sur ce point et ils sont ainsi tous les deux opposés ici à la thèse de Hyldahl. Winden écrit : "But Justin actually has in mind the "fathers" of the several philosophical schools, who are, of course, not the *primi mortalium* or the "wise men" of Posidonius" (*An early christian philosopher supra,* n. 43, p. 44).

47. J. DANIELOU, *Message évangélique et Culture hellénistique*, Paris, 1961, p. 50. Pour plus de détails sur la pensée de Clément par rapport à la *Urphilosophie*, voir "Clément d'Alexandrie et la tradition primitive", pp. 50-72.

habitude facile d'expliquer la pensée d'auteurs du IIe siècle par celle d'écrivains postérieurs. Par contre, nous sommes en accord avec Joly : "On ne trouve pas du tout chez Justin (...) ce mirage oriental qui fait commencer une *Urphilosophie* chez des barbares plus anciens que les premiers philosophes grecs"[48].

Daniélou, à propos de ce passage du prologue, en voyant Justin parler des philosophes comme des hommes *sacrés* (*osioi*)[49], écrit : "Il est clair que la philosophie est présentée comme envoyée aux hommes"[50]. Ce don de Dieu aurait été ensuite corrompu dans les écoles philosophiques. La philosophie première, comme une seule science, serait donc conçue comme une sagesse, une voie d'union à Dieu révélée à quelques sages à l'origine puis tombée en décadence. Daniélou en déduit que cette conception grecque d'une révélation primitive a marqué Justin qui admettrait une certaine inspiration en dehors d'Israël[51]. Cette conception qui n'est qu'ébauche se développe chez Clément. Cette inspiration si elle est vraie, ne dépasse pas la révélation partielle du logos spermatikos et n'atteint pas au Logos total[52]. Daniélou rapproche beaucoup trop Justin et Clément.

Pour sa part[53], Joly pense que Justin a trouvé son inspiration chez Antiochus d'Ascalon (125;69), ce scholarque, qui succède à Philon de Larisse, à la tête de l'Académie de 85 à 69[54]. Toutefois, Joly admet que Justin transpose un thème de la doctrine centrale d'Antiochus et qu'il ne la reprend pas entièrement à son compte. En substance, Joly soutient que cette philosophie des anciens, nettement supérieure à celle des contemporains de Justin, reste inférieure et postérieure à la vraie

48. R. JOLY, *Christianisme et philosophie (supra*, n. 24*)*, p. 38.

49. *Dial.* 2:1 ; (...) καὶ ὅσιοι ὡς ἀληθῶς οὗτοί εἰσιν οἱ φιλοσοφίᾳ τὸν νοῦν προσεσχηκότες. "Et ils sont véritablement des hommes sacrés ceux qui s'appliquent à la philosophie".

50. J. DANIELOU, *Message évangélique (supra*, n. 47), p. 49.

51. D'après Daniélou, pour Justin "la Sibylle est une païenne et elle est sûrement inspirée" (p. 49). Le cardinal s'appuie sur *ap.* 20:1 et 44:12. Il reste vrai que les Pères de l'Eglise ont souvent cité ce genre littéraire (cf. les *Livres Sibyllins*) mais dans l'énumération d'*ap.* 44:12 ("les lecteurs éventuels d'Hystaspe, de la Sibylle ou des Prophètes"), Justin met-il sur le même plan et considère-t-il comme inspiré par Dieu la Sibylle au même titre que les Prophètes ? Rien n'est moins sûr. L'inspiration peut-être tout aussi occulte et cette idée ne serait pas en contradiction avec la pensée de Justin quand on connaît sa théorie sur la démonologie.

52. C.J. De Vogel partage cet avis : "He (Justin) opposed Christianity to Greek philosophy which, though it did have partial insights into the truth, actually never attained to knowing the whole" ("Problems concerning Justin Martyr", *Mnem* 31, 4, 1978, p. 369).

53. Nous ne rapportons pas de façon exhaustive la thèse de R. Joly. Nous renvoyons à son livre p. 32-38.

54. Nous trouvons des renseignements substantiels sur ce personnage chez E. BREHIER, *Histoire de la philosophie (supra*, n. 38), I, pp. 363-365 ; V. BROCHARD, *Les sceptiques grecs*, Paris, 1959, pp. 209-227.

philosophie au sens absolu, celle dégagée par les Prophètes (dans l'Ancien Testament). La philosophie des anciens est donc une philosophie partiellement vraie, "mais Justin ne lui attribuera jamais les impiétés qu'il reproche à des philosophies postérieures".

Justin a donc une conception révélée et inspirée par Dieu au travers des Prophètes de la philosophie. Celle-ci est supérieure à la philosophie naturelle qui correspond à la *Urphilosophie*. Skarsaune trouve que cette notion de "primordial philosophy" est vide de sens aussi longtemps que son contenu n'est pas défini[55]. C'est pourquoi il ne fait pas dépendre la philosophie de Justin de celle primordiale qui a été perdue et que l'on ne retrouve que dans les livres des Prophètes. Cette idée sous-tend implicitement l'idée de logos spermatikos. Cette révélation partielle qui explique l'éclosion d'une *Urphilosophie* est incluse *a fortiori* dans une révélation totale véhiculée par la Bible. C'est cette conception que Justin avait à l'esprit quand il appelle le christianisme philosophie[56]. C'est simplement dans ce cas qu'un lien existe entre la philosophie révélée et la philosophie naturelle : ce lien est assuré par le logos spermatikos[57] qui tend à indiquer des ponts de l'une à l'autre. Nous nous départissons de la thèse de Winden qui écrit : "Comme il n'y a qu'un christianisme pour Justin, il n'y a qu'une seule philosophie : une philosophie primitive pourrait-on dire, dont, comme il résulte de la suite de son argumentation, le christianisme est la continuation"[58]. Cette position tendrait à prouver que philosophies naturelle et révélée sont assimilables. Certes, on peut exhiber des ponts de l'une à l'autre mais cela n'induit pas que leur contenu est similaire. Nous préférons voir une "rupture" avec Skarsaune : Justin a dû renoncer au platonisme pour embrasser le christianisme lors de sa conversion[59]. Ou plutôt pour être

---

55. A la suite de R. Joly, nous pensons qu'elle désigne la "science" qui met en valeur les positions communes des trois grandes écoles : Académie, Péripatos, Stoa. Quand O. Skarsaune parle de "primordial philosophy", il désigne la notion d'*Urphilosophie* dégagée par Hyldahl qui n'a rien à voir avec le contenu que lui prête R. Joly. "Primordial philosophy is an empty designation as long as its *content* is not defined" ("The Conversion of Justin Martyr", *STh* 30, 1976, p. 64).
56. O. SKARSAUNE, "The Conversion of Justin Martyr" *(supra*, n. 55), p. 63 ; "The primordial philosophy has not only degenerated, it has actually been lost, and is now only to be found in the books of the prophets. This is the conception has in mind when he calls Christianity a philosophy".
57. Cela permet à O. Skarsaune de dire : "Christianity is the primordial, true philosophy recovered" (*Ibid.*).
58. J.C.M. VAN WINDEN, "Le christianisme et la philosophie" in *kyriakon Festschrift J. Quasten*, 1970, I, p. 208.
59. D'après C.J. De Vogel, Hyldahl voit une totale rupture entre la philosophie grecque et le christianisme : "In other words, Hyldahl assumes a total abyss between Greek philosophy, including Platonism, and Christianity" ("Problems concerning Justin Martyr", *Mnem* 31, 4, 1978, p. 361).

précis, y voir une certaine continuité selon le mot de De Vogel, qui n'est pas une continuité certaine. Cette "certaine continuité" rend sous-jacente la révélation partielle. Les philosophes ont aussi ajouté des erreurs et cette *Urphilosophie* (au sens de Hyldahl et de Joly) est remplie de faux et de vrai. La comparaison est donc impossible avec la révélation parfaite des Ecritures incarnée en Jésus-Christ[60].

C'est la notion de "contradiction" qui lève la difficulté entre le christianisme et la philosophie, entre la philosophie révélée et celle naturelle. En *Dial.* 65:2, Justin affirme que l'Ecriture ne renferme aucune contradiction car c'est la parole unique de Dieu. S'il y a contradiction apparente, précise-t-il, elle résulte d'une mauvaise compréhension car nous n'en saisissons pas le sens. Par contre, Justin à plusieurs reprises (cf. *ap.*4:8 ; 44:10 ; *app.*10:3 ; 13:3) signale que les philosophes se sont contredits les uns les autres car ils ne connaissaient pas tout ce qui ressort du Verbe. Les intuitions justes inspirées par le logos spermatikos sont mélangées à leurs propres idées charnelles. Cette contradiction implique l'idée de décadence que Justin expose en *Dial.* 2:2 par trois points différents : à un premier niveau la philosophie des Pères fondateurs se fragmenterait parce que les disciples d'un même "père" ont retenu surtout l'originalité et le particulier au lieu de cerner ce qu'avaient en commun ces Pères fondateurs ("les premiers"). Ensuite, cette philosophie subit une seconde fragmentation car les disciples ne retiennent chacun qu'une partie de l'enseignement de leur maître commun. Cela implique qu'ils en viennent à s'opposer entre eux par des divergences. Enfin, à un troisième niveau, une altération des doctrines se produit au cours de leur transmission[61].

La philosophie, explique Puech, "dès qu'elle a voulu construire des systèmes, au lieu de se borner à proclamer quelques principes fondamentaux, n'a pu éviter les contradictions, et n'a rien dit de solide. Il y a cependant dans les systèmes, des germes de vérité..."[62]. Puech explique que ces contradictions relèvent d'idées fausses inspirées par les démons : l'humanité s'est laissé séduire par les prestiges des démons qui ont institué le polythéisme, l'idolâtrie, et qui par de perfides imitations

60. Nous reproduisons le texte de C.J. de Vogel : "It is clear, then, from the text of the *Dialogus* itself that for Justin without any doubt there was a certain continuity between philosophy, in particular Platonism, and Christianity. Platonism had only a partial view of the truth and was mixed with error ; Christianity was Truth in its fullness. Its relation to philosophy was that of completion and correction" (p. 381).

61. R. JOLY, *Christianisme et philosophie (supra,* n. 24), p. 33.

62. A. PUECH, *Les apologistes grecs (supra,* n. 11), p. 69.

de la vérité ont tâché d'entraver l'oeuvre de salut[63]. Cette identification entre les dieux du paganisme et les démons se fonde sur le Psm. 96:5 : "Car tous les dieux des peuples sont des faux dieux (des "démons", précise la LXX)"[64].

Si grande que soit la sympathie avec laquelle Justin parle des sages de la Grèce, il est obligé d'avouer que ces sages ne sauraient conduire au christianisme. La démonstration chrétienne s'appuie en dernière analyse sur la Bible[65]. Justin explique que les hommes ne se sont pas appliqué à chercher la vérité par leur intelligence pour trouver Dieu : "leurs successeurs les suivirent, non plus toutefois pour chercher la vérité, mais seulement parce qu'ils étaient frappés de la force d'âme des premiers (...)"[66]. Les hommes se sont attachés au penseur plus qu'à la pensée. Ils ont opté pour l'homme plus que pour la vérité. L'engouement pour le maître a dépassé l'intérêt pour la vérité. Si nous osions risquer une lecture heideggerienne, nous dirions que les hommes se sont arrêtés à la re-présentation humaine au lieu de dépasser ces formes contingentes pour saisir la pré-sentation de ce qui leur était donné à penser. Ils ont stoppé au *Dasein* au lieu de le dépasser pour saisir l'Etre. "Un penseur ne dépend pas d'un penseur, mais il s'attache, s'il pense, à ce qui donne à penser, à l'Etre. Et ce n'est que dans la mesure où il s'attache à l'Etre qu'il peut être ouvert à l'in-fluence de ce qu'ont déjà pensé les penseurs"[67]. En fait, Justin dénonce la superficialité des disciples des fondateurs en matière de pensée.

Au terme de cette analyse qui se devait de clarifier cette notion de philosophie primordiale, nous pouvons énoncer la proposition suivante : *la philosophie révélée par les Ecritures que prône Justin et qui est liée au Logos total (Jésus-Christ) se différencie de la philosophie naturelle prônée par les philosophes (les Pères fondateurs) et qui est liée au logos spermatikos (la raison humaine) même si des points de contact sont possibles sur la base de cette notion de révélation.* Maintenant que cette différence est établie et que les fondements de la problématique sont posés, il nous faut pousser plus avant notre réflexion pour cerner la spécificité de cette philosophie de Justin qu'est le christianisme. Nous allons la confronter non plus à cette philosophie primordiale mais aux

---

63. *Id.*, *Ibid.*
64. Psm. 95:5 (LXX) ; ὅτι πάντες οἱ θεοὶ τῶν ἐθνῶν δαιμόνια.
65. G. BARDY, "Justin Martyr" in *DTC* col. 2245.
66. *Dial.* 2:2. Nous trouvons ici un écho de ce que Paul écrit en Ro. 1:18-32 quand il dit que les hommes ont retenu la vérité captive et qu'au lieu de glorifier Dieu, ils se sont perdu dans de vains raisonnements. L'intelligence est donc corrompue.
67. M. HEIDEGGER, *Qu'appelle-t-on penser ?* Paris, 1959, p. 72.

différentes philosophies qui en découlent et que Justin cotoya au second siècle.

II- La philosophie et les philosophies.

Nous ne cherchons pas à exhiber les emprunts que Justin aurait fait aux différents courants philosophiques mais à préciser nos résultats en ajoutant quelques coups de crayon. Nous essayons de parfaire la définition de la philosophie de Justin en l'éprouvant au creuset de ces quelques pages.

1- L'indépendance du christianisme et sa spécificité comme philosophie.

Ce nouveau paragraphe ne prétend pas analyser le procès qu'intente Justin aux philosophes grecs en *Dial.*1:4,5. Nous avons évoqué ce problème au chapitre 3 en commentant la formation de Justin à travers les diverses écoles. En mentionnant *Dial.*1:4,5, cherchons ce qui caractérise le christianisme[68]. L'apologiste évoque quatre théories qu'il récuse tour à tour. Il commence par constater que la plupart des philosophes ne s'intéressent pas au problème de Dieu. Puis il déplace son centre d'intérêt en parlant non plus seulement de Dieu mais du problème de la relation entre Dieu et l'homme : il veut nous faire croire que la providence de Dieu ne s'étend pas jusqu'aux individus. Winden a vu dans ces deux théories (le problème de Dieu et la providence) des éléments tirés du moyen-platonisme. Pépin en creusant plus profondément dans le matériel philosophique a discerné une composante cyrénaïque dans la pensée grecque (Winden approuve la contribution de Pépin dans son article de 1977). Quant aux deux autres théories, on reconnaît facilement d'abord la thèse stoïcienne qui dit que le cours des choses dans ce monde s'écoule selon des cycles identiques ; ensuite, la théorie platonicienne concernant l'âme humaine. Joly a

68. Nous n'allons pas rapporter ici les différents éléments du débat au risque de se perdre dans le flot de la critique ; nous renvoyons aux récents travaux des différents savants pour une enquête plus approfondie : N. HYLDAHL, *Philosophie und Christentum (supra*, n. 42); J.C.M. VAN WINDEN, *An Early Christian Philosopher. Justin Martyr's Dialogue with Trypho, chapters one to nine* (Philosophia Patrum 1) Leyde, 1971, pp. 30-42 ; R. JOLY, *Christianisme et philosophie. Etudes sur Justin et les Apologistes grecs du deuxième siècle,* Bruxelles, 1973, pp. 16-23 ; J. PEPIN, "Prière et providence au IIe siècle" in *Studia Gerardo Verbeke dicata : Images of Man in Ancient and Medieval Thought,* Louvain, 1976, pp. 111-125 ; J.C.M. VAN WINDEN, "Le portrait de la philosophie grecque dans Justin *Dialogue* I 4-5", *VCh* 3, 1977, pp. 181-190.

souligné dans ce passage l'outrance polémique de Justin à l'égard des philosophes[69]. Nous croyons plutôt avec Winden que l'apologiste veut montrer que la plupart des philosophes ne s'intéressent pas au problème de Dieu. "C'est cela qu'il fait entendre au début du passage. Mais après la lecture du texte, on se rend compte que l'auteur veut, en effet, montrer que la plupart des philosophes n'acceptent pas *un Dieu qui récompense le bien et punit le mal*". C'est d'après cette idée que Justin considère quatre thèses qui s'opposent à une telle foi : deux concernant le problème de Dieu, deux autres qui ont pour conséquence qu'on n'a ni crainte ni espoir pour la vie dans l'autre monde, et de ce fait ni crainte ni espoir envers un Dieu qui récompense et punit. *A contrario* la philosophie de Justin repose sur la crainte et la confiance en Dieu. En *Dial.* 80:3 il affirme devant Tryphon : "je suis d'avis qu'il ne faut pas plus suivre les hommes que les enseignements des hommes, mais Dieu et les enseignements qui viennent de lui". Cet extrait nous montre bien que Justin est plus chrétien que philosophe. Nous l'avons vu avec *Dial.* 1:4,5 le christianisme ne se contente pas de venir compléter les données des philosophies mais les corrige. Ecoutons De Vogel : "Il y a aussi certaines erreurs païennes, et le christianisme en relation avec la philosophie, n'est pas complémentaire mais en outre correctif (ou rectificateur)"[70]. Le christianisme n'est pas une manière de penser rationnelle que n'importe quel humain peut acquérir par simple usage de son intellect : c'est une révélation spéciale de Dieu aux hommes. Elle s'acquiert par un don de Dieu : la grâce (cf. *Dial.*7:3).

Cependant, cette vision du christianisme justinien n'explique pas l'impact du moyen-platonisme. Rops écrit : "On se souvient que les apologistes et saint Justin surtout, avaient voulu annexer au christianisme cet idéal plénier d'humanité que la philosophie grecque appelait la raison"[71]. Devons-nous parler d'humanisme chrétien ou de christianisme humaniste ?

---

69. Cette attaque de Justin reflète davantage le subjectivisme outrancier de Joly d'après Winden qui en profite ainsi pour décocher une flèche au savant belge (cf. article in *VCh* 3, 1977, p. 189-190).

70. C.J. DE VOGEL, "Problems concerning Justin Martyr", *Mnem* 31, 4, 1978, p. 363 ; "The relation between philosophy and Christianity in Justin's view is not such that Christian faith just adds some complementary "teachings" to the true but partial insights of philosophy ; there are also certain "pagan errors", and Christianity with relation to philosophy is not supplementary but also corrective".

71. D. ROPS, *L'église des apôtres et des martyrs,* Paris, 1971, p. 364. Dans ce qui suit, nous n'envisageons plus le débat entre Logos et raison. Cf. le début du chapitre sur cette question.

2- Une explication des emprunts philosophiques de Justin.

"Justin annexe rétrospectivement au profit du christianisme tout ce qu'il y a de valable dans le paganisme : "Tout ce qu'ils ont enseigné de bon nous appartient, à nous chrétiens"" (*app.* 13:4)[72]. L'apologiste se serait-il inspiré de I Co. 3:21,22 comme le sous-entend Wartelle pour écrire cela ?[73] Cette idée sera reprise par la suite[74] : la philosophie se constitue de tout ce qui est bon dans les philosophies. On se rappelle le conseil de Basile le Grand (Père cappadocien du IVe siècle : 330-379) aux jeunes gens : prendre le miel et laisser le venin. Cette attitude de Justin et de bon nombre de Pères de l'Eglise peut s'expliquer de trois façons différentes : un mélange des cultures classique et chrétienne, la préparation évangélique et une raison spirituelle.

a- Un christianisme humaniste.

Joly montre que le raisonnement analogique que Justin met en place en faveur de la résurrection des corps[75] se retrouve chez des auteurs païens : Galien, Marc-Aurèle, Lucien..." quoi qu'il en soit, conclut-il, Justin n'a pas inventé la substance du chapitre XIX de sa première Apologie. Il a adapté à sa foi en la résurrection une source probablement platonicienne (...)"[76]. Joly se plaît à rechercher les possibles emprunts qu'auraient fait les apologistes à la littérature profane contemporaine pour diminuer la portée de l'oeuvre apologétique telle que nous l'avons définie. Ils n'auraient fait que copier dans la littérature de leur époque en tentant une plus ou moins bonne adaptation des arguments par une transposition servant leur cause. Joly fait de Justin un fin stratège voulant ratisser large et séduire les intellectuels. Ce stratagème serait bien peu emprunt d'amour et de franchise de la part d'un chrétien. Par ailleurs, Joly blâme implicitement

---

72. R. JOLY, *Christianisme et philosophie (supra*, n. 24), p. 169.
73. D'autres passages renvoient au même thème : *ap.* 46:3 ; 60:10. A. Wartelle écrit à propos de *app.* 13:4 ; "Fière affirmation d'une vérité constamment tenue par la tradition, mais qui est souvent mal comprise, fût-ce par des croyants. Cf. Jn. 16:33 ; Ro. 8:37 ; I Co. 3:21-23 ; 15:57 ; I Jn. 5:4-5. (...) La différence est que le philosophe réclame toute vérité comme son bien propre, tandis que le chrétien affirme en plus que toute vérité lui appartient en tant que révélation faite par le Logos, et qu'ainsi toute vérité est une vérité chrétienne" (*Saint Justin, Apologies*, Paris, 1987, p. 312).
74. Clément d'Alexandrie en parle aussi : "La philosophie, c'est-à-dire non pas celle des stoïciens ou de Platon, ou d'Epicure, ou d'Aristote, mais tout ce qui a été dit de bon dans chacune de ces écoles, nous enseignant la justice, avec la Science Pieuse, c'est cet ensemble, fruit d'un choix, que j'appelle philosophie" (*Stromates* I, VII, 37,6).
75. Cf. R. JOLY, "Parallèles païens pour Justin, Apologie I, XIX" in *Mélanges Nikiprowetsky*, Louvain-Paris, 1986, pp. 473-481.
76. *Id., Ibid.*, p. 480.

Justin en exagérant sa position par le procédé de l'ironie : il fait de l'apologiste un rationaliste superficiellement chrétien qui "compte bien trop sur la raison pour insister lourdement sur sa faiblesse"[77]. Quelle cause sert Joly en cherchant à estomper le christianisme des apologistes, les présentant comme des hommes qui ont servi leur propres intérêts, se revendiquant comme chrétien tout en conservant leurs acquis culturels, aboutissant ainsi à un mélange non missible d'une culture chrétienne en suspension dans un bain philosophique païen ?

b- La *Praeparatio Evangelica*[78].

Justin s'exclame : "Si donc nous trouvons à la fois quelques points d'accord avec les poètes et les philosophes qui sont en grand renom chez vous, et si sur quelques autres points nous tenons un langage plus élevé et digne de Dieu, et que seuls nous apportions une démonstration, pourquoi sommes-nous, par exception, injustement haïs ? En affirmant que l'univers tire son existence et son ordonnance de Dieu, nous paraîtrons enseigner une doctrine de Platon ; En affirmant une destruction du monde par le feu, une doctrine des stoïciens ; (...)" (*ap.* 20:3,4). C'est là un exemple représentatif de la manière dont l'apologiste recourt à cette préparation à l'Evangile. D'après De Vogel il est presque assuré que le platonisme a préparé la voie à l'Evangile dans le cas de Justin et d'Augustin. Mais il est évident que cette préparation ne s'est pas faite avec la même force que celle de l'Ancien Testament préfigurant la nouvelle alliance. La philosophie sous certaines conditions a pu être une préparation à la compréhension de la vérité du moins pour certains[79]. Ces points de contacts sont dûs au logos spermatikos et Justin ne reprend chez les païens que ce qui est en accord avec le christianime ou lui fait écho de façon positive. Justin ne copie pas outrageusement dans le fond païen pour faire valoir un christianisme de demi-teinte comme semble le montrer Joly mais cite les philosophes païens pour faire transparaître les rapprochements afin d'assurer l'ancienneté du christianisme et le fait qu'il a mis à jour ce qui était sous-jacent et qui frémissait dans les consciences de certains philosophes antérieurs. Recenser les sources de Justin ne permet pas

---

77. *Id., Ibid.*, p. 479. Par sa position, R. JOLY n'est pas si loin de B. AUBE.

78. Ce titre est un clin d'oeil à l'excellent chapitre de M. SIMON, pp. 65-97 : *La civilisation de l'antiquité et le christianisme*, Paris, 1972.

79. C.J. DE VOGEL, "Problems concerning Justin Martyr..." *(supra,* n. 70), p. 369-370 ; "Surely, Platonism *could* prepare one's mind for the Gospel, as it did, for instance, in the case of Justin, of Victorinus and of St. Augustine. However, even in Justin's view Platonism was by no means a preparation for the Gospel in the same sense and with the same force as the Old Testament was.(...) philosophy under favourable conditions *might* be a preparation for understanding that truth, for some people and up to a certain extent, never wholely".

forcément de cerner sa pensée puisqu'il prête un sens nouveau aux formules qu'il emprunte. Le travail d'érudition qui consiste à chercher des emprunts n'est pas toujours bénéfique et salutaire pour la compréhension d'un auteur. Les rapprochements à faire entre les cultures chrétienne et classique sont le fruit d'une permanence de la pensée chrétienne. La christianisation de l'hellénisme a été possible à cause d'une pré-christianisation qu'Eusèbe de Césarée a appelé la *praeparatio evangelica.*

c- Une déficience spirituelle.

Enfin, cette attitude peut s'expliquer suivant Simon par un amour du monde qui dessert la cause chrétienne : les apologistes seraient des chrétiens charnels qui n'ont pas renoncé à ce qui faisait leur ancienne vie. "Les Gentils n'ont pas, en entrant dans l'Eglise, dépouillé entièrement le vieil homme, changé totalement leurs catégories intellectuelles et les réactions de leur sensibilité, répudié tout à fait leur culture, indissolublement mêlée d'éléments religieux. En définitive, interprétée par d'anciens païens pour des païens, c'est en termes intelligibles aux païens, parce que largement empruntés à leur propre vocabulaire, que la doctrine chrétienne a réussi à se faire accepter d'un nombre croissant d'entre eux. Et ces parentés de vocabulaire recouvrent dans certains cas des affinités plus profondes. Elles contribueront à la naissance et au développement d'une culture chrétienne spécifique, dont l'héritage intellectuel, et jusqu'à un certain point le patrimoine spirituel, gréco-romains représentent l'une des composantes"[80]. Cette explication peut être valable et la dimension spirituelle n'est pas à négliger (même dans un travail universitaire). Cependant cette perspective n'explique pas tout et n'est pas forcément le fait de Justin[81]. Il ne faut pas faire de quelques cas particuliers une loi valant universellement. Les rapports de culture ne sont pas systématiquement à mettre au compte d'un amour du monde qui est un péché pour le chrétien (cf. Jac.4:4-10). Nous pensons que la philosophie de Justin à la lumière de la *praeparatio evangelica* déploie un *humanisme chrétien* c'est-à-dire un christianisme dont la forme seulement revêt une teinte humaine plus qu'humaniste : le

---

80. M. SIMON, *La civilisation de l'antiquité et le christianisme,* Paris, 1972, p. 142.

81. Nous ne sommes pas dans la pensée de Justin pour le deviner. Peut-être cet attachement à la sagesse humaine a-t-il révélé un amour du monde non jugé dans son coeur. Peut-être aussi y a-t-il renoncé et a-t-il pu par la suite s'en servir librement, gardant un respect pour les philosophes sans que ce respect soit admiration. Les réflexions à la portée spirituelle tournent à la spéculation en l'absence de l'apologiste. Cependant, son comportement peut manifester ces deux attitudes : au-delà, nous touchons les limites de la compréhension que nous pouvons avoir de l'auteur.

contenu reste donc bien chrétien. Pouvons-nous pousser la définition de cette philosophie justinienne plus loin ?

3- Une nouvelle formulation de la philosophie.

De Vogel pense que le christianisme d'une part est une philosophie dans la mesure où elle répond aux questions des philosophes et d'autre part n'en est pas une car elle provient d'une révélation et du travail divin de l'Esprit. Elle conclut en disant que Justin se sert du terme philosophie dans le premier sens mais aussi dans le second sens. Car selon elle, la vérité peut être comprise par l'intelligence si seulement cette intelligence est illuminée[82]. Justin ne tient pas à rationaliser le contenu du christianisme, nous l'avons vu. Bardy écrit lui-même : "Mais au fond, le chrétien, chez lui, dépasse de beaucoup le philosophe et ses ouvrages restent, sans aucun doute, des professions de foi chrétienne, non des livres de philosophie"[83]. A ce stade de notre réflexion, nous avons les éléments nous permettant de répondre à la question : les apologistes acheminent-ils le mot philosophie vers un changement de sens ?

En orientant la philosophie vers la quête du divin, Justin ne fait pas oeuvre nouvelle : l'objectif du moyen-platonisme à la mode à cette époque avait aussi la prétention de voir Dieu. Cependant, Justin marque une étape importante dans l'évolution du mot *philosophia* en introduisant la notion de révélation (cf *Dial.* 8:1,2). Selon Malingrey[84], Justin pour éviter toute confusion en situant sa philosophie par rapport aux philosophies, souligne leurs différences par une série de déterminatifs. Ce n'est pas l'épithète traditionnelle depuis Platon, *alèthès* dont il se sert pour désigner sa philosophie, mais il emploie les adjectifs *asphalès* (sûre) et *sumphoros* (profitable) qui sont les attributs de *philosophia* et lui confèrent l'honneur de désigner le christianisme. Le terme de *philosophia* s'achemine donc peu à peu vers un sens qui peut signifier dès lors : la vie chrétienne. Il ne s'agit pas ici de prétentions intellectuelles mais de méditation religieuse et de prière. Ce terme est donc un stimulant de recherche pour le chrétien. Bardy a dit

---

82. C.J. DE VOGEL, "Problems concerning Justin Martyr..." *(supra,* n. 70), p. 367 ; "The only notice to be added is that Justin used the term "philosophy" not only in the former sense, but also for *revealed truth* which was, according to his own inner experience, a truth to be understood with the intellect, if only that intellect were illuminated".

83. G. BARDY, "saint Justin..." *(supra,* n. 23), p. 33.

84. A.M. MALINGREY, *"Philosophia" étude d'un groupe de mots dans la littérature grecque des Présocratiques au IVe siècle ap. J-C.* thèse, Strasbourg, 1961, pp. 107-128.

quelque chose de très profond à ce sujet : "Le christianisme reste pour lui une philosophie, la plus haute et la plus vraie de toutes, c'est-à-dire une doctrine raisonnable et susceptible de démonstration : l'apologiste va jusqu'à dire que les chrétiens sont les seuls à démontrer leur croyance. Ami de la raison, il se refuse à abdiquer les droits légitimes de la recherche et à soumettre sa vie aux exigences d'une philosophie de l'inconnaissable"[85]. Enfin, Justin reprend aussi à son compte l'idée de philosophie comme gage de paix. Le christianisme est aussi philosophie dans la mesure où il ne se constitue pas autour d'un ensemble d'idées mais autour d'une personne (Christ) ayant ses disciples. La notion de philosophie tout en étant employée par les chrétiens a gardé la marque de son origine. Elle a ainsi permis des échanges féconds car elle affirmait la communauté de la race humaine, héritière par sa raison d'une parcelle de la divinité, et elle postulait des valeurs morales reconnues de tous. Deux grandes nouveautés sont donc à mettre au compte de Justin (et des apologistes) concernant le sens de *philosophia* : l'accès aux réalités spirituelles ne se fait pas par voie de recherche personnelle mais par une révélation toute gratuite ; ce message est confié au Fils de Dieu. La philosophie de Justin devient donc : sagesse révélée, référence au Christ.

Ainsi, en même temps que les apologistes utilisaient les mots du groupe de *philosophia* dans des sens qu'ils affirmaient traditionnels, ils les appelaient à exprimer une réalité qui dépassait de beaucoup le contenu le plus élevé que ces mots aient jamais eu à désigner au cours de leur histoire antérieure. Comment concilier ici la spécificité de la conception de la philosophie développée ci-dessus avec celle montrant l'influence de la philosophie grecque ? Ecoutons Hadot : "Le christianisme s'était présenté comme une philosophie, c'est-à-dire comme un mode de vie chrétien. Et si le christianisme a pu se présenter comme une philosophie, cela confirme bien le fait que la philosophie était conçue dans l'Antiquité comme un mode de vie. Si philosopher, c'est vivre conformément à la loi de la Raison, le chrétien est un philosophe puisqu'il vit conformément à la loi du Logos, de la Raison divine"[86]. Nous pouvons conclure par la proposition suivante : *la philosophie de Justin repose sur une sagesse révélée par le Dieu judéo-chrétien (la Bible) et en référence à son Fils. Elle déploie un humanisme chrétien rempli d'amour, et s'exprime en des termes*

85. G. BARDY, "Saint Justin et la philosophie stoïcienne", *RSR*, 13, 1923, p. 497.
86. P. HADOT, *Exercices spirituels et philosophie antique*, Paris, 1973, p. 222.

philosophiques empruntés à la culture païenne, qu'il corrige, redéfinit, et adopte sur la base d'une praeparatio evangelica.

Sommes-nous arrivés à une formulation satisfaisante de l'apologétique comme philosophie ? Sommes-nous parvenus au terme de nos investigations ? Le problème des emprunts aux philosophies païennes n'est pas assez creusé et notre proposition conclusive nous semble bancale. La réponse à la question de savoir ce que nous voulons dire exactement avec le mot philosophie dans le christianisme de Justin nous place devant un dilemme : celui du rapport plus profond exhibé dans le titre du paragraphe deux mais non atteint dans son développement. Dans ces conditions, il faut donc poser en termes tout à fait neufs la question du rapport en considérant une donnée plus large permettant peut-être de lever l'aporie. L'élaboration concrète de la question du sens de christianisme comme philosophie nous conduit à tirer au clair un nouveau chemin : l'influence de l'hellénisme comme horizon possible de la compréhension du rapport philosophie-christianisme.

III- Christianisme et hellénisme[87].

En abordant ce nouveau dualisme, nous ne voulons pas faire ressortir l'opposition radicale entre la théologie monothéiste du christianisme et la pensée religieuse païenne qui, se dégageant du polythéisme, n'aboutit qu'à un vague panthéisme[88]. Le débat se situe ici non pas au niveau religieux ou théologique mais exclusivement au plan philosophique et historique.

1- L'union féconde de l'hellénisme et du christianisme.

L'attitude réflexive de Justin s'explique par le contexte historique du IIe siècle baigné dans l'héritage de l'hellénisme marqué au fer rouge par le monde hellénistique. Les chrétiens hellénistes (dont Justin lui-même), avec leurs habitudes d'esprit grec, éprouvent le besoin d'expliquer et de justifier leurs principes, de raisonner et de démontrer, alors que les chrétiens moins touchés par l'esprit grec ou par la méthode

87. Nous avertissons le lecteur que ce paragraphe n'a de commun avec l'ouvrage de A.D. Nock que le titre. Nous espérons ainsi éviter à l'oeil érudit une déception en prévenant son horizon d'attente.

88. M. SIMON, *La civilisation de l'antiquité et le christianisme (supra,* n. 80), p. 144-146.

rabbinique, se contentent d'affirmer la vérité religieuse et morale[89]. N'oublions pas que Justin écrit en grec, et une langue véhicule une culture et favorise aussi une forme de pensée : le grec est la langue des philosophes ; le grec est donc plus qu'une langue, c'est un langage.

Ces chrétiens sont amenés à établir des rapports entre leur foi et leur vaste culture. Les Juifs avaient déjà donné l'exemple en la matière. La Septante est un produit de la confrontation du judaïsme et de l'hellénisme. Philon pousse plus loin les intentions déjà éparses chez les Juifs d'Alexandrie, en utilisant la culture grecque pour la mettre au service de sa foi. Par sa formation et le milieu dans lequel il évolue, il inclut dans son système des données philosophiques qu'il possédait à fond. "De cette rencontre de deux courants aussi vigoureux n'avait pu naître qu'un puissant fleuve"[90].

Cette volonté de synthèse était digne des efforts d'un saint Augustin et Puech affirme avec raison qu'en cela Philon dépassait l'envergure des apologistes en se rapprochant davantage "des hommes de la génération suivante, les docteurs de l'école d'Alexandrie"[91]. Cette synthèse entre le judaïsme et l'hellénisme était le fruit d'un processus : l'hellénisation du judaïsme. L'expérience de Philon est riche en enseignement et nous autorise à penser que les points de contact entre le christianisme et les philosophies grecques se comprennent par la vigueur de l'hellénisme qui dépasse le champ philosophique à proprement parler. L'oeuvre de Justin est celle de son époque. Dans le contenu de son oeuvre, Justin, à l'instar des auteurs antiques, utilise non seulement des idées, des images, des schèmes d'argumentation, mais aussi des textes ou au moins des formules déjà existantes. L'utilisation littérale de formules ou de mots employés par la tradition antérieure permet à Justin de les orienter dans un sens nouveau adapté à ce qu'il veut dire. Ce qui compte avant tout, c'est le prestige de la formule ancienne et traditionnelle et non le sens exact qu'elle avait originellement. "On s'intéresse moins à l'idée en elle-même qu'aux éléments préfabriqués dans lesquels on croit reconnaître sa propre pensée et qui reprennent un sens et une finalité inattendue dans leur intégration à l'organisme littéraire. Cette réutilisation, parfois géniale, du préfabriqué donne une impression de "bricolage", pour reprendre un mot actuellement à la mode, non

---

89. Ce qui n'est pas un tort. On peut parfaitement vivre sa foi d'un point de vue chrétien en ignorant la philosophie et la culture de son temps, comme il est permis à un philosophe d'un point de vue philosophique d'ignorer la foi.

90. D. ROPS, *L'église des apôtres et des martyrs (supra,* n. 71), p. 341.

91. A. PUECH, *Les apologistes grecs (supra,* n. 11), p. 286.

seulement chez les anthropologues mais aussi chez les biologistes. La pensée évolue en reprenant des éléments préfabriqués et préexistants auxquels elle donne un sens nouveau, dans son effort pour les intégrer à un système rationnel. On ne sait ce qui est le plus extraordinaire dans ce processus d'intégration : la contingence, le hasard, l'irrationalité, l'absurdité même qui proviennent des éléments utilisés ou au contraire l'étrange pouvoir de la raison pour intégrer, systématiser ces éléments disparates et leur donner un sens nouveau"[92].

L'hellénisme en tant que forme de pensée ou de civilisation a marqué Justin, c'est certain. Il ne faut donc pas minimiser la part de l'hellénisme dans le christianisme : "la naissance du christianisme a été préparée longtemps à l'avance par l'union féconde de l'hellénisme et du judaïsme"[93]. La préparation évangélique s'entend aussi ainsi. L'oeuvre de Justin est influencée par l'hellénisme dans la forme : la façon dont il s'exprime manifeste à n'en pas douter des influences hellénistiques. Mais qu'en est-il du contenu ?[94]

2- Syncrétisme ou éclectisme[95].

A l'orée de ce nouveau champ à défricher, il nous faut préciser la teneur du débat. Nous avons trop tendance à projeter notre optique actuelle dans le conflit christianisme/hellénisme en y voyant l'affrontement de la foi en une révélation et de la raison philosophique autonome. Le rapport raison et foi n'est pas encore sur le devant de la scène, nous l'attendons plus loin. Pour l'instant, nous situons le christianisme dans le contexte du confusionnisme philosophique.

Thévenaz écrit fort justement : "Ce n'est pas en tant que syncrétisme nouveau que le christianisme conquiert le monde antique ; il heurte de front les syncrétismes ambiants". L'apologétique justinienne s'intègre parfaitement dans cette perspective. Pour lutter contre les contaminations ambiantes, il faut adopter le langage des grecs à travers cette *koinè* tout imprégnée de ce confusionnisme. Il faut parler le langage des philosophes ; nous assistons à l'élaboration d'une forme

---

92. P. HADOT, *Exercices spirituels (supra,* n. 86), p. 211,212.
93. J. HADOT, "Hellénisme et Christianisme", *Philosophies non chrétiennes et christianisme,* 1984, p. 49.
94. Cette question dépasse le débat fond/forme pour mettre en place celui de l'expression et du contenu. Il est clair que l'expression désigne aussi le contenu. La dissociation se fait donc à un autre niveau que l'expression rend possible : le style et le contenu du message. L'opposition fond/forme, quant à elle, engage un faux débat car ils sont indissociables.
95. Nous devons baucoup à P. THEVENAZ, "De la philosophie divine à la philosophie chrétienne", *RThPh* I, 1951, pp. 4-20 dans l'élaboration de ce qui suit.

intellectualisée de la foi. Force était de marquer avec toujours plus de netteté et de subtilité le point précis où les voies se séparent entre la foi chrétienne et les spéculations philosophico-religieuses. Loin d'être un essai d'harmoniser hellénisme et christianisme, l'apologétique déploie une formulation de la foi dans un langage intellectuel, c'est-à-dire grec, capable de tuer dans l'oeuf la tentation syncrétiste propre au monde grec d'alors. Justin clame le divorce irréductible entre l'hellénisme philosophique et la foi. Mais peut-on traduire ainsi une pensée chrétienne sans trahir ? Justin veut montrer que le christianisme est aussi une philosophie, et comme il apporte le vrai salut, il est la meilleure philosophie, la seule vraie. Thévenaz condamne l'initiative de Justin comme une manière de se replonger plus sûrement dans le confusionnisme ambiant. Pour lui, le christianisme n'est pas une philosophie car dans le sens de l'époque, c'était prôner un syncrétisme d'un type nouveau. En ce sens Justin, il est vrai, ne revendique pas cela. Quand il pense philosophie, il évoque surtout l'aspect moral que recouvre ce terme. Justin inscrit bien un point de rupture avec la philosophie, resté visible dans le récit qu'il fait de sa conversion : c'est sur la destruction du platonisme et son échec que Justin va être réceptif au christianisme annoncé par le vieillard. Néanmoins, ce refus du syncrétisme, net chez Justin ne veut pas dire que la culture grecque n'a pas marqué sa pensée. La langue des écrivains du IIe siècle est façonnée par une renaissance philosophique : celle du moyen-platonisme. Elle emprunte aux stoïciens leur éthique, aux platoniciens leur métaphysique, et aux péripatéticiens leur logique. Ce courant de pensée caractérise l'oeuvre de Justin par sa forme : l'éclectisme.

En effet, le syncrétisme représente l'amalgame d'éléments hétérogènes[96]. L'éclectisme est la réunion par juxtaposition de thèses philosophiques conciliables. L'éclectique choisit, fait un tri. Ce qui manque encore, c'est un point de vue synthétique et organisateur capable de créer une unité qui soit plus qu'une juxtaposition. Justin est

---

96. Nous faisons nôtre la définition de P. THEVENAZ, "De la philosophie divine..." *(supra*, n. 95), p. 10 note 1 : "Le mot caractérise bien l'époque dans le sens qu'une fausse étymologie a accrédité : mélange et amalgame. En fait, le mot *sunkrètismos* signifiait l'union de deux Crétois, c'est-à-dire, puisque les Crétois étaient réputés menteurs, l'union factice et momentanée de deux fourbes qui se liguent pour en duper un troisième. (...) Syncrétisme garde d'ailleurs quelque chose de cette signification : il s'agit d'un accord superficiel et inauthentique d'éléments hétérogènes et disparates dont les différences irréductibles sont estompées. Il implique un aplatissement des doctrines, vidées de leur substance essentielle, un brouillage des plans, surtout des plans philosophiques et religieux, puisque le mot syncrétisme est réservé à la confusion intellectuellement faible de ces deux plans".

l'instigateur d'une forme d'humanisme chrétien qui se développe en éclectisme. L'idée directrice est celle d'*app.*13:4 ; la philosophie est bonne mais elle est mêlée, l'ivraie pousse avec le bon grain. La foi permet précisément de faire un choix (*ékléktikon*). La culture et la philosophie antique peuvent donc être intégrées dans la foi, comprise dans et par le christianisme qui, de militant qu'il était, devient assimilateur. Nous pouvons alors affirmer avec Thévenaz : "l'éclectisme donne le coup de grâce au syncrétisme comme plus tard la synthèse augustinienne supplantera l'éclectisme".

Toutefois, il ne faudrait pas confondre cette juxtaposition avec une honteuse compilation où la foi chrétienne viendrait souder toutes ces demi-vérités ; la foi encadrerait les philosophies sans les éliminer. Justin s'amuserait à recoudre des parties isolées d'un système avec des parties détachées d'un autre, pour aboutir à une pseudo-homogénéité faite de raccords et de bouts rapiécés. Cette compilation ferait un christianisme philosophique sous le patronage de la foi. Non ! Justin met en place une philosophie résultant d'une christianisation de l'hellénisme et non le contraire : la convergence entre philosophie et christianisme reste possible. Chadwick écrit : "De tous les premiers théologiens chrétiens, Justin est le plus optimiste au sujet de l'harmonie entre le christianisme et la philosophie grecque"[97].

3- La christianisation de l'hellénisme.

Nous sommes à même de pouvoir répondre à la question du contenu soulevée précédemment. Pouvons-nous distinguer chez Justin un point d'insertion de l'hellénisme dans le christianisme ? Cette influence directe de l'hellénisme sur le christianisme a touché le style de Justin qui s'exprime comme un homme de son siècle. On nous objectera que l'apologiste, dans le traitement qu'il opère du logos, reprend un contenu purement hellénique. Qui nous dit que Jean n'a pas pensé à "raison" en même temps que "parole" dans le prologue de son évangile ? Peut-être qu'une influence directe de l'hellénisme est à noter en Jn.1:1[98]. D'autre part, Justin n'innove pas en citant des auteurs grecs dans son oeuvre. Paul cite lui-même le poète grec Aratus en Ac.17:28 et le poète crétois Epiménide en Tite 1:12. Ces emprunts n'altèrent aucunement le contenu

97. H. CHADWICK, *Early christian thought and the classical tradition Studies in Justin, Clement, and Origen,* Oxford, 1966, p. 10 ; "Of all the early Christian theologians Justin is the most optimistic about the harmony of Christianity and Greek philosophy".

98. Ce qui est assuré, c'est que l'apôtre Jean en parlant de logos désigne le fils de Dieu et que cette intelligence n'a rien à voir avec celle de l'homme ; on pourrait parler de Raison et raison.

du message chrétien. Justin critique ses adversaires et ne prend pas comme argent comptant tout ce qu'ils disent. C'est pourquoi nous pouvons parler d'une christianisation de l'hellénisme au sens où le contenu est spécifiquement chrétien et prend place dans un moule hellénique. Ce processus permet d'aboutir à la conception d'un hellénisme chrétien. Nous pouvons à présent serrer davantage l'apologétique justinienne en proposant une nouvelle définition : *la philosophie prend pour trajet le christianisme et déploie un hellénisme éclectique du christianisme.* Ce n'est cependant pas la notion d'"éclectisme" qui sauvegarde le contenu chrétien mais la foi et l'attachement à Dieu. C'est dans l'école d'Alexandrie à la fin du IIe siècle et au début du IIIe que va se poursuivre l'affrontement de ce nouvel hellénisme (que constitue le moyen-platonisme) et du christianisme sur le plan de l'éclectisme mais il débouchera cette fois sur une hellénisation du christianisme. Il nous faut donc voir à présent en quoi Justin se distingue de ses successeurs ; ce qui nous fait aller à contre-courant de la critique qui s'ingénie à voir Justin à travers eux.

IV- Philosophie et théologie.

Harnack avait vu dans la théologie des apologistes et des Alexandrins une hellénisation du message chrétien. Il nous faut différencier les apologistes des Alexandrins. Par ailleurs, la théologie n'est pas une hellénisation du christianisme comme l'a prétendu Harnack ; elle repose sur des données autres et des intentions qui doivent être précisées. En essayant de situer la pensée de Justin, nous savons les limites de notre entreprise, et il est impossible de vouloir cerner en quelques pages les doctrines de Clément, Tertullien, Origène, Augustin... C'est pourquoi, nous ne nous autorisons pas à prononcer un quelconque jugement hâtif sur ces Pères vénérables. Nous voulons seulement réagir contre les trop faciles simplifications dont Justin a été l'objet.

1- L'hellénisation du christianisme[99] .

Justin se sépare des autres Pères de l'Eglise, en tant qu'il est plus philosophe que théologien, nous l'avons maintes fois répété. Sur les

99. D.Bourgeois a écrit une bonne synthèse de la question : cf. *La Sagesse des Anciens dans le mystère du Verbe. Evangile et philosophie chez saint Justin,* Paris, 1981, pp. 26-43.

quelques aspects de la foi abordés chez Justin en comparaison avec d'autre Pères, nous avons cru voir qu'il s'en départissait dans la mesure où les autres inséraient de l'hellénisme dans le christianisme. Certes, nous ne pensons pas qu'ils en soient venus à injecter un contenu purement hellénique au christianisme qu'ils auraient repoussé sur les bords comme demi-teinte. Ce christianisme hellénique est le lot des gnostiques qui ont injecté un contenu de savoir humain en réduisant le christianisme à un moule, à un vernis, pour faire d'eux des gnostiques chrétiens attachés à la raison plus qu'à Dieu. Nous ne nous autorisons pas à tenir un tel discours vis-à-vis d'Irénée, Tertullien, Clément, Origène... ou Augustin. La réalité est plus subtile. Comme Philon, il leur est arrivé (donc pas forcément de façon systématique) de s'appuyer sur Platon et les stoïciens pour faire l'exégèse des textes bibliques. Ils employaient ainsi des méthodes d'interprétation qui tendaient à se substituer au Saint-Esprit. Ainsi, Clément (par exemple) reprend dans son oeuvre les thèmes de son temps et emprunte la conception que les allemands ont appelé *Urphilosophie* à Antiochus d'Ascalon ou Aristote[100]. Justin s'en départit : s'il reprend l'idée de la diversité des écoles, il ne croit pas à l'idée d'une philosophie primordiale, un âge d'or de la sagesse humaine quasi divine car inspirée par les dieux ou le Dieu : la philosophie serait un don de Dieu car communiquée aux sages antiques[101]. D'autre part, Clément prête à la notion de *métanoia* (conversion) un contenu plus largement philosophique que Justin qui reste fidèle à la tradition biblique.

Enfin, si nous comparons Justin et Clément sur la théorie du logos, une différence apparaît : d'une part, il y a une connaissance commune, due au logos, à la raison, qui est elle-même un don de Dieu. Cette connaissance est naturelle et accessible à tous. La divergence avec Justin apparaît dans ce qui suit : il y a une action du Logos auprès de certains des grecs, qui en fait des sortes de Prophètes du monde païen et qui demande une assistance spéciale de Dieu[102]. Cependant, nous ne

100. J. DANIELOU, *Message évangélique (supra,* n. 47), pp. 50-72.

101. Nous ne voulons pas faire entendre par là que Clément mettait sur le même plan la révélation partielle aux hommes et la révélation parfaite de Dieu en Jésus. Clément désigne la philosophie comme partielle (*mérikè*). "La vérité qui se montre dans la philosophie grecque est partielle" (*Strom.* VI,10,82,2). "L'erreur des philosophes sera de croire posséder la totalité, alors qu'ils n'ont que la partie (...). On notera qu'Attikos dit la même chose de Platon par rapport à ceux qui l'ont précédé (Eusèbe *PE* XI,2)" (J. Daniélou, *Message évangélique supra,* n. 47, p. 68 + note 1). Cette idée est-elle encore un emprunt de Clément ?

102. J. DANIELOU, *Message évangélique (supra,* n. 47), p. 53 ; il ajoute : "cette doctrine est développée pour la première fois par Clément, comme l'a vu Molland". Cette idée est grave car elle tendrait à suggérer que la Bible n'est pas le seul Livre inspiré mais qu'il existerait des grecs qui auraient été tout aussi inspirés mais dont les écrits seraient perdus et que la tradition nous

voulons pas dire par là que Justin est très clair sur la notion de logos. Mais il ne fait pas cette erreur. Il est vrai qu'il rapproche parfois trop logos de "raison" : ce qui peut être préjudiciable - nous en analyserons la portée dans le paragraphe raison/foi. Clément emprunte donc beaucoup trop à la philosophie de son temps au point de fausser parfois les données bibliques. Peut-être que ces emprunts plus nombreux que chez Justin sont à mettre au compte d'une culture personnelle supérieure à celle de l'apologiste ? Ce dont nous ne doutons pas.

Toutefois, Justin est aussi influencé par la philosophie de son temps. Certaines déviations sont à constater : sa théorie du logos spermatikos qu'il différencie bien du Logos total révèle chez lui, à notre avis, un certain attachement à la raison qui n'est pourtant pas un attachement certain. Si son apologétique ne manque pas d'amour comme celle de Tatien, il n'est pas cependant dans la droite lignée de l'évangéliste Luc. D'autre part, nous avons vu qu'il a parfois des phrases malheureuses concernant le martyre et la conception qu'il en a n'est pas toujours clair. Enfin, il assimile trop facilement les théophanies de l'Ancien Testament à des christophanies et manque d'éclaircissement sur la différence dans la Trinité entre le Verbe et l'Esprit.

Par ailleurs, il y a un autre détail à rajouter. Il n'est pas typique de Justin mais repose davantage sur un flottement dans le sens à prêter au début de la Genèse. Dieu par le Logos a créé *ex-nihilo*, ou à partir d'une matière increéée comme Justin l'accorde à dire, se reposant sur des souvenirs platoniciens (cf. *ap.*59:1-5 ; 10:2 ; 67:8) ? Deux interprétations principales ont été données pour expliquer l'expression "informe et vide" (héb. *tohu-bohu*). La première, qui pourrait être appelée celle du chaos universel, considère ces mots comme une description de la matière primitive, encore sans forme, au premier stade de la création de l'univers. La deuxième, qui peut être appelée celle du jugement divin, voit dans ces mots une description de la terre seulement, dans un état postérieur et non telle qu'elle était à l'origine. Attardons-nous sur la première interprétation. Justin ne rejette pas la thèse de la création *ex-nihilo*. Il dit seulement que Dieu a créé ce que nous avons sous les yeux (la création de l'univers, la nature, la terre) à partir d'une matière increéée qui pourrait être ce que l'hébreu appelle le *tohu-bohu*. Plutôt que de voir dans ce problème la volonté de Justin d'injecter une dose de platonisme

---

aurait transmis par voie orale. Cette doctrine de Clément est à rapprocher de la théorie des larcins dont Justin parle (*ap.*59-60) mais la perspective est différente. Et d'ailleurs, peut-être Justin n'y accordait-il pas beaucoup d'intérêt.

dans le contenu chrétien en s'appuyant sur Platon pour faire l'exégèse de Gen.1:2, accordons-lui que le texte biblique ne propose pas un sens très précis. Si Justin avait voulu vraiment inclure un emprunt à Platon, il aurait nié explicitement la création *ex-nihilo* : ce qu'il ne fait pas ! Selon Alexandre[103], les LXX semblent avoir vu dans le *tohu-bohu* l'équivalent du *chaos* grec, voire de la matière prime. Ils l'ont transposé en *aoratos kai akataskeuastos*, "invisible et inorganisée". Pour *aoratos*, on a évoqué Platon, *Timée* 51a, parlant de ce qu'Aristote appellera *hulè* : "une certaine espèce invisible et sans forme qui reçoit tout". Le rapprochement avec *Timée* 51a a fait ici évidemment penser à la matière préexistante. Mais on peut penser aussi à une matière prime créée. Le débat est présent dans la tradition juive d'exégèse à Gen.1:2. Philon lui-même parle de la matière sans qu'on puisse affirmer sa croyance absolue en une création *ex-nihilo*. Flavius Josèphe prône une explication littérale d'invisible (*aoratos*). Cependant, il ne nous semble pas que l'interprétation par *la matière préexistante* soit si obvie chez Justin - nous renvoyons aux explications de Wartelle.

Bréhier pense que c'est en identifiant Jésus au Logos (grec) ou au Verbe (latin, *verbum*), en qui Dieu a créé l'univers, que Jean a introduit la théologie dans le christianisme : "la théologie c'est-à-dire la préoccupation de la réalité divine ou supra-sensible prise en elle-même, et non plus dans son rapport à la vie religieuse de l'homme"[104]. Cette réflexion est vraie mais résulte d'un raccourci dans la mesure où ce n'est pas parce que les Pères se sont emparés de logos pour gloser à l'infini que Jean l'a écrit dans cette intention. En définitive, la différence essentielle entre Justin et Clément, Origène... relève du fait qu'ils ont évolué sur des formes de savoir distinctes. Selon Lessing, on peut distinguer trois formes de savoir : historico-critique, dogmatique ou théologique, et rationnel (qui est la mesure des deux autres)[105]. La démarche historico-critique qui consiste essentiellement à aboutir à des vérités historiques contingentes fondant des vérités rationnelles : c'est l'oeuvre des gnostiques. La procédure de Clément et d'Origène est plus directement dogmatique et théologique car avec eux a pris naissance la théologie. Cependant, la position de Justin est seulement rationnelle car il ne verse pas dans les deux autres démarches : il est dans l'historico-critique quand il s'attarde dans la polémique ; il "flirte" avec le

103. M. ALEXANDRE, *Le commencement du Livre Genèse I-V la version grecque de la Septante et sa réception*, Paris, 1988, pp. 76-81.
104. E. BREHIER, *Histoire de la philosophie*, t. I, Paris, 1931, p. 440.
105. X. TILLIETTE, "Foi et savoir dans le conflit des autorités", *Eph* n°2, 1977, p. 164.

dogmatique quand dans son exposé il cherche à réfléchir sur sa foi de façon philosophique. Mais il n'a pas rejoint ses successeurs, il est à la charnière : il présente une foi rationnelle ; Clément présente déjà une foi dogmatique. Toutefois, il nous faut préciser ce que nous entendons par théologie.

Clément a intégré des éléments empruntés à la philosophie antique : faire coïncider le Logos de l'évangile de Jean avec la Raison cosmique stoïcienne, puis avec l'Intellect aristotélicien ou platonicien. Il a dû aussi intégrer des exercices spirituels philosophiques à la vie chrétienne qui l'ont conduit à déformer la notion de *métanoia.* "Ce phénomène d'intégration apparaît très nettement chez Clément d'Alexandrie et il se développe intensément dans le mouvement monastique (...)"[106]. Mais nous ne réduisons pas la notion de théologie à ces emprunts car ce serait retomber dans les travers de Harnack qui n'a vu dans la théologie qu'une hellénisation du christianisme. Il faut aller plus loin. "On voit bien se dessiner la pensée de Clément ; la philosophie ne prend pas la place de la foi, mais la foi, qui est la vraie connaissance, prend un caractère plus scientifique par la démonstration et devient ainsi gnose (...). Clément retient cet aspect de la philosophie, mais il le transpose dans le monde de la foi, c'est-à-dire qu'il tente d'établir à côté de la foi commune une foi plus scientifique (*épistèmonikè*), plus rigoureuse (*akribès*), c'est-à-dire proprement une théologie"[107]. Cette théologie développe une culture qui est un devoir. Cet idéal de la *paidéia* (l'éducation) transposée dans le christianisme explique que Clément veuille un chrétien cultivé. "Toutefois, cette culture ne consiste pas premièrement dans l'assimilation de la culture hellénistique, mais dans le développement de la foi en gnose"[108]. Clément développe une science, celle du Christ qui est la vérité : "la gnose (*gnôsis*) est la science (*épistèmè*) de l'être lui-même" (*Strom.*II,16,76,3). Le problème qui en résulte, c'est que si la foi est le fondement de la vraie philosophie parce qu'elle en est le point de départ, il en résulte une vraie science fruit d'une démonstration sûre et l'on a tendance à s'appuyer sur ces résultats par la suite plus que sur la foi (qui ne servait que de point de départ). On se repose davantage sur ce que Dieu a permis que l'on découvre que sur Dieu lui-même. C'est un risque encouru que Justin n'a pas connu car il n'avait rien fondé de systémique. Le danger de la gnose exprimant la

106. Cf. n° 86.
107. J. DANIELOU, *Message évangélique (supra,* n. 47), p. 283.
108. *Id., Ibid.*, p. 288.

foi du côté de l'objet conduit souvent à réfléchir sur la foi plutôt qu'à la vivre (en restant du côté du sujet). Mais la notion de théologie mise en place par Clément va encore plus loin. Il développe des spéculations ayant des affinités avec le gnosticisme. Ainsi, à côté de la philosophie de la foi dont nous venons de parler, se maintient une connaissance des mystères. "Leur gnose a ainsi un double versant, l'un grec, l'autre juif"[109]. Origène s'y engagera à sa suite : "mais en empruntant à la philosophie non seulement une méthode mais un contenu, il engagera la théologie dans une direction dangereuse (...)"[110]. Origène a voulu incorporer des notions philosophiques païennes et a été aveuglé par son éducation grecque. L'exemple d'Origène montre d'après Simon, une sorte de cas limite que le parti chrétien pouvait tirer de l'héritage intellectuel grec. Il montre aussi les dangers que pouvait comporter cette synthèse entre la Bible et la philosophie, du point de vue de l'originalité de l'Evangile[111]. Notons que Tertullien (160-222) en s'engageant dans cette voie avant Origène (185-252) a glissé vers le montanisme (secte hérétique chrétienne) à la fin de sa vie. Rambaux montre qu'"il n'avait fait, dans son évolution vers un extrémisme toujours plus intransigeant, que tirer explicitement les conséquences d'idées qu'il avait déjà exprimées, pour la plupart, avant de rencontrer le montanisme. De plus, il s'est si peu laissé contraindre par cette doctrine hérétique, qu'il a su en écarter ou en discipliner les aspects qui le choquaient, et que, même dans ces conditions, il a fini par rompre avec elle pour fonder sa propre secte"[112].

2- Justin : philosophe ou théologien ?

Nous voyons avec Réville que "l'instruction doctrinale ou intellectuelle, encore dans l'entourage de Justin, n'avait rien de dogmatique"[113]. Nous ne reviendrons pas sur la remarque élaborée au chapitre précédent, mais nous nous contentons de développer plus largement ce qui était en germe dans ces lignes[114]. La pensée réflexive

109. *Id., Ibid.*, p. 407.
110. *Id., Ibid.*, p. 296.
111. M. SIMON, *La civilisation de l'antiquité (supra,* n. 80), p. 208.
112. CL. RAMBAUX, *Tertullien face aux morales des trois premiers siècles,* Paris, 1979, p. 411.
113. J. REVILLE, "L'instruction religieuse dans les premières communautés chrétiennes", *ScRel* 7, 1896, p. 269.
114. Dans cette première remarque, nous avons précisé que Justin n'est pas théologien au sens moderne du terme, car la théologie traditionnelle dans son ensemble ne tient pas grand compte des tendances générales de la pensée contemporaine et les simplifie trop dans un but de polémique. Cependant, la pensée de Justin ne rentre pas non plus dans le cadre d'une théologie synthétique

en problématisant la foi, la pose comme objet. Le sujet croyant animé de foi prend de la distance par rapport à ce qu'il vit et analyse sa situation en se regardant vivre la foi c'est-à-dire qu'il la pose devant lui comme un objet sur lequel il va réfléchir : c'est la définition même d'un pro-blème (notons que le mot latin *ob-jet* est exactement l'équivalent du mot grec *pro-bléma* ; les deux mots signifient : ce qui est jeté devant). C'est une telle position qui a rendu possible l'idée d'une théologie[115], corroborée par l'idée d'une problématique de l'être, objet de la philosophie première, ou métaphysique. Justin partage cette idée de la théologie avec ses successeurs en tant qu'il réfléchit sur sa foi : "la philosophie se présente, en quelque sorte, comme le savoir de l'objet de la foi"[116]. Mais sa pensée réflexive ne s'est pas autorisée à instaurer une théologie d'une manière explicite. C'est en cela que nous avons dit que Justin ne présentait pas une théologie complète car si la foi paraissait offrir à la pensée réflexive, c'est-à-dire à la pensée philosophique, le problème de son objet, la pensée réflexive quant à elle n'offrait pas chez Justin à la foi le savoir, et en quelque sorte la certitude de l'objet de celle-là[117]. C'est sur cette pensée décisive que nous édifions la différence intrinsèque entre théologie et philosophie (du moins pour le IIe et IIIe siècles). La philosophie de Justin présente une foi cherchant la raison pour s'opposer au mysticisme et à la rumeur qui prétend faire du christianisme une vague "superstition". La foi chrétienne repose sur des faits historiques rationnels. La théologie présentée par ses successeurs expose aussi une foi incluant la raison mais la présentation est tout autre : la raison cherche la foi[118] tout en l'ayant déjà trouvé. Ils savent qu'on ne peut trouver la foi par la raison et qu'il faut le secours de la grâce. Mais la *gnôsis* (science) qu'ils échafaudent en système conforte leur foi. Or la foi (chez Justin) ne trouve pas la certitude par la

---

comparable à la réflexion bultmanienne ou pour reprendre un personnage plus proche de Justin, la synthèse philosophique d'Augustin. Nous allons donc essayer de montrer ici que Justin n'est pas non plus théologien au sens ancien du terme (suivant l'acception antique).

115. G. BUFO, "La raison cherchant la foi" *(supra*, n. 20), p. 184 : "La théologie a été possible en vertu de l'identité de nature de la pensée réflexive et de l'objet de la foi".

116. *Id., Ibid.*

117. Nous reprenons une citation de G. BUFO que nous rapportons ici pour une meilleure compréhension : "Dans ces conditions, la foi paraissait offrir à la pensée réflexive, c'est-à-dire à la pensée philosophique, le problème de son objet, et la pensée réflexive offrait à la foi le *savoir*, et en quelque sorte la certitude, de l'objet de celle-là" (p. 184).

118. J.C.M. VAN WINDEN explique que dans la pensée païenne et notamment dans le néo-platonisme d'après Plotin, on observe un courant de *apodeixis* vers *pistis*. Ces notions seront abordées au paragraphe raison et foi. Cf. "Le christianisme et la philosophie" in *kyriakon Festschrift J. Quasten*, 1970, t. I, p. 213.

médiation du savoir qui repose sur la raison mais sur Dieu seul. En cela, il reste dans la tradition primitive du texte. Il n'est donc que philosophe du IIe siècle car il ne bâtit pas de dogmes sur lesquels on puisse se reposer comme une certitude. Ainsi Clément, Tertullien, Origène, par leurs discours spéculatifs, cherchent la foi, tout en prétendant l'avoir définitivement "trouvée" par des discours toujours nouveaux, eux aussi les plus parfaits et les plus vrais. Justin ne cherche pas sa foi par sa raison, il l'exprime par des mots pour la défendre : sa philosophie n'est donc pas indépendante de la perspective apologétique. La volonté de Tertullien dans ses écrits est plus essentiellement dogmatique ; Chadwick écrit : "Il (Tertullien) reconnaît que le christianisme a besoin du langage d'un discours raisonné pour interpréter ses doctrines de l'Incarnation et de la Trinité"[119]. Tertullien, Clément, Origène, essayent de bâtir une science de Dieu qui est connaissance authentique (*gnôsis*). Justin n'édifie pas une telle *gnôsis* car s'il a appelé la philosophie la "science de l'être" (*Dial.* 3:4), il parlait d'une connaissance (*épistèmè*) comme façon de connaître authentique. Il visait davantage la manière d'appréhender le monde que le contenu d'une science systémique. Son apologétique n'a donc aucune intention dogmatique. Le contenu de l'hellénisme et la confiance dans la raison ont influencé davantage Clément, Tertullien, Origène que Justin. L'apologiste grec, en renonçant au platonisme pour se convertir, a renoncé à placer sa confiance dans la raison. Si ensuite il expose le christianisme en termes rationnels c'est pour montrer qu'il n'a pas quitté et abandonné la raison pour sombrer dans le mysticisme superstitieux mais qu'il l'a soumise à Dieu comme le reste de sa personnalité qui constitue le coeur (au sens biblique) de l'homme. Ses successeurs sont allés plus loin que lui. S'ils n'ont pas injecté un contenu spécifiquement philosophique (comme les gnostiques), ils ont inséré l'esprit philosophique du temps dans le christianisme pour bâtir leur théologie. Cependant, la théologie elle-même a évolué et la façon de la concevoir aussi. Cette évolution a encore éloigné Justin de ses successeurs car la philosophie grecque a elle même évolué et l'éclectisme du IIe siècle (représenté par le moyen-platonisme) a laissé la place à une philosophie plus synthétique dont l'une des têtes de file est Plotin : le néo-platonisme (aux IIIe et IVe siècles). Cette philosophie va contribuer à dégager le christianisme de l'"ornière de l'éclectisme" (selon les termes de Thévenaz) pour faire éclore un premier essai de synthèse chrétienne, celle de saint Augustin.

119. H. CHADWICK, *Early christian thought (supra,* n. 97), p. 2 : "He recognized that Christianity needed the language of reasoned discourse to interpret its doctrines of Incarnation and Trinity".

C'est ainsi que Simon écrit : "l'atmosphère est sensiblement la même entre la religiosité chrétienne et celle du paganisme, surtout après l'intervention du néo-platonisme, dont le christianisme tend à faire, au même titre que son rival, sa philosophie quasi officielle (...)"[120]. Cette synthèse d'Augustin est la première en milieu chrétien mais non la dernière. *Cette synthèse par fusion* de la philosophie grecque et de la foi fera place avec Thomas d'Aquin (et Aristote) à une *synthèse par distinction radicale*[121]. Ensuite, au XVIIe siècle la synthèse de Malebranche reposera sur le choc de la philosophie pure du cartésianisme. Au XIXe siècle l'anti-système de Kierkegaard ne se comprendra pas sans le vis-à-vis de Hegel dont il subit la marque décisive et qu'il met non moins radicalement en question. Enfin, aujourd'hui, la théologie de Bultmann est née de la rencontre avec la philosophie de l'existence de Heidegger[122]. Nous nous rendons compte au terme de ce périple, que sans le vis-à-vis d'une philosophie païenne, le christianisme s'est montré impuissant à créer sa philosophie propre. C'est dans l'affrontement avec une philosophie païenne que s'ouvre la possibilité d'une synthèse philosophique chrétienne[123]. Justin a été influencé par le moyen-platonisme, Clément par le stoïcien Musonius Rufus (entre autres dans le moyen-platonisme), Origène par Chrysippe, Numénius et surtout son contemporain Ammonius Saccas (le maître de Plotin). On aboutit ainsi à des situations différentes. On peut donc parler à ce point de notre exposé *d'un hellénisme éclectique du christianisme avec Justin* ; d'un christianisme éclectique de l'hellénisme avec Clément et Origène ; et d'une synthèse prônant un christianisme philosophique avec Augustin.

---

120. M. SIMON, *La civilisation de l'antiquité (supra,* n. 80), p. 145.
121. P. THEVENAZ, "De la philosophie divine..." *(supra,* n. 95), p. 16,17 ; cette **synthèse par fusion** s'explique ainsi : Augustin fait de Dieu la source de toute pensée rationnelle ; il remplace ainsi l'assurance naïve des grecs en la raison par la foi en un Dieu, fondement de la raison, c'est-à-dire qu'il invente la foi philosophique, la foi en la raison. Notons que le danger de cette conception n'implique pas forcément un renoncement à la raison car on peut ainsi en prenant prétexte d'adorer Dieu, se reposer encore sur la raison : c'est une idolâtrie déguisée en adoration qui ne trompe pas ! La **synthèse par distinction** de Thomas d'Aquin marque une nouvelle étape car il pose le principe d'une distinction nette entre la foi et la raison. En affirmant que la foi chrétienne ne contamine plus la raison, Thomas d'Aquin ne fait que proclamer l'autonomie de la raison naturelle. Le dilemme raison/foi est alors véritablement né officiellement. En fait, pour préciser notre pensée, nous dirons que ce dilemme est né bien avant le dominicain (nous le faisons remonter au péché originel) mais il reçoit sa consécration et son baptême avec lui.
122. Pour plus de renseignement, cf. J.-L. RAVET, "Rudolf Bultmann et l'interprétation du Nouveau Testament", *Problèmes d'histoire du christianisme*, 6, 1975-76, Bruxelles, 1976, pp. 51-63.
123. P. THEVENAZ, "De la philosophie divine..." *(supra,* n. 95), p. 19.

3- Le terme "théologie" chez Justin et son histoire.

Il ne faudrait pas induire de ce qui précède que la théologie est un terme qui est apparu avec l'école d'Alexandrie. Pour une conscience du Ve ou du IVe siècle av J.-C., la philosophie, la science, la religion, et la sagesse formaient une seule et même chose. Science et sagesse étaient indissociables. A cette époque, la science est connaissance de la réalité divine et la sagesse est une ascension vers le divin. "Ne disons pas que la philosophie débouche dans une théologie. Elle *est* théologie (en tant que science et sagesse), puisque, comme le veut Aristote, "la théologie est la plus haute des sciences théorétiques" (*métaph.* E,I,1026a23). La philosophie est théologie de part en part et il n'y a pas le moindre divorce entre philosophie et théologie. D'ailleurs, si la philosophie remplit ce rôle religieux, c'est tout simplement qu'elle assure, pour une part, la relève de la religion grecque déjà défaillante"[124]. Cependant au temps de Justin, les paramètres ont changé car la synthèse classique grecque s'est désagrégée : la notion de religion en philosophie l'a emporté sur celle de science. La cause du divorce entre sagesse et science : c'est le progrès scientifique. Le domaine intellectuel de la civilisation grecque s'est étendu, enrichi, développé au point de faire éclater les cadres où la pensée d'Aristote avait tenté de l'enfermer. Ce fait est manifeste d'un point de vue quantitatif : chaque science se développe à tel point que ce n'est pas trop de toute une vie pour pouvoir l'assimiler : le progrès scientifique, et cela est vrai de l'époque hellénistique comme de l'époque moderne, entraîne, exige la spécialisation ; on n'est plus un savant, mais un géomètre, un médecin, un technicien... L'idéal encyclopédique est difficile à réaliser après Aristote. L'horizon de la connaissance s'est élargi. Les mathématiques sont abandonnées à un petit nombre de spécialistes. Les disciplines littéraires règnent seules dans la culture. Il n'y a donc pas à proprement parler de théologie de Justin mais une philosophie qui, dans un sens très large s'identifie à la doctrine chrétienne. Remarquons que le mot *théologia* qui pourtant n'est pas nouveau (nous allons le voir) n'apparaît nulle part sous la plume de Justin ; chez les Pères, il ne deviendra courant qu'à partir du IIIe siècle. En revanche, nous lisons deux fois le

124. *Id.*, *Ibid.*, p. 5 note 99.

verbe *théologein* en *Dial.*56:15 au sens de nommer Dieu et en *Dial.*113:2 au sens de discuter sur Dieu[125].

Si Archambault discerne une origine stoïcienne au mot *théologie*, les sources réelles remontent bien plus loin. *Théologia* a deux sens différents. L'oeuvre d'Aristote (qui est la première où *théologos* et ses dérivés se rencontrent couramment) est significative à cet égard. D'une part, Aristote appelle *théologoi* les poètes anciens (tels Hésiode, Phérécyde en les opposant aux physiciens ou même aux philosophes). D'autre part, il appelle théologie la partie la plus noble de la philosophie théorétique, celle qu'on désignera plus tard métaphysique. En ce sens, théologie est synonyme de philosophie première. Les deux sens de théologie chez Aristote sont clairs : mythologie, métaphysique. Ce double sens de théologie va se poursuivre à quelques modifications près chez plusieurs écrivains : Plutarque, Strabon, Proclus, Varron... Cependant, le mot *théologia* se rencontre pour la première fois non avec Aristote mais avec Platon dans un texte de la *République* (II,379a) et ne se trouve qu'à cet endroit. Ce serait Platon le créateur sinon du terme en tout cas de l'idée d'une théologie rationnelle. Cette *théologia* ne serait pas comme dit Bailly une recherche sur la divinité, mais la représentation poétique des dieux. En conclusion, nous dirons que chez Aristote, *théologia* est un terme philosophique qui signifie la spéculation des anciens poètes tandis que chez Platon, c'est plutôt un terme de critique littéraire qui désigne une espèce tout à fait précise du genre mythologique[126].

Après avoir perçu plus nettement les rapports philosophie/théologie et avoir précisé la position de Justin par rapport à ses successeurs, il nous faut envisager le rapprochement opéré à la période hellénistique, et dont le IIe siècle de Justin a hérité, entre philosophie et religion.

---

125. A. WARTELLE, *St. Justin, Apologies,* Paris, 1987, p. 55. Wartelle n'ajoute rien de plus que ce qu'il voit écrit par Archambault dans le volume 2 du *Dialogue* p. 179 note 2. Celui-ci ajoute : "C'est chez Justin le premier, et en ce présent passage, que l'on rencontre l'emploi du mot *théologein* dans le sens de recherche sur les questions religieuses (...) Ce sens pourrait avoir une origine stoïcienne : les philosophes du Portique appelèrent (comme plus tard les Pères) les poètes primitifs *oi palaioi théologoi*". Lagrange va plus loin et pense que, avec Justin, la philosophie chrétienne commence précisément à prendre le nom de théologie (cf. *Saint Justin,* Paris, 1914, p. 68). Il nous semble que ce savant dominicain, fondateur de l'Ecole Biblique à Jérusalem, va plus loin que le texte qui, comme il le souligne lui-même dans une note (p. 68 note 1), n'utilise pas le substantif θεολογία mais le verbe θεολογεῖν .

126. Nous empruntons ces explications à l'article de V. GOLDSCHMIDT, "Théologia", *REG* 63, 1950 n°294-298, pp. 20-43. Celui-ci recherche si le mot *théologia* est vraiment une création de Platon et essaye de trouver une origine antérieure en remontant jusqu'à Hésiode et Homère. La carence de la tradition l'oblige à des extrapolations à partir du texte de Platon.

V- Philosophie et religion.

1- L'héritage de Justin.

Le IIe siècle a bénéficié des conceptions philosophiques de la période hellénistique. La raison philosophique se manifeste davantage comme l'élan d'une volonté pénétrée de raison visant à vaincre les passions. Cette raison cherche donc Dieu non plus par le moyen d'une science qui est désormais considérée comme parure inutile, mais par la conversion morale intérieure. Sagesse et science se dissocient et la philosophie qui impliquait une initiation intellectuelle, devient éthique et universaliste dans une dimension sotériologique. "Tout en ayant rompu avec l'effort créateur de la science, cette sagesse morale reste religieuse dans son fond"[127]. Cette philosophie religieuse glisse donc facilement vers l'astrologie et les spéculations cosmologiques, ou théosophiques. Une opposition s'instaure entre la raison divine scientifique et la raison divine religieuse au sein même de l'hellénisme mais cette dichotomie n'amorce aucunement un possible conflit entre raison et foi. "Il n'y a jamais eu de conflit réel entre religion antique et philosophie"[128]. En revanche, le rapport raison scientifique/raison religieuse est d'origine grecque. Que va donc réaliser l'avènement du christianisme dans ce milieu religieux ?

Loin de prolonger le mouvement des philosophies religieuses, le christianisme réalise une rupture et s'exprime historiquement dans un affrontement avec la philosophie grecque. Mais le christianisme ne conteste pas au nom de la foi l'autonomie de la raison ; le débat s'engage sur l'aspiration religieuse de ces philosophies et leur prétention d'offrir aux hommes le salut. Cette confrontation entre le christianisme et les philosophes s'explique par la religiosité orientale qui a investi toutes les pensées et qui régule la conscience collective[129]. On ne fait pas son salut par ses propres efforts (raison et sentiments) mais on le reçoit par grâce de Dieu : la procédure est inversée ; on ne va plus seulement vers Dieu dans une quête incertaine, Dieu vient vers nous (par son Fils). Lorsque Paul proclame "la folie de la prédication", il

---

127. P. THEVENAZ, "De la philosophie divine..." *(supra*, n. 95), p. 6.
128. *Id.*, *Ibid.*, p. 7.
129. M. SIMON, *La civilisation de l'antiquité (supra*, n. 80), p. 142-143.

coupe le lien traditionnel par lequel la sagesse du monde se croyait unie au divin. La philosophie se voit donc vidée de son contenu religieux, elle est en crise car désagrégée : vidée de sa science puis maintenant de sa substance religieuse. Cette révolution est décisive pour l'histoire de la pensée. Le christianisme n'attire donc pas la philosophie sous l'égide de la foi dans un syncrétisme équivoque : il lui rend son indépendance en la purifiant de ses compromissions avec la religion. En transformant ainsi la philosophie, il lui fait prendre conscience de sa rationalité autonome. C'est de cette nouvelle définition que va naître le moyen puis le néo-platonisme. La philosophie regagne sa rigueur scientifique et son aspiration à se définir comme science. C'est de cette nouvelle définition dont les successeurs de Justin s'emparent pour édifier leur théologie en éprouvant le besoin de formuler le christianisme sur le plan d'un clair savoir. Quelle est donc la position de Justin ? En appelant le christianisme philosophie, il reprend davantage l'héritage de la période hellénistique avec son côté moral et cosmologique. Le moyen-platonisme, s'il intègre déjà la nouvelle définition, n'est pas débarrassé des conceptions hellénistiques. C'est pourquoi il se situe entre le syncrétisme et la synthèse néo- : il est moyen. Justin hérite donc dans la notion de philosophie de l'idée de salut. C'est pourquoi il présente le christianisme comme une philosophie offrant le salut. Cependant, Justin se départit des représentations religieuses orientales de son temps en affirmant que le christianisme n'est pas une possibilité parmi d'autres d'offrir le salut mais la seule philosophie sûre et profitable : il combat le caractère religieux des autres philosophies. Il est marqué par l'influence orientale du moyen-platonisme dans son approche intellectuelle des textes philosophiques car nous avons vu qu'il s'intéresse chez Platon davantage aux passages mythologiques et moraux qu'à la spéculation desséchante d'une approche plus scientifique. Il ne cherche pas non plus dans les influences orientales chez Platon une manière de compléter ou de conforter son salut. Il ne confond pas le salut de Jésus-Christ qui le satisfait pleinement avec celui des autres tendances : il se définit *en contraste avec* en défendant les valeurs du christianisme en bon apologiste qu'il est. En définissant le christianisme comme philosophie, Justin est en plein accord avec la pensée de son temps "où la philosophie est représentée comme la seule religion pure et où le philosophe est appelé l'homme pieux par excellence"[130]. Cette fusion entre philosophie et religion permet de rapprocher la philosophie et la

130. A.M. MALINGREY, *"Philosophia" étude d'un groupe de mots (supra*, n. 84), pp. 124-127.

morale. Cependant nous avons vu que Justin ne réduit pas sa foi à une simple morale chrétienne. Sa philosophie exprime la morale et la foi dans un rapport de cause à effet. Cette piété comporte l'amour inconditionné de la vérité (cf. *ap.*2:1) et garantit la vertu morale de justice (*app.*15:5).

Toutefois si la notion de philosophie impliquait l'idée de morale et de piété, elle impliquait aussi celle de raison. Comment Justin conciliait-il l'exigence de raison avec l'aspiration religieuse ? Avant de répondre à cette question, il nous faut sortir de nos représentations occidentales. Aujourd'hui, le destin de la raison est lié à sa relation conflictuelle avec la religion et la foi. "D'un côté, raison (critique, logique, causalité) ; de l'autre côté, religion c'est-à-dire explication par intervention divine, message, providence, révélation"[131]. Nous avons présent à nos esprits des dualismes (doute/foi, Raison/religion...) qui n'existaient pas chez Justin. La raison providentielle au XVIIIe siècle, son culte sous la "terreur" avec Robespierre, a pensé démystifier la religion. Renan a hérité largement de ces conceptions humanistes au XIXe en écrivant son tome sur Marc-Aurèle (cf. bibliographie). A l'opposé de Renan, il faut se garder de projeter sur Justin des schémas modernes. Raison, *ratio* (calcul) est un terme latin tardif. Or, Justin est de langue grecque, de formation grecque, d'esprit grec. En quels termes le débat doit-il se poser ?

2- Philosophie religieuse ou religion philosophique ?

A l'instar de Morin, il nous faut préciser les sens de rationalité, rationalisation, rationalisme. La rationalité est une notion ouverte qui suppose le dialogue entre la recherche d'une explication cohérente et logique et les données qu'offre le monde extérieur[132]. La rationalisation est un système clos, apparemment tout à fait logique, mais dont les bases empiriques sont faibles et qui est incapable de concevoir les arguments qui lui sont opposés. Le rationalisme est considéré comme une doctrine affirmant que tout peut être élucidé et expliqué par la raison et que celle-ci peut guider, de plus, toutes les conduites

---

131. Nous renvoyons à l'article éclairant de ED. MORIN, "La rationalité grecque et la raison européenne" in *Les Grecs, les Romains et nous. L'antiquité est-elle moderne ?* Paris, 1991, pp. 393-407.

132. Cette définition rejoint le présupposé (au sens de fondement) chrétien qui correspond à la réalité et que développe F.A. SCHAEFFER, *Dieu ni silencieux ni lointain,* Kehl, 1979, chap. 4 : celui de l'uniformité des causes naturelles dans un système ouvert mais limité dans le temps.

humaines[133]. Les grecs sont les pères de la rationalité. Leur pensée est ainsi incapable de problématiser le monde, l'homme, la cité, la vérité... sans qu'il y ait eu ni de rationalisme, ni de concept de raison. La science étant évincée du champ philosophique au IIe siècle, Justin n'est ni empiriste, ni rationaliste. Rationalité et rationalisation ont la même source dans la mesure où elles reposent sur la tentative de l'esprit humain en fonction de ses notions, de ses catégories, de sa logique, d'essayer de concevoir et de comprendre le monde dans lequel il vit et se concevoir, se comprendre lui-même. Mais la différence essentielle réside dans le fait que la rationalité demeure ouverte alors que la rationalisation se ferme et écarte comme absurde tout ce qui n'entre pas dans ses schémas. La rationalité dialogue avec ce qui n'est pas elle et se laisse inquiéter par l'extérieur.

Justin a hérité de cette rationalité. "En un sens, il y avait finalement plus de rationalité chez les grecs parce qu'il n'y avait pas chez eux l'idée de raison ni celle de rationalisme"[134].

Cette rationalité a des implications dans le champ moral car le croyant réfléchit pour se bâtir une éthique. "Cette éthique s'impose d'elle-même sans avoir de fondement qui relève de la preuve". Cette éthique repose sur des bases morales méta-rationnelles mais cela n'empêche pas à l'éthique de "s'informer rationnellement sur les conditions où elle va agir, voir si l'action ne va pas aller contre les intentions"[135]. Justin n'enferme donc pas la religion dans un système philosophique clos (par définition) mais engage un dialogue entre sa foi et les philosophies de son époque. C'est donc la marque d'une rationalité ouverte, prête à discuter, n'instaurant pas une religion de la philosophie puisque sa pensée n'est pas dogmatique sinon rationnelle c'est-à-dire aussi critique. Par ailleurs, il n'essaye pas de concilier les philosophies de son temps avec la religion chrétienne. Il extrait la philosophie du christianisme lui-même. Cette philosophie est nécessairement teintée des influences de son vécu intellectuel mais elle n'est pas pour autant un vague syncrétisme. Nous nous acheminons donc avec Justin vers l'étude de la philosophie de la religion. Cette religion est chrétienne. Nous pouvons alors poser la question tout à nouveau : quel est le lien, l'accord, l'alliance que Justin déploie entre la philosophie du christianisme et la religion chrétienne ?

---

133. Ces deux dernières catégories rentrent dans ce que Schaeffer appelle le présupposé de l'uniformité des causes naturelles dans un système clos.
134. ED. MORIN, "La rationalité grecque..." (*supra*, n. 131), p. 402.
135. *Id.*, *Ibid.*, p. 406.

3- Savoir et croire.

En quoi consiste cette philosophie de la religion ? d'après Riet, elle cherche comment est possible la religion chrétienne, comment elle se justifie aux yeux de la raison. Toutefois, cette entreprise comporte un danger car elle implique un discours qui n'engage plus le sujet. On juge de la religion par la raison en cherchant à justifier l'essentiel et en délaissant l'accidentel. On court alors le danger de considérer l'accidentel, le contingent comme douteux, relatif et accessoire. La philosophie de la religion risque de devenir alors une critique et une purification, voire une épuration de la religion. Cette entreprise critique aura pour effet de réduire l'originalité propre de la religion puisqu'elle la fonde en raison. Ce projet de juger de la religion à travers la lunette de la raison n'est pas le propos de Justin. Celui-ci n'est pas Kant qui a inauguré ce type de recherche dans son ouvrage *la religion dans les limites de la simple raison* (1792). Justin ne minimise ni ne détruit la notion de révélation en lui assignant comme seules conditions de possibilité la foi en Dieu et l'engagement humain. La réflexion y serait trop autonome, et trop peu soucieuse du donné. Ce n'est pas en ces termes que Justin déploie la philosophie de la religion. Au contraire, il privilégie la foi sur le savoir. Cependant, comme l'écrit Bufo, "la tentative réitérée de privilégier la foi sur le savoir (...) fait apparaître l'impossibilité d'un tel privilège et le privilège, au contraire, du savoir sur la foi. Inversement, la tentative réitérée (...) de privilégier le savoir sur la foi a fait apparaître la nécessité de privilégier la foi "[136]. Ce dilemme rapporté de façon paradoxale par Bufo entre la foi et le savoir sous-entend deux rapports : raison/foi et savoir/croire. Il est vrai qu'une connaissance intellectuelle de Dieu qui est la fin du savoir ne suffit pas. Elle s'oppose à la révélation religieuse qui engage la foi. En matière de religion, le savoir s'oppose au croire[137]. Le vrai contraire de croire, ce n'est pas douter, c'est savoir. Croire et savoir se placent tous deux dans le domaine de la connaissance à des niveaux différents. Chaunu écrit quelque chose de profond : "le savoir est neutre, il est partageable, généralisable. Il n'engage pas. Le savoir glisse... Le croire s'enfonce dans ma chair... Il est ma chair et mon sang"[138]. En termes moins élégants, nous pourrions dire que le savoir nous place du point de vue

136. G. BUFO, "La raison cherchant la foi" *(supra,* n. 20), p. 184.
137. P. CHAUNU a admirablement bien montré dans les pages de sa préface l'opposition irréductible entre savoir et croire (*Ce que je crois,* Paris, 1982, pp. 7-17).
138. *Ibid.*

de l'objet, et le croire du point de vue du sujet car l'action de croire engage un rapport à une personne. Cependant on ne peut pas croire sans savoir et la révélation spéciale (La Bible) est la communication d'un savoir. Justin est un homme du IIe siècle et il ne sépare pas philosophie et religion comme on sépare savoir et croire. Il ne les disjoint pas en pensant que la philosophie serait spéculative et permettrait d'aborder Dieu sur le plan du savoir avant de croire par le franchissement d'une nouvelle étape qui ferait passer de la philosophie à la religion. La pensée de Justin ne se concilie pas avec la conception de Lachelier[139] faisant de la philosophie une purification de l'esprit humain préparant à la vie religieuse. En substance, Lachelier affirme que la raison prépare le terrain de la foi. Quand la raison par l'oeuvre efficace de la philosophie a exhibé le vide, elle doit céder la place à la foi qui la dépasse. Cette antinomie raison/foi n'existe pas chez Justin. Quand on devient chrétien, on ne laisse pas tomber le savoir pour embrasser uniquement le champ du croire. Il faut établir une différence nette entre le rapport temporel du savoir au croire (dans l'évangélisation) et le rapport raison et foi qui existe avant et après la conversion puisque les deux notions marchent ensemble dans la vie chrétienne. Le platonisme (la philosophie) n'a pas préparé Justin au christianisme (la religion), nous l'avons vu. Par ailleurs, la difficulté à laquelle l'homme du XXe siècle est confronté, c'est la difficulté propre de l'herméneutique. Il faut croire pour comprendre et cependant nous ne pouvons croire sans comprendre car la raison est engagée dans le processus de conversion ; il nous faut donc aussi comprendre pour croire. Cette difficulté ne faisait pas problème au temps de Justin. Il savait que la connaissance précède la foi ; d'où le rôle de son apologétique d'informer et de diffuser. Toutefois, il savait aussi que le savoir ne suffit pas et que pour croire, il faut l'intervention de la grâce de Dieu qui donne la foi. Cette foi éclaire, illumine et donne de mieux comprendre (*Dial.* 7:3). Epictète invite aussi son auditeur à se convertir pour comprendre l'Intelligence de l'Univers. Mais, et la différence est essentielle, c'est en lui-même que le sage stoïcien trouve l'intelligence "de ces choses", alors que l'intelligence pour le chrétien vient de Dieu et est le fruit de la foi.

Au terme de ces investigations, nous nous rendons compte que ce n'est pas en terme de philosophie de la religion qu'il nous faut étudier

139. L. MILLET, "Philosophie et religion selon Lachelier", *Recherches et Débats, CCIF*, n°10, mars 1955, pp. 173-191.

l'apologétique justinienne car la certitude de sa foi intervient dans son oeuvre. Il nous faut donc éclairer le rapport raison et foi qui va nous permettre de discerner davantage les enjeux (les fins, le but) de l'apologétique.

VI- Raison et foi.

Cette nouvelle section n'est pas un écho de la partie du chapitre 2 intitulée "foi et raison". Ce qui suit n'est pas une réponse à "foi et raison" ni une répétition mais un développement abordant le rapport non plus sous l'angle de la foi dans la perspective de la conversion mais sous l'angle de la raison dans une dimension philosophique comme le veut cette présente synthèse. L'approche est donc résolument différente[140]. Nous avons essayé de montrer que la foi inclut la raison ; nous voulons à présent insister sur le fait que la raison s'égare sans la foi.

Nous intitulons ce paragraphe "raison et foi" dans le dessein d'affirmer que la foi chrétienne chez Justin n'est pas magique mais rationnelle. La foi révélée vient briser le monde mythique et la sphère religieuse des représentations mentales du sacré. La foi doit être comprise comme antithèse ou antidote à une expérience du sacré qui relèverait encore du surnaturel, de l'extatique et du mystère. Le ""croyez seulement", c'est là toute votre sagesse. Votre lot, c'est l'ignorance" (affirme l'empereur Julien dit l'Apostat au IVe siècle contre l'Eglise) aurait fait bondir Justin d'indignation sans nul doute. Nous ne voulons pas toutefois justifier notre développement par un argument d'histoire-fiction mais souligner que Justin ne peut pas se contenter d'une vision dualiste du monde entre un christianisme à la foi aveugle et un paganisme qui détiendrait le monopole de la raison. Chez Justin, il n'y a pas de fossé entre foi et raison : la foi ne se conçoit pas sans pensée, et la raison n'est qu'instrument, et non source de connaissance. Il n'y a pas de muraille de chine qui se dresse entre la foi confessée et la raison en activité. Les valeurs humaines sont détrônées par la venue de Jésus-Christ et replacées dans la perspective de la grâce souveraine. La foi n'entraîne pas une abdication de la pensée, ni la pensée l'abdication de la foi. Au seuil du débat, nous précisons que le rapport raison/foi ne signifie absolument pas le conflit entre philosophie et foi.

---

140. Ces deux approches sont complémentaires et permettent de cerner au mieux le "fameux" dilemme.

L'image suivante ne convient donc pas ici : le manteau du philosophe fait apparaître la raison, et le témoignage verbal la foi. Le manteau de Justin n'a pas pu ne pas choquer des chrétiens peu cultivés. Cependant, il veut dépasser les apparences en assumant tous les risques d'une réflexion personnelle que recouvre, dans son sens le plus large, le mot *philosophia*. Laissons donc Chadwick introduire le développement : "Justin est si enthousiaste et si positif dans son évaluation de la philosophie grecque que l'on pourrait s'attendre simplement à ce qu'il tolère un platonisme éclectique en tant que charpente préalable et qu'il adapte dans sa structure donnée autant de traits du christianisme qu'il peut. Rien n'est plus loin des faits. C'est une expression de la confiance optimiste extravertie du programme de Justin pour une harmonie et une coopération entre la foi et la raison (...)"[141]. Il nous faut tenter une descente à l'intérieur de l'être justinien pour comprendre comment travaillent ensemble les facultés naturelles de l'intellect et les facultés spirituelles de la foi.

1- La valeur de la preuve[142] .

Chadwick, pour cerner les positions de Justin, le situe entre Lucien de Samosate et Numénius d'Apamée, c'est-à-dire entre le rationaliste cynique dénigrant la tradition religieuse et le pseudo-gnostique achevant une synthèse de toutes les philosophies et de toutes les religions[143]. Winden va plus loin et introduit la valeur de la preuve (*apodeixis*). Galien, originaire de Pergame, se laissait mener seulement par la preuve. Sa conception se caractérise bien dans un passage où il dit, "se fâchant contre ses collègues médecins et philosophes dont l'attitude fait preuve d'un manque de critique : "il est plus facile de raconter quelque chose de nouveau aux Juifs et aux chrétiens qu'aux médecins partisans d'une certaine école". Ce qu'on voit ici est un conflit aigu entre *pistis* et *apodeixis*. Galien prend le parti du dernier et voit

141. H. CHADWICK, *Early christian thought (supra*, n. 97), p. 18 : "Justin is so warm and positive in his evaluation of Greek philosophy that one might expect him simply to take an eclectic Platonism as his prior framework and to fit into this given structure as many features of Christianity as he can. Nothing could be further from the facts. It is an expression of the optimism and extrovert confidence of Justin's programme for harmony and co-operation between faith and reason".

142. W. SCHMID, "Frühe Apologetik und Platonismus. Ein Beitrag zur Interpretation des Proöms von Justin's Dialogus" in *Hermeneia*, Festschrift Otto Regenbogen, Heidelberg, 1952, p. 167 sq.

143. H. CHADWICK, *Early christian thought (supra*, n. 97), p. 20, 21 : "Justin stands between Lucian and Numenius".

toute *pistis* comme un ennemi irréconciliable d'*apodeixis*"[144]. Galien est rationaliste et il y a chez lui des indices d'une tendance vers un scepticisme. Ce qui correspond uniquement à cette façon de penser est la contradiction parfaite entre *pistis* et *apodeixis*. Quelle est la position de Justin face à ce contexte hétérogène ? Justin affirme que ce n'est pas par *preuves* que les prophètes ont parlé, puisqu'ils étaient des témoins dignes de *foi* de la vérité, au-dessus de toute démonstration (cf. *Dial.*7:1-2). Dans ce passage, l'apologiste semble réagir contre l'exigence de "preuves" de la part de Galien. Cependant, il insiste lui aussi sur la valeur de la preuve quand il entreprend de démontrer qu'il n'a ajouté foi ni à des fables vaines ni à des doctrines gratuites mais aux principes remplis de l'Esprit de Dieu en grâce et en puissance (cf. *Dial.*9:1).

En *ap.*14:4, il veut faire une démonstration (*pro tès apodeixeôs*) pour prouver qu'il ne trompe pas ses lecteurs. Justin en tant que chrétien est prêt à apporter les preuves de ce qu'il avance (*ap.*20:3). Il s'oppose ainsi aux calomniateurs qui n'ont pas de preuves (*ap.*23:3). Il oppose aussi les Ecritures aux fables inventées par les poètes qui n'apportent aucune preuve à l'appui de leurs dires (*ap.* 54:1). Devant Tryphon, Justin s'applique à multiplier les démonstrations pour réfuter le judaïsme[145]. Justin ne veut donc pas passer sous silence l'exigence de démonstration, de preuve, c'est-à-dire d'*apodeixis*. Origène à la suite de Justin ne verra pas non plus de contradiction absolue entre *pistis* et *apodeixis*. Ce mot grec se compose d'une particule (préfixe) et d'un radical : *apo-deixis* ; *apo-* marque ici l'aboutissement de l'action démonstrative ("complètement") et *deixis* provient du verbe *deiknumi* : montrer, exposer publiquement, exhiber un texte, manifester quelque chose. *Apodeixis* désigne l'action de montrer au-dehors, de produire, de faire voir, l'exposition des faits, la démonstration, l'accomplissement, l'achèvement. Ce terme n'est pas propre aux philosophes. L'apôtre Paul l'emploie pour parler de démonstration d'esprit et de puissance (I Co. 2:4 ; *apodeixei pneumatos kai dunameôs*)[146]. Certains critiques se sont

---

144. J.C.M. VAN WINDEN, "Le christianisme et la philosophie" (*supra*, n. 58), p. 206.

145. *Dial.* 7:2 ; 68:9 ; 120:5 ; 123:7 ; 124:4 ; 129:1.
Cf. aussi *ap.* 30:1 ; 46:6 ; 58:2 ; 63:10. Il y a aussi de nombreux emplois du verbe *apodeiknumi* : *Dial.* 124:4 ; 125:5 ; 128:1,4... *ap.* 12:7 ; 43:4 ; 52:1 ; 54:1 ; 36:3 ; 13:3 ; 22:4 ; 16:4 ; 53:1 ; 3:1 ; 4:3 ; 22:4 ; *app.* 9:4 ; 12:5.

146. Notons qu' *apodeixis* signifie "preuve" au sens de démonstration, montrer au dehors, manifester, exposer, et se distingue d'une "preuve" au sens de produire des indices, des preuves qui est rendue en grec par *sèmeion* : signe, marque distinctive, signe précurseur. C'est *sèmeion* qui est employé en Ex. 3 & 4 quand Dieu donne des signes, des preuves à Moïse qui lui permettent de faire voir et de rendre évident au peuple que l'Eternel lui a parlé : le "nom" de Dieu, la verge en serpent, la main couverte de lèpre...etc...

emparés de cette valorisation d'*apodeixis* pour faire valoir leur thèse : "l'esprit de Justin est très différent par cette recherche obstinée de la preuve au sens fort, par l'assurance de la donner à tout bout de champ et par la primauté évidente qu'il accorde à la raison. C'est peut-être par là aussi que Justin reste typiquement grec et philosophe"[147]. Ce qui choque notamment chez Galien et Lucien (puis Celse plus tard dans son *discours véritable*) dans le christianisme, c'est une foi irrationnelle. A voir ce que fait Justin de la *pistis* et l'importance qu'il accorde à l'*apodeixis*, on peut penser qu'il veut répondre à ce reproche en présentant une foi rationnelle[148]. Cependant, Joly croit que l'apologiste réalise cette conciliation pour insister sur le raisonnement philosophique[149] et Winden pense que c'est au contraire pour valoriser la foi[150]. Labriolle[151] quant à lui, confronte la conception de Galien reprochant aux chrétiens de se contenter d'une foi aveugle, indémontrable et celle de Justin qui ne se contente pas d'affirmer, mais de prouver ce qu'il affirme (cf. *ap.*53:1 ; *ap.*20:3). Justin est toujours soucieux d'apporter la preuve de ses affirmations. Sa conception chrétienne s'appuie sur des preuves : sa démonstration est apportée par l'existence des prophéties et leur réalisation dans la vie et la personne de Jésus[152]. Joly reconnaît bien que la "réalisation constatée des prophéties est un argument de fait dont il faut bien voir l'aspect rationnel"[153]. Justin y accorde beaucoup d'importance car il induit des prophéties réalisées l'idée que celles non encore accomplies vont se dérouler de la même façon et que nous avons donc à y prêter attention et à y croire (*ap.*52:1). Sa démonstration ne repose donc pas sur un raisonnement captieux et rempli de syllogismes mais sur les Ecritures. C'est pourquoi *apodeixis* et *pistis* sont tout à fait conciliables. Il n'a pas peur de se revendiquer le disciple du Dieu des apôtres qui parlait avec puissance mais sans éloquence (*ap.*39:3) car sa démonstration repose sur la puissance de Dieu et non sur les raisonnements de la sagesse

147. R. JOLY, *Christianisme et philosophie (supra,* n. 24), p. 104.

148. La réflexion de Clément dans *Stromates* II chap. 4, nous montre que sa réflexion sur la foi a évolué et qu'entre lui et Justin, du chemin est parcouru : "La science est un état qui procède de la démonstration, tandis que la foi est une grâce qui fait monter des choses indémontrables jusqu'à l'être entièrement simple, qui n'est ni la matière ni avec la matière ni sous la matière" (trad. Mondésert, Sources Chrétiennes).

149. R. JOLY, *Christianisme et philosophie (supra,* n. 24), pp. 152-154.

150. J.C.M. VAN WINDEN, "Le christianisme et la philosophie" *(supra,* n. 58), pp. 206, 209-210.

151. *La réaction païenne*, Paris, 1942, p. 97.

152. Athénagore semble aller plus loin que Justin car il ne se contente pas d'une "foi prouvée" mais prône une "foi raisonnée" : *Leg.* § 8 : *in' èchèté kai ton logismon èmôn tès pisteôs.*

153. R. JOLY, *Christianisme et philosophie (supra,* n. 24), p. 90.

humaine (*ap.*60:11). Le rapport *apodeixis/pistis* ne signifie pas chez Justin la recherche d'une conciliation entre sagesse humaine raisonneuse et sagesse divine puissante. Justin fait simplement usage de la raison que Dieu a donné à l'humain dès sa naissance pour savoir par qui il a été fait et par qui il existe maintenant (*Dial.*141:1). Il a conscience que la sagesse de Dieu ne peut être percée par l'intelligence humaine mais seulement reçue par la foi dans le crucifié. Il prie pour que Dieu ouvre les yeux de ses interlocuteurs aveuglés en présentant la foi chrétienne par un exposé cohérent et argumenté selon des preuves scripturaires. Il fait "tout ce qu'il peut" en apologétique, mais il "ajoute la prière que tout homme partout puisse être compté digne de la vérité" (*app.*15:4)[154]. Justin n'use d'aucune maïeutique visant à accoucher les esprits : seul l'esprit de Dieu convainc (*Dial.*7:3). Sa foi est donc basée sur la parole de Dieu, non sur les traditions ou les arguments de la raison. Sa foi est certitude (cf. Ro.14:23) et cette certitude ne provient pas de la raison mais de l'Esprit qui atteste à son esprit qu'il est enfant de Dieu (Ro. 8:16). Nous sommes bien loin dans le temps de l'esprit de Spinoza qui affirmait l'absence de rapport et d'affinité entre la raison et la foi ou l'Ecriture. Il n'y a pas de tension chez Justin entre le savoir et la foi[155]. Pour l'apologiste :

2- La foi devance toujours la raison.

Ce titre n'est pas à entendre dans le sens où "la foi surpasse la raison". Il nous faut comprendre que "devancer" veut dire ici précéder dans le temps : la foi est antérieure à la raison. La foi, nous l'avons vu, n'est pas un simple assentiment à une série de dogmes, elle est plutôt une fonction spirituelle par laquelle l'Esprit crée et développe chez le croyant la capacité de connaître Dieu[156]. Cependant, Dieu n'outrage jamais la raison de l'homme ; celui-ci doit le suivre par la foi et non par

---

154. M. GREEN, *L'Evangélisation dans l'Eglise primitive (supra,* n. 37), p. 376 note 57.

155. X. TILLIETTE, "Foi et savoir dans le conflit des autorités" *(supra,* n. 105). Spinoza pense que la raison se suffit à elle-même et n'a pas besoin de révélation. Il croit que la raison s'arrête à la foi et que l'une remplace l'autre. Spinoza est bien éloigné de Justin et le mur dressé entre raison et foi par Thomas d'Aquin continue à cloisonner ces deux termes au XVIIe siècle. Pourtant, toutefois, Spinoza semble se rapprocher de Justin quand il affirme que la Bible est une authentique source de connaissance et que la raison ne saurait se contenter de puiser dans son propre fond : "la foi est ainsi fondée dans les documents, les traditions, et les témoignages". Ce rapprochement n'est qu'apparent car Spinoza n'a d'autre guide que la raison ; en dernier ressort, c'est la lumière naturelle qui juge. Lessing affirmait que l'humanité s'achemine de la foi au savoir, de la foi à la raison, de l'obscurité à la lumière. Justin est aux antipodes de ces conceptions de l'*Aufklarung* car la raison est éclairée par la lumière de la foi.

156. R. SHALLIS, *Le miracle de l'Esprit,* Kehl, 1977, p. 155.

la raison, mais Dieu tient quand même compte de la raison. Il respecte notre humanité (il l'a créée), mais il sait aussi que la raison, abîmée par le péché est incapable sans lui de trouver son chemin dans le monde invisible. La foi n'est pas en conflit avec la raison. En prenant l'image d'un homme qui marche, nous pouvons comparer ses deux jambes à la raison et à la foi : le premier pas est celui de la foi mais la raison suit sinon c'est le grand écart. "La foi et la raison marchent d'un seul pas, la foi toujours un pas en avant, mais la raison chaque fois justifiée par la suite"[157]. La foi n'est pas aveugle, elle voit très clair. Dieu ne demande pas à l'homme de croire contre toute évidence, comme font les credos humains ; il lui donne à chaque pas juste assez de lumière pour que celui-ci soit certain de la vérité. Il n'y a là rien d'illogique ! La foi et la raison interagissent ensemble, l'une n'est pas supérieure à l'autre ; il n'y a pas subordination de l'une par rapport à l'autre[158].

La Bible ne soulève pas le problème raison et foi car il n'existe pas. Nous en voulons pour preuve cette révélation spéciale (la Bible) qui est le fruit d'auteurs inspirés par Dieu agissant au travers de la foi par son Esprit et qui écrivent dans un langage rationnel sous forme de proposition. "Dans la Parole de Dieu, nous trouvons une merveilleuse association de l'humain et du divin. Le langage est celui de l'homme. Quiconque possède une intelligence normale peut saisir le sens des mots, et les vérités qu'ils renferment. Pourtant, c'est là tout ce que l'homme, par le pouvoir de son intelligence humaine, peut faire. Il y a un côté divin par lequel le Dieu Saint nous exprime ses pensées les plus profondes. (...) Ce n'est que par le Saint-Esprit que le chrétien peut s'approprier la vérité divine contenue dans la Parole de Dieu"[159]. Ce

157. *Id., Si tu veux aller loin,* Marne la Vallée, 1989, pp. 66-68.

158. Notons que la foi devançant toujours la raison n'est pas que valable au niveau religieux mais aussi sur le plan épistémologique. Il existe un élément de foi (de confiance) dans toute connaissance humaine. Origène l'avait intuitionné dans son *Contre Celse* (I, 10-11) : "Nos adversaires ne font que parler de notre foi comme d'un penchant parfaitement irraisonné, mais en fait ils croient eux-mêmes aussi. Car comment se fait-il que quelqu'un donne son adhésion à une certaine école de philosophie ? N'en est-il pas ainsi en général qu'il y a un penchant pour cette école ou parce qu'on vient à rencontrer quelque adepte de cette école ? Car ce n'est point après avoir étudié au préalable toutes les écoles de philosophie qu'il fait son choix. Eh bien, qu'est-ce que cela veut dire sinon donner sa confiance, sa foi ! (...) Ainsi toute la vie humaine est soutenue par la confiance, par la foi..." (J.C.M. VAN WINDEN, "Le christianisme et la philosophie" *[supra,* n. 58], p. 212-213). Thomas Mann (1875-1955), écrivain allemand, écrit lui-même dans la *Montagne Magique* : "La foi est l'organe de la connaissance ; l'intellect est secondaire. Votre science sans prémisses est un mythe. Il y a toujours une foi, une conception du monde, une idée, bref une volonté, et c'est l'affaire de la raison de l'interpréter, de la démontrer, toujours et dans tous les cas..." (p. 56). Nous renvoyons aussi à Ludwig WITTGENSTEIN (1889-1951), *De la certitude,* Oxford, 1958 : "Ne dois-je pas commencer quelque part à faire confiance ? (§ 150) Si je ne me fie pas au témoignage de cette preuve, pourquoi me fier au témoignage d'une preuve quelconque ?" (§ 672, lire aussi § 668, 671).

159. A. MURRAY, *Demeurez en Christ,* Paris, 1958, p. 45.

cloisonnement est né des conséquences du péché en Eden. Il a traversé l'antiquité comme un bruit sourd et a éclaté dans les premiers siècles du christianisme avec les Pères de l'Eglise. Il s'est amplifié et a gagné le devant de la scène avec Thomas d'Aquin. Le rapport raison/foi faisait-il problème chez Justin ? Il aurait fallu être dans le coeur de Justin vivant pour mesurer son attachement au savoir humain, pour connaître l'importance qu'il accordait à la raison. Cette question touche aux limites des compétences de l'historien qui analyse le passé humain mais n'est pas Dieu pour connaître les pensées et les intentions du coeur. Ce que nous a laissé Justin de sa pensée ne nous permet pas d'avancer de conclusion certaine. Ce qui est sûr, c'est que ce rapport, si Simon l'a perçu entrain de sourdre dans la pensée justinienne ou du moins entrain de poindre, n'est pas explicite et clairement posé dans son oeuvre. Justin a-t-il préféré ne pas en parler volontairement car ce n'était pas un problème à ses yeux en homme de l'antiquité qu'il était d'une part, et en chrétien fidèle aux Ecritures d'autre part ? Ou n'a-t-il pas pu en parler car n'étant pas capable de penser jusque-là et de problématiser davantage sa foi ? Si Justin saisit mieux que ses prédécesseurs le rôle éducateur de la foi en Jésus-Christ et d'une certaine façon, de la philosophie grecque, il reste à mi-chemin. Il ne les replace pas dans un ensemble systémique en découpant des étapes, des phases, des âges du monde. Les éléments sont là, mais leur organisation n'est pas perçue et il semble bien que l'auteur orienté autrement par son apologétique, n'y pense pas.

La sereine harmonie entre raison et foi n'est pas un rêve chez Justin mais une réalité. Cependant l'équilibre spirituel à tenir révèle un défaut dans la cuirasse. Il n'y a pas de fidéisme chez Justin, car la foi ne supplante pas la raison dans une matière que l'on considère comme lui appartenant. S'il ne comprend pas, il fait appel à la grâce de Dieu, mais il ne remplace pas la raison par la foi. La foi n'est pas non plus un saut dans l'irrationnel. Cette conception est née avec Kierkegaard au siècle dernier. La foi de Justin ne s'explique pas non plus par le pari pascalien. C'est pourquoi nous lui avons prêté un sens biblique. Mais quelle était la conception de la foi dans les civilisations de l'antiquité ? Si cette conception existe, aurait-elle influé sur la foi de Justin ?

Le dilemme raison/foi est un problème moderne qui baigne le XXe siècle et il aboutit à une division interne de l'homme contemporain se concevant comme un double[160]. L'autonomie de la raison s'est fait sentir dans la littérature chrétienne antique quand l'édification d'une gnose,

160. J. GUITTON, *L'impur*, Paris, 1991, pp. 139-158.

comme connaissance véritable, a voulu établir "scientifiquement" la foi. La pensée de l'homme pouvait alors constituer un obstacle entre Dieu et le croyant. Le danger consiste souvent à se confier trop facilement dans ce qu'ils ont pensé rationnellement de Dieu plutôt que s'appuyer uniquement sur Dieu lui-même. Il ne faut pas non plus que la raison se substitue au travail de l'Esprit : la théorisation, l'élaboration de synthèse est un danger. Toute conception humaine, naturelle, des choses éternelles forge souvent un langage qui dépasse ce qui est écrit. C'est pourquoi il est difficile d'adapter une forme philosophique à un contenu chrétien. Dans le rapport raison/foi, le chrétien (Justin *a fortiori*) doit se garder de quatre dangers : mettre l'accent sur la raison au détriment de la foi conduit à réduire le christianisme à une philosophie humaine emprunte de rationalisme. Insister sur la foi en minimisant la raison mène au mysticisme et au "merveilleux surnaturel" dont l'orientalisme au IIe siècle était rempli. La philosophie chrétienne doit échapper au Charybde du rationalisme et ne pas se jeter dans le Scylla du mysticisme. Le risque encouru dans le rapport morale/foi est de glisser d'un point de vue philosophique dans l'ascétisme en prônant des exercices (*askèsis*) spirituels dont les courants philosophiques étaient friands et que le monachisme a annexés au compte du christianisme (derrière l'exemple des Pères depuis Clément)[161]. Mais on peut verser aussi dans le moralisme religieux qui est une forme de légalisme en considérant les préceptes évangéliques comme des cadres ou des règles.

Parmi les apologistes, un découpage net s'instaure sur le critère de la conciliation raison/foi et la volonté de prôner une foi pure. Athénagore, Justin et Aristide ont favorisé la conciliation alors que Théophile, Tatien, la lettre à Diognète et Tertullien s'y opposaient. On connaît le mot fameux de Tertullien : "qu'est-ce que Athènes a à voir avec Jérusalem" ? C'est en ces termes que l'apologiste latin posait le problème et il affirmait sans crainte en parlant du christianisme : "je crois cela parce que c'est absurde"[162]. Mais les positions de Justin sont-elles vraiment aussi claires et tranchées que cela ? Les multiples thèses soutenues en faveur de Justin-chrétien ou de Justin-philosophe tendent à montrer que si les interprétations sont aussi nombreuses et contradictoires, les données justiniennes sont plurivoques ou même "équivoques". Devons-nous être amenés à nuancer notre jugement

161. P. HADOT, *Exercices spirituels (supra*, n. 86), pp. 217-227.
162. TERTULLIEN, *De Carne Christi* 5 : "credo quia absurdum". Cf. H. CHADWICK, *Early christian thought (supra*, n. 97), p. 2, 3, il rapproche Tertullien de Sir Thomas Browne et Kierkegaard.

quant à Justin et à réviser la conception que nous nous faisons de sa philosophie chrétienne ?

3- Une explication de la sévérité de la critique moderne.

Il est vrai que le point de vue justinien est celui d'une vue de foi. Si Justin est un philosophe lorsqu'il réfléchit sur l'histoire, il n'étudie pas les liens nécessaires et universels entre les réalités phénoménales. Il ne cherche même pas, au moins en premier lieu, à porter un jugement de valeur sur les développements sociaux ou culturels pris en eux-mêmes. S'il analyse les événements et essaie de les comprendre en fonction d'un ensemble, son analyse s'opère à la lumière de la Révélation. Il suppose en effet comme allant de soi l'unité et l'unicité de l'histoire ; il croit à sa finalité, à son sens. Il professe une Providence qui conduit l'homme à la vision divine, l'incarnation et l'oeuvre de Jésus à la croix, autant de données qui dépassent la raison. Justin loue les vertus de maints philosophes mais c'est peu de chose dans l'ensemble de son oeuvre et la perspective juive l'emporte de beaucoup au dire de Luneau[163]. La foi seule et non la raison historique explique ce choix.

Il s'agit d'un choix et d'une interprétation des événements en fonction des données de la foi. Luneau parle donc de théologie de l'histoire ; nous préférons parler en termes de philosophie chrétienne : Justin n'est pas un théoricien. Au fond, le processus de Justin est celui de la Bible et il se situe dans la lignée prophétique. Il faut attendre selon Luneau, Augustin pour trouver avec la *Cité de Dieu* plus de systématisation et une densité historique supérieure. Nous le voyons, la perspective chrétienne n'est pas à annuler chez Justin mais elle n'explique pas tout. Comment se fait-il que certains aient vu chez l'apologiste un rationaliste à tout crin ? Pourquoi d'autres affirment-ils que Justin a dévié de la tradition biblique et mettent-ils cela sur le compte de la philosophie grecque ? A ces deux questions, nous pouvons attribuer deux réponses différentes, toutes deux religieuses. La première question peut trouver une réponse sur le plan *reli-gieux* c'est-à-dire au sens étymologique de relier, rattacher à Dieu. La deuxième réponse envisage la cause religieuse dans le sens de la tradition de la sainte Eglise romaine.

---

163. A. LUNEAU, *L'histoire du salut chez les Pères de l'Eglise (la doctrine des âges du monde)*, Paris, 1964, pp. 418-425.

a- une cause spirituelle.

Ce paragraphe nous permet d'aborder Justin sous l'angle spirituel de sa communion avec Dieu. Nous osons développer ce point parce que Simon nous a ouvert la voie et que nous voulons aller jusqu'au bout des choses. La critique nous peignant un Justin rationaliste exagère quant à la forme mais n'a pas totalement tort quant au fond. Leur thèse est extrémiste et déformante mais elle repose sur des éléments de la pensée justinienne qu'il nous faut exhiber. Il nous faut découvrir le fait exact (souvent inconnu) d'où l'on fait découler des conclusions excessives. Il est vrai que la révélation a fait découvrir au philosophe grec qu'il "croyait" en la raison, et que cette croyance était sans fondement[164]. Justin n'est pas tombé dans ce piège : il croit en Dieu par la foi. Quant à la raison, elle n'est pas limitée par la foi chez Justin. Elles sont toutes les deux soumises à Dieu. La raison vient de l'homme et la foi vient de Dieu qui la dépose dans le coeur de l'homme à la conversion. La raison, comme le reste, est entâchée par le péché et a besoin d'être purifiée. L'intelligence est donc corrompue puisque séduite par les démons ; elle n'a qu'une révélation partielle. Elle a besoin du secours de la grâce pour atteindre à la vraie révélation. Pour ce faire, elle doit être purifiée par Dieu, qui de corrompue la rend réceptive à Ses voies. Justin dit-il vraiment que la raison de l'homme est corrompue et a besoin d'être purifiée du péché ? Il n'est pas aussi clair : il dit seulement que la raison de l'homme ne peut atteindre Dieu par ses propres forces (ce que pensaient les platoniciens dont il était avant sa conversion) mais a besoin du secours de la grâce (*Dial.*7:3). L'intelligence seule ne nous permet pas de comprendre les Ecritures : nous avons besoin de cette grâce spéciale de Dieu qui nous en délivre le sens. Justin ne se substitue pas à l'Esprit saint. Par contre, il ne dit pas que le contenu de la révélation partielle présente dans la raison naturelle doit être purifié et remplacé par la révélation parfaite : il dit qu'elle n'est pas suffisante et doit être complétée par la révélation du Fils. Là se trouve un point préjudiciable qui manifeste spirituellement chez Justin qu'il n'a pas laissé Dieu juger sa raison à fond. Il l'a davantage soumise que ses successeurs qui en ont usé de façon plus autonome. Mais sa confusion repose sur l'ambivalence du mot *logos* (cf. *ap.*46 différence non clarifiée entre *logos* = raison et *Logos* = Christ)[165]. Cet aspect de la

164. G. VAN RIET, "Foi chrétienne et réflexion philosophique", *EThL*, 1961, p. 433.
165. A.M. MALINGREY, *"Philosophia" étude d'un groupe de mots (supra,* n. 130), p. 124 note 133.

raison non jugée dans son coeur l'empêche de tenir une apologétique débordante d'amour comme chez Luc. Ce don naturel non purifié par Dieu serait un obstacle à sa vie spirituelle, empêchant l'Esprit d'agir dans toute sa plénitude. Un certain esprit de dispute peut alimenter son oeuvre qui fait que la partie polémique n'est pas absente, empruntant son argumentation aux philosophes, faisant de lui un apologiste de son temps. Cet esprit de dispute s'explique par le fait que Justin est encore animé en partie par la sagesse charnelle (cf. Jac.3). C'est ce qui fait que leur perspective évangélique n'est pas aussi pure que celle de Luc. Car on ne convainc pas par des arguments et en vantant ses positions pour leur cohérence intellectuelle mais par l'Esprit d'amour qui découle de Dieu comme un fleuve puissant au travers du croyant. Néanmoins, cette explication n'est pas la seule à rendre compte de certaines déviations par rapport à la tradition biblique.

b- Une cause historico-religieuse[166].

Les ouvrages de Justin pris en leur ensemble produisent vraiment sur le lecteur une toute autre impression que les épîtres de Paul. Le paragraphe confrontant le paulinisme et le justinisme à la fin du chapitre 2 n'est pas là pour dire le contraire. En quoi consiste la différence ? La fonction rédemptrice du Christ et l'efficacité de sa mort prennent un relief beaucoup plus fort chez Paul que chez Justin : il serait vain de nier cette évidence. Paul s'attache surtout à deux grands épisodes de l'histoire religieuse : la chute du premier homme, et la mort du Christ. Justin considère plutôt deux autres moments corrélatifs : la création de l'homme doué du libre arbitre et soumis à la loi morale, et le jugement dernier avec ses sanctions. Nous savons que la christologie justinienne n'insiste pas sur les mêmes aspects que celle de Paul. Justin insiste souvent sur le rôle du démon mais il est peu porté à croire que la nature humaine et la volonté aient été perverties au point de ne pouvoir être guéries que par la grâce ; il est déjà éloigné de ce qu'on appelle la doctrine du péché originel. L'action rédemptrice du Christ s'opère donc surtout à ses yeux par la ruine du pouvoir des démons. Sa conception du christianisme insiste davantage sur la démonologie que sur la thèse du péché originel : "on peut soutenir qu'une telle doctrine diminue l'oeuvre rédemptrice du Christ, mais il n'en résulte pas qu'elle soit de provenance philosophique ; les principes en sont tout religieux (...)".

L'idée que la destinée humaine n'a de sens que par le libre arbitre lui vient des premiers versets de la Genèse. L'idée que la puissance du

166. Ce paragraphe s'inspire en partie des idées développées par A. Puech à la fin de son livre sur *les apologistes grecs*, pp. 305-308.

démon soit terrassée par l'oeuvre de Christ mort et ressuscité lui vient des évangiles. L'idée du Logos lui vient de Jean. Mais le christianisme de Justin, et des apologistes en général, s'explique par le christianisme du IIe siècle dont la littérature à évolué depuis le siècle précédent. Les apologistes sont plus dans le ton des Pères apostoliques que des apôtres sur l'attention qu'ils accordent à certains principes au détriment de quelques autres dans la doctrine chrétienne. La théologie est encore flottante et ceci explique les nuances du christianisme au cours des deux siècles.

En tous les cas, Justin a ouvert le débat entre christianisme et philosophie et a favorisé la propagande auprès des esprits cultivés. Pouvons-nous définir plus nettement cette philosophie chrétienne ?

VII - Vers une philosophie chrétienne...

Depuis le début de notre synthèse, nous essayons de formuler de la manière la plus juste possible pour l'apologiste, la nature du rapport entre christianisme et philosophie afin de pouvoir dégager au mieux l'expression de sa morale et de sa foi. Nous avons cerné tout d'abord la différence entre sagesse naturelle et sagesse spirituelle (cf.§ I). La notion de révélation a été exhibée ensuite en ne négligeant pas l'aspect humaniste dont le contenu était chrétien et dont l'expression révélait la base d'une préparation évangélique (cf.§ II). Cependant la proposition conclusive semblait ne pas avoir résolu toutes les interrogations et il a fallu élargir le débat à l'ensemble de l'hellénisme. Nous sommes arrivés à une meilleure formulation qui faisait de la philosophie de Justin un *hellénisme éclectique du christianisme* (cf.§ III). Le paragraphe suivant (cf.§ IV) nous a permis simplement d'apercevoir que cette philosophie était dépourvue de dogmatisme et que Justin réfléchissait plus en philosophe qu'en théologien. Nous avons tenté de progresser vers une meilleure expression pour cerner l'apologétique en parlant de philosophie de la religion (et en éliminant le concept de religion philosophique) : ce chemin nous a conduit vers une impasse (c'était un Holzweg dirait Heidegger)[167]. Nous avons enfin éclairé le sentier en débouchant sur la clairière de la raison et de la foi (cf.§ VI). Cet éclaircissement dans notre cheminement heuristique nous permet

167. Nous nous sommes engagés avec le § V dans le non-frayé des *chemins qui ne mènent nulle part*. Nous prenons ici *Holzweg* dans le sens de faux chemin, sentier qui se perd, faire fausse route, se fourvoyer, chemin perdu, à savoir "peu sûr", toujours exposé à un péril d'errance, de digression...

d'élaguer le terrain pour repérer les assises d'une philosophie au contenu chrétien. L'expression "philosophie chrétienne" convient-elle à l'apologétique justinienne ?

1- L'influence du christianisme sur la philosophie.

Clément voyait dans la philosophie une aide pour préciser le contenu de la foi et éviter l'hérésie. Cette perspective sera celle d'Irénée, Tertullien et Origène mais Justin ne lutte pas contre les hérésies (en tout cas pas dans les Apologies ni dans le Dialogue) mais s'efforce de défendre les valeurs chrétiennes devant la société romaine pour les mieux propager. Clément et Justin sont d'accord sur le fait que la foi est le fondement de la vraie philosophie mais les conceptions qu'ils élèvent sur ce fondement diffèrent. Pour Clément (selon Daniélou)[168], la foi suffit au salut mais il n'en reste pas moins qu'il est meilleur de comprendre ce qu'on croit. Cette idée tend à faire de la révélation chrétienne une "gnose" qui, pour être reçue, supposerait les plus hautes spéculations de l'esprit. Cette édification d'une "foi scientifique" ne correspond pas aux souhaits de Justin : ce dernier sait que la révélation de Dieu peut toucher le coeur de ceux qui ne savent même pas lire car elle est bien plus qu'une production de la sagesse humaine. Justin et Clément font un bout de chemin ensemble dans la mesure où ils veulent montrer que dans le christianisme seul, on se trouve en présence d'une foi susceptible de fonder une démonstration portant sur les réalités spirituelles à partir de données indémontrables certaines. Cependant la façon dont ils s'y prennent les éloigne. La théologie est très souvent systémique. On peut bâtir une théologie sur la base de la Bible mais cette construction *a posteriori* dogmatique est absente de la Bible. Elle n'est donc pas nécessaire pour comprendre la Bible. Justin est plus proche de l'idéal du sage qui enseigne et chemine dans sa réflexion non encore assurée et flottante sur certains points de doctrine alors que Clément se rapproche davantage de la conception moderne du philosophe qui dogmatise, construit un système, et de la conception antique renaissante du IIIe siècle où la philosophie est appréhendée à nouveau comme science et non plus seulement dans son aspect moral et religieux.

Justin déploie une philosophie chrétienne car c'est sa foi en Jésus-Christ qui modèle en lui une conception de la vie, une philosophie.

---

168. *Message évangélique (supra,* n. 47), p. 288.

Justin n'intègre pas de force le christianisme dans l'hellénisme. Ce n'est pas son pouvoir de philosopher qui surgissant dans la pensée biblique y opère une redistribution ou une remise en chantier. C'est l'inverse. C'est la pensée biblique qui l'atteint et qui modifie sa conception philosophique. Ce qu'il pensait savoir de philosophie se laisse inquiéter par ce que les Ecritures disent : il se remet en cause par la parole de Dieu et adopte une philosophie au contenu chrétien. C'est Dieu qui s'introduit en lui pour le transformer : il attend de Dieu un bouleversement et ce n'est pas sa pensée raisonnante qui adapte Dieu à sa convenance pour le faire entrer dans une philosophie baignée de moyen-platonisme. Dans sa philosophie chrétienne, ce n'est pas la foi qui guide et soutient la raison au point de lui ôter son autonomie, c'est l'esprit prophétique (ou le Verbe puisque Justin fait la confusion) qui guide la raison comme la foi. Justin accueille le pouvoir de Dieu (la puissance de son Evangile) de modifier le discours philosophique dans ses déterminations les plus intimes. Ce que sa pensée réflexive étudie est accueilli dans sa force de modifier les enjeux philosophiques. Sa manière de penser est façonnée, forgée, transformée par ce qu'il étudie. Sa pensée est informée et travaillée par ce qui n'est pas elle, et lui parle. De cette confrontation entre la parole de Dieu et sa pensée, Justin a accepté la mise à l'épreuve de ses idées sur l'homme afin de se laisser instruire par Dieu. De cette confrontation où la pensée de Justin se soumet aux instructions de Dieu, ce qu'il pense est renouvelé par cet acte de conversion. Si Justin a accueilli le christianisme ce n'est pas parce qu'il y trouvait des points de contact avec le platonisme. Ces passages sont le résultat d'idées communes que notre étude a attribuées à la préparation évangélique. Justin s'est tourné vers Jésus-Christ à la suite de sa rencontre avec le vieillard quand il a reconnu le vide du platonisme dans sa prétention à conduire l'homme à Dieu. Ce vide, seule la révélation de Dieu pouvait le remplir. Il a demandé à Dieu de se révéler à lui en lisant la Bible. La philosophie chrétienne de Justin ne déploie pas un discours philosophique sur Dieu mais est l'expression de son apologétique qui elle-même constitue la façon dont il exprime sa morale et sa foi. Il ne veut pas démontrer Dieu mais le présenter aux incroyants de manière à ce qu'ils comprennent ; il s'adapte à leur univers de pensée en choisissant des mots, des images, des notions, des analogies qu'ils saisissent et qui leur sont familières sans dénaturer le contenu du message chrétien. Justin ne se sert pas de la philosophie pour mieux comprendre l'homme. La philosophie n'est pas pour lui un passage obligé pour accéder au christianisme car c'est sur les racines et l'échec du platonisme que Justin est venu à l'évangile.

Devons-nous donc nous contenter de définir la philosophie chrétienne suivant la conception d'un moule accueillant un contenu ? jusqu'ici nous avons pensé définir l'apologétique avec Faye comme un fond chrétien sur une forme philosophique. Mais nous nous sommes rendus compte que la distinction fond/forme était une gageure . C'est ce qui explique aussi que nous n'étions pas satisfaits des conclusions du § II de notre présente synthèse. L'image d'une philosophie chrétienne gardant la forme du questionnement philosophique et son champ d'investigation doit être dépassée. Peindre le christianisme comme ayant pris logement dans l'édifice philosophique n'est pas satisfaisant. Dire que le christianisme a gardé la "seringue" philosophique dans la profondeur de la pénétration incisive du questionnement comme méthode ne suffit pas. Le contenu chrétien serait inséré dans la "seringue" pour être injecté dans le monde païen. Le témoin de Dieu n'engendre rien par une quelconque maïeutique, nous l'avons vu.

La philosophie de Justin n'est pas non plus un exercice méditatif mais un dialogue vivant. Cela ne veut pas dire que la réflexion et l'élaboration théorique soient absentes de l'apologétique. Sa philosophie est celle de son temps, qui propose à l'homme un mode de vie qui engage toute l'existence. Elle ne correspond absolument pas à la vision moderne d'une construction d'un langage technique réservé à des spécialistes. La vie du chrétien peut conduire Dieu à briser le moule philosophique dans lequel on se cache, on se plaît. Justin n'est pas prisonnier d'un moule. Il nous faut donc redéfinir la philosophie chrétienne de Justin pour le mieux comprendre.

2- La philosophie chrétienne s'exprime par un style philosophique et un contenu chrétien.

A l'époque antonine, la philosophie est généralement pénétrée d'esprit religieux, nous l'avons vu, et le christianisme sent très vivement le besoin de se présenter sous l'aspect d'une philosophie. La pensée de Justin a des points de contact multiples avec celles de ses contemporains païens ; elle s'exprime souvent dans le même langage. "Ce serait un grand aveuglement que de ne pas le reconnaître. C'en serait un aussi grand que de ne pas voir la barrière qu'il a toujours élevée entre la philosophie et la foi"[169]. Résumons ici les conclusions auxquelles nous avons abouti.

169. A. PUECH, *Les apologistes grecs (supra,* n. 11), p. 291.

En exposant la notion de Dieu comme un Etre infini et transcendant, Justin a voulu créer un abîme entre l'homme et Dieu dans le souci d'éviter toute apparence d'anthropomorphisme. Quand, d'autre part, il a considéré le Verbe comme le démiurge, il a pris soin de le séparer de son oeuvre ; s'il assimile une fois le Fils de Dieu à l'âme du monde du *Timée*, c'est pour retrouver chez Platon une image, - déformée, - de la Trinité chrétienne ; cela ne veut pas dire que sur ce point il accepte la doctrine de Platon, et qu'il regarde le Fils comme infus dans la matière.

Ensuite, avec sa théorie du logos spermatikos, il montre que la raison humaine, malgré sa faiblesse, peut tirer d'elle-même deux notions essentielles : celle de l'existence de Dieu, et celle de l'obligation morale. Sa théorie du Logos convient sans doute à ses tendances intellectuelles ; elle est pour lui la meilleure garantie de la divinité de Jésus. "Jésus est Dieu parce qu'il est le Verbe, voilà le germe d'où tout le reste est sorti. Telle est aussi l'attitude intellectuelle"[170] de Justin. Ainsi notre apologiste a pu parler parfois un langage plus philosophique que chrétien aussi bien par l'effet d'une habitude inconsciente que dans une intention de propagande habile. Ce ne sont là toutefois que des faits secondaires ; le fait essentiel, c'est que dans son principe, sa doctrine chrétienne est religieuse, et non pas philosophique. Quant à la conception qu'il avait du Saint-Esprit, il l'a généralement identifié avec le Verbe et il était difficile qu'il en soit autrement, tant on avait pris l'habitude de regarder le Verbe comme l'agent de la révélation. Concernant la création de l'univers, Puech affirme qu'"il y a des indices clairs que Justin croyait la matière créée (...). Les Apologistes (...) en ce qui concerne l'interprétation de la nature et de l'ordre du monde, ils ont maintenu solidement la barrière entre le christianisme et le platonisme"[171]. La démonologie de Justin est celle qui avait cours au IIe siècle mais elle a ses caractères particuliers qui ne permettent pas de l'assimiler à la démonologie païenne. La doctrine du libre arbitre est au centre de toute la morale de Justin. Il aime à rappeler le mot fameux de Platon dans la *République* : "La faute est à notre choix ; Dieu n'est pas en cause". Justin exprime un contenu chrétien dans un style philosophique. Les points de contact entre sa croyance et les théories philosophiques existent mais à propos d'aucune, il ne nous est apparu qu'il ait pris son point de départ dans la philosophie. Dans sa réflexion, Justin ne prétend pas tout vouloir comprendre. Ne pas tout comprendre,

170. *Id.*, *Ibid.*, p. 296.
171. *Id.*, *Ibid.*, p. 298-299.

c'est com-prendre Dieu c'est-à-dire le prendre avec soi, et le reconnaître dans son caractère infini, omniscient, omnipotent et créateur des hommes. Il rejette la doctrine sur Dieu des stoïciens ainsi que le panthéisme, le fatalisme et le matérialisme. Il ne partage pas non plus la théorie de la transmigration des âmes chez Platon. Dans tous ses jugements, nous voyons que Justin refuse ce qui est incompatible avec la Bible[172]. Nous aimerions insister ici sur le rapport entre l'âme et le corps pour voir si Justin a été influencé par la théorie dualiste du platonisme.

L'âme et le corps[173].

La morale gnostique est hostile au corps et mène aux ascèses excessives par mépris de la chair. Il n'en est rien chez Justin. Les apologistes s'efforcent de prôner une morale qui n'est pas conçue comme une lutte contre les exigences charnelles. La vie spirituelle des Anciens est vécue comme un effort pour dégager l'âme de sa dépendance à l'égard du corps. Cette morale se comprend par la dualité platonicienne âme/corps qui sera reprise par Augustin plus tard. *A contrario*, la morale des apologistes se rapproche de l'éthique juive et se comprend par le dogme de la résurrection. On saisit mieux le scandale que provoquait une telle croyance, car il s'attaquait aux fondements de l'anthropologie morale et philosophique des païens. "Si la résurrection des corps leur paraît absurde, c'est avant tout parce qu'ils méprisent la chair ; il faut leur montrer, leur rappeler, qu'elle est l'oeuvre bonne d'un Dieu bon"[174]. La morale chrétienne s'oppose à l'idéal philosophique car la foi dans la résurrection des corps a conduit l'apologétique à expliciter toute une anthropologie révélant la véritable nature de l'homme : l'homme *est* le composé d'une âme *et* d'un corps. Cet enseignement est en réaction contre "la tradition issue du platonisme qui voyait dans l'homme avant tout le principe divin, immatériel, "l'âme"(...)"[175]. Justin ne développe pas explicitement cette anthropologie ; Athénagore et Tertullien le font beaucoup plus. Ses remarques sur l'âme sont

---

172. H. CHADWICK, *Early christian thought (supra,* n. 97), p. 21 : "So with regard to the doctrine of God, he declares that the Stoics are wrong. Pantheism, materialism, and fatalism are false. But the Stoics are excellent on morality. Plato, on the other hand, though right about God's transcendence and incorporeality, is wrong in his doctrine of the soul and in his acceptance of the cyclic, fatalistic theory of transmigration. In all these judgements we see Justin's Christian faith impelling him to reject metaphysical positions that he thinks incompatible with the Bible".

173. Cf. CL. TRESMONTANT, *La métaphysique du christianisme et la naissance de la philosophie chrétienne,* Paris, 1961, p. 370-373. M. SIMON, *La civilisation de l'antiquité (supra*, n. 80), pp. 143-144. J. DANIELOU, *Message évangélique (supra,* n. 47), pp. 355-365.

174. H.-I. MARROU, "La résurrection des morts et les Apologistes des premiers siècles", *Lumière et vie* (3) avril 1952, p. 88.

175. *Id., Ibid.*, p. 89.

condensées dans les premières pages du *Dialogue* (cf. *Dial.*4-6) et ont une autre perspective. Cependant, sa foi dans la résurrection (cf. *Dial.*2:2 ; 4:7, refus de la réincarnation) et sa conception de l'âme et du corps par la bouche du vieillard nous permettent de préciser que sa morale ne négligeait pas les aspects corporels à l'instar des gnostiques mais qu'il voyait une harmonie dans l'union de l'âme et du corps.

L'âme n'est pas incréée, elle n'est pas, de soi, immortelle. Le monde est créé, et les âmes, qui font partie du monde, sont créées aussi. Si les âmes ne meurent pas, ce n'est pas en vertu de leur essence mais par don. En effet, l'âme n'est pas vie, elle reçoit la vie. C'est Dieu qui est vie. L'âme n'est pas divine. Elle reçoit l'existence du don créateur de Dieu. Justin abandonne donc la croyance en la préexistence de l'âme et en la métempsychose. L'homme est un composé et il revivra tout entier corps et âme, parce qu'il a vécu corps et âme. Cette union est réalisée dès que l'homme naît ; elle dure pendant toute sa vie : elle doit se renouveler après sa mort. Cette notion platonicienne de la fuite du corps qui séduira aussi Augustin est un élément qui s'ajoute au christianisme et que Justin a rejeté.

Concluons avec Chadwick : "Peut-être par dessus tout, devons-nous regarder comme un achèvement distinctif et personnel de Justin sa théologie de l'histoire. Quand il voit dans la philosophie grecque une partie de la préparation divine à l'Evangile, et en Socrate un chrétien avant le Christ, il voit dans les annales de l'humanité une histoire double, sacrée et profane, juive et païenne, deux courants convergents qui confluent providentiellement dans le Christ et son évangile universel. La théologie de l'histoire de Justin fournit une base pour apprécier la tradition du passé à la fois positivement et critiquement. Sa foi au Christ lui donne un critère pour approcher à la fois Platon et l'Ancien Testament, et le préserve d'un éclectisme qui prendrait pièces et morceaux à d'autres systèmes pour se faire un costume à soi"[176]. Dans une étude méthodologique du composé humain chez Justin, Spanneut parle de "trichotomie". "L'âme n'est pas toujours présente au corps. Dieu veut cette union pour un temps, et, après, l'homme n'existe plus. Dichotomie, dira-t-on ; loin de là, l'auteur poursuit : "De même aussi lorsque l'âme doit cesser d'être, le *zôtikon pneuma* s'éloigne d'elle et il n'y a plus d'âme" (*Dial.*5:4). Il y a donc une anthropologie à trois degrés : le corps est animé par l'âme, qui reçoit la vie de l'esprit

---

176. ED. DES PLACES, "Platonisme moyen et apologétique chrétienne au IIe siècle ap J-C", *SP* 15,1, p. 440, 441.

vivifiant. L'âme humaine est engendrée et corruptible. Elle ne dure qu'autant que Dieu le veut et lui départ l'esprit vivifiant, qui apparaît, malgré la terminologie hellénique, peut-être stoïcienne, comme le souffle communiqué au plasma d'Adam"[177].

Au terme de ce développement, on s'aperçoit que l'apologétique ne cherche pas à compiler culture classique et culture chrétienne (il faut attendre le IVe siècle) mais à trouver des points de contact avec le paganisme pour séduire les païens et rendre le christianisme moins répugnant, et gagner ainsi les gens à l'évangile.

3- Un éclectisme sur un éclectisme.

Il ne faut pas non plus faire des apologistes de fins stratèges qui essayaient de tendre des pièges rhétoriques à leurs auditeurs pour les gagner à la cause de l'évangile. La volonté de Justin de concilier raison et foi ne justifie pas son désir d'évangéliser. Son but est surtout de montrer l'accord du message chrétien et de la raison humaine. C'est là ce qui constitue et établit le contact entre le christianisme et l'hellénisme[178]. Cette annonce met en relief les aspects de la foi chrétienne qui peuvent trouver un écho dans la raison et la conscience humaines.

a- Quels sont les attributs de cette philosophie chrétienne ?

Sa philosophie est non seulement un regard, une ouverture au monde païen mais elle est aussi réaliste. La révélation chrétienne se trouve consignée dans les Ecritures et elle met à jour la vérité qui correspond le mieux à la réalité. Elle épouse les contours de l'humain en respectant intégralement l'homme dans son historicité et son inventivité. Cette intervention de Dieu dans le monde s'est inscrite par la venue de Jésus sur la terre, dans un temps, un lieu et un milieu déterminé. Cependant, cette philosophie se distingue de son objet dans la mesure où elle est une expression partielle, conceptuelle, inexhaustive, d'un mot elle est abstraite. Enfin, elle est aussi critique. Etant donné que Justin développe une conception rationnelle du christianisme, il est donc en équilibre entre l'esprit critique qui lui permet de rejeter ce qu'il considère comme opposé à sa foi et sa réflexion met en place des propositions s'appuyant sur la Bible (son discours est donc aussi théologique et dogmatique sur ce point). On ne peut chez Justin différencier dans le christianisme le fait culturel et la religion, dans la

177. M. SPANNEUT, *Le stoïcisme des Pères de l'Eglise*, Paris, 1957, pp. 136-138.
178. J. DANIELOU, *Message évangélique (supra*, n. 47), p. 34.

foi la saisie intellectuelle et l'adhésion libre, dans la révélation le sens et la vérité. La foi bien qu'auto-suffisante, doit être compatible avec la raison. Sa philosophie n'intègre pas les présupposés dans la philosophie païenne car celle-ci ne résout pas les vraies questions ; elle pose simplement les problèmes. Sa philosophie ne se contente pas d'établir une pure critique de ses présupposés c'est-à-dire une mise en question et une clarification de quelque chose qu'elle-même n'est pas (la vie, la liberté, l'existence, la foi...). Justin ne songe pas à construire une science qui l'aiderait à mieux comprendre la foi mais plutôt à élaborer une apologétique qui épouse le mouvement de la foi et souligne les facteurs subjectifs, surtout l'option libre. Il est impossible pour Justin de faire abstraction de sa foi et il réfléchit à partir de celle-ci. Il n'existe pas chez lui le dilemme de savoir où le philosophe finit et où le chrétien commence. Sa conception est chrétienne intégralement et philosophique intégralement ou bien elle n'est pas. Seule la foi lui permet d'atteindre Dieu. Toutefois, même s'il réfléchit tout en connaissant les réponses aux grandes questions de la vie, sa philosophie n'est pas un jeu[179], mais un *enjeu.* En maintenant le primat de la parole de Dieu dans sa philosophie, Justin risque sa conservation en vie car le christianisme est religion illicite.

Cette vérité que prône Justin n'est pas illusoire et subjective[180], elle n'a pas besoin de confirmation par la raison car elle est déjà rationnelle : c'est Jésus-Christ (Jn. 14:6). La foi est justifiée en Dieu par Jésus-Christ et elle comporte trois moments essentiels[181]. Tout d'abord, le moment rationnel : la foi en Dieu n'a rien à redouter d'un examen de la raison. Le rôle de la raison n'est pas d'établir ici des vérités ou même de tirer au clair la signification de la vérité qu'on possède déjà. La démarche rationnelle de Justin repose sur deux fonctions précises : la fonction démonstrative et la fonction critique. Le deuxième moment concerne l'expérience objective que le croyant vit par la lecture de la Bible quand il commence par savoir. Enfin, le dernier moment relève de l'expérience intérieure subjective qui est l'acte de conversion et qui le conduit non plus seulement à savoir mais à croire. La foi en Dieu que vit Justin ne se laisse pas confondre avec une simple croyance, une crédulité naïve ou superstitieuse, un engagement arbitraire ou un risque absurde. Elle ne se réduit pas davantage à un raisonnement scientifique ou à une

179. G. VAN RIET, "Foi chrétienne..." *(supra*, n. 164*)*, pp. 424-434.
180. F. KAPLAN, "La foi, savoir ou espoir sans visage", *Eph* n°2, 1977, pp. 203-211.
181. G. VAN RIET, *Philosophie et religion*, Louvain/Paris, 1970, pp. 1-25.

constatation historique. En une synthèse originale et féconde, la foi unit la raison et le coeur, l'objectivité et la subjectivité.

b- Vers une définition.

Maintenant que nous avons appréhendé au plus près la philosophie chrétienne de Justin, essayons encore de la mieux définir. Thévenaz[182] nous a décrit trois stades de l'alliance entre le christianisme et l'hellénisme : le syncrétisme, l'éclectisme, la synthèse. Justin est baigné dans l'éclectisme philosophique que constitue le moyen-platonisme. Il va opérer un tri et faire un choix à partir de cet éclectisme. On ne peut donc pas dire qu'il coule le christianisme dans un moule philosophique puisqu'il modifie lui-même le moyen-platonisme et ne reprend pas entièrement à son compte les données platoniciennes. Il avait peut-être conscience que Dieu n'a pas besoin d'être enrobé dans un moule étranger. Si la philosophie hellénistique peut être une forteresse et abriter un contenu chrétien, Dieu brise ce moule et renverse les murailles (II Co.10:5). Justin n'ordonne pas les données bibliques dans une propre théorie philosophique dont la charpente serait le moyen-platonisme (cf. Chadwick p.18). Sa philosophie n'est donc ni synthétique, ni syncrétiste, ni éclectique : *c'est un éclectisme (au sens de tri, de choix) sur un éclectisme (le moyen-platonisme).* Le syncrétisme caractérise les gnostiques et la synthèse est propre au grand système comme Augustin. Peut-être Justin aurait-il risqué une esquisse de synthèse s'il n'était pas mort martyr ? spéculation vaine et hypothèse peu probable. Thévenaz a montré qu'une synthèse est possible quand elle a en face d'elle une philosophie forte et structurée. Le néo-platonisme a permis la synthèse augustinienne ; Justin n'avait en face de lui qu'une philosophie éclectique en transition. Mais Augustin a-t-il déployé un moule philosophique au contenu chrétien ou l'inverse ? Seule une étude solide permettrait de le savoir[183]. Ce qui est sûr, c'est que dans son enseignement à Rome, Justin a déployé sa philosophie chrétienne en exposant les grands points de doctrine biblique. L'aspect rationnel de son christianisme réside aussi dans le fait qu'il l'exposait sous forme d'enseignement[184]. Pouvons-nous aboutir à une formulation définitive de cette philosophie ?

---

182. P. THEVENAZ, "De la philosophie divine..." *(supra,* n. 95), pp. 4-20.

183. Nous renvoyons aux thèses de Marrou et Mandouze : *saint Augustin et la fin de la culture antique*, Paris, 1983 ; *saint Augustin, l'aventure de la raison et de la grâce*, Paris, 1968.

184. C.J. DE VOGEL, "Problems concerning Justin Martyr", *Mnem.* 31, 4, 1978, p. 370 : "Justin,in fact, appears somewhat rationalistic (...) in so far as he always approached Christianity as *didagmata* (...)".

c- "La philosophie sûre et profitable".

Skarsaune insiste bien sur le fait que le christianisme est la seule philosophie digne de ce nom[185]. Au terme de ce chapitre, il est de circonstance de rappeler *Dial.*8:1 car qui mieux que Justin peut nous orienter dans la compréhension de sa philosophie : "et réfléchissant en moi-même à toutes ces paroles, je trouvai que cette philosophie était la seule sûre et profitable" et celles de apôtres ("amis du Christ"). Le christianisme et la philosophie ne sont pas qu'affaire de moule et de contenu. Hadot écrit : "pourquoi le chrétien, s'il vit intensément sa vie chrétienne, aurait-il besoin de vivre une vie philosophique ? Et d'autre part, si le chrétien veut vraiment être philosophe, ne transformera-t-il pas son christianisme en philosophie"[186] ? A l'instar de Hadot, nous soulignons l'opposion irréductible entre ces deux genres de vie dont l'un repose sur une autonomie de l'être, une volonté pratiquant des exercices spirituels, et l'autre repose sur une communion directe avec Dieu par son Fils, une volonté soumise, et l'assistance du Saint-Esprit. Nous affirmons avec Justin que le christianisme est la philosophie.

Le christianisme et la philosophie ne sont pas à comparer dans une analyse compilant et amalgamant l'un et l'autre, intégrant l'un dans l'autre. Cette proposition n'implique pas osmose entre deux genres mais un rapport d'identité. Elle est une définition ostensive qui nous dirige vers quelqu'un ; elle tend à démontrer, à dé-voiler quelque chose. Justin n'a pas découvert la vraie philosophie à travers plusieurs écoles mais dans le christianisme. Cette formule nous fait comprendre que le "est" a une fonction essentielle et spécifique ; il porte en lui le sens de ce qu'est le christianisme : LA philosophie. Le sens du christianisme est à chercher dans l'être dont le dé-voilement (l'*a-lèthéia*) se manifeste par le *Logos*.

La philosophie apparaît alors dans son aspect originel, non plus comme une construction théorique, mais comme une méthode de formation à une nouvelle manière de vivre et de voir le monde, comme un acte de transformation de l'homme par Dieu. Il nous faut conclure : *l'apologétique justinienne exprime un christianisme du IIe siècle dans un style philosophique éclectique du moyen-platonisme : "le christianisme est la philosophie".*

185. O. SKARSAUNE, "The conversion of Justin Martyr", *STh* 30, 1976, p. 63 : "He (Justin) is saying that Christianity is the only philosophy worthy of this name (...)".

186. P. HADOT, *Exercices spirituels et philosophie antique*, Paris, 1987, p. 238.

CONCLUSION

Au terme de ce travail, que pouvons-nous dire ? Nous avons tenté d'éclairer les rapports entre judaïsme, christianisme et philosophie chez l'apologiste : esquissons une synthèse. Comment comprendre le Dial. ?

C'est une oeuvre apologétique écrite pour permettre aux chrétiens du moment de mieux se situer parmi l'invasion des religions orientales. Mais l'intention missionnaire de Justin n'est pas absente de ces lignes[1] : l'apologiste s'entretient avec une forme éclectique du judaïsme. Mais ce Dial. est-il réellement un Adversus ou simplement un entretien amical avec des amis ?

Schneider[2] propose de trouver le juste milieu entre l'anti-judaïsme et l'apologétique. Bokser[3] est plus affirmatif et pense que Justin, s'il n'est pas extrémiste dans ses propos contre les Juifs, prépare l'émergence du

---

1. G.N. STANTON, "Aspects of Early Christian-Jewish Polemic and Apologetic", *NTS* 31, 1985, p. 385 et 389 : "Attention has already been drawn to important parallels between the Testament of Levi and Dialogue 108. I now want to suggest that this chapter of the Dialogue contains a further example of the S-E-R pattern. Justin roundly condemns the leaders of the Jews for their anti-Christian actions (Sin) and asserts that the capture of Jerusalem and the ravaging of the land are a punishment from God (Exile). But finally, quite unexpectedly, Justin expresses the hope that his Jewish opponents will repent and find mercy from a compassionate God (Return)". A la fin, Stanton conclut : "If the suggestions are plausible, there are implications for the origin and purpose of these early Christian writings. We need not conclude that Justin is so polemical that he cannot be engaged in genuine dialogue, nor need we conclude that his expressions of hope for the conversion of Trypho are simply an artificial devise dictated by the dialogue form. The S-E-R pattern of ch. 108 is an important form of early Christian apologetic vis à vis Judaism. Justin is engaged in a genuine dispute and NT scholars will do well to read him carefully".
2. H. P. SCHNEIDER, "Some reflexions on the Dialogue of Justin Martyr with Trypho", *SJTh* 15, 1962, pp. 164-175.
3. B. Z. BOKSER, "Justin Martyr and the Jews", *JQR* 64, 1973-74, pp. 97-122, 204-211.

courant anti-juif. Frend[4] inclut la polémique anti-judaïque avec la lutte anti-gnostique et anti-marcionite. Le devoir de Justin est de défendre le christianisme contre toute déviation. Hulen[5] se prononce nettement en faveur d'un Dial. franchement anti-juif. L'émergence des premiers *adversus Judaeos* (Barnabé, Méliton, Justin, Tertullien), qui ne sont pas forcément antisémites, prépare la montée de ces courants qui vont se profiler à l'horizon du troisième siècle.

La réponse à la question - écrit anti-juif ou non ? - se trouve dans la nature des destinataires. A la suite de Maclennan, nous pourrions essayer de dégager une solution en prenant les trois cités (Ephèse, Naplouse, et Rome) comme trois textes où se niche un élément de réponse. A qui Justin veut-il adresser son Dial ? Est-il destiné à la communauté chrétienne judéo-chrétienne ? Est-il écrit pour informer les gens des différences entre judaïsme et christianisme ? Draine-t-il un sens anti-juif ? Maclennan semble répondre que non. Le Dial. n'est pas un *adversus* mais s'entretient en faveur du christianisme par rapport à une certaine forme de judaïsme qui résulte de l'expérience personnelle de l'apologiste, de sa lecture de la Bible, et de la supériorité de la religion du Christ. Justin souligne les différences entre le christianisme et une forme particulière du judaïsme. L'impact de cette suggestion est qu'il existe d'autres formes de judaïsme non rencontrées par Justin, et qui auraient permis de répondre d'une façon différente aux questions soulevés dans le Dial. et d'une façon plus proche de la religion de Jésus. Les caractères importants du Dial. nous invitent à réfléchir plus longuement sur cette question. Justin a décidé d'écrire un DIALOGUE entre un Juif et un chrétien et non un *adversus Judaeos*. C'est dans l'intention du titre placé ultérieurement par la tradition que réside la clé de l'énigme ouvrant la compréhension de cet écrit.

4. W. H. C. FREND, "The O.T. in the Age of the Greek Apologists A.D. 130-180", *SJTh* 26, 1973, pp. 129-150 ; *Id., The Origins of Anti-Semitism*, Oxford/New York, 1983.
5. A. B. HULEN, "The Dialogues with the Jews as Sources for the Early Jewish Arguments against Christianity", *JBL* 51, 1932, pp. 58-71.

BIBLIOGRAPHIE

LISTE DES ABREVIATIONS UTILISEES

Nous reprenons essentiellement les indications de *l'Année philologique*, celles de la *Patrologie* de Quasten, et celles de la *Bibliographia Patristica* :

AFTC	*Anales de la Facultad de Teologia (de la) universidad Catolica de Chile*
ANRW	*Aufstieg und Niedergang der Römischen Welt*
BLE	*Bulletin de littérature ecclésiastique*
Bul Budé	*Bulletin de l'association G. Budé*
CBQ	*Catholic Biblical Quarterly*
DACL	*Dict. d'archéologie chrétienne et liturgie*
DCB	*Dictionary of Christian Biography*
DR	*Downside Review*
DS	*Dictionnaire de la Spiritualité*
DTC	*Dictionnaire de théologie catholique*
DTT	*Dansk teologisk tidsskrift*
EJ	*Encyclopaedia Judaica*
EkklAthen	*Ekklesia Athen*
Eph	*Etudes philosophiques*
EThL	*Ephemerides Theologicae Lovanienses*
EvQ	*Evangelical Quartely (Londres)*
FSt	*Franciscan Studies. St Bonaventure, New York*
Greg	*Gregorianum*
GregPalThes	*Gregorios ho Palamas Thessaloniki*
HTR	*Harvard Theological Review*
JBL	*Journal of Biblical Literature*
JES	*Journal of Ecumenical Studies*
JQR	*Jewish Quartely Review*
JR	*Journal of Religion*
JSJ	*Journal for the Study of Judaism*
JThS	*Journal of Theological Studies*
MGWJ	*Monatsschrift f. Geschichte und Wis. d. Judentums*
Mnem	*Mnemosyne*
NAKG	*Nederlands archief voor kerkgeschiedenis's Gravenhage*
NTS	*New Testament Studies*
NTT	*Nieuw Theologisch Tijdschrift*

RB	*Revue Biblique*
RBL	*Ruch Biblijny i Liturgiczny*
REA	*Revue des études anciennes*
REG	*Revue des études grecques*
REJ	*Revue des études juives*
RET	*Revista española de teología*
RhM	*Rheinisches Museum*
RHPR	*Revue d'histoire et de philosophie religieuse*
RHE	*Revue d'Histoire ecclésiastique*
RSR	*Recherches de science religieuse*
RThPh	*Revue de théologie et de philosophie*
ScCat	*La Scuola Cattolica*
SCh	*Sources chrétiennes*
ScRel	*Sciences religieuses*
SJTh	*Scottish Journal of Theology*
SP	*Studia Patristica*
STh	*Studia Theologica*
ThH	*Théologie Historique*
ThLZ	*Theologische Literaturzeitung*
ThPh	*Theologie und Philosophie*
ThQ	*Theologische Quartalschrift*
ThR	*Theologische Revue*
TRE	*Theologische Realenzyklopädie*
TTK	*Tidsskrift for teologi og kirke*
TS	*Theological Studies*
TU	*Texte und Untersuchungen*
VC	*Vetera Christianorum*
VCh	*Vigiliae Christianae*
ZKG	*Zeitschrift für Kirchengeschichte*
ZNW	*Zeitschrift für die Neutestamentliche Wissenschaft und die Kunde der älteren Kirche*

A - ÉDITIONS du Dialogue avec Tryphon (classement par ordre de parution)

Robert ESTIENNE, (Stephanus) Paris, 1551. C'est la première édition du Dial. dans l'édition des oeuvres complètes de Justin. Il reproduit le ms. 450.

Jean de MAUMONT, *les oeuvres de Justin mises de grec en françois* Paris, 1554 (le Dial. y occupe les pages 43-139). Traduction française du texte d'Estienne, trop littéraire.

Joachim PERION, *Beati Justini philosophi et martyris opera omnia quae adhunc inveniri potuerunt, id est quae ex regia Galliae bibliotheca prodierunt,* Paris, Jacques Dupuis, 1554. Traduction latine du texte d'Estienne.

Sigismundus GELENIUS, *Divi Justini philosophi ac martyris opera non ita pridem graece edita nuper vero latine reddita,* Bâle, 1555. Nouvelle traduction latine plus exacte.

Jean LANG, Bâle, 1575. Nouvelle traduction latine indépendante des deux premières suivie de copieux commentaires que les traducteurs postérieurs ont sans cesse repris et perfectionné.

Frédéric SYLBURG, Heidelberg, 1593. Texte revu et corrigé, et traduction latine de J. Lang. Rééd. par Frédéric MOREL, édition d'ensemble des Pères Apologistes, Paris, 1615, rééd.1630, 1636, 1686. Sam. JEBB donne la première des deux éditions séparées du *Dial.*, Londres, 1719 (il reprend surtout les notes de Sylburg et le texte latin de Lang).

Christian Gottlieb KOCH, *Iustini Martyris cum Tryphone Iudaeo Dialogus*, Kiel, 1700.

Prudent MARAN, édition d'ensemble des Pères Apologistes, Paris, 1742 (le Dial. se trouve aux pages 101-232). Grand progrès par rapport à l'édition de Morel.

L'édition de Maran a eu du succès et a servi aux éditions suivantes :

* 2è édition à Venise en 1746.
* Galland, le *Dialogue* et les *Apologies*, Venise, 1765.
* Fréd. Oberthuer, Würzbourg, 1777-79.
* J.P. Migne, Paris, 1857, t. VI Patrologie Grecque.
* M. de Genoude, *Pères de l'Eglise traduits en français* t. II, 1838, pp. 1-195 pour le *Dial.*

St. THIRLBY, Londres, 1753[1] . Texte grec avec traduction latine de Lang.

Ch. Fr. HORNEMANN, *Dialogue* (en grec et en latin), Scripta genuina Graecae patr. apostol. Pt.III Havn. 1829.

J. C. Th. OTTO, *Corpus Apologetarum Christianorum saeculi II,* Iéna, [1]1842, [2]1848, [3]1877. Le grec est basé sur une nouvelle collation du ms. 450. La troisième édition de 1877 utilise quelques variantes du ms. de Clermont. La traduction latine fut celle de Maran améliorée.

E. J. GOODSPEED, *Die ältesten Apologeten,* Göttingen, 1914, pp. 90-265.

---

1. A. Wartelle indique ici la date de 1722.

Miroslav MARCOVICH, *Iustini Martyris dialogus cum Tryphone*, Patristische Texte und Studien n. 47, Berlin/New York, Walter de Gruyter, 1997.

B - TRADUCTIONS récentes

Nous avons regroupé ici les principales traductions du *Dial.* du XXe siècle.

Georges ARCHAMBAULT, *Justin, Dialogue avec Tryphon.* Texte grec et trad. française, introduction, notes et index, coll. "Textes et Documents", Paris, éd. Hemmer & P. Lejay, 2 vol., 1909.

Philipp HAÜSER, *Des heiligen Philosophen und Märtyrers Justinus Dialog mit den Juden Tryphon aus dem griechischen übersetzt und mit einer Einleitung versehen,* BKV 33, Munich, Kempten, 1917.

A. Cleveland COXE D.D., *The Apostolic Fathers with Justin Martyr and Irenaeus* (american Edition), vol. I "the Ante-Nicene Fathers translations of the writings of the Fathers down to AD 325" (abr. ANF I), the Rev. Alexander ROBERTS D.D. and James DONALDSON LLD (editors 1884), réimprimé en juin 1993 de l'édition d'Edimbourg, par W.M.B. EERDMANS publishing Company, Grand Rapids, Michigan, [*Dialogue with Trypho*, pp. 194-270].

Arthur Lukyn WILLIAMS, *Justin Martyr The Dialogue with Trypho*, Londres, 1931.

Karl THIEME, *Kirche und Synagoge,* Olten, Otto Walter, 1945, (traduction allemande abrégée de l'épître de Barnabé et du Dial.).

Thomas B. FALLS, *The Fathers of the Church. A New Translation.* 2. saint Justin Martyr : the First Apology. The Second Apology. Dialogue with Trypho... New York, 1948.

D. RUIZ BUENO, Madrid, 1954 (trad. espagnole du Dial.).

Adalbert HAMMAN, *La philosophie passe au Christ (l'oeuvre de Justin),* Lettres chrétiennes 3, Paris, 1958.

R.P.C. HANSON, *Selections from Justin Martyr's Dialogue with Trypho,* Londres, 1963 (world Christian n° 49).

Giuseppe VISONA, *San Giustino Dialogo con Trifone,* introduzione, traduzione e note, Milan, éd. Paoline, 1988.

Adalbert HAMMAN, *Oeuvres complètes de Justin,* Paris, J.-P. Migne, 1994.

C - MONOGRAPHIES.

*Pour une première approche rapide et simple de l'apologiste, cf. :
G. **BARDY**, "Justin Martyr" in *DTC*, Paris, 1925, col. 2228-2277.
G. **BAREILLE**, "Apologistes" in *DTC*, Paris, 1925, col. 1580-1602.
H. VON CAMPENHAUSEN, *Les Pères grecs*, Paris, éd. de l'Orante, 1963.
A. FLICHE & V. MARTIN, *Histoire de l'Eglise*, t. I "l'Eglise primitive" Paris, Bloud & Gay, 1934, pp. 426-451.
R. M. GRANT, *Greek apologists of the second Century,* Londres, 1988.
CH. KANNENGIESSER & A. SOLIGNAC, "Justin" in *DS*, col. 1640-1647.
H. LIETZMANN, "Justinus der Märtyr" in PAULY-WISSOWA, *Real-Enzyklopädie* X, Stuttgart, 1934-1935, col. 1332-1337.
D. ROPS, *L'église des apôtres et des martyrs*, Paris, Desclée de Brouwer, 1971, pp. 342-348.
H. SCOTT, "Justin" in *DCB*, 3, 1882, pp. 560-587.
R. J. DE SIMONE, "Justin" in *Dictionnaire du Christianisme ancien,* pp. 1382-1385.
O. SKARSAUNE, "Justin der Märtyrer" in *TRE* Band 17, 1987, pp. 473-478.
* Pour une approche détaillée, nous laissons à titre indicatif une brève historiographie biographique de l'apologète (classée par ordre chronologique) :
EUSEBE DE CESAREE, *Histoire Ecclésiastique* IV, xviii, 6-8.
JEROME, *De illustribus Viris (de scriptoribus ecclesiasticis),* cap. XXIII (éd. par E.C. Richardson, p. 21).
PHOTIUS, *La Bibliothèque*, par René Henry, Paris, éd. Les Belles Lettres, Budé, 1991, II, pp. 97-98.
Card. BARONIUS, *Annales ecclesiastici*, 130, V-IX; 142, XIII; 143, I-III; 150 I-VII; 164, X; 165, I-II.
FABRICIUS, *Bibliotheca graeca, seu notitia scriptorum veterum graecorum,* Hambourg, J. Chr. Harles, 1760-1763.
Alexander NATALIS, *Historia ecclesiastica* P. 1741, t. V, pp. 29-34.
Dom R. CEILLIER, *Histoire générale des auteurs sacrés et ecclésiastiques,* P. 1729-1763.
Karl Gottlieb SEMISCH, *Justin der Märtyrer*, Breslau, 1840, 1842, 2 volumes (il existe une traduction anglaise de J. E. RYLAND parue en 1843).
Théodose ABAUZIT, *Esquisse de la doctrine et de la méthode de Justin Martyr*, Paris, 1846.
B. AUBE, *Essai de critique religieuse. De l'apologétique chrétienne au*

IIe siècle Saint Justin philosophe et martyr, Paris, 1861.

Card. BELLARMINUS, *De scriptoribus ecclesiasticis. Opera omnia.* Neapoli, 1862, t. VI, pp. 22-23.

Ch. E. FREPPEL, *Les Apologistes chrétiens au IIe siècle. Saint Justin*, Paris, [1]1869 ; *Analecta Juris Pontificii*, XIII, 1874, pp. 631-632, 889-891.

A. STÄHLIN, *Justin der Märtyrer und sein neuester Beurteiler*, Leipzig, 1880.

H. S. HOLLAND, "Justinus Martyr"in *DCB* III, Londres, 1882, pp. 560-587.

G. T. PURVES, *The Testimony of Justin Martyr to Early Christianity,* New York, 1889.

W. FLEMMING, *Zur Beurteilung des Christentums Justins des Märtyrers*, Leipzig, 1893.

J. WOLNY, *Das christliche Leben nach dem hl. Justin dem Märtyrer (Progr.),* Vienne, 1897.

H. VEIL, *Justins des Philosophen und Märtyrers Rechtfertigung des Christentums,* Strasbourg, 1904.

L. FEDER, *Justins des Märtyrers Lehre von Jesus Christ*, Munich, 1906.

Jean RIVIERE, *Saint Justin et les apologistes du second siècle*, Paris, 1907.

J. GEFFCKEN, *Zwei griechische Apologeten*, Leipzig-Berlin, 1907.

A. BERY, *saint Justin sa vie et sa doctrine*, Paris, 1911.

K. HUBIK, *Die Apologien des Heil. Justinus des Philosophen und Märtyrers*. Literarhistorische Untersuchung, Vienne, Mayer, 1912.

Aimé PUECH, *Les apologistes grecs du IIe siècle de notre ère*, Paris, Hachette, 1912, pp. 46-148.

C. C. MARTINDALE, *St. Justin the Martyr,* Londres, 1921.

E. R. GOODENOUGH, *The theology of Justin Martyr*, Iena, 1923.

A. PUECH, *Histoire de la littérature grecque chrétienne*, Paris, Les Belles-Lettres, 1928, t. II, pp. 131-153.

Z. K. VYSOKY, "Un prétendu souvenir autobiographique de saint Justin", *Listy Filologicke* 1938, pp. 435-440.

M. S. ENSLIN, "Justin Martyr : An Appreciation", *JQR* 34, 1944, pp. 179-205.

J. B. FALLS, *Saint Justin Martyr (in the Fathers of the Church),* New York, 1948.

J. Serge FEDORKOV, *Sv. Justin Mucenik kak apologet i bosgolov.* Moscou, 1958.

L. W. BARNARD, *Justin Martyr his life and Thought*, Cambridge, 1967.
R. JOLY, *Christianisme et Philosophie. Etudes sur Justin et les Apologistes grecs du IIe siècle,* Bruxelles, 1973.
E. F. OSBORN, *Justin Martyr*, Tubingue, 1973.
D. BOURGEOIS, *La Sagesse des Anciens dans le mystère du Verbe. Evangile et philosophie chez saint Justin*, Paris, Téqui, 1981.

D - LE DIALOGUE AVEC TRYPHON

I - Philosophie et christianisme.

1 - Le *Prologue.*

Torben CHRISTENSEN, "Bemaerkinger og overjelser til Niels Hyldahl : «Philosophie und Christentum. Eine Interpretation der Einleitung zum Dialog Justins»", *DTT*, 29, 1966, pp. 193-232. *Idem,* "Nyere undersogelser over Justins Dialog med joden Tryfon cap. 1-9", *DTT,* 39, 1976, pp. 153-165.
Niels HYLDAHL, *Philosophie und Christentum. Eine Interpretation der Einleitung zum Dialog Justins,* (Acta Theologica Danica IX) Copenhague, 1966 ; *idem,* "Bemarkninger til Torben Christensens analyse", *DTT* 30, 1967, pp. 129-146.
Edmond ROBILLARD, *Justin, l'itinéraire philosophique,* Paris, Cerf Bellarmin, 1989.
J. C. M. VAN WINDEN, *An early christian philosopher [Justin martyr's dialogue with Trypho chapters one to nine],* Leyde, E.J. Brill, 1971.

2 - Justin et la philosophie.

- Le moyen-platonisme

Carl ANDRESEN, "Justin und der mittlere Platonismus", *ZNW* 44, 1952-53, pp. 157-195.
Ernst BENZ, "Christus und Sokrates in der alten Kirche", *ZNW* 43, 1950-51, pp. 195-224.
W. BOUSSET, "Platons Weltseele und das Kreuz Christi", *Zeitschrift für die neutestamentliche Wissenschaft und die Kunde des Urchristentums* 14, 1913, pp. 273-285.
Jacques DILLON, *The Middle Platonists,* Londres, 1977.

Idem, "Etudes récentes (1953-1973) sur le platonisme moyen du IIe siècle ap J-C", *Bul Budé,* 1974, pp. 347-358.

H. DÖRRIE, "L'âme dans le néoplatonisme de Plotin à Proclos", *RThPh* 23, 1973, pp. 129-130.

Eugène de FAYE, "De l'influence du Timée de Platon sur la théologie de Justin Martyr", *ScRel,* 7, 1896, pp. 169-187.

D. GREGORELLI, *La teocali di S. Giustino martire di fronte al Platonismo e alla filosofia ellenica,* Rome, 1964.

Emmanuel I. HAHN, *De platonismo theologiae veterum ecclesiae doctorum nominatim JUST. Mart. et Clem. Alex. corruptore.* Wittebergae, 1733.

Luis HENAO ZAPATA, "San Justino y las anteriores dialécticas platónicas", *FrBogotá (Franciscanum)* 13, 1971, pp. 91-124, 189-224.

Niels HYLDAHL, "Justin und die griechische Philosophie (1966)", *Der Mittelplatonismus* 1984, pp. 369-396.

Robert JOLY, "Notes pour le moyen-platonisme" in *Kerygma und Logos,* Festschrift für Carl Andresen zum 70. Geburtstag, Göttingen, 1979, pp. 311-321.

P. KESELING, "Justins «Dialog gegen Trypho» (cap. 1-10) und Platons Protagoras", *RhM* 75, 1926, pp. 223-229.

P. Joan. Mar. PFÄTTISCH, *Der Einfluss Platos auf die Theologie Justins des Märt.,* Paderborn, 1910.

Edouard des PLACES, "Platonisme moyen et apologétique chrétienne au IIe siècle ap J-C Numénius, Atticus, Justin", *Texte zur Geschichte der Altchristlichen Literatur 128-1* coll. Studia Patristica XV, 1 (TU 128), pp. 432-441.

Henri-Charles PUECH, "Numénius d'Apamée et les théologies orientales au second siècle" in *Institut de philologie et d'histoire orientales* II, 1934 Mélanges Bidez, pp. 745-778.

W. SCHMID, "Frühe Apologetik und Platonismus. Ein Beitrag zur Interpretation des Proöms von Justins Dialogus" in *Hermeneia* Festschrift O. Regenbogen, Heidelberg, 1952, pp. 163-182.

THÜMER, *Ueber den Platonismus in den Schriften des Justinus Martyr* (Progr.), Glauchau, 1880.

J. C. M. VAN WINDEN, "De verhouding tussen platonisme en christelijk geloof bij Justinus (mit engl. Zusammenfassung)", *Lampas* 6, 1973, pp. 358-364.

R. E. WITT, *Albinus and the History of Middle Platonism,* Cambridge, 1937.

M. O. YOUNG, "Justin Socrates and the Middle Platonists", *SP* 18, 2, 1989, p. 161-170.

E. ZELLER, *A History of Eclecticism in Greek Philosophy,* Londres, 1883.

- L'influence du stoïcisme

Ioannou ANASTASIOU, "è didaskalia tou Ioustinou kai tôn Stôïkôn peri eleutherias tès boulèseôs", *EkklAthen* 36, 1959, pp. 196-198, 214-220.

Gustave BARDY, "Saint Justin et la philosophie stoïcienne", *RSR* 13, 1923, pp. 491-510 & t.14, 1924, pp. 33-45.

Eugène de FAYE, "La christologie des Pères apologètes grecs et la philosophie religieuse de Plutarque", *Rapports annuels de l'Ecole Pratique des Hautes Etudes,* Paris, 1906, pp. 1-17.

Michel SPANNEUT, *Le stoïcisme des Pères de l'Église de Clément de Rome à Clément d'Alexandrie*, Paris, le Seuil, 1957.

G. VERBEKE, *L'évolution de la doctrine du pneuma du stoïcisme à S. Augustin, Étude philosophique (Bibliothèque de l'institut supérieur de philosophie, université de Louvain),* Paris-Louvain, 1945.

- Raison et foi

José MORALES, "Fe y demostración en el método teológico de San Justino", *Scripta Theologica* 17, 1985, pp. 213-225.

Nestor PYCKE, "Connaissance rationnelle et connaissance de grâce chez saint Justin", *EThL* 1961, pp. 52-85.

Joseph J. SIKORA, "Philosophy and Christian Wisdom according to Saint Justin Martyr", *FSt* 23 1963, pp. 244-256.

Oskar SKARSAUNE, "åpenbaring utenfor åpenbaringen ? Antikk religion, gresk filosofi og kristen tro ifolge Justin Martyr", *TTK* 49, 1978, pp. 261-282.

Andreou THEODOROU, "èto o Ioustinos Christianos philosophôn è philosophos christianizôn", *EkklAthen* 37, 1960, pp. 166-169, 193-195, 211-213.

Cornelia J. de VOGEL, "Problems concerning Justin Martyr [Did Justin find a certain Continuity between Greek Philosophy and Christian Faith ?]", *Mnem* 31, 4, 1978, pp. 360-388.

J. C. M. VAN WINDEN, "Le christianisme et la philosophie (le commencement du dialogue entre la foi et la raison)" in *kyriakon Mélanges Johannes Quasten [Festschrift J. Quasten],* Munster, 1970, I, pp. 205-213.

David F. WRIGHT, "Christian Faith in the Greek World : Justin Martyr's Testimony", *EvQ* 54, 1982, pp. 77-87.

- Études diverses

R. CANTALAMESSA, "Cristianesimo primitivo e filosofia greca", *Il cristianesimo e le filosofie* a cura di R.C., Milan, 1971, pp. 26-57.

Henry CHADWICK, *Early christian thought and the classical tradition Studies in Justin, Clement, and Origen*, Oxford, 1966.

Jean DANIELOU, *Message évangélique et culture hellénistique aux IIe et IIIe siècles,* Tournai, Desclée et Co, 1961.

Idem, Le message chrétien et la pensée grecque au IIe siècle, ad modum manuscripti (Institut Catholique de Paris), s.d.

Arthur J. DROGE, *Homer or Moses ? [Early Christian Interpretations of the History of Culture],* Tubingue, J. C. B. Mohr (Paul Siebeck), 1989.

Eugène de FAYE, "De l'influence du scepticisme grec sur la pensée chrétienne au IIe & IIIe siècles", *Actes du congrès d'histoire des religions tenu à Paris en octobre 1923*, II, 1925, pp. 282-289.

Fernando GASCO LA CALLE, "Cristianos y cínicos, una tipificación del fenómeno cristiano durante el siglo segundo", *Religión, superstición y magia en el mundo romano* (encuentros en la antigüedad), Cadix, 1985, pp. 49-61.

G. GLOCKMANN, "Homer in der frühchristlichen Literatur bis Justinus", *TU* 105, pp. 99-195.

Jean HADOT, "Hellénisme et Christianisme", *Philosophies non chrétiennes et christianisme,* éditions de l'Université de Bruxelles, 1984, pp. 45-51.

Anne-Marie MALINGREY, *"Philosophia" étude d'un groupe de mots dans la littérature grecque des Présocratiques au IVe siècle ap.J-C,* (thèse), Strasbourg, 1961, pp. 99-126.

Charles MUNIER, *L'Apologie de saint Justin, philosophe et martyr,* coll. Paradosis n. 38, Fribourg Suisse, éd. universitaire, 1994.

A. D. NOCK, *Christianisme et Hellénisme,* Paris, Cerf, 1973.

R. A. NORRIS, *God and World in early Christian Theology. A Study in Justin Martyr, Irenaeus, Tertullian and Origen,* Londres, 1966.

Franz OVERBECK, "Ueber das Verhaltniss Justin des Märtyrers zur Apostelgeschichte", *Zeitschrift für wissenschaftliche Theologie* 15, 1872, pp. 305-349.

M. PELLEGRINO, *Gli apologeti greci del II secolo. Saggio sui rapporti fra il cristianesimo primitivo e la cultura classica,* Rome, 1947.

Idem, "Cristianesimo e Filosofia in S. Giustino martire", *ScCat* 57, 1959, pp. 301-303.

Joach. Just. RAU, *De philosophia Justini M. et Athenagorae : resp. J.C. Kallio,* Iena, 1733.

G. RUIZ, "Justin, philosophe et chrétien", *Connaissance des Pères de l'Eglise* 41, mars 1991, pp.19-22.

Andreou THEODOROU, *è theologia tou Ioustinou philosophou kai marturos kai ai scheseis autès pros tèn ellènikèn philosophian,* Athènes, 1960.

J.C.M. VAN WINDEN, "Le portrait de la philosophie grecque dans Justin, Dialogue I 4-5", *VCh* 3, 1977, pp. 181-190.

3 - La notion de "logos".

Carl ANDRESEN, *Logos und Nomos, Die Polemik des Kelsos wider das Christentum,* Berlin, 1955.

A. APOSTOLOU, "Content and Use of the Term *logos* in the Fourth Gospel and St. Justin", *Delt. Bibl. Melet.* NS 1, 1979, pp. 113-134 (en grec).

L. W. BARNARD, "The Logos Theology of St Justin Martyr", *DR* 91, 1971, pp. 132-141.

Lambros COULOUBARITSIS, "Transfiguration du Logos", *Philosophies non chrétiennes et christianisme,* éditions de l'Université de Bruxelles, 1984, pp. 9-45.

CH. TH. CRICONIS, *Le Logos et la doctrine s'y rapportant du Saint Justin Martyr et Philosophe*, Thessalonique, 1970.

Ragnar HOLTE, "Logos spermatikos. Christianity and Ancient Philosophy According to St Justin's Apologies", *STh* 12, 1958, pp. 109-168.

Chrèstou KRIKONE, "è peri Logou didaskalia tou Ioustinou", *GregPalThes* 40, 1957, pp. 55-60.

J. LEBLANC, "Le Logos de saint Justin", *Annales de philosophie chrétienne* 148, 1904, pp. 191-199.

Jules LEBRETON, "Théorie du Logos au début de l'ère chrétienne", *Etudes CVI,* 1906, p. 54, p. 310.

R. M. PRICE, "Hellenization and logos doctrine in Justin", *VCh* 42, 1988, pp. 18-23.

W. **RORDORF**, "Christus als Logos und Nomos. Das Kerygma Petrou in seinem Verhältnis zu Justin", *Kerygma und Logos,* Göttingen, 1979, pp. 424-434.

Peter SCHWANZ, "Zum *logos spermatikos* : Das Problem der Vermittlung", *Kairos, NF* 17, 1975, pp. 123-125.

B. STUDER, "Der apologetische Ansatz zur Logos-Christologie Justins des Märtyres", *Kerygma und Logos,* Göttingen, 1979, pp. 435-448.

Jan Hendrik WASZINK, "Bemerkungen zu Justins Lehre vom Logos spermatikos" in *Mullus* Festschrift Th. Klauser, Münster, 1964, pp.380-390 ; *idem,* "Zu Justins Lehre vom Logos Spermatikos", *Opuscula selecta,* 1979/80, pp. 317-328.

4 - Le problème de la conversion.

L. ALVAREZ VERDES, "*Metanoia-metanoein* en el griego extrabíblico" in *Homenaje a Juan Prado, CSIC,* Madrid, 1975, pp. 503-528.

Paul AUBIN, *Le problème de la conversion [étude sur un thème commun à l'hellénisme et au christianisme des trois premiers siècles],* Paris, Beauchesne, 1963.

Gustave BARDY, "La conversion dans les premiers siècles chrétiens", *Année Théologique* 2, 1941, pp. 89-106 & 206-232.

Idem, La conversion du Christianisme durant les premiers siècles, Paris, Aubier, 1949.

U. BERNER, "Die Bekehrung Justins", *ANRW* 17, 2, 1997.

Vincent DEROCHE, "La pensée de Justin : la philosophie chemin vers le Christ", *Axes* 14, 1982, pp. 11-20.

R. GRANT, "Aristotle and the Conversion of Justin", *JThS* 1956, pp. 246-248.

Michael GREEN, *L'Évangélisation dans l'Eglise primitive (le développement de la mission chrétienne des origines au milieu du troisième siècle),* st. Légier (Suisse), éd. Emmaüs, 1981, pp. 171-198.

Manuel GUERRA GOMEZ, "La «conversión» según Sócrates y Platón", *Revista Agustiniana* 27, 82-83, 1986, pp. 63-115.

HUGONIN, "Des motifs qui ont déterminé St Justin à abandonner le platonisme pour embrasser le christianisme", *Annales de Philosophie Chrétienne* 42, 1851, p. 459.

Mark D. JORDAN, "Philosophic «Conversion» and Christian Conversion : A Gloss on Professor MacMullen", *The Second Century* 5, 2, 1985/1986, pp. 90-97.

Marcelo MERINO RODRIGUEZ, "Los caminos de la conversión cristiana en el pensamiento de san Justino Mártir", *Revista Agustiniana* 27, 82-83, 1986, pp. 117-146.

Idem, "La conversión cristiana. El concepto de *epistrophein* y *metanoein* en San Justino", *Studium Legionense* 20, 1979, pp. 91-126.

Idem, "El pecado de injusticia en San Justino Mártiro", *AA. VV., (J. Sancho Dir.)Reconciliación y Penitencia,* Pampelune, 1984, pp. 481-492.

Idem, "La conversión cristiana en relación con la fe y el Sacramento del Bautismo según San Justino", *AA. VV., (P. Rodríguez Dir.) Sacramentalidad de la Iglesia y Sacramentos,* Pampelune, 1983, pp. 683-699.

Idem, "Condicionantes espacio-temporales de la conversión cristiana en san Justino Mártir", *Scripta Theologica* 19, 1987/3, pp. 831-840.

Arthur Darby NOCK, *Conversion. The Old and the New in Religion from Alexander the Great to Augustine of Hippo*, Oxford, 1933.

Oskar SKARSAUNE, "The conversion of Justin Martyr", *STh* 30, 1976, pp. 53-73.

J. STALKER, "Studies in Conversion 1 - Justin Martyr", *Expositor* 1909-A, pp.118-125.

Merill YOUNG, *The Argument and Meaning of Justin Martyr's Conversion Story,* Diss. Harvard, 1971.

II - Judaïsme et christianisme.

1 - études générales

J. van AMERSFOORT, J. van OORT, & J.H. KOK (éd.), *Juden und Christen in der Antike,* Hampen, 1990.

Bernhard BARTMANN, *Der Glaubensgegensatz zwischen Judentum und Christentum,* Paderborn, 1938.

P. BATIFFOL, "Le judaïsme de la dispersion tendait-il à devenir une Eglise ?", *RB* 1906, pp. 197-205.

P. BENOIT, "Le judaïsme rabbinique suivi d'une note sur Qumrân", *Bulletin du comité des Études* 51, oct/déc. 1967, pp. 8-25.

S. BIALOBLOCKI, *Die Beziehungen des Judentums zu Proselyten und Proselytismus,* Berlin, 1930.

S. G. F. BRANDON, *The Fall of Jerusalem and the christian church (a Study of the Effects of the Jewish Overthrow of A.D. 70 on Christianity),* Londres, 1951.

André CHEDEL, *Judaïsme et Christianisme,* Genève, éd. de la cité, 1951.

R.J. COGGINS, *Samaritans and Jews*, Oxford, 1975.

A.D. CROWN, *A Bibliography of the Samaritans, ATLA Bibliography Series No. 10,* Londres, 1984.

Gregory DIX, *Jew and Greek, a study in the primitive Church,* Londres, Dacre Press, 1953.

R. DOBBERT, *Die Hoffnung der Kirche und die Zukunft Israels*, Neuendettelsau, 1969, pp. 29-35.

James D.G. DUNN (éd.), *Jews and Christians. The Parting of the Ways A.D. 70 to 135,* Tubingue, 1992.

Gerard L. ELLSPERMANN, *The attitude of the early christian latin writers towards pagan literature and learning,* Washington, 1949.

L.H. FELDMAN, "Proselytism by Jews in the third, fourth and fifth centuries", *JSJ* 24/2, 1993, pp. 1-58.

W.H.C. FREND, "The Persecutions : some Links between Judaism and the Early Church", *The Journal of Ecclesiastical History* 9, 1958, pp. 141-150.

T.R. GLOVER, *The Conflict of Christian and Jew, a brilliant little essay in his Conflict of Religions in the Early Roman Empire,* 1909.

Leonhard GOPPELT, *Christentum und Judentum im ersten und zweiten Jahrhundert,* Gütersloh, Bertelsmann, 1954 ; trad. franç. : *Les origines de l'Eglise, Christianisme et Judaïsme aux deux premiers siècles,* Paris, Payot, 1961.

Heinrich GRAETZ, *De auctoritate et vi, quam gnosis in judaismus habuerit* (publié sous le titre *Gnostizismus und Judentum*, 1846), Iéna.
H. GRAETZ (ou GRÄTZ), *La construction de l'histoire juive (suivie de gnosticisme et judaïsme),* préface de Charles Touati, coll."Passages", Paris, Cerf, 1992.

Mireille HADAS-LEBEL, "Le prosélytisme juif dans les premiers siècles de l'ère chrétienne", *Point théologique* 33, 1979, pp. 23-39.

D.R.A. HARE, "The Relationship Between Jewish and Gentiles Persecutions of Christians", *JES* 4, 1967, pp. 446-456.

J.A. HILD, "Les Juifs à Rome devant l'opinion et dans la littérature", *REJ* 10-11, 1885, pp. 18-59, 161-194.

Jacob JOCZ, *The Jewish People and Jesus Christ*, Londres, 1954.

W.O.E. OESTERLEY (éd.), *Judaism and Christianity,* 3 vol., Londres, 1937.

George LA PIANA, "Foreign Groups in Rome during the First Centuries of the Empire", *HTR* 20, 1927, p. 371-373.

Harry J. LEON, *The Jews of Ancient Rome,* Philadelphie, 1960.
Israël LEVI, "Le prosélytisme juif", *REJ* 50, 1905, pp. 1-9.
Idem, "L'esprit du Christianisme et du Judaïsme", *REJ,* 51-52, 1906, pp. 1-31.
Judith LIEU, *The Jews among pagans and christians (in the Roman Empire)*, Londres & New York, 1992.
H. MATEL, "The Cause of the Bar-Kokba Revolt", *JQR* 58, 1967-1968, pp. 224-296.
G.F. MOORE, *Judaism in the first centuries of the Christian era I,* 1962.
J. NEUSNER, *Method and Meaning in Ancient Judaism,* Brown Judaic Studies (BJS) 10, Missoula, MT, Scholars Press, 1979.
E. NORDEN, "Jahve und Moses in hellenistischer Theologie" in *Festgabe von Fachgenossen und Freunden A. von Harnack zum siebzigsten Geburtstag dargebracht*, Tubingue, 1921, pp. 292-301.
J. van OORT, *Juden und Christen in der Antike,* Kampen, 1990.
Hayim G. PEREMULTER, *Siblings. Rabbinic Judaism and Early Christianity at their Beginnings.* Paulist Press, New York et Mahwah, 1989.
J. D. PURVIS, "The Samaritans and Judaism" in R.A. KRAFT et G.W.E. NICKELSBURG (éd.), *Early Judaism and Its Modern Interpreters,* Atlanta, Scholars Press, 1986.
B. REICKE, "Jahresfeier und Zeittenwende im Judentum und Christentum der Antike", *ThQ* 150, 1970.
Théodore REINACH, *Textes d'auteurs grecs et romains relatifs au judaïsme,* Hildesheim, 1963.
P. RICHARDSON, *Israel in the Apostolic Church,* Cambridge, 1969.
E.P. SANDERS (éd.), *Jewish and Christian Self-Definition*, Philadelphie-Londres, 1980-81, 3 vol.
H. J. SCHOEPS, *Israel und Christenheit,* Munich, 1961 ; trad. américaine : *The Jewish-Christian Argument. A History of Theologies in Conflict*, 1963.
M. SIMON & A. BENOIT, *Le Judaïsme et le Christianisme antique d'Antioche Epiphane à Constantin.* Nouvelle Clio, 1968, Paris, PUF, [3]1991.
G. STRECKER, "Christentum und Judentum in den ersten beiden Jahrhunderten", *Evangelische Theologie* 16, 1956, pp. 458-477.
M. TARADACH, *Le Midrash. Introduction à la littérature midrashique (Drs dans la Bible, les Targumim, les Midrashim),* Le Monde de la Bible 22, Genève, Labor et Fides, 1991.

Geza Vermes, *Scripture and Tradition in Judaism* (Studia post-biblica 4), Leyde, E. J. Brill, 1961.

Robert Wilken, *Judaism and the Early Christian Mind,* New Haven, 1971.

Edouard Will & Claude Orrieux, *Prosélytisme juif ? histoire d'une erreur,* Paris, les Belles Lettres, 1992.

2 - le *Dialogue* et problèmes de controverse

Monique Alexandre, "Justin, le Dialogue avec Tryphon", *les nouveaux cahiers* 113, 1993, pp. 20-32.

W. Bacher, "Le mot *Minim* dans le Talmud désigne-t-il quelquefois des chrétiens ?", *REJ* 38, 1899, pp. 38-46.

L.W. Barnard, "Justin Martyr's Knowledge of Judaism", *Studies in Church history...* 91, 1979/80, pp. 107-118.

F. Blanchetiere, "Aux sources de l'anti-judaïsme chrétien", *RHPR* 53, 1973, pp. 353-398.

B. Blumenkranz, "Vie et survie de la polémique anti-juive", *SP* I, 1957, TU 63, pp. 460-476.

Ben Zion Bokser, "Justin Martyr and the Jews", *JQR* 64, 1973-74, pp. 97-122, 204-211.

A. Cacciari (Bologne), "La controversia tra Giudaismo e Cristianesimo nel «Dialogo con Trifone» di Giustino", *ANRW* 27, 2, 1997.

D. J. Constantelos, "Jews and Judaism in the Early Greek Fathers", *Greek Orthodox Theological Review* 23, 1978, pp. 145-156.

Paul Jerome Donahue, *Jewish Christian Controversy in the second century : a Study in the Dialogue of Justin Martyr,* Diss. Yale Univ., New Haven, 1973.

D. Efroymson, "The Patristic Connection" in A.T. Davies (éd.) *Antisemitism and the Foundations of Christianity,* New York, Paulist Press, 1979, pp. 98-117.

K. S. Frank, *Adversus Judaeos in der Alten Kirche : Die Juden als Minderheit in der Geschichte,* Munich, 1981.

M. Freimann, "Die Wortführer des Judentums in den ältesten Kontroversen zwischen Juden und Christen", *MGWJ* 1911, pp. 555-585, 1912, pp. 164-180.

W. H. C. Frend, *The Origins of Anti-Semitism.* Oxford and New York, Oxford University Press, 1983.

A.C. Mc Giffert, *The Dialogue between a Christian and a Jew, entitled "antibole etc..."*, Diss. New York, 1889.

Adolf von Harnack, *Die Altercatio Simonis Judaei et Theophili christiani, nebst Untersuchungen über die anti-jüdische Polemik in der alten Kirche,* Berlin, 1883.

Idem, "Judentum und Judenchristentum in Justins Dialog mit Trypho", *TU* 39, I, Leipzig Hinrich, 1913, pp. 47-98.

P. Travers Herford, *Christianity in Talmud and Midrash,* Londres, 1903.

W. Horbury, "The Benediction of the *Minim* and Jewish-Christian Controversy", *JThS* 33, 1982, pp. 19-61.

K. Hruby, *Juden und Judentum bei den Kirchenvätern,* Zurich, 1971.

A.B. Hulen, "The Dialogues with the Jews as Sources for the Early Jewish Arguments against Christianity", *JBL* 51, 1932, pp. 58-71

S. Krauss, "The Jews in the Works of the Church Fathers", *JQR* 1893, V, p. 122, VI, pp. 82, 225.

E. Le Blant, *La controverse des chrétiens et des Juifs aux premiers siècles de l'Eglise* (Mémoires de la Société nationale des Antiquaires de France, VI, 7), Paris, 1898.

J. Lightstone, "Christian Anti-Judaism in its Judaic Mirror : The Judaic Context of Early Christianity Revised" in S.G. Wilson (éd.), *Anti-Judaism in Early Christianity 2, Separation and Polemic,* 103-132, Waterloo, (Canada), Wilfrid Laurier University, 1986.

Robert S. Maclennan, *Early christian texts on Jews and Judaism*, Atlanta Georgia, Brown University, Scholars Press, 1990.

A. Marmorstein, "Jews and Judaism in the Earliest Christian Apologists", *Expositor* 1919, pp. 73-80, 100-116.

G.F. Moore, "Christian Writers on Judaism", *HTR* 1921, pp. 198-210.

P. von der Osten-Sacken, *Christian-Jewish Dialogue : Theological Foundations.* Trad. M. Kohl. Philadelphie, Fortress Press, 1986.

James Parkes, *The Conflict of the Church and the Synagogue, the Origins of Antisemitism* Londres, 1934, New York, 1964.

Th. Pugel, *Antisemitismus der Welt in Wort und Bild,* Berlin, 1935.

H. Remus, "Justin Martyr's Argument with Judaism" in S.G. Wilson (éd.), *Anti-Judaism in Early Christianity 2, Separation and Polemic,* 59-80, Waterloo, Wilfrid Laurier University, 1986.

D. Rokeah, *Jews, Pagans and Christians in Conflict,* Jérusalem-Leyde, 1982.

Heinz SCHRECKENBERG, *Die christlichen Adversus Judaeos Texte und ihr Literarisches und Historisches Umfeld [1-11 Jh]*, Francfort-Berne, Peter Lang, 1982, pp. 182-200.

P. SIGAL, "An Inquiry into Aspects of Judaism in Justin's Dialogue with Trypho", *Abr-Nahrain* 18, 1978-79, pp. 75-100.

Marcel SIMON, *Verus Israël. Etude sur les relations entre Chrétiens et juifs dans l'Empire romain 135-425,* 1948, Paris, De Boccard, 1964, [2]1983.

Idem, "Melchisédech dans la polémique entre Juifs et chrétiens et dans la légende", *RHPR* 1937, pp. 58-93.

Idem, "La Bible dans les premières controverses entre Juifs et Chrétiens" in *Le monde grec ancien et la Bible,* Paris, Beauchesne, 1984, pp. 107-125.

G. N. STANTON, "Aspects of Early Christian-Jewish Polemic and Apologetic", *NTS* 31, 1985, pp. 377-392.

R. E. TAYLOR, "Attitudes of the Fathers toward Practices of Jewish Christians", *SP* IV, TU 79, pp. 504-511.

Karl THIEME, *Kirche und Synagoge. Die ersten nachbiblischen Zeugnisse ihres Gegensatzes im offenbarungsverständnis : Der Barnabasbrief und der Dialog Justins des Märtyrers. Neubearbeitet und erläutert,* Olten, 1945.

D. TRAKATELLIS, "Justin Martyr's Trypho" in G. W. E. NICKELSBURG & G. W. MACRAE (éd.), *Christians Among Jews and Gentiles,* 287-297, Philadelphie, Fortress Press, 1986.

Giuseppe VISONA, "Sopravvivenze farisaiche nel Dialogo di Giustino con l'ebreo Trifone", *Ricerche Storico bibliche* 11, 2, Bologne, 1999, pp. 189-214.

R. WILDE, *The treatment of the Jews in the Greek Christian Writers of the First Three Centuries,* Washington, 1949.

Arthur Lukyn WILLIAMS, *Adversus Judaeos, a Bird's Eye View of Christian Apologiae until the Renaissance*, Cambridge, 1935.

I. ZIEGLER, *Der Kampf zwischen Judentum und Christentum in den ersten drei christlichen Jahrhunderten,* Berlin, 1907.

III- Judéo-christianisme.

Aspects du judéo-christianisme. Colloque de Strasbourg, 23-25 avril 1964, Paris, PUF, 1965.

Bellarmino BAGATTI, *L'Église de la circoncision,* Jérusalem, 1965.

W. BAUER, *Rechtglaübigkeit und ketzerei im ältesten Christentum,* Tubingue, J. C. B. Mohr, 1964.

Adelbert DAVIDS, "Justin Martyr on monotheism and heresy", *NAKG* 56, 1975-76, pp. 210-234.

Jean DANIELOU, *Théologie du Judéo-christianisme,* Paris, 1958.

Idem, "Études d'exégèse judéo-chrétienne (Les Testimonia)", *ThH* 5, 1966.

Idem, L'Église des premiers temps (des origines à la fin du IIIe siècle), coll. Points, Paris, Seuil, 1985 (1ère éd. en 1963).

Judéo-christianisme, Mélanges J. Daniélou, Paris, 1972.

A. HILGENFELD, *Judentum und Judenchristentum,* Leipzig, 1886.

G. HOENNICKE, *Das Judenchristentum im ersten und zweiten Jahrhundert,* Berlin, 1908.

A. F. J. KLIJN & G. J. REININK, *Patristic Evidence for Jewish Christian Sects,* (Supplement to Novum Testamentum 36), Leyde, 1973.

Alain LE BOULLUEC, *La notion d'hérésie dans la littérature grecque (IIe-IIIe siècles), t. I de Justin à Irénée,* Paris, Études Augustiniennes, 1985.

G. LÜDEMANN, "Zur Geschichte des ältesten Christentums in Rom, I : Valentin und Marcion ; II : Ptolemäus und Justin", *ZNW* 70, 1979, pp. 86-114.

F. MANNS, *Bibliographie du judéo-christianisme,* Jérusalem, 1979.

Idem, Essais sur le Judéo-Christianisme, Jérusalem, 1977.

Idem, "Une altercation doctrinale entre les rabbins et les judéo-chrétiens au début du IIIe siècle : Sifre Dt.32:1 (§306)", *VC* 26, 1, 1989, pp. 49-59.

J. T. MILIK, "Une lettre de Siméon Bar Kokheba", *RB* 1953, 60, pp. 276-294.

H. J. SCHOEPS, *Theologie und Geschichte des Judenchristentums,* Tubingue, 1949.

H. J. SCHONFIELD, *The History of Jewish Christianity,* Londres, 1946.

A. F. SEGAL, "Judaism, Christianity, and Gnosticism" in S.G. WILSON (éd.), *Anti-Judaism in Early Christianity. Vol.2, Separation and Polemic,* 133-162, Waterloo, (Canada), Wilfrid Laurier University, 1986.

M. SIMON, "Les sectes juives d'après les témoignages patristiques", *SP* I, 1957, pp. 526-540.

idem, "Sur deux hérésies juives mentionnées par Justin Martyr", *RHPR* 1938, pp. 54-58.

Cullen I. K. STORY, *The nature of truth in the Gospel of Truth and in the writings of Justin Martyr. A Study of the pattern of orthodoxy in the middle of the second Christian century* [Supplements to Novum Testamentum vol.25], Leyde, E.J. Brill, 1970.

George STRECKER, "Le judéo-christianisme entre la Synagogue et l'Église", *Orthodoxie et hérésie dans l'église ancienne : perspectives nouvelles, Cahiers de la Revue de théologie et de philosophie,* 17, 1993, pp. 3-20.

L. H. VINCENT, "Le culte d'Hélène à Samarie", *RB* 45, 1936, pp. 221-232.

IV - La messianité.

1 - Études générales

D. BARTHELEMY, "La problématique de la messianité de Jésus à la lumière de quelques études juives récentes", *Revue Thomiste* 93, 1993, pp. 263-288.

J. J. BRIENNE-NARBONNE, *Le Messie souffrant dans la littérature rabbinique,* Paris, 1940.

Idem, Les prophéties messianiques de l'Ancien Testament dans la littérature juive, Paris, 1933.

J. GERVAIS, "L'argument prophétique des prophéties messianiques selon saint Justin", *Revue de l'Université d'Ottawa* 13, 1943, pp. 129-146, 193-208.

A. J. B. HIGGINS, "Jewish Messianic Belief in Justin Martyr's Dialogue with Trypho", *Novum Testamentum* 9, 1967, pp. 298-305.

J. KLAUSNER, *Der jüdische Messias und der christliche Messias*, Zürich, 1943.

Idem, The Messianic Idea in Israel, Londres, 1956.

M. J. LAGRANGE, *Le Messianisme chez les Juifs,* Paris, Gabalda, 1909.

J. VAN DER PLOEG, "l'exégèse de l'AT dans l'épître aux hébreux", *RB* 1947.

M. ROOT, "Images of Liberation : Justin, Jesus and the Jews", *The Thomist* 48, 1984, pp. 512-534.

G. SCHOLEM, *Le messianisme juif,* trad. fr. B. Dupuy, Paris, 1971.

Erik SJOBERG, "Justin als Zeuge vom Glauben an den Verborgenen und den Leidenden Messias im Judentum", *Interpr. ad. VT pert. s. Mowinckel*, 1955, pp. 173-183.

W. H. STANTON, *The Jewish and the Christian Messiah,* Edimbourgh, 1886.

2 - La christologie et la sotériologie.

Arthur J. BELLINZONI, *The Sayings of Jesus in the writings of Justin Martyr,* Leyde, E.J. Brill, 1967.

R. P. Leonhard FEDER s.j., *Justins des Märtyrers Lehre von Jesus Christus...Eine dogmengeschichtliche Monographie,* Fribourg en Brisgau, 1906.

F. GIARDINI, "Il sangue di Cristo negli scritti di Giustino filosofo e martire", *Tabor* 17, 1963, pp. 519-528.

A. GRILLMEIER, *Der Logos am Kreuz. Zur christologischen Symbolik der älteren Kreuzigungsdarstellung,* Munich, Max Hueber, 1956.

J. HERBERT, *The relationship of the Son to the Father in Justin Martyr,* Diss., The Open Univ., 1977.

J. HOWTON, "The Theology of the Incarnation in Justin Martyr", *SP* 9, 1966, pp. 231-239.

Leslie L. KLINE, "Harmonized Sayings of Jesus in the Pseudo-Clementine Homilies and Justin Martyr", *ZNW* 66, 1975, pp. 223-241.

B. KOMINIAK, *The Theophanies of the Old Testament in the Writings of Justin Martyr,* Washington, 1948.

William Stephen KURTZ, *The Function of Christological Proof from Prophecy for Luke and Justin,* New Haven, Diss. Yale, 1976.

Jean LECLERCQ, "L'idée de la royauté du Christ dans l'oeuvre de saint Justin", *Année Théologique* 7, 1946, pp. 83-95.

V. A. S. LITTLE, *The Christology of the Apologists. Doctrinal Introduction,* Londres, 1934.

G. OTRANTO, "L'incarnazione del Logos nel Dialogo con Trifone di Giustino", *La cristologia nei Padri della Chiesa II le due culture,* Rome, 1981, pp. 45-61.

V. PAVAN, "La dossologia nella communicazione cristologica dei primi due secoli (I & II Clem. Iust.)", *VC* 12, 1975, pp. 391-415, 408-414.

Willy RORDORF, "La Trinité dans les écrits de Justin Martyr", *Augustinianum* 20, 1980, pp. 285-297.

Martin STEINER, *La tentation de Jésus dans l'interprétation patristique de saint Justin à Origène,* coll. "Etudes Bibliques", Paris, J. Gabalda, 1962.

Basil STUDER, "Der apologetische Ansatz zur Logos-Christologie Justins des Märtyrers" in *Kerygma und Logos* Festschrift C. Andresen, Göttingen, 1979, pp. 435-448.

D. TRAKATELES, "Die christologische Auslegung der alttestamentlichen Theophanien nach Justin dem Märtyrer [neugriechisch]" in J. PANAGOPOULOS (éd.), *Eisegeseis* etc... Athènes, 1973, pp. 175-192.

Demetrius Christ TRAKATELLIS, *The Pre-Existence of Christ in the Writings of Justin Martyr,* (Harvard dissertations in Religion 6), Missoula, 1976

M. Craig WATTS, "The Humanity of Jesus in Justin Martyr's Soteriology", *EvQ* 56, 1984, pp. 21-33.

3 - L'eschatologie et l'anthropologie.

Georges ARCHAMBAULT, "Le témoignage de l'ancienne littérature chrétienne sur l'authenticité d'un *peri anastaseôs* attribué à Justin l'apologiste", *Revue de philologie* 29, 1905, pp. 73-93.

L. ATZBERGER, *Geschichte der christlichen Eschatologie innerhalb der vornicänischen Zeit,* Fribourg en Brisgau, 1896, pp. 116-121.

Juan José AYAN CALVO, "El tratado de san Justino sobre la Resurrección", *Revista Agustiniana* 31, 95, 1990, pp. 591-614.

Idem, Antropología de san Justino. Exégesis del mártir a Gen.I-III, collectanea Scientifica compostellana 4, Santiago de Compostela, 1988.

Michael J. BUCKLEY, "Saint Justin and the ascent of the mind to God", *Personnalist* 44, 1963, pp. 89-104.

Jean COMAN, "Éléments d'anthropologie dans les oeuvres de Saint Justin, Martyr et Philosophe. Contacts", *Revue française de l'Orthodoxie (Contacts)* 25, 1973, pp. 317-337.

O. CULLMANN, *Immortalité de l'âme ou resurrection des morts ?* Neuchâtel - Paris, 1959.

W. DELIUS, "Ps.-Justin : Ueber die Auferstehung", *Theologia Viatorum* 4, 1952, pp. 181-204.

V. ERMONI, "Les phases successives de l'erreur millénariste", *Revue des Questions Historiques* 70, 1901, pp. 353-388.

Aurelio FERNANDEZ, "La escatología en el siglo II", *Theologica* 13, 3-4, 1978, pp. 355-429.

O. GIORDANO, "Giustino e il millenarismo", *Asprenas* 10, 1963, pp. 155-171.

Joel Cliff GREGORY, *The Chiliastic Hermeneutic of Papias of Hierapolis and Justin Martyr compared with Later Patristic Chiliasts*, Diss. Baylor Univ., 1983.

G. HÄLLSTRÖM, *Carnis Resurrectio*, Helsinki, 1988.

F. R. M. HITCHCOCK, "Loof's Asiatic source (IQA) and Pseudo-Justin *De Resurrectione*", *ZNW* 1937, pp. 41-60.

H. LECLERCQ, "Millénarisme" in *DACL* XI, I col. 1181-1195.

B. LERIVRAY, *Le problème eschatologique chez Justin, Parousie et Millénarisme.* (Mémoire d'histoire des origines chrétiennes présenté pour la doctorabilité en théologie, École des Hautes études [dactylographié], consultable à l'EPHE et à la Bibliothèque du Centre-Sèvres), s.d.

F. LOOFS, "Theophilus von Antiochen Adversus Marcionem und die anderen theologischen Quellen bei Irenaus", *TU* 46,2 Leipzig, 1930, pp. 211-257.

H. I. MARROU, "La résurrection des morts et les Apologistes des Premiers Siècles", *Lumière et vie* 3, avril 1952, pp. 83-92.

Charles MASSON, "Immortalité de l'âme ou résurrection des morts ?", *RThPh* 8, 1958, pp. 250-267.

C. MAZZUCO - E. PIETRELLA, "Il rapporto tra la concezione del millenio dei primi autori cristiani e l'Apocalisse di Giovanni", *Augustinianum* 18, 1978, pp. 38-41.

André MEHAT, "Le «lieu supracéleste» de Saint Justin à Origène", *Forma futuri,* 1975/76, pp. 282-293.

Ioan I. RAMUREANU, "Conceptia sf. Justin Martirul si Filozoful despre suflet", *Studii teologice Bucuresti* 10, 1958, pp. 403-424.

F. REFOULE, "Immortalité de l'âme et résurrection de la chair", *Revue de l'Histoire des Religions* 143, 1963, pp. 11-52.

Fausto SBAFFONI, *Testi sull' Anticristo,* Milan, éd. Nardini, 1992.

Elisabeth VASSEUR, *Les problèmes eschatologiques et philosophiques dans l'oeuvre de Justin,* (mémoire de maîtrise juin 1991, sous la direction de Mme. M. Alexandre).

André WARTELLE, "Le traité de la Résurrection de saint Justin ou le destin d'une œuvre" in *Histoire et culture chrétienne, Hommage à Mgr. Marchasson*, Paris, 1992, pp. 3-10.

A. O. WIELAND, *Die eschatologie Justins der Philosophen und Märtyrers. Eine Untersuchungen zum Standort und zur Bedeutung der Eschatologie bei griechischen Apologeten des Zweiten Jahrhunderts,* Innsbruck, 27, 1969.

M.G. YOUNG, "Justin Martyr and the Death of Souls", *SP* 16, TU 129, Berlin, 1985, pp. 209-215.

V - L'apologétique.

1 - Études générales

Henry CHADWICK, *Justin's martyr defence of christianity,* Manchester, J. Rylands, 1965.

S. DENNING-BOLLE, "Christian Dialogue as Apologetic : The Case of Justin Martyr seen in Historical Context", *Bul. J. Univ. Libr.* 69, 1986-87, pp. 492-510.

M. J. LAGRANGE, *Saint Justin,* Paris, 1914.

J. LAGUIER, *La méthode apologétique des Pères des trois premiers siècles,* Paris, 1905.

V. MONACHINO, "Intento pratico e propagandistico nell' apologetica greca del II secolo", *Greg* 32, 1951, pp. 5-49 & 187-222.

Charles MUNIER, "La méthode apologétique de Justin le Martyr", *RSR* 62, 1988, pp. 90-100, 227-239.

Idem, Studi su l'antica apologetica, Rome, 1947 (rééd. 1977).

A. K. SBOROVSKIJ, "Svjatoj Justin Filosof i Mucenik kak Apologet", *SP* 2, 1957, p. 366-370.

H. P. SCHNEIDER, "Some reflexions on the Dialogue of Justin Martyr with Trypho", *SJTh* 15, 1962, pp. 164-175.

R. STAHLER, *Justin Martyr et l'apologétique,* Genève, 1935.

G. N. STANTON, "Aspects of Early Christian-Jewish Polemic and Apologetic", *NTS* 31, 1985, pp. 377-392.

Pierre WILLM, *Justin Martyr et son apologétique,* Montauban, J. Granié, 1897.

O. ZÖCKLER, *Der Dialog im Dienste der Apologetik,* Gütersloh, 1894, pp. 4-8.

2 - influence juive (rabbinique).

M. FRIEDLÄNDER, *Geschichte der jüdischen Apologetik als Vorgeschichte des Christentums,* Zurich, 1903.

A. H. GOLDFAHN, "Justinus Martyr und die Agada", *MGWJ* 22, 1873, pp. 49-60, 104-115, 145-153, 193-202, 257-269.

M. HIRSHMAN, "Polemic literary units in the classical midrashim and Justin Martyr's Dialogue with Trypho", *JQR* 83, 3-4, 1993 pp. 369-384.

A. F. SEGAL, *Two Powers in Heaven. Early Rabbinic Reports about Christianity and Gnosticism,* Leyde, 1977.

3 - inspiration biblique spirituelle (le Saint-Esprit).

Heinrich BACHT (sj), *Die Lehre des hl. Justinus Martyr von der profetischen Inspiration,* Fribourg, 1951 ; idem, *Die Lehre von der prophetlischen Inspiratio des heiligen Justinus Martyr,* Fribourg, 1952.

A. CACCIARI, "In margine a Giustino, *Dial.* VII,3, le porta della luce", *verbis verum amare. Miscellanea del'Istituto di Filologia latina e medioevale dell'Università di Bologna,* Florence, 1980, pp. 101-134.

A. GOMEZ NOGUEIRA, "La inspiración bíblico-profética en el pensamiento de San Justino", *Helmantica* 18, 1967, pp. 55-87.

J. P. MARTIN, *El Espíritu Santo en los orígenes del Cristianismo, Estudio sobre I Clemente, Ignacio, II Clemente y Justino Mártir,* Zürich, 1971, pp. 163-332.

John E. MORGAN-WYNNE, "The Holy Spirit and Christian Experience in Justin Martyr", *VCh* 38, 1984, pp. 172-178.

Eduardo A. RODRIGUEZ, "La Dynamis de Dios en San Justino", *AFTC* 31, 1980, pp. 223-316.

S. SABUGAL, "El vocabulario pneumatológico en la obra de S. Justino y sus implicaciones teológicas", *Augustinianum* 13, 1973, pp. 459-467.

Oskar SKARSAUNE, *The Proof from prophecy. A Study in Justin Martyr's Proof-Text Tradition* Supplements to Novum Testamentum 56, Leyde, E.J. Brill, 1987.

VI - L'exégèse.

1 - Études générales

Joseph BONSIRVEN, *Exégèse rabbinique et exégèse paulinienne*, Paris, Beauchesne, 1939.

Idem, Textes rabbiniques des deux premiers siècles chrétiens, Rome, Pontificio Istutito Biblico, 1955.

Idem, "Exégèse allégorique chez les Rabbins tannaïtes", *RSR* 1933, 23, 5, pp. 513-542 ; *ibid.* 1934, 24, 1, pp. 35-47.

J. J. BRIENNE-NARBONNE, *Exégèse rabbinique des prophéties messianiques,* 5 vol., Paris, 1934-38.

W. J. BURGHARDT, "on early christian exegesis", *TS* 11, 1, 1950, pp.78-116.

H. CROUZEL, "La distinction de la «typologie» et de l' «allégorie»", *BLE,* 65, 1964, pp. 161-174.

Jean DANIELOU, "Le Psaume 21 dans la catéchèse patristique", *La Maison-Dieu* 49, 1957, pp. 17-34.

Pierre GRELOT, *Sens chrétien de l'AT,* Paris, Desclée, 1962.

P. HEINISCH, *Der Einfluss Philos auf die älteste Exegese,* Münster, 1908.

K. HRUBY, "Exégèse rabbinique et exégèse patristique", *Revue des Sciences* 47, 1973, pp. 341-372.

R. LOEWE, "The jewish Midrashim and Patristic and Scholastic Exegesis of the Bible", *SP* 1, 1, 1957, pp. 492-514.

R.P. DE LUBAC, "Typologie et allégorie", *RSR* 34, 1947, pp. 180-226 ; *idem,* "Sens spirituel", *ibid.* 36, 1949, pp. 542-576.

B. DE MARGERIE, *Introduction à l'histoire de l'exégèse, I- les Pères grecs et orientaux,* Initiations, Paris, cerf, 1980, pp. 37-64.

A. MARMORSTEIN, "Agada und Kirchenväter", *EJ* 1, 1928, pp. 972-979.

Retford J. L. MARSHALL, "Melchizedek in Hebrews, Philo and Justin Martyr", *Studia Evangelica* 7, 1982, pp. 339-342.

P. NAUTIN, "Gen.1:1-2, de Justin à Origène", *Principio* Paris, 1973, pp. 62-67.

Idem, "Ezechiele 37, 1-14 nell'esegesi patristica del secondo secolo", *VC,* 1972, 1, pp. 55-77.

Jean PEPIN, *Mythe et allégorie,* Paris, études augustiniennes, 1958.

H. RAHNER, *Mythes grecs et mystère chrétien,* Paris, Payot, 1954 (trad. de *Griechische Mythen in christlicher Deutung,* Rhein, Zürich, 1945).

G. Q. REIJNERS, *The Terminology of the Holy Cross in early Christian Literature as based upon Old Testament Typology,* "Graecitas Christianorum Primaeva", Nimègue, 1965, pp. 33-47, 99-102, 109-112, 135-140, 188-197.

A. ROBERT & A. TRICOT, *Initiation biblique,* coll. introd. à l'étude des saintes écritures n°571, éd. Paris Tournai Rome, 1938.

M. J. RONDEAU, *Les commentaires patristiques du Psautier (IIIe - Ve siècles)*,. 2 vol., coll. Orientalia Christiana Analecta, Rome, 1982, 1985.

M. SIMONETTI, *Lettera e/o Allegoria. Un contributo alla storia dell'esegesi patristica,* Studia Ephemeridis Augustinianum 23, Rome, 1985.

Rodney WERLINE, "The transformation of Pauline arguments in Justin Martyr's Dialogue with Trypho", *HTR* 92, 1999, pp. 79-93.

2 - L'exégèse justinienne

Gervais AEBY, *Les Missions divines de saint Justin à Origène,* Fribourg (Suisse), éd. universitaires, 1958.

A. BAKER, "Justin's agraphon in the Dialogue with Trypho", *JBL* 87, 1968, pp. 277-287.

C. BASEVI, "La generazione eterna di Cristo nei Ps.2 e 109 secondo S. Giustino e S. Ireneo", *Augustinianum* 22, 1982, pp. 135-147.

Arthur J. BELLINZONI, "The Source of the Agraphon in Justin Martyr's Dialogue with Trypho 47,5", *VCh* 17, 1963, pp. 65-70.

D. BOYARIN, *Intertextuality and the Reading of Midrash,* Indiana Studies in Biblical Literature, , Bloomington and Indianapolis, Indiana University Press, 1990.

J. B. BROTHERS, "The Interpretation of *pais theou* in Justin Martyr's Dialogue with Trypho", *SP* IX, Berlin, 1966 (TU 94), pp. 127-138.

F. C. BURKITT, "Justin Martyr and Jeremiah 11:19", *JThS* 1932, p. 371-373.

J. CHMIEL, "«Krew winigron» Rdz 49:11 w interpretacji sw. Justyna Meczennika (= "Sanguis uvae" Gen.49,11 in interpretatione S. Iustini Martyris)", *RBL* 35, 1982, pp. 342-345.

Michel FEDOU, "La vision de la croix dans l'oeuvre de saint Justin philosophe et martyr", *Recherches Augustiniennes* 19, 1984, pp. 29-110.

David GILL, "A liturgical fragment in Justin, *Dial.*29:1", *HTR* 59, 1 janv.1966, pp. 98-100.

K. L. GRUBE, "Die hermeneutischen Grundsätze Just. d. Märtyrers", *Der Katholik I,* Mainz, 1880, pp. 1-42.

B. KOMINIAK, *The Theophanies of the Old Testament in the writings of Justin Martyr,* Washington, 1948.

Alain LE BOULLUEC, "Remarques à propos du problème de I Co.11:19 et du «logion» de Justin, *Dialogue* 35", *SP* 12, 1975, pp. 328-333.

F. X. LUKMAN, "Zu Justins Erklärung von Ps.110 (109), 2 in Dialog 83", *Biblische Zeitschrift* 1909, p. 53.

José Pablo MARTIN, "Hermeneútica en el cristianismo y en el judaismo según el Dialogo de Justino Mártir", *Revista Biblica* 39, 1977, pp. 327-344.

G. OTRANTO, "La tipologia di Giosuè nel «Dialogo con Trifone ebreo» di Giustino", *Augustinianum* 15, 1975, pp. 38-39, 47-48.

Idem, "Metodo delle citazioni bibliche ed esegesi nei capitoli 63-65 del «Dialogo con Trifone» di Giustino", *VC* 1976, 13, 1, pp. 87-113.

Idem, "La terminologia esegetica in Giustino", *VC* 1987, 24, 1, pp. 23-43.

Idem, Esegesi biblica e storia in Giustino (Dial.63-84) (Quaderni di vetera christianorum 14), Bari, 1979.

Michele PELLEGRINO, "Per l'esatta interpretazione di un passo di S. Giustino", *Convivium Tor* 25, 1957, pp. 342-350.

Jean PEPIN, "Prière et providence au IIe siècle (Justin, Dial.1:4)", *Images of man in ancient and medieval thought.* Studi Gerardo Verbeke ab amicis et collegis dictata, Louvain, 1976, pp. 111-125.

J. M. PFÄTTISCH, "Psalm 110 (109) bei Justinus", *Biblische Zeit*schrift 1910, pp. 248-251.

A. QUACQUARELLI, "L'epiteto sacerdote (*iereus*) ai cristiani in Giustino Martire (*Dial.*116:3)", *VC* 7, 1970, pp. 5-19.

W. H. A. SHOTWELL, *The Exegesis of Justin,* Chicago, 1955 (rééd.1979).

Willis H. Allen SHOTWELL, *The Biblical Exegesis of Justin Martyr,* Londres, 1965.

Théodore STYLIANOPOULOS, *Justin Martyr and the Mosaic law,* Society of biblical literature, Missoula (Montana), Scholar's Press, 1975.

Idem, "Justin Martyr's Contribution to the Exegetical Tradition of the Church", *Eisègèseis A' Orthodoxou Hermèneutikou Sunedriou,* 1972, 1973, p. 175-192.

W. Cornelis VAN UNNIK, "Der Fluch der Gekreuzigten *Deuteronomium* 21,23 in der Deutung Justinus des Märtyres" in *Theologia crucis - Signum crucis (Festschrift E. Dinkler)*, Tubingue, J.C.B. Mohr, 1979, pp. 483-499.

VII - La Bible.

Leslie W. BARNARD, "The Old Testament and Judaism in the writings of Justin Martyr", *Vetus Testamentum* 14, 1964, pp. 395-406.

D. BARTHELEMY, *Les devanciers d'Aquila. Première publication intégrale du texte des fragments du Dodécaprophéton trouvés dans le désert de Juda, précédée d'une étude sur les traductions et recensions grecques de la Bible réalisées au premier siècle de notre ère sous l'influence du rabbinat Palestinien.* Leyde, E. J. Brill, 1963.

Idem, "Redécouverte d'un chaînon manquant de l'histoire de la septante", *RB* 60, 1953, pp. 18-29.

Idem, "Appendice : la Bible de Justin" (pp. 298-305) in A. HAMMAN, *Oeuvres complètes de Justin,* Paris, éditeur Migne, diffusion Brepols, 1994.

Y. M. BLANCHARD, *Aux sources du Canon, le témoignage d'Irénée,* Paris, Cerf, 1993.

P. BOGAERT, "Septante" in *Supplément au dictionnaire de la Bible,* 1993, fasc. 68, col. 536-693.

M. É. BOISMARD, *Le Diatessaron de Tatien à Justin,* Paris, Gabalda, 1992.

E. R. BUCKLEY, "Justin Martyr's Quotations from the Synoptic Tradition", *JThS* 1935, pp. 173-176.

F. C. BURKITT, "Justin Martyr and Jeremiah XI, 19", *JThS* 33, 1932, pp. 371-374.

Charles H. COSGROVE, "Justin Martyr and the emerging christian canon", *VC* 36, 1982, pp. 209-232.

D. M. DAVEY, "Justin Martyr and the Fourth Gospel", *Scripture* 17, 1965, pp. 117-122.

Guy FAU, *Justin et les évangiles,* [Cahiers du Cercle Ernest Renan 91] Paris, Cercle Ernest Renan, 1975.

Cecil Loyd FRANKLIN, *Justin's concept of deliberate concealment in the Old Testament,* Diss. Harvard, 1961.

William H.C. FREND, "The O.T. in the Age of the Greek Apologists A.D.130-180", *SJTh* 26, 1973, pp. 129-150.

M. R. GREENWALD, "The New Testament Canon and the Mishnah as Consolidation of Knowledge in the Second Century C.E.", *Seminar Papers SBL 1987,* Number 26, Atlanta, Scholars Press, 1987, pp. 244-254.

Marguerite HARL & G. DORIVAL & O. MUNNICH, *La Bible grecque des Septante,* Paris, Cerf, CNRS, 1988.

Marguerite HARL, "Y a-t-il une influence du «grec biblique» sur la langue spirituelle des chrétiens ?" in *La langue de Japhet*, Paris, Cerf, 1992, pp. 183-202.

R. HEARD, "the *apomnèmoneumata* in Papias, Justin and Irenaeus", *NTS* 1, 1954-55, pp. 122-134.

P. KATZ, "Justin's Old Testament quotations and the Greek Dodekapropheton Scroll", *SP* 1, 1, 1957, Berlin, pp. 343-353.

Helmut KOESTER, *Septuaginta und Synoptic Erzählungsstoff im Schriftbeweis Justins des Märtyrers,* Heidelberg, 1956.

R. A. KRAFT, *The Epistle of Barnabas, its quotations and their Sources,* Thèse dactylographiée de l'Université de Harvard, 1961.

E. TOV, "Jewish Greek Scriptures" in R. A. KRAFT & G.W.E. NICKELSBURG (éd.), *Early Judaism and Its Modern Interpreters.* Atlanta, Scholars Press, 1986, pp. 223-237.

M. J. LAGRANGE, *Histoire ancienne du Canon du Nouveau Testament,* coll. Études Bibliques, Paris, Gabalda, 1933.

J. L. MARSHALL, "Some Observations on Justin Martyr's use of testimonies", *SP* 15-16/2, *TU 129. Papers presented to the seventh International Conference on Patristic Studies held in Oxford, 1985,* Berlin, Akademie Verlag, 1985, pp. 197-200.

Ed. MASSAUX, "Le texte du sermon sur la montagne de Matthieu utilisé par saint Justin. Contribution à la critique textuelle du premier évangile", *EThL* 1952, pp. 411-448.

Pierre MONAT, "Les *testimonia* bibliques de Cyprien à Lactance" in *Le monde Latin antique et la Bible,* Paris, Beauchesne, 1985, pp. 499-507.

Otto A. PIPER, "The Nature of the Gospel according to Justin Martyr", *JR* 41, 1961, pp. 155-168.

Pierre PRIGENT, *Justin et l'Ancien Testament [l'argumentation scripturaire du traité de Justin contre toutes les hérésies comme source principale du Dialogue avec Tryphon et de la première Apologie],* Paris, Gabalda, 1964.

Idem, Les Testimonia dans le Christianisme primitif. L'Épître de Barnabé (I-XVI) et ses sources, Paris, 1961.

Idem, "Les citations des Evangiles chez Justin (ap.14-17)", *Cahiers de Biblia Patristica* 1, Strasbourg, 1987, pp. 137-152.

J. S. ROMANIDES, "Justin Martyr and the Fourth Gospel", *Greek Orthodox Theological Review*, 4, 1958-9, pp. 115-134.

Joost Smit SIBINGA, *The Old Testament Text of Justin Martyr.* I. The Pentateuch. Leyde, Brill, 1963.

H. B. SWETE, *An Introduction to the Old Testament in Greek.* [1902] Revised by R.R. Ottley, New York, 1968.

P. R. WEIS, "Some samaritanisms of Justin Martyr", *JThS* 45, pp. 199-205.

Georges T. ZERVOS, "Dating the Protevangelium of James : the Justin Martyr Connection" in *Seminar Papers society of Biblical Literature annual meeting 1994*, Atlanta, Scholars Press, 1994, pp. 415-434.

E - LES TRAVAUX DE LA CRITIQUE

J. ANDRIEU, *Le dialogue antique (structure et présentation),* Paris, les Belles-Lettres, 1954, pp. 283-344.

Georges ARCHAMBAULT, "Les manuscrits du Dialogue", *RHE* 1908, pp. 665-676.

B. BAGATTI, "Adnotationes San Giustino nella sua patria", *Augustinianum* 19, 2, août 1979, pp. 319-331.

L. W. BARNARD, "Justin Martyr in Recent Study", *SJTh* 22, 1969, pp. 152-164.

P. F. BEATRICE, "Dialogo" in *Dizionario patristico e di antichità cristiane* I, casale Monferrato, 1983, col. 939-942.

N. BROX, "Zum literarischen Verhältnis zwischen Justin und Irenäus", *ZNW* 58, 1967, p. 121-128.

F. C. BURKITT, "The Oldest Ms. of St. Justin's Martyrdom", *JThS* 1910, pp. 61-66.

Ferdinand CAVALLERA, "La notice de Photius sur saint Justin", *RSR* 1910, sept.-oct., pp. 486-493.

A. DAVIDS, "Irrtum und Häresie. 1 - Ignatius von Antiochien Justinus", *Kairos, NF* 15, 1973, pp. 165-187.

Walther ELTESTER, "Bericht über eine neue Justinhandschrift auf dem Athos" in *Studien zum Neuen Testament und zur Patristik, Erik Klostermann zum 90. Geburtstag dargebracht,* TU 77, 1961, pp. 161-176.

L. H. FELDMAN, "Proselytism by Jews in the third, fourth, and fifth centuries", *JSJ* 24/2, 1993, pp. 1-58.

P. FIEBIG, "Tarphon" in *Religion in Geschichte und Gegenwart* (RGG), Tubingue, 2, Aufl.V, p. 997-999.

Leopold FONCK S.J., "Die Echtheit von Justins Dialog gegen Trypho", *Biblica* 1921, pp. 342-347.

Moritz Friedländer, "Justin's Dialog mit Trypho, being the third study", *Patristische und talmudische Studien*, Vienne, 1878, p. 136-152.

E. J. Goodspeed & M. Sprengling, "A lost Manuscript of Justin", *ZNW* 1910, pp. 243-246.

Adalbert G. Hamman, "Essai de chronologie de la vie et des œuvres de Justin", *Augustinianum* 35, 1, Rome, 1995, pp. 231-239.

Adolf von Harnack, *Geschichte der altchristlichen Litteratur bis Eusebius*, 2 vol. Leipzig, 1893-1904.

Idem, Die Ueberlieferung der griechischen Apologeten, Leipzig, 1882.

R. Hirzel, *Der Dialog, ein literarhistorischer Versuch*, Leipzig, 1895, 2 volumes.

M. Hoffmann, *Der Dialog bei den christlichen Schrifstellern der ersten vier Jahrhunderte*, TU 96, Berlin, 1966.

Karl Holl, *Fragmente vornicänischer Kirchenväter aus den Sacra Parallela*, Leipzig, 1899.

Hüntemann, "Kompositionstechnik des Justin", *Theologie und Glaube*, Paderborn, 1933, pp. 410-428.

Niels Hyldahl, "Tryphon und Tarphon", *STh* 10, 1956, pp. 77-88.

Otilio del Niño Jesús O.C.D., "Doctrina eucarística de san Justino filósofo y mártir", *RET* 4, 1944, pp. 3-58.

Paul Keseling, "Justins « Dialog gegen Trypho » (cap.1-10) und Platons « Protagoras »", *RhM* 75, 2, 1926, pp. 223-229.

G. Krueger, "Justin der Verfasser des Dialogs mit Trypho ?", *ZNW* 1906, pp. 136-139.

M. J. Lagrange, "St. Justin à propos de quelques publications récentes", *Bulletin d'ancienne littérature et d'archéologie chrétiennes* 1914, pp. 3-15.

M. Marin, "Due note giustinee. 1 - Il frammento del Dialogo scoperto da G. Mercati e il tema della « fune dei peccati » 2- Di alcuni paralleli fra Giustino e la Didascalia Apostolorum", *VC* 19, 1982, pp. 177-189.

Idem, "Note introduttive sulla presenza di Paolo nel Dialogo con Trifone di Giustino", *Annali di storia dell' esegesi* (Bologne) 3, 1986, pp. 71-83.

Card. Giovanni Mercati, "Un frammento nuovo del Dialogo di S. Giustino", *Biblica* 22, 1941, pp. 354-362.

Wilhelm Münscher, *An Dialogus cum Tryphone Iustino Martyri recte adscribatur*, Marbourg, 1799.

E. Norelli, "Il martirio di Isaia come Testimonium antigiudaico ?", *Henoch* 2, 1980, pp. 37-57.

C. OEYEN, "Die Lehre der göttlichen Kräfte bei Justin", *SP* 11/2, TU 108, 1972, p. 215.

E. F. OSBORN, "Justin's Response to Second Century Challenges", *Austral. Bibl. Rev.* 14, 1966, pp. 37-54.

Giorgio OTRANTO, "In margine a una guerra giudaica : epoca di ambientazione e data di composizione del Dialogo con Trifone di Giustino", *VC* 16, 1979, pp. 237-249.

Idem, "Lo sviluppo della similitudine nella struttura del « Dialogo con Trifone » di Giustino", *VC* 11, 1974, pp. 65-92.

Peter PILHOFER, "Harnack and Goodspeed two Readers of Codex Parisinus Graecus 450", *The Second Century (a Journal of Early christian Studies)* 5, 4, 1985-86, pp. 233-243.

Erwin PREUSCHEN, "Die Echtheit von Justins Dialog gegen Trypho", *ZNW* 19 [1919-1920], pp. 102-127.

A. RAHLFS, "Uber Theodotion-Lesarten im Neuen Testament und Aquila-Lesarten bei Justin", *ZNW* 1921, pp. 182-199.

S. ROSSI, "Il tempo e l'ambientazione del « Dialogus » di Giustino", *Giornale italiano di filologia* 17, 1964, pp. 55-65.

F. M.-M. SAGNARD, "Y a-t-il un plan du « Dialogue avec Tryphon »" in *Mélanges J. de Ghellinck* I, Gembloux 1951, pp. 171-182.

G. SCHLAEGER, "Die Unechtheit des Dialogus cum Tryphone", *NTT* 13, 1924, pp. 117-143.

Edith Mary SMALLWOOD, "The legislation of Hadrian and Antoninus Pius against circumcision", *Latomus* 18, 1959, pp. 334-347, 20, 1961, pp. 93-96.

M. A. SMITH, "Did Justin know the Didache ?", *SP* 7/1, TU 92, 1966, pp. 287-290.

B. R. VOSS, *Der Dialog in der frühchristlichen Literatur* (Studia et testimonia antiqua 9), Munich, 1970, pp. 26-39, 322-325.

L. Michael WHITE, "Adolf Harnack and the « Expansion » of Early Christianity : a Reappraisal of Social History", *The Second Century (a Journal of Early Christian Studies)* 5, 2, 1985-86, pp. 97-128.

G.F. WILLEMS, "Le Juif Tryphon et Rabbi Tarfon", *Bijdragen* 50/3 1989, pp. 278-292.

Theodor ZAHN, "Studien zu Justin", *ZKG* 8, 1886, p. 1-84.

O. ZÖCKLER, "Der Dialog im Dienste der Apologetik", *Der Beweis des Glaubens* 29, 1893 et 30, 1894.

INDEX des auteurs cités

TABLE DES MATIERES

F-87350 PANAZOL
N° Imprimeur : 0116600-00
Dépôt légal : Décembre 2000